ΓΡΑΜΜΑΤΙΚΗ ΤΗΣ ΑΤΤΙΚΗΣ ΔΙΑΛΕΚΤΟΥ

古典ギリシア語文典

マルティン・チエシュコ 著 Martin CIESKO
平山晃司 訳 Koji HIRAYAMA

白水社

装丁　森デザイン室

はしがき

　本書は数あるギリシア語方言の中でただ一つ特権的な地位を占める方言，最も磨き抜かれ最も表現力豊かなアッティカ地方のギリシア語を中心的に扱いつつ，このギリシア語で書かれたテクストを読みこなすために学生が覚えておくべきすべての事柄を一書にまとめた文法書である．もちろん，すべてを覚えておくことは難しくとも，思い出しては本書に立ち返り参照を繰り返していただければ著者としては本望である．

　著者は学生からこのように訴えられたことがある．「自分はずっとギリシア語文法の勉強を続けているが，ギリシア語文法をマスターしたと言えるまでに，そしてギリシア語を読みこなせるようになるまでに，あとどれだけのことを学ばなければならないか，見当がつかない」と．勤勉でよくできる学生にして，ギリシア語文法についてこんな漠然とした考えしか持てないのであれば，何よりも必要とされるのは，すでにどれだけの旅程がこなせたか，この先どれほどの旅程を残すかが分かる道しるべを備え，旅の見通しをより明瞭に示す新しい文法書であろう．著者が名詞・形容詞・動詞の分類のために独自の番号付けを創設したのはその理由による．言語学者ならば著者の創設した分類を単純化するかもしれないが（たとえば，名詞は三つのタイプに，動詞は二つのタイプに減らすかもしれない），そうすると例外や不規則の長いリストを用意しなければならなくなるだろう．著者はアルバート・アインシュタインに帰せられる箴言：「何事も可能な限りシンプルに，けれどシンプルが過ぎるのはよくない」に従った．言語学者にとってシンプルなものも学生にとっては使いこなせぬ危惧がある．学生には，単純化が過ぎるあまり例外のリストばかりが積み重なるカオスよりも秩序が必要なのだから．

　ギリシア語の文章の組み立てはラテン語より自由であるが，またこれほど表現力豊かな言語も稀である．著者としてはプロクルーステースのベッド（旅人をベッドに寝かし，短い体は叩いて延ばし，長い体は切り落とした街道の盗賊．規則や制限を厳格にしすぎて，実情に合わぬこともある記述法）と印象主義的な概説（明確な規則を設けぬため，学習者には不満が残る記述法）の折り合いをつけながら執筆できたのではないかと思っている．中道の行き方を見つけえたかと思う反面，もっと有能な人ならば「文章論」の章をさらに上手に書けたのではないかとも案じている．

　本書を執筆しながら著者は多くのことを学んだ．ギリシア語というものについて我々がはっきりと理解していないことがまだまだたくさんある，そのことに気づかせられて驚いてもいる．ギリシア語の諸相をさらに詳しく調べたいと

思う人のためには，巻末に推薦書のリストを掲げ，ギリシア語・ギリシア文学をより深く味わうための道筋も示しておいた．

　本書ははじめマルティン・チエシュコが音韻論と形態論を，平山晃司が文章論を受け持って共著とするつもりであったが，執筆を進める過程で，チエシュコが英語で執筆したものを平山が翻訳する態勢に切り替えた．本書は白水社創業百周年記念事業として計画されたため，両名の進捗状況と原稿の提出期限を勘案してこのようにする必要が生じたのである．同じく提出期限の要請から，平山は最終段階で翻訳の一部を中務哲郎・京都大学名誉教授に依頼した．本書のレイアウトとフォーマットについてはチエシュコと平山が初めに協議したところに従い，原稿完成後は，訳者が気づいたことを著者に伝えながら最終的な形を確定していった．

　先に中山恒夫教授の優れた文法書『古典ラテン語文典』を刊行した白水社は，その姉妹版となる本書の出版を記念事業の一環として企画して下さった．この企画を我々に託された白水社社長の及川直志氏，取り次いで下さった中務哲郎先生，そして編集の衝に当たり，すべての困難を取り除くべく尽力して下さった岩堀雅己氏に心より感謝を申し述べたい．

2016 年 4 月 28 日

著者　マルティン・チエシュコ
訳者　平山晃司

目次

はしがき　*3*

第 1 章　アルファベット，発音，アクセント　*15*
　§1. アルファベット　*15*
　§2. 発音（前 5 世紀末）　*16*
　§3. 音韻組織　*21*
　　　§3.1. 単母音　*21*
　　　§3.2. 二重母音　*22*
　　　§3.3. 子音　*23*
　§4. 気息記号　*23*
　§5. アクセント　*24*
　　　§5.4. 基本原則　*25*
　　　§5.5. 音節中の母音の長短とアクセント　*26*
　　　§5.6. 前接語　*27*
　§6. 句読点　*28*

第 2 章　名詞　*29*
　§1. 序論　*29*
　§2. 定冠詞　*29*
　§3. タイプ 1　*30*
　　　1a：男性／女性. 単数主格 -ος, 単数属格 -ου　*30*
　　　§3.1. 呼格形と双数形に関する通則　*31*
　　　名詞のアクセント　*31*
　　　1b：中性. 単数主格 -ον, 単数属格 -ου　*33*
　§4. タイプ 2a, 2b：母音融合を伴うタイプ 1 の名詞　*34*
　　　2a: οο, οε > [ǫ: (> u:)] ου　*34*
　　　2b: εο > ου, εα > ā　*34*
　§5. タイプ 2c：アッティカ式変化　*35*
　§6. タイプ 3：女性. 単数主格 -ā/-ā/-η, 単数属格 -ᾱς/-ης　*36*
　§7. タイプ 4：男性. 単数主格 -ᾱς/-ης, 単数属格 -ου　*38*
　§8. タイプ 5：母音融合を伴うタイプ 3, 4 の名詞　*39*
　§9. タイプ 6-20：造語法とアクセント　*40*
　§10. タイプ 6　*41*
　　　6a: π, β, φ + σ > ψ　*41*

　　　　6b: κ, γ, χ + σ > ξ　*41*
　§11. タイプ 7：τ, δ, θ + σ > σ　*42*
　§12. タイプ 8：短母音 + ντ + σ > 長母音 + σ　*43*
　§13. タイプ 9：-τ- 語幹の中性名詞　*44*
　§14. タイプ 10：-ν- 語幹の男性・女性名詞　*45*
　§15. タイプ 11：流音（λ, ρ）幹名詞　*46*
　§16. タイプ 12：-ερ- と -ρ- の 二つの語幹を持つ名詞　*47*
　§17. タイプ 13：-σ- 語幹の名詞　*48*
　　　　13a. -εσ- 語幹の中性名詞　*48*
　　　　13b. -εσ- 語幹の男性・女性名詞　*49*
　　　　13c. -εεσ- 語幹の名詞　*50*
　　　　13d. -ασ- 語幹の中性名詞　*50*
　　　　13e. -οσ- 語幹の名詞　*51*
　§18. タイプ 14：-ω(ϝ)- 語幹の男性名詞　*52*
　§19. タイプ 15：-ι-, -υ- 語幹の名詞 (1) G.sg. -υ-ος/-ι-ος　*53*
　§20. タイプ 16：-ι-, -υ- 語幹の名詞 (2) G.sg. –εως　*54*
　§21. タイプ 17：-ηϝ- > -ευ- 語幹の名詞　*55*
　§22. タイプ 18：-ᾱϝ- / -οϝ- 語幹の名詞　*56*
　§23. タイプ 19：νᾱϝ-, νη(ϝ)-, νε- 語幹の名詞　*57*
　§24. タイプ 20：-οι- 語幹の女性名詞　*57*
　§25. 不規則変化名詞　*58*

　第 3 章　形容詞　*62*
　　形容詞の変化形式一覧　*62*
　§1. 三変化型の形容詞．男性形 -ος，女性形 -ᾱ / -η，中性形 -ον．　*64*
　§2. 二変化型の形容詞．男性形・女性形 -ος，中性形 -ον　*66*
　§3. アッティカ式変化　*67*
　§4. 母音融合を伴う形容詞　*68*
　　純粋な子音幹形容詞　*70*
　　　　§6. -εσ- 語幹の形容詞　*70*
　　　　§7. -ον- 語幹の形容詞　*72*
　　混合幹形容詞：男性形と中性形は子音幹，女性形は母音幹　*73*
　　　　§9. -υ- 語幹の形容詞（-υς, -εια, -υ）　*74*
　　　　§10. -ν- 語幹の形容詞（-ᾱς, -αινα, -αν; -ην, -εινα, -εν）　*75*
　　　　§11. -ντ- 語幹の形容詞　*76*
　　不規則な形容詞　*78*
　§15. 一変化型の形容詞　*78*

形容詞の比較　*79*
　　　　§16-§21. -τερος, -τατος　*79*
　　　　　　比較級と最上級の特殊な形成法　*80*
　　　　　　　　§17. o > ω　*80*
　　　　　　　　§18. -αίτερος, -αίτατος　*80*
　　　　　　　　§19. -έστερος, -έστατος　*81*
　　　　　　　　§20. πῑότερος, πῑότατος, etc.　*81*
　　　　　　　　§21. -ίστερος, -ίστατος　*81*
　　　　§22. -ίων / -jων, -ιστος　*82*
　　　　§23. 不規則な比較級・最上級　*83*
　　　　§24. 原級を欠くもの　*84*
　　　　§26. μᾶλλον, μάλιστα　*85*
　§27. 比較級と最上級の基本的用法　*85*

　第4章　副詞　*88*
　　§2. 形容詞から作られる副詞　*88*
　　§3. 形容詞に由来する副詞の比較　*88*
　　§4. 格変化形が副詞になったもの　*89*
　　§5. 特殊な接尾辞を付加することによって作られる副詞　*92*
　　§6. 他の様々な語尾　*92*

　第5章　代名詞　*94*
　　§2. 人称代名詞　*94*
　　§3. αὐτός　*96*
　　§4. ἄλλος と相互代名詞　*97*
　　§5. 再帰代名詞　*98*
　　§6. 所有代名詞　*99*
　　　　§7. 所有代名詞の再帰的用法と強意的用法　*99*
　　§8. 指示代名詞　*100*
　　§10. 疑問代名詞・不定代名詞　*103*
　　§12. 関係代名詞　*105*
　　§13. 不定関係代名詞 ὅστις, ἥτις, ὅ τι　*106*
　　§14. 相関的に用いられる代名詞と副詞　*107*
　　§15. 相関代名詞　*109*
　　§16. 相関副詞　*112*

第6章　数詞　*114*
　§1. 一覧　*114*
　§2. 数詞はどのように書き記されたか　*116*
　§3. 数詞の変化　*118*
　§4. その他の数詞　*120*
　§5. 加減乗除の表し方　*121*
　§6. 分数の表し方　*121*

第7章　動詞　*123*
　§1. 序論　*123*
　人称語尾　*126*
　§2.1. 能動相本時称の人称語尾　*128*
　§2.2. 中・受動相本時称の人称語尾　*128*
　§2.3. 能動相副時称の人称語尾　*129*
　§2.4. 中・受動相副時称の人称語尾　*129*
　§2.5. 命令法の人称語尾　*129*
　§2.6. 双数形の人称語尾　*130*
　タイプ1：παιδεύ-ω　*130*
　　　§3. 直説法現在　*130*
　　　§4. 直説法未完了過去　*132*
　　　§5. 接続法現在　*133*
　　　　　§6. 接続法の最も一般的な用法　*133*
　　　§7. 希求法現在　*134*
　　　　　§8. 希求法の主な用法　*135*
　　　§9. 命令法現在　*136*
　　　§10. 現在不定詞　*136*
　　　　　§11. 不定詞の用法　*136*
　　　§12. 現在分詞　*137*
　　　未来と弱変化アオリスト　*137*
　　　　　未完了過去とアオリストの意味の差異　*139*
　　　§16. アオリストと未来の能動相・中動相　*139*
　　　§17. 命令法の否定形　*142*
　　　§18. 弱変化のアオリストおよび未来の受動相　*142*
　　　§19. 弱変化の完了系時称の能動相　*145*
　　　§21. 完了系時称の中・受動相　*147*
　補説1：加音と畳音についての詳細　*148*
　　　§22. a. 音節的加音　*148*

　　　　b. 時量的加音　*148*
　　§23. 畳音　*150*
　　§24. アッティカ式畳音　*152*
タイプ 2：母音融合動詞 -έ-ω　*153*
　　§27. タイプ 2 の動詞の活用における母音融合の規則　*154*
タイプ 3：母音融合動詞 -ά-ω　*155*
　　§28. タイプ 3 の動詞の活用における母音融合の規則　*155*
　　タイプ 3b：母音融合動詞 -ή-ω　*157*
タイプ 4：母音融合動詞 -ό-ω　*158*
　　§29. タイプ 4 の動詞の活用における母音融合の規則　*158*
　　タイプ 4a：母音融合動詞 -ώ-ω　*160*
タイプ 5, 6, 7：閉鎖音幹動詞　*160*
タイプ 5：唇音（π, β, φ）幹動詞　*160*
　　§32.（過去）完了中・受動相の音韻変化　*161*
補説 2：強変化アオリストと強変化完了　*161*
　　§35. 主要な強変化アオリスト形（能動相または中動相）一覧　*164*
　　§36. 強変化アオリストおよび未来の受動相　*165*
　　§37. 主要な強変化アオリスト形（受動相）　*166*
　　§38. 強変化完了　*167*
タイプ 6：軟口蓋音（κ, γ, χ）幹動詞　*168*
　　§40.（過去）完了中・受動相の音韻変化　*169*
タイプ 7：歯音（τ, δ, θ, ζ）幹動詞　*170*
　　アッティカ式未来　*172*
　　§44.（過去）完了中・受動相の音韻変化　*172*
タイプ 8：流音（λ, ρ）・鼻音（μ, ν）幹動詞　*173*
　　§47. σ を伴わない弱変化アオリスト　*174*
　　§48. 弱変化アオリスト能動相・中動相および強変化のアオリストと未来の受動相の活用　*175*
　　§49. 流音幹・鼻音幹動詞の（過去）完了中・受動相の活用　*177*
補説 3：動形容詞　*178*
　　§51. -τός, -τή, -τόν で終わる動形容詞　*178*
　　§52. -τέος, -τέᾱ, -τέον で終わる動形容詞　*179*
タイプ 9：σ 幹・ϝ 幹動詞　*179*
　　9a：真正 σ 幹動詞　*179*
　　9b：寄生音の σ が幹末に現れる動詞　*180*
　　9c：ϝ 幹動詞　*181*
　　§56. いわゆるドーリス式未来　*182*

9

§57. タイプ 2a：結果が ει となる場合のみ母音が融合する動詞　*182*
§58. タイプ 3a：母音融合の生じない α_F 幹の動詞 (-α_F-jω > -α-jω > -άω)　*183*
§59. タイプ 10：時称によって様々な動詞幹を使い分ける動詞　*184*
  10a：動詞幹拡張の諸例 (1-34)　*184*
    語根に ν を付加して現在幹を作る動詞 (15-20)　*189*
    動詞幹に αν を付加して現在幹を作る動詞 (21-22)　*191*
    動詞幹（語根）に αν を付加し，さらに ν を挿入する動詞 (23-28)　*191*
    未来幹とアオリスト幹も ν によって拡張される動詞 (29-30)　*192*
    ε による拡張 (31-34)　*193*
  10b：借用された動詞幹を持つ動詞 (1-6)　*194*
補説 4：能動相および受動相の意味で用いられる未来中動相　*197*
μι 動詞　*201*
§64. タイプ 11　*201*
  タイプ 11a：δίδωμι　*201*
  タイプ 11b：τίθημι　*201*
  タイプ 11c：ἵημι　*201*
§65. タイプ 12：ἵστημι　*206*
補説 5：語根アオリスト（「第三アオリスト」）　*209*
§68. 第二（過去）完了　*213*
§71. タイプ 13：δείκ-νῡ-μι　*216*
§72. タイプ 14："不規則な" μι 動詞　*218*
  1. εἰμί　*218*
  主要な前接語一覧　*219*
  2. εἶμι　*220*
  3. φημί　*221*
  4. κάθ-ημαι　*222*
  5. κεῖμαι　*222*
  6. ἠ-μί　*222*
  7. χρή　*223*
  8. οἶδα　*223*

第 8 章　文章論（**Syntax**）　*225*
 A. 文章にとって不可欠な二つの要素　*225*
  主語と述語についての詳細　*227*

冠詞の有無・位置で句の意味が変わる場合　*227*
B. 意味を完結させるために必要不可欠な情報を付け加える必要のある動詞　*231*
　　B.1. Verba putandi　*232*
　　B.2. Verba dicendi　*233*
　　§15. Declarative infinitive と dynamic infinitive　*235*
　　B.2./3. Verba iurandi, promittendi　*236*
　　B.3. Verba imperandi, voluntatis, impersonalia　*237*
　　B.4. Verba eveniendi, efficiendi　*238*
　　B.5. Verba impediendi　*239*
　　§20.「虚辞の μή」　*240*
　　§21. 補説 1：不定詞のその他の用法　*241*
　　B.6. Verba sentiendi, cognoscendi, declarandi　*243*
　　§24. 'σύνοιδα + 与格' のような動詞　*245*
　　B.7. Verba affectuum　*246*
　　§26. 分詞は不定詞より強いということ　*247*
　　補説 2：分詞のその他の用法　*248*
　　B.8. Verba interrogandi　*255*
　　B.9. Verba timendi　*258*
　　B.10. Verba curandi　*261*
　　B.9./10. Verba cavendi　*263*
C. 任意に付加される節　*265*
　　C.1. 目的節　*265*
　　C.2. 結果を表す節　*268*
　　C.3. 原因を表す節　*272*
　　C.4. 条件文　*274*
　　C.5. 譲歩文　*279*
　　C.6. 時を表す節　*281*
D. 関係節　*289*
E. 間接話法　*294*

第 9 章　格の意味の概観　*300*
　§1. 主格と呼格　*300*
　§2. 対格　*300*
　　　§2.1. 内的目的語　*300*
　　　§2.2. 内的目的語の対格が発展した用法　*301*
　　　§2.3. 外的目的語　*303*
　§3. 属格　*304*

§3.1. 所有・帰属を示す属格　304
　　　§3.2. 部分の属格　306
　　　§3.3. 奪格由来の属格と共に使われる動詞　308
　§4. 与格　310
　　　§4.1. 本来の与格（〜に）　310
　　　§4.2. 具格由来の与格（〜と共に，〜によって）　312
　　　§4.3. 所格由来の与格（〜にて）　313

第 10 章　前置詞　315
　一覧　315
　§1.1. はじめに　316
　§1.2. εἰς + 対格　317
　§2. ἐν + 所格由来の与格　319
　§3. ἐξ, ἐκ + 奪格由来の属格　320
　§4. ἀπό + 奪格由来の属格　321
　§5. ἀνά + 対格　322
　§6. σύν + 具格由来の与格　323
　§7. ἀντί + 属格（の代わりに）　324
　§8. πρό + 属格（の前に）　324
　§9. διά　326
　　　§9.1. διά + 対格（のゆえに）　326
　　　§9.2. διά + 属格（を通って，通過して）　327
　§10. κατά　329
　　　§10.1. κατά + 対格（に沿って下の方へ）　329
　　　§10.2. κατά + 属格（あるものの上への降下）　330
　§11. ὑπέρ　331
　　　§11.1. ὑπέρ + 対格（を越えて）　331
　　　§11.2. ὑπέρ + 属格（の上方に）　331
　§12. μετά　332
　　　§12.1. μετά + 対格（の後で）　332
　　　§12.2. μετά + 属格（と共に）　332
　§13. παρά　333
　　　§13.1. παρά + 対格（の側へ）　333
　　　§13.2. παρά + 与格（の側で）　335
　　　§13.3. παρά + 属格（の側から）　335
　§14. περί　336
　　　§14.1. περί + 対格（の周りに）　336

§14.2. περί + 与格（の周りに接して） *337*
§14.3. περί + 属格（について） *338*
§15. ἀμφί *339*
§15.1. ἀμφί + 対格（の両側に） *340*
§15.2. ἀμφί + 与格（詩語での用法） *340*
§16. πρός *340*
§16.1. πρός + 対格（の方へ，に対して） *340*
§16.2. πρός + 与格（の側に，に加えて） *342*
§16.3. πρός + 属格（〜から＝〜の方に） *342*
§17. ὑπό *343*
§17.1. ὑπό + 対格（下への運動を表す） *343*
§17.2. ὑπό + 与格（の下に） *344*
§17.3. ὑπό + 属格（動作主，〜によって） *345*
§18. ἐπί *346*
§18.1. ἐπί + 対格 *346*
§18.2. ἐπί + 与格 *348*
§18.3. ἐπί + 属格 *350*

付録：
イオーニアー方言とドーリス方言について　*352*
動詞変化の要諦　*362*
参考書について　*381*
出典の略号一覧　*389*
索引　　　（ギリシア語）　*392*
　　　　　（英語・ラテン語）　*407*
　　　　　（日本語）　*409*

―――――――― 略号表 ――――――――

Att.	アッティカ方言形	*Ion.*	イオーニアー方言形
Dor.	ドーリス方言形	*Lat.*	ラテン語
Eng.	英語	*PIE*	印欧祖語
ep.	叙事詩で用いられる形	*poet.*	詩語
Fr.	フランス語	*trag.*	悲劇で用いられる形
Ger.	ドイツ語		

第1章 アルファベット，発音，アクセント

§1. アルファベット

大文字	小文字	名称[1]	
A	α	ἄλφα	[alpʰa]
B	β	βῆτα	[bɛ:ta]
Γ	γ	γάμμα	[gamma]
Δ	δ	δέλτα	[delta]
E	ε または ϵ	ἒ ψῑλόν[2] (εἶ, ἔ)	[epsi:lon (e̜:, e)]
Z	ζ	ζῆτα	[zdɛ:ta]
H	η	ἦτα	[ɛ:ta]
Θ	θ または ϑ	θῆτα	[tʰɛ:ta]
I	ι	ἰῶτα	[ijɔ:ta]
K	κ	κάππα	[kappa]
Λ	λ	λάβδα[3]	[labda]
M	μ	μῦ	[my:]
N	ν	νῦ	[ny:]
Ξ	ξ	ξῖ[4] (ξεῖ)	[xi: (xe̜:)]
O	ο	ὂ μῑκρόν[5] (οὖ, ὄ)	[omi:kron (u:, o)]
Π	π	πῖ[4] (πεῖ)	[pī (pe̜:)]
P	ρ	ῥῶ	[rʰɔ:]
Σ	σ, ς[6]	σίγμα[7]	[siŋma]
T	τ	ταῦ	[tau]
Υ	υ	ὖ ψῑλόν[2] (ὖ[8])	[y:psi:lon (hy:)]
Φ	φ または ϕ	φῖ[4] (φεῖ)	[pʰi: (pʰe̜:)]
X	χ	χῖ[4] (χεῖ)	[kʰi: (kʰe̜:)]
Ψ	ψ	ψῖ[4] (ψεῖ)	[psi: (pse̜:)]
Ω	ω	ὦ μέγα[5] (ὦ)	[ɔ:mega (ɔ(:)])

注 1. 括弧内に示したのは古典期における名称．通常用いられるのは後代の名称である．発音記号については ➡ §2.
注 2. 後 2 世紀に αι が ε と, οι が υ と，それぞれ同じ音を表すようになった．ビザンツの文法学者らはこれらを区別するため，ε を「単純な（綴りの，つまり単母音の）ε (ἐ ψῑλόν)」，υ を「単純な υ (ὖ ψῑλόν)」と呼んだ．
注 3. 後代の文献には λάμβδα [lambda] という形も見える.
注 4. 前 3 世紀末頃に ει の発音が長母音 ῑ と等しくなり，綴字上も ει と ι の混同が生じた．その結果，ξεῖ, πεῖ, φεῖ, χεῖ, ψεῖ はそれぞれ ξῖ, πῖ, φῖ, χῖ, ψῖ と綴られるようになった．
注 5. 後 2~3 世紀には短母音と長母音の発音上の差異はなくなった．そのため，o と ω をそれぞれ「短い o (ὄ μῑκρόν)」「長い ω (ὦ μέγα)」と呼んで区別する必要が生じた.
注 6. 語頭および語中では σ を，語末では ς を用いる：σεισμός「地震」．ただし，すべての位置において c の字形を用いることもある：Cίcυφοc (=Σίσυφος)「シーシュポス（人名）」．
注 7. σῖγμα [sīŋma] という形も見られる.
注 8. 語頭の υ は常に気息音，すなわち英語やドイツ語の [h] の音を伴ったが (➡ §4.2)，この音は後 4 世紀にはすでに発音されなくなっていた．

§2. 発音（前 5 世紀末）

発音記号

[:]	長母音を表す．	[ɛ:]	日本語の「エー」よりも口の開きをやや広くし，舌の位置もやや低くする．*Ger.* w<u>äh</u>len
	[a:] アー		
[j]	半母音（硬口蓋音）．*Eng.* <u>y</u>es	[e̞:]	日本語の「エー」よりも口の開きを狭くし，唇を左右に強く引き，舌を前方に持ち上げる．*Ger.* B<u>ee</u>t
[w]	半母音（両唇音）．*Eng.* <u>w</u>in	[ɔ:]	日本語の「オー」よりも口の開きをやや広くし，舌の位置もやや低くする．*Eng.* s<u>aw</u>
[ŋ]	鼻音（軟口蓋音）．*Eng.* i<u>n</u>k	[y]	日本語の「ウ」よりも唇を円くすぼめて突き出し，そのまま「イ」を発音する時のように舌を前方へ移動させる．*Fr.* l<u>u</u>ne

ἄ		[a]	日本語の「ア」
ᾱ		[aː]	日本語の「アー」
	ᾰι	[ai]	*Eng.* h<u>igh</u>
	ᾰι + 母音	[ajj]	*Eng.* h<u>igh y</u>ield: παλαιός [palajjos]「昔の」
	ᾱι, ᾳ	[aːi]	古典期には αι と綴られ（このように長母音の横に並べて書かれる ι を「並記のイオータ（iota adscriptum）」と称する），[aːi] と発音された．その後 ι は発音されなくなり，さらには表記すらされない例も見られるようになったが，中世に ι を長母音の下に小さく書く表記法が文法学者らによって編み出された．これを「下書きのイオータ（iota subscriptum）」という（校訂本によっては並記のイオータを採用しているものもある）．アッティカ方言で書かれたテクストを音読する時，この ι を発音するべきである．ηι, ῃ および ωι, ῳ についても事情は同じである．
	ᾰυ	[au]	*Eng.* h<u>ow</u>
	ᾰυ + 母音	[aww]	*Eng.* h<u>ow w</u>ell: παύω [pawwɔː]「やめさせる」
	ᾱυ	[aːu]	
β		[b]	*Eng.* <u>b</u>oy
γ		[g]	*Eng.* <u>g</u>ood
	γγ, γκ, γξ, γχ	[ŋg, ŋk, ŋks, ŋkʰ]	ἄγγελος [aŋgelos]「使者」
	γμ, (γν?)	[ŋm, (ŋn?)]	これは推定される発音であって，明確な証拠によって裏付けられているわけではない．γμ [ŋm] には十分な妥当性があるが，γν [ŋn] はこれを正当と認めるに足る根拠を欠く．
δ		[d]	*Eng.* <u>d</u>ay
ε		[e]	*Eng.* p<u>e</u>t

	ει	[ę:]	ει は元来は [ei] と発音される二重母音であったが，前5世紀末には，たとえば τεῖχος「城壁」という語は（ちょうど日本語の「学生」がしばしば「ガクセイ」ではなく「ガクセー」と発音されるように）[teikʰos] ではなく [tę:kʰos] と発音されるようになっていた．この [ę:] という音は，連続する二つの短母音 ε の融合，あるいは隣接する子音の消失に伴う ε の長音化（代償延長）によって生じることもあった．それらの場合，[ę:] は ε と表記されていたが，前403年にイオーニアー式アルファベットが公式に採用されてからは ει と綴られるようになった．たとえば，動詞 λείπειν「立ち去る」の場合は λειπεεν [leipeen] > λειπεν [leipę:n] > λειπεν [lę:pę:n] > λειπειν [lę:pę:n] と，εἶναι「〜である」の場合は εσναι [esnai] > εναι [ę:nai] > ειναι [ę:nai] と，それぞれ変遷した．
	ει + 母音	[ejj]	Eng. h<u>ey y</u>ou: παιδείᾱ [paidejja:]「教育」
	ευ	[eu]	
	ευ + 母音	[eww]	παιδεύω [paidewwɔ:]「教育する」
ζ		[zd]	Eng. wi<u>sd</u>om．前4世紀後半のある時期から ζ の音価は [z]（母音間では [zz]）へと移行していった．ζῆτα [zdɛ:ta] > [zɛ:ta]（文字 ζ の名称）
η		[ɛ:]	
	ηι, ῃ	[ɛ:i]	古典期には ηι と綴られ，[ɛ:i] と発音された．現行の校訂本では ῃ と表記されることが多い．この ι は後に発音されなくなったが，アッティカ方言で書かれたテクストを音読する時は，これを発音するべきである．➡ ᾱι, ᾳ.
	ηυ	[ɛ:u]	
θ		[tʰ]	強い調子で発音された，気音を伴う Eng. ten の t の音に近い．

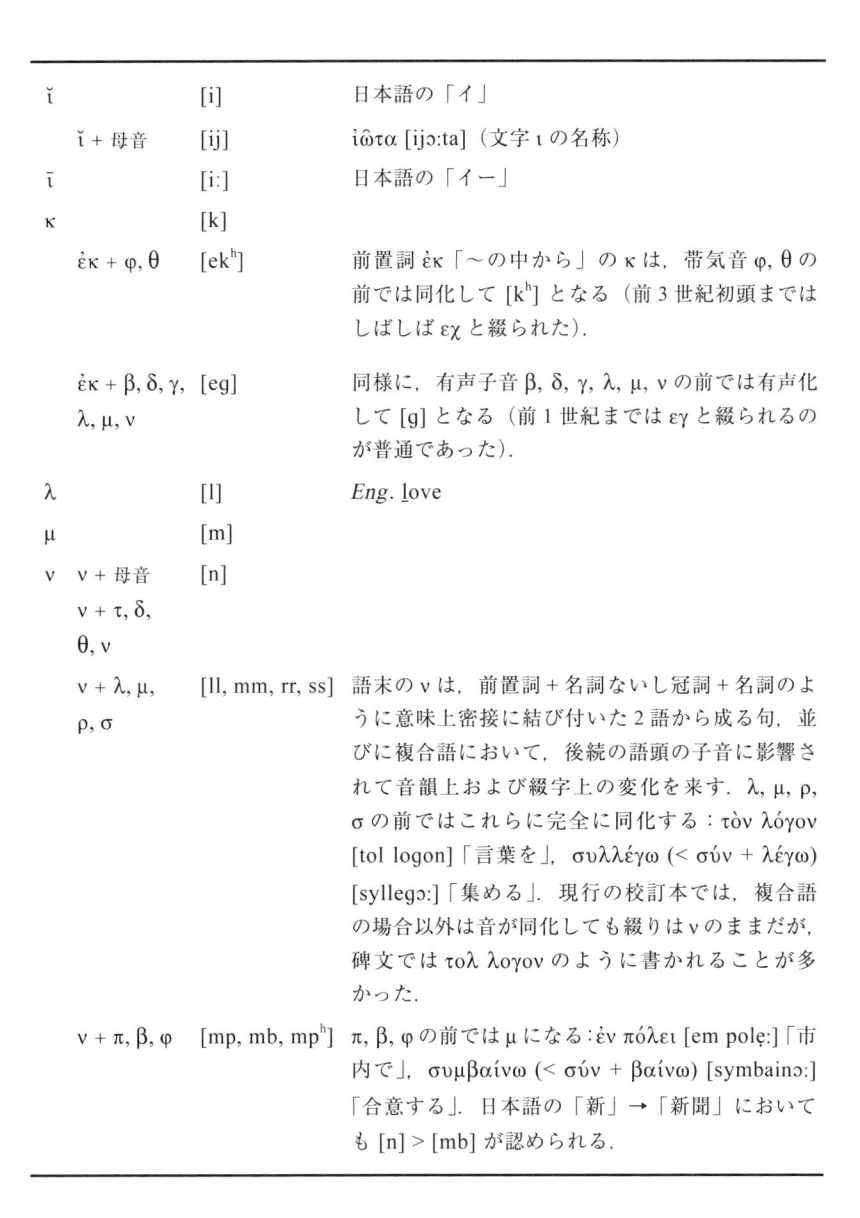

ῐ		[i]	日本語の「イ」
	ῐ + 母音	[ij]	ἰῶτα [ijɔ:ta]（文字 ι の名称）
ῑ		[i:]	日本語の「イー」
κ		[k]	
	ἐκ + φ, θ	[ekʰ]	前置詞 ἐκ「～の中から」の κ は，帯気音 φ, θ の前では同化して [kʰ] となる（前 3 世紀初頭まではしばしば εχ と綴られた）．
	ἐκ + β, δ, γ, λ, μ, ν	[eg]	同様に，有声子音 β, δ, γ, λ, μ, ν の前では有声化して [g] となる（前 1 世紀までは εγ と綴られるのが普通であった）．
λ		[l]	*Eng.* love
μ		[m]	
ν	ν + 母音	[n]	
	ν + τ, δ, θ, ν		
	ν + λ, μ, ρ, σ	[ll, mm, rr, ss]	語末の ν は，前置詞＋名詞ないし冠詞＋名詞のように意味上密接に結び付いた 2 語から成る句，並びに複合語において，後続の語頭の子音に影響されて音韻上および綴字上の変化を来す．λ, μ, ρ, σ の前ではこれらに完全に同化する：τὸν λόγον [tol logon]「言葉を」，συλλέγω (< σύν + λέγω) [syllegɔ:]「集める」．現行の校訂本では，複合語の場合以外は音が同化しても綴りは ν のままだが，碑文では τολ λογον のように書かれることが多かった．
	ν + π, β, φ	[mp, mb, mpʰ]	π, β, φ の前では μ になる：ἐν πόλει [em polę:]「市内で」，συμβαίνω (< σύν + βαίνω) [symbainɔ:]「合意する」．日本語の「新」→「新聞」においても [n] > [mb] が認められる．

	ν + κ, γ, χ	[ŋk, ŋg, ŋkʰ]	κ, γ, χ の前では γ [ŋ] になる：ἐν κύκλῳ [eŋ kyklɔːi]「輪になって」, συγγράφω (< σύν + γράφω) [syŋgrapʰɔː]「記述する」. 日本語の「銀」→「銀行」においても [n] > [ŋk] が認められる.
ξ		[ks]	*Eng.* si<u>x</u>
o		[o]	*Ger.* G<u>o</u>tt
	οι	[oi]	*Eng.* b<u>oy</u>
	οι + 母音	[ojj]	*Eng.* t<u>oy y</u>acht
	ου	[uː]	*Eng.* m<u>oo</u>n, *Fr.* r<u>ou</u>ge. ου は元来は二重母音であり，その発音は [ou] であったが，後にそれが長い狭母音 o の音 (*Ger.* B<u>oo</u>t, *Fr.* c<u>ô</u>te. 記号 [o̜ː] で表す) に変化した. また一方, [e̜ː] の場合と同様に (➡ ει) 母音融合ないし代償延長の結果として [o̜ː] という音が生じることもあった. それらの場合, [o̜ː] は o と表記されていたが, 前 403 年にイオーニアー式アルファベットが公式に採用されてからは ου と綴られるようになった. そして ου の発音は (二重母音に由来するものも，そうでないものも) 古典期にはすでに [o̜ː] から [uː] に変わっていた.
π		[p]	日本語の「パ」を発音する時の [p] に近い.
ρ		[r]	顫動音. 上前歯の内側の歯茎付近を舌で弾いて発音する.
σ		[s]	
	σ + β, δ, γ, μ	[z]	
τ		[t]	日本語の「タ」を発音する時の [t] に近い.
υ		[y]	υ の音価は元は [u] であった. [u] が二重母音の第二要素となる時に υ と表記されるのは，その名残である：αυ [au], ευ [eu].
	υι	[yi]	
	υι + 母音	[yjj]	υἱός [hyjjos]「息子」

ῡ	[yː]		*Ger.* m<u>ü</u>de, *Fr.* r<u>u</u>se
φ	[pʰ]		強い調子で発音された，気音を伴う *Eng.* pity の p の音．
χ	[kʰ]		強い調子で発音された，気音を伴う *Eng.* cat の c の音．
ψ	[ps]		*Eng.* la<u>ps</u>e
ω	[ɔː]		
	ῳ, ῳ	[ɔːi]	古典期には ωι と綴られ，[ɔːi] と発音された．現行の校訂本では ῳ と表記されることが多い．この ι は後に発音されなくなったが，アッティカ方言で書かれたテクストを音読する時は，これを発音するべきである． ➡ ᾱι, ᾳ.
	ωυ	[ɔːu]	

注．連続する同一の子音は倍に発音される：ἀπαλλάττω [apallattɔː]「解放する」．

§3. 音韻組織

§3.1. 単母音

古典ギリシア語の単母音の相対的な調音位置は下図の通りである：

舌の位置（高低） 開口度	舌の位置（前後）	前	中	後
高	狭	ῑ [iː] / ῡ [yː] ῐ [i] / ῠ [y]		ου [uː] ...υ [...u]
中	半狭	ει [eː]		ο [o]
	半広	ε [e] η [ɛː]		ω [ɔː]
低	広		ᾰ [a] ᾱ [aː]	

第 1 章　アルファベット，発音，アクセント

中母音のみは綴字によって長短の別を表す．ε, ο は常に短く，η, ω は常に長い．本書では，α, ι, υ が長い場合は ᾱ, ῑ, ῡ と記す．さもなくば，これらの母音は短いということになるが，短音であることを特に強調するために ᾰ, ῐ, ῠ と記すこともある．

§3.2. 二重母音

第一要素が短母音であるもの		第一要素が長母音であるもの	
αι [ai]	αυ [au]	ᾱι, ᾳ [a:i]	ᾱυ [a:u]
οι [oi]	ευ [eu]	ηι, ῃ [ε:i]	ηυ [ε:u]
υι [yi]		ωι, ῳ [ɔ:i]	ωυ [ɔ:u]

注1．ει, ου は前5世紀においてはもはや二重母音ではなく，2字で1音を表す長母音であった．

注2．短母音を第一要素とする二重母音の第二要素 ι, υ は母音の前で半母音化し，さらに倍に発音されて [jj], [ww] となる．同様に ει も母音の前では [ejj] となる．

注3．長母音である第一要素が小文字で記される時は，第二要素 ι をその下に小さく書くのが現在では一般的であるが，第一要素（または二重母音を含む語全体）が大文字である場合は，ι は必ずその横に並べて書かれる（並記のイオータ）．なお，ᾱυ と ωυ はごく稀にしか見られない．

　高母音または中母音の後に母音が続く時，両者の間に半母音の渡り音が生じる場合がある．ただし，それらの音は綴字上は表されない．

a) 前舌高母音・前舌中母音 + [j] + 母音：πλέον [plejon]「より多く」，τί εἶπες [ti-j-ẹ:pes]「君は何を言ったのか」．

b) 後舌高母音・後舌中母音 + [w] + 母音：ἀκοή [akowε:]「聞くこと」，εὖ οἶδα [eu-w-oida または ewwoida]「私はよく知っている」（υ は二重母音の第二要素をなす時，後舌高母音 [u] の音を表す）．

c) 円唇前舌高母音 [y, y:] + [ɥ] (*Fr.* n<u>u</u>it) + 母音：Hom. σύ ἐσσι [sy-ɥ-essi]「君こそ…だ」．

§3.3. 子音

		両唇音	歯音	軟口蓋音
破裂音	無声音	π [p]	τ [t]	κ [k]
	有声音	β [b]	δ [d]	γ [g]
	無声帯気音	φ [pʰ]	θ [tʰ]	χ [kʰ]
鼻音	有声音	μ [m]	ν [n]	γ [ŋ]

これらの他に，流音 λ [l], ρ [r], 摩擦音（歯擦音）σ (ς) [s], 二重子音 ζ [zd], ξ [ks], ψ [ps], 気息音（声門摩擦音）[h] がある．[h] の音は気息記号 ʽ で表される（→ §4.1）．

　二つの破裂音が連続する時，両者は声帯の振動の有無，すなわち有声か無声かという点で常に一致する．たとえば，両唇音＋歯音の場合，後者が無声音 τ であれば前者は必然的に同じく無声音である π になり（ἑπτά「7」），後者が有声音 δ であれば前者も必ず有声音 β になる（ἕβδομος「第七の」）．このことは ὀκτώ「8」／ ὄγδοος「第八の」という例によっても確かめられる．

§4. 気息記号

§4.1. 語頭の母音の上に次の二つのうちいずれかの記号を必ず付する．
有気記号 (ʽ) は [h] 音を伴うことを示す．　　ὅρος [horos]「境界」
無気記号 (ʼ) は [h] 音を伴わないことを示す．ὄρος [oros]「山」

§4.2. 語頭の υ は常に [h] 音を伴う．ὕδωρ [hydɔːr]「水」

§4.3. 語頭の ρ は常に [h] 音を伴う．表記に際しては母音の場合と同様，有気記号をその上に付する．ῥήτωρ「弁論家」（cf. Lat. rhetor）．古い校訂本の中には語中の ρρ を ῤῥ と表記しているものもあるが（e.g. Πύῤῥος「ピュッロス（人名）」），このやり方は現在では行われていない（Πύρρος）．

§4.4. 気息記号の位置は次の通りである：
a) ει, ου 以外の単母音（α, ε, η, ι, ο, υ, ω），下書きの（または並記の）イオータを伴う長母音（ᾱ, η, ω または ᾱι, ηι, ωι の第一要素）および ρ が小文字で書かれる場合はそれらの上に，大文字で書かれる場合はそれらの左上に付する：ἔχω, ᾠδή (ὠιδή), ῥυθμός, Ὅμηρος, Ὠιδεῖον, Ῥώμη.

b) 二重母音 αι, οι, υι, αυ, ευ, ηυ および ει, ου の場合は，2番目の母音の上に付する．υἱός, Εὐρῑπίδης, οὐρανός.

§5. アクセント

古代ギリシア語のアクセントについては未解明の部分が多いが，本来高低アクセントであったのが後4世紀末までに強弱アクセントに変化し，現在に至っていると考えられる．重アクセント・鋭アクセント・曲アクセントの例を試みに音符で表すと下図のようになる．高低アクセントに慣れた日本人にとってはこのように発音するのは容易であるが，これに慣れないヨーロッパ人は，ギリシア語をラテン語のように，あるいは現代ギリシア語のように，強弱アクセントで読む人が多かった．しかし，最近では高低アクセントで読む人が増えてきている．

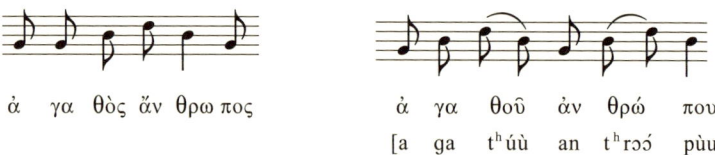

高音（鋭アクセント）から低音（無アクセント）へ，また低音から高音へ移行する際には両者の間に中音が介在したという想定に異を唱え，ἄνθρωπος の θρω や ἀγαθοῦ の γα は低音であると主張する向きもあろうが，そのような急激な音の高低の変化はギリシア人には歌を歌っているように聞こえたという証言がある．日常会話における音調の上げ下げは，この図のように滑らかに行われたはずである．

アクセント規則

以下の説明において，短母音を1モーラ (x)，長母音または二重母音を2モーラ (xx) と数える．「モーラ」は音韻論上の単位で，短音節一つを発音するのに要する時間の長さに相当する：ᾰ=x, ᾱ=xx, αυ=xx.

§5.1. アクセントを置くことができるのは語末の3音節に限られる．それらの音節をラテン語の術語で，後ろから順に ultima （「最後の」），paenultima (< paene「ほとんど」+ ultima), antepaenultima (< ante「〜の前に」+ paenultima) と称する．

§5.2. アクセントの種類は次の三つである：
a) **鋭アクセント**（´）は音調の上昇（↗）を表し，語末の3音節のいずれにも置かれうる．そこに含まれる母音の長短は問わない．後続の音節があれば，その長短にかかわらず音調はそこで自動的に下降する．鋭アクセントを有する語には，それがどの音節に置かれているかに応じた名前がある．すなわち，

  oxytonon は ultima に，
  paroxytonon （par (a) =「〜の傍に」）は paenultima に，
  proparoxytonon （pro =「〜の前に」）は antepaenultima に，

鋭アクセントを持つ語の呼称である．
b) **曲アクセント**（῀）は長母音または二重母音を含む ultima か paenultima にのみ置かれ，音調の第一モーラでの上昇と第二モーラでの下降（↗↘）を表す．曲アクセントを有する語は次のように名付けられている：

  perispomenon （アクセントが ultima にあるもの）
  properispomenon （アクセントが paenultima にあるもの）

c) **重アクセント**（`）は oxytonon の直後に別の語が続く時，鋭アクセントに取って代わって ultima に置かれる．ただし，(1) 疑問代名詞 τίς の場合，(2) 後続の語が前接語（➡ §5.6）である場合，(3) oxytonon の後に句読点が打たれたことなどにより休止が生じる場合，(4) paroxytonon の ultima の母音が省略された場合（e.g. πάντ' οἶδα < πάντα οἶδα「私はすべてを知っている」）は，鋭アクセントが重アクセントに変わることはない．重アクセントを持つ ultima が実際にどのように発音されたかは定かではないが，鋭アクセントが置かれた場合ほどではないにせよ，音調はやや上昇したと考えてよかろう．

§5.3. アクセント記号はアクセントのある音節の母音に付せられ，その位置は気息記号のそれに準じる．同じ母音に気息記号とアクセント記号の両方を付する場合は，鋭アクセント記号と重アクセント記号は気息記号の後ろに，曲アクセント記号は気息記号の上に配する：

ἄνθρωπος, ὃ μῑκρόν, ᾅδω (ᾄδω), Ἅιδης, ἧκε, εὖ.

§5.4. **基本原則**
 音調が下降してから語末に至るまでの長さは最大 1 モーラである．したがって，paenultima において音調の下降が生じる時，ultima に含まれる母音は短母音に限られる：ἄν (↗) -θρω (↘) -πος, δοῦ (↗↘) -λος.

次節の表に示されるように，この原則から次のことが導かれる：
1) ultima に短母音を含む語は，語末の3音節のいずれかに鋭アクセントを持つ

か（ただし，鋭アクセントが paenultima に置かれるためには，そこに含まれる母音が短母音でなければならない），paenultima に曲アクセントを持つ．
2) ultima に長母音ないし二重母音を含む語は，ultima に鋭アクセントまたは曲アクセントを持つか，paenultima に鋭アクセントを持つ．

§5.5. 音節中の母音の長短とアクセント

x は当該音節に含まれる母音が短母音（1モーラ）であることを，xx はそれが長母音または二重母音（2モーラ）であることを，- は音節の切れ目を表す．

antepaenultima	paenultima	ultima	
	x́ +		別の語が後に続く時，鋭アクセントは重アクセントに変わる：τόν + θε-όν > τὸν θε-όν．
	x́		休止または前接語（→ §5.6）の前では鋭アクセントが保持される：θε-όν[1]．
	xx̀ +		τούς + σο-φούς > τοὺς σο-φούς
	xx́		σο-φούς
	x̂x		σο-φῶν (σο-φόὸν)
	x́	(x)x	λό-γος, λό-γου
	x̂x	x	ultima の母音が短い場合は paenultima の第一モーラで音調が上昇し，第二モーラで下降する：δῶ-ρον (δόὸ-ρον)．
	⇩		
	xx́	xx	ultima の母音が長くなると音調の上昇は第二モーラへと移動し，アクセントは鋭アクセントになる：δώ-ρου (δοό-ρου)．
(x)x́	(x)x	x	antepaenultima で上昇した音調は paenultima で自動的に下降するため，ultima の母音は短くなければならない（§5.4 の基本原則による）．
⇩			
(x)x	(x)x́	xx	ultima の母音が長くなるとアクセントは paenultima に移る：ἄν-θρω-πος > ἀν-θρώ που (ἀν-θρυό-που)．

注 1. 鋭アクセントを持つ ultima の母音が省略されると，
a) 前置詞や接続詞はアクセントを失う：ἀλλά > ἀλλ' ἐγώ だがこの私は.
b) それ以外の oxytonon ではアクセントが一つ前の音節に移動する：δεινά > δείν' ἔδρᾱσας 君はどえらいことをやってのけた.

§5.6. 前接語

ある種の単音節語ないし二音節語は自身のアクセントを持たず，発音上，あたかも先行する語と結び付いて 1 語をなすかのように扱われる（実際に両者が結合して合成語となることもある）．それらは先行の語に寄りかかって（ἐγκλίνω）アクセントをそれに委ねることから，前接語（enclitica）と称する．前接語には人称代名詞（➡ 5§2），不定代名詞（➡ 5§10），不定副詞，動詞 εἰμί「～である」と φημί「主張する」（➡ 7§72.3）の活用形などが含まれるが，それらについては後で学ぶ．前接語が後に続いた場合のアクセントの形態は，先行語の種類によってさまざまである（前接語と先行語を併せて一つの語と見なした時，アクセント規則に抵触している場合もある）．

先行語の種類	前接語	
	単音節語	二音節語
oxytonon	σοφός τις	σοφοί τινες
perispomenon	σοφῶν τις	σοφῶν τινες
paroxytonon	φίλος τις	φίλοι τινές
		φίλων τινῶν
ξ, ψ で終わる properispomenon	κῆρυξ τις	κῆρυξ ἐστί
proparoxytonon	ἄνθρωπός τις	ἄνθρωποί τινες
properispomenon	δῶρόν τι	δῶρά τινα

a) oxytonon と perispomenon は元のアクセントを保持する．前者の鋭アクセントは，もはや ultima に置かれているとは見なされないので重アクセントに変わることはない（なお，σοφῶν τινες は §5.4 の基本原則に反している）．
b) paroxytonon（および ξ, ψ で終わる properispomenon）は何ら変化を蒙らないが，前接語が二音節語である場合は，その前接語の ultima にアクセント（そこに含まれるのが短母音であれば鋭アクセント，長母音または二重母音であれば曲アクセント）が置かれる．
c) proparoxytonon と properispomenon（ただし ξ, ψ で終わるものを除く）は

元のアクセントを保持した上で，さらに ultima に鋭アクセントを付加される（これは規則違反を回避するための措置である．たとえば，*ἄνθρωπος τις と *δῶρον τι は，いずれも §5.4 の基本原則に反する）．

d) 後接語（自身のアクセントを持たず，後続の語に添えて軽く発音される単音節語）には鋭アクセントが付せられる．εἴ τις（*εἶ τις とはならないことに注意）．

§6. 句読点

現行の校訂本においては4種類の句読点が用いられる．コンマと終止符は英語等の近代語と同様である．コロンとセミコロンの使い分けはなく，文字の右肩に打たれた点がそれらに相当する（·）．疑問符としては近代語のセミコロンと同様の記号を用いる．τί λέγεις;「君は何を言っているのか」．

第2章　名詞

§1. 序論

　ギリシア語の名詞（および形容詞，代名詞）は以下の特徴を有する：

a) **男性**（**m.**）・**女性**（**f.**）・**中性**（**n.**）の三つの**性**を区別する．

注1. 生物学上の性別と文法的性は概ね一致する．たとえば人間の男を表す名詞（父，兄弟，息子など）は男性，人間の女を表す名詞（母，姉妹，娘など）は女性である．無生物を表す名詞の性は，その形態的特徴（語尾，語幹末尾，形容詞や指示代名詞の形）によって知られる．

注2. 風，暦の月および大多数の川の名は男性であり，国，都市，島，樹木，植物の名および性質や状態を表す抽象名詞は大部分が女性である．

b) **数**は**単数**（**sg.**）・**双数**（**du.**）・**複数**（**pl.**）の三つである．単数は一つのものを，双数は二つのものを，複数は二つ以上のものを表すのに用いる．

注．双数は古くは対をなすもの（両眼，両手，両足など）を表すのによく用いられたが，次第に廃れ，しばしば代わりに複数が用いられた．

c) 次の五つの**格**を持つ（それぞれの略号と基本的な意味を括弧内に示す）：**主格**（nom. が），**呼格**（voc. よ），**対格**（acc. を），**属格**（gen. の，から），**与格**（dat. に，によって）．

注．ギリシア語の派生元である印欧祖語には八つの格があったが，印欧祖語の属格（の）と奪格（から）の機能はギリシア語の属格に，印欧祖語の与格（〈人〉に）と所格（〈場所〉に）と具格（〈手段〉によって）の機能はギリシア語の与格に，それぞれ統合された．ギリシア語の名詞や副詞の中には，所格などの用いられなくなった古い格がその形をとどめているものがある．

§2. 定冠詞

　名詞の性は通常，定冠詞を添えることによって示される．定冠詞は性・数・格に従って以下のように変化する：

	m.sg.	f.sg.	n.sg.	m.pl.	f.pl.	n.pl.	m.f.n. du.
Nom.	ὁ	ἡ	τό	οἱ	αἱ	τά	τώ
Acc.	τόν	τήν	τό	τούς	τάς	τά	τώ
Gen.	τοῦ	τῆς	τοῦ	τῶν	τῶν	τῶν	τοῖν
Dat.	τῷ	τῇ	τῷ	τοῖς	ταῖς	τοῖς	τοῖν

注 1. 変化の形式はタイプ 1 および 3d の名詞のそれと概ね同じである．

注 2. ギリシア語には英語の a やドイツ語の ein に相当する不定冠詞は存在しない．不定代名詞 τὶς (m., f.), τὶ (n.) 「ある，何らかの」が，その代わりとなりうる．

注 3. 定冠詞は呼格形を欠くが，その代わりにしばしば間投詞 ὦ が添えられる．これは必ずしも何らかの感情を伴うわけではなく，単なる呼びかけとして常用される：ὦ φίλε 「友よ」．

注 4. 定冠詞の主格形のうち，気息音（[h] の音）で始まるものは無アクセントである．それら以外の主格形と対格形は鋭アクセントを（これは別の語が後続すると重アクセントに変わる．→ 1§5.2.c)．属格形と与格形は曲アクセントを持つ．

注 5. すべての与格形の語尾には ι が，双数以外の男性・女性対格形の語尾には ν が含まれることに注意．τούς, τάς の元の形は τόνς, τάνς であったが，ν が消失し，先行する母音 o, ᾰ が代償延長によって [o̜: (> u:), a:] となった．τός は前 403 年以降は τούς と綴られた（→ 1§2: ου)．

本書では名詞を **20 のタイプ**に分類するが，記憶すべき語尾の種類はさほど多くない．語尾さえすべて頭に入れてしまえば，あとは個々の名詞について，性・単数主格形・単数属格形の三つを覚えればよい．

§3. タイプ 1

1a：男性／女性．単数主格 -ος, 単数属格 -ου

ὁ ἄνθρωπος 「人間」

Sg.	Nom.	ὁ ἄνθρωπο-ς
	Voc.	(ὦ) ἄνθρωπε
	Acc.	τὸν ἄνθρωπον
	Gen.	τοῦ ἀνθρώπου
	Dat.	τῷ ἀνθρώπῳ
Du.	NVA	τὼ ἀνθρώπω
	GD	τοῖν ἀνθρώποιν
Pl.	NV	οἱ ἄνθρωποι †
	A	τοὺς ἀνθρώπους
	G	τῶν ἀνθρώπων
	D	τοῖς ἀνθρώποις

注. 各変化形末尾のボールド体の部分は，語幹末尾の母音（幹母音）oと格語尾が結合したり，結合後さらに変形したり，無語尾のままo自体が変化したりしたものである（➡ §3.1.b）．これらをいわば見かけ上の語尾として覚えればよい．

Nom. sg. -ς は男性または女性単数主格であることを表す語尾．タイプ1~3の名詞のうち，語幹が ā で終わる女性名詞（タイプ3）だけはこれを欠いている．

Acc. sg. 印欧祖語の単数対格形語尾 -m (e.g. *Lat.* servum < servo-m) は，ギリシア語では母音の後で -ν（それ以外の場合は -α）となった．

Gen. sg. -οιο（ホメーロスに頻出）> -οο > -ου と変遷した．

Nom. pl. †はアクセントが変則的であることを示す．複数主・呼格形の末尾の -οι はアクセントの決定に際しては短いと見なされる（➡ §3.3）．ただし，稀に一部の名詞に見られる所格形の末尾の -οι は規則通り長い．οἶκος「家」の単数所格形は οἴκοι「家に」，複数主・呼格形は οἶκοι「家々（よ）」．

Acc. pl. 元は -ο-νς．ν が消失し，o が代償延長によって [ǫ: (> u:)] となり，ου と綴られるようになった．

Dat. pl. -οισι(ν) という古形が前450年頃まで用いられていた．

§3.1. 呼格形と双数形に関する通則

a) **複数呼格は，すべての名詞において複数主格と同形である．**

b) **単数呼格は語幹と同形になる場合が多いが，タイプ1aにおいては単数呼格形は語幹そのものではなく，幹母音 o が ε に変わった形である**（ἄνθρωπο > ἄνθρωπε）．この母音 o/ε の交替は印欧語特有の現象で，動詞においても見られる．

c) **双数には二つの形しかなく，主・呼・対格と属・与格がそれぞれ同形である．**

名詞のアクセント

§3.2. ギリシア語の名詞は，すべての変化形を通じて**可能な限り**単数主格形のアクセントの位置を保持しようとする．§3.3, 3.4 から分かるように，タイプ1の名詞のうち同じ種類のアクセントが常に同じ音節に置かれるのは paroxytonon（➡ 1§5.2.a）のみである．

§3.3. ここでアクセントの基本原則（➡ 1§5.4）を改めて押さえておこう．

音調の上昇と下降が同一音節内で生じる（そのためには当該音節が長母音または二重母音を含む，つまり2モーラの長さを持つことが条件となる）にせよ，前後の音節に跨って生じる（その場合，後の音節が短ければ音調の下降は1モーラ持続し，長ければ2モーラ持続する）にせよ，音調の下降後は1モーラを越える長さの音韻連続は認められない．したがって，πό (↗) -λε (↘) -μος, ἄν (↗) -θρω (↘) -πε, οἱ (↗↘) -κον は原則に則っているのに対し，*πό-λε-μους, *ἄν-θρω-πων, *οἶ-κοις はこれに違反している．

　タイプ1の名詞の変化形においては，ultima に含まれるのが短母音である場合は単数主格形のアクセントの位置と種類が保持される．ここで注意すべきは，**複数主・呼格形末尾の -οι はアクセントの決定に際しては短母音と見なされる**ということである（それゆえ *ἄν-θρώ-ποι ではなく ἄν-θρω-ποι）．ultima が長母音ないし二重母音を含む場合は，適宜アクセントの位置または種類を変更して（具体的には音調の上昇が生じる位置を右隣の音節に，ないし1モーラ分右寄りに移動させて），音調下降後から語末までの長さが1モーラを越えないようにしなければならない．したがって上の三つの反則例は，正しくはそれぞれ πο-λέ-μους, ἀν-θρώ-πων, οἴ-κοις（οἶ- から οἴ- への変化は，音調上昇の位置を第一モーラをなす ο から第二モーラをなす ι へと移動させた結果）となる．

　以下の4組の語形変化の中に，アクセントの位置ないし種類の変化の全パターンが認められる：

πόλεμοι † - πολέμων
οἶκοι †（複数主・呼格）- οἴκοι（単数所格「家に」 ➡ 4§4.5）
Δελφοί - Δελφῶν (§3.4)
ἀδελφός - ἄδελφε †(§3.5)

§3.4. ultima に鋭アクセントを持つ名詞（**oxytonon**）の属格形と与格形は **perispomenon** である（つまりアクセントが曲アクセントになる）．この規則はタイプ3, 4の名詞にも適用される．

§3.5. 若干の頻用される名詞の呼格形は，アクセントが語頭に置かれていた古い時代の名残をとどめている．自分の肉親や主人，神々に対する呼びかけに，そうした例が多く見られる．かかる不規則な呼格形を持つ名詞のうち，タイプ1a に属するのは次の1語である：

ὁ ἀδελφός「兄弟」, ὦ ἄδελφε †「兄（弟）よ」．

§3.6. タイプ1a の名詞は大部分が男性である．

ὁ ἀγρός, τοῦ ἀγροῦ「畑」	ὁ δοῦλος, τοῦ δούλου「奴隷」
ὁ βίος, τοῦ βίου「生命，人生」	ὁ τύραννος, τοῦ τυράννου「僭主」

　このタイプに分類される若干の女性名詞は男性名詞と同様に変化するが，付せられる定冠詞や共に用いられる形容詞は女性形である．主な女性名詞は以下の通り：

ἡ βίβλος, -ου「本」　　　　　ἡ ὁδός, ὁδοῦ「道」
ἡ γύψος, -ου「石膏」　　　　ἡ παρθένος, -ου「乙女」
ἡ δέλτος, -ου「書板」　　　　ἡ τάφρος, -ου「溝，堀」
ἡ ἤπειρος, ἠπείρου「陸地，本土」　ἡ ψάμμος, -ου「砂」
ἡ νῆσος, νήσου「島」　　　　ἡ ψῆφος, ψήφου「小石，票」
ἡ νόσος, -ου「病気」

　これらの他に，島，都市，国，樹木，植物の名称を表す女性名詞の多くがこのタイプに属する (➡ §1.a 注 2)．

ἡ Δῆλος「デーロス島」　　　ἡ φηγός「樫（バロニアガシ）」
ἡ Κόρινθος「コリントス市」　ἡ ἄμπελος「葡萄の木」
ἡ Αἴγυπτος「エジプト」

§3.7. θεός「神」の単数主格形は単数呼格形としても用いられる．ὦ θεός「神よ」（新約聖書や七十人訳聖書などの後代の文献資料には θεέ という形も見られる）．また，この名詞は男性にも女性にもなりうる．ὁ θεός「男神」，ἡ θεός「女神（アテーナイでは特にアテーナーを指す）」．このような名詞を**通性名詞**といい，人間や動物を表す語に多く見られる．ὁ παῖς「少年」，ἡ παῖς「少女」；ὁ βοῦς「雄牛」，ἡ βοῦς「雌牛」など．

1b：中性．単数主格 -ον，単数属格 -ου

τὸ δῶρον「贈物」

Sg.	NVA	δῶρο-ν	Du.	NVA	δώρω	Pl.	NVA	δῶρα
	G	δώρου		GD	δώροιν		G	δώρων
	D	δώρῳ					D	δώροις

§3.8. すべての中性名詞において主・呼・対の 3 格は同形であり，それらの複数形はいずれも -α で終わる．

第 2 章　名詞　　33

§4. タイプ 2a, 2b：母音融合を伴うタイプ 1 の名詞

2a: oo, oε > [o̞ː (> uː)] ου
2b: εο > ου, εα > ā

		2a ὁ νοῦς「心」		ὁ περίπλους「周航」		τὸ ὀστοῦν「骨」	
Sg.	N	(νόος)	νοῦς	(περίπλοος)	περίπλους	(ὀστέον)	ὀστοῦν
	V	(νόε)	νοῦ	(περίπλοε)	περίπλου	(ὀστέον)	ὀστοῦν
	A	(νόον)	νοῦν	(περίπλοον)	περίπλουν	(ὀστέον)	ὀστοῦν
	G	(νόου)	νοῦ	(περιπλόου)	περίπλου †	(ὀστέου)	ὀστοῦ
	D	(νόῳ)	νῷ	(περιπλόῳ)	περίπλῳ †	(ὀστέῳ)	ὀστῷ
Du.	NVA	(νόω)	νώ †	(περιπλόω)	περίπλω †	(ὀστέω)	ὀστώ †
	GD	(νόοιν)	νοῖν	(περιπλόοιν)	περίπλοιν †	(ὀστέοιν)	ὀστοῖν
Pl.	NV	(νόοι)	νοῖ	(περίπλοοι)	περίπλοι	(ὀστέα)	ὀστᾶ
	A	(νόους)	νοῦς	(περιπλόους)	περίπλους †	(ὀστέα)	ὀστᾶ
	G	(νόων)	νῶν	(περιπλόων)	περίπλων †	(ὀστέων)	ὀστῶν
	D	(νόοις)	νοῖς	(περιπλόοις)	περίπλοις †	(ὀστέοις)	ὀστοῖς

§4.1. o か ε が幹母音（o/ε）に先行する時，母音融合が生じる．
a) oo, oε, εο > ου ([o̞ː] > 古典期における発音は [uː])．o 音が e 音より優勢になることに注意．
b) εα は本来の規則に従えば η となるところだが，タイプ 1b への類推によって（中性名詞複数形の特徴たる α が保持されて）ā となる．
c) 幹母音に先行する o, ε は長母音および二重母音の前で消失する．

§4.2. 音調の上昇を示す鋭アクセントを持つ母音に別の母音が隣接すると，音調はそこで自動的に下降する．この音調の上昇と下降は，二つの母音が融合して長母音ないし二重母音になると，曲アクセントによって示される：ό+ὸ > οῦ．タイプ 2a, 2b の名詞では，次の場合にこの規則が破られる：
a) 双数主・呼・対格形は（複合語のそれを除いて）oxytonon である．
b) 複合語はすべての変化形を通じて単数主格形のアクセントの位置を保持する．たとえば περίπλους (< περί + πλοῦς) の複数属格形は περιπλόων > περίπλων であり，*περιπλῶν とはならない．

§4.3. κάνεον「籠」の単数主・呼・対格形の母音融合後のアクセントも不規則で，*κάνουν ではなく κανοῦν † である．これは属格形 κανοῦ (< κανέου) および与格形 κανῷ (< κανέῳ) への類推によるもので，複数形も同様に κάνεα > κανᾶ †．ただし双数形は κανέω > κανώ †．

§5. タイプ 2c：アッティカ式変化

男性／女性．単数主格 -ως，単数属格 -ω

ὁ νεώς「神殿」

Sg.	NV	νεώς	Du.	NVA	νεώ	Pl.	NV	νεῴ
	A	νεών		GD	νεών †		A	νεώς
	G	νεώ †					G	νεών †
	D	νεῴ †					D	νεῴς †

　このタイプは 1a の変種であり，1a の変化形の ultima に含まれる母音 o, ου が ω に，οι が ῳ になっている．単数呼格は単数主格と同形である．
注 1. このタイプに属する名詞の大部分は -εως で終わる．その変化形は -ηο- という語幹（タイプ 1a の幹母音 o に η が先行する．-āo- に由来するものもある）から作られるイオーニアー方言形が，**(a) 音量転換**と **(b) 短音化**という二つの作用のいずれかを受けたことによって生じたものである．すなわち，
(a) 長母音 η と短母音 o が隣り合う時，両者の音量の長短が入れ替わって εω となる：N.sg. νηό-ς > νεώς, G.sg. νηό-ιο > νηό-ο > νεώ-ο（*νεῶ-ο とはならない． ➡ 注 3）> νεώ．
(b) η は長母音 ω の前では ε となる：νηῷ > νεῴ, νηώ > νεώ．
注 2. -ως に子音が先行する名詞も若干存在する：ὁ λαγώς < λαγωός「兎」, ὁ κάλως「綱」, ἡ γάλως < γάλωος「義理の姉妹」, etc.
注 3. 音量転換後も元のアクセントの位置と種類は変わらない：Μενέλᾱος > Μενέληος > Μενέλεως †「メネラーオス（人名）」．また，すべての変化形を通じて単数主格形のアクセントが保持される．oxytonon の属格形と与格形も perispomenon にはならない（➡ §3.4）．
注 4. コイネーにおいては -ως がタイプ 1a に逆戻りして -ος となったため，ヘレニズム時代の文法学者らはアッティカ方言に特徴的なこの変化を，いわば懐古的に「アッティカ式」と名付けた．

§5.1. このタイプに属する中性名詞は古典期の標準的な文学作品中には見られない．ただし，形容詞の中性形は -ων で終わる（➡ 3§3）．

§5.2. 若干の名詞の単数対格形には -ων と並んで -ω も見られる：λαγώ(ν)「野兎」．以下の地名・人名も同様：ὁ Ἄθως, ἡ Κέως, ἡ Τέως, ἡ Κῶς, ὁ Μίνως．ἡ ἕως「曙」の単数対格形は常に ἕω である．

§6. タイプ 3：女性．単数主格 -ᾱ/-ᾰ/-η, 単数属格 -ᾱς/-ης

3a ~ 3d	Sg.			Du.	Pl.
NV	-ᾱ	-ᾰ	-η	-ᾱ	-αι
A	-ᾱν	-ᾰν	-ην	-ᾱ	-ᾱς
	3a	3b, 3c	3d		
	ε, ι, ρ の後		それ以外		
	3a, 3b		3c, 3d		
G	-ᾱς		-ης	-αιν	-ῶν †
D	-ᾳ		-ῃ	-αιν	-αις

注．双数形と複数形の末尾（複数属格形以外はタイプ 1a の o が ᾱ に，ω と ου が ᾱ に変じたもの）はタイプ 3~5 のすべての名詞に共通した形である．

§6.1. 語幹末尾の ᾱ は単数形では ε, ι, ρ の後においてのみ保持され (3a)，それ以外は η になる (3d)．これはあらゆる場合に ᾱ が η に変わるイオーニアー方言の影響による．-ᾰ で終わる名詞 (3b, 3c) は，本来は他の二つとは無関係であったが，このタイプに組み入れられた．その単数属・与格形は，ᾰ に ε, ι, ρ が先行する場合は 3a と，それ以外の場合は 3d と同じになる．

注．κόρη「少女」, δέρη「首」などは -ρϝᾱ > -ρϝη > -ρη となったもので，ϝ (その字形から δίγαμμα ［二重の Γ の意］と呼ばれる文字で，音価は [w]．古名は ϝαῦ. アッティカ方言では早く廃れた) が消失した後もなお，η が ᾱ に逆戻りすることなく，そのまま保持されている．

		3a	3b	3c	3d
		「女神」	「球」	「海」	「勝利」
Sg.	NV	θεά	σφαῖρᾰ	θάλαττᾰ	νίκη
	A	θεάν	σφαῖρᾰν	θάλαττᾰν	νίκην
	G	θεᾶς	σφαίρᾱς	θαλάττης	νίκης
	D	θεᾷ	σφαίρᾳ	θαλάττῃ	νίκῃ
Du.	NVA	θεά	σφαίρᾱ	θαλάττᾱ	νίκᾱ
	GD	θεαῖν	σφαίραιν	θαλάτταιν	νίκαιν
Pl.	NV	θεαί	σφαῖραι	θάλατται	νῖκαι
	A	θεάς	σφαίρᾱς	θαλάττᾱς	νίκᾱς
	G	θεῶν	σφαιρῶν †	θαλαττῶν †	νῑκῶν †
	D	θεαῖς	σφαίραις	θαλάτταις	νίκαις

§6.2. アクセントに関しては次の 2 点に注意：

a) タイプ 1a の場合と同様に（➡ §3.3），複数主・呼格形末尾の **-αι** はアクセントの決定に際しては短母音と見なされる．

b) 複数属格形は必ず **perispomenon** になる．-άων > -ήων > -έων と変化した形が母音融合によって -ῶν となったためである．

注 1. ultima の母音の長短は，しばしばアクセントから判明する．たとえば Μοῦσα, εὔνοια の α は短い．さもなくば音調が下降してから語末に至るまでに 2 モーラを数えることになってしまう．一方，χώρα の α は長い．もし短ければアクセントは *χῶρα となるはずである（➡ 1§5.4）．

注 2. paenultima の α, ι, υ が鋭アクセントを持つ時（e.g. μάχη, νίκη, ὕλη, θύρα），その長短を判別するための決め手となるのは複数主格形のアクセントである．逆に，その長短が分からなければ正しい複数主格形は得られない．α, ι, υ が短ければ複数主格形は paroxytonon のままであるが，前者が長ければ後者は properispomenon となる：μάχη [ᾰ]: μάχαι, νίκη [ῑ]: νῖκαι, ὕλη [ῡ]: ὗλαι, θύρᾱ [ῠ]: θύραι.

§7. タイプ 4：男性．単数主格 -ᾱς/-ης, 単数属格 -ου

		4a 「若者」	4b 「アトレウスの子」	4c 「市民」
Sg.	N	νεᾱνίᾱς	Ἀτρείδης	πολίτης
	V	νεᾱνίᾱ	Ἀτρείδη	πολῖτα
	A	νεᾱνίᾱν	Ἀτρείδην	πολίτην
	G	νεᾱνίου	Ἀτρείδου	πολίτου
	D	νεᾱνίᾳ	Ἀτρείδῃ	πολίτῃ
Du.	NVA	νεᾱνίᾱ	Ἀτρείδᾱ	πολίτᾱ
	GD	νεᾱνίαιν	Ἀτρείδαιν	πολίταιν
Pl.	NV	νεᾱνίαι	Ἀτρεῖδαι	πολῖται
	A	νεᾱνίᾱς	Ἀτρείδᾱς	πολίτᾱς
	G	νεᾱνιῶν †	Ἀτρειδῶν †	πολῑτῶν †
	D	νεᾱνίαις	Ἀτρείδαις	πολίταις

§7.1. このタイプに分類されるのは，3a および 3d に対応する -ᾱ- 語幹の男性名詞である．女性名詞との相違点は以下の通り：

a) タイプ 1a と同じく語幹に -ς を加えて単数主格形を作る．
b) タイプ 4c の単数呼格形では -η が -ᾰ に変わる．
c) 単数属格形はタイプ 1a への類推によって -ου となる．

§7.2. タイプ 4c は単数呼格形以外は 4b と変わるところがない．このタイプに属するのは，

a) -της で終わる名詞：ὑποκριτής「俳優」, V.sg. ὑποκριτᾰ
b) 民族名：Πέρσης「ペルシア人」, V.sg. Πέρσᾰ
c) 複合名詞：γεω-μέτρης「測量士」, V.sg. γεω-μέτρᾰ

注 1. Πέρσης は個人名を表すこともある．その場合はタイプ 4b に分類される：ὦ Πέρση「ペルセースよ」．
注 2. -μέτρης で終わる複合名詞は ρ の後が ᾱ ではなく η になる点で例外的である．

§7.3. δεσπότης「主人」の単数呼格形は δέσποτα † である（➜ §3.5）．

§8. タイプ5：母音融合を伴うタイプ3, 4の名詞

αᾱ > ᾱ, εᾱ > η/ᾱ

		ἡ μνᾶ 「ムナー」 = 3a (μναᾱ-)	ἡ σῦκῆ 「無花果の木」 = 3d (σῡκεᾱ-)	ὁ Βορρᾶς 「北風」 = 4a (Βορεᾱ-)	ὁ Ἑρμῆς 「ヘルメース」 = 4b (Ἑρμεᾱ-)
Sg.	N	μνᾶ	σῦκῆ	Βορρᾶ-ς	Ἑρμῆ-ς
	V	μνᾶ	σῦκῆ	Βορρᾶ	Ἑρμῆ
	A	μνᾶ-ν	σῦκῆ-ν	Βορρᾶ-ν	Ἑρμῆ-ν
	G	μνᾶς	σῦκῆς	Βορροῦ	Ἑρμοῦ
	D	μνᾷ	σῦκῇ	Βορρᾷ	Ἑρμῇ
Du.	NVA	μνᾶ	σῦκᾶ		Ἑρμᾶ
	GD	μναῖν	σῡκαῖν		Ἑρμαῖν
Pl.	NV	μναῖ	σῦκαῖ		Ἑρμαῖ
	A	μνᾶς	σῦκᾶς		Ἑρμᾶς
	G	μνῶν	σῡκῶν		Ἑρμῶν
	D	μναῖς	σῦκαῖς		Ἑρμαῖς

注．「ムナー」は重量と貨幣の単位．Βορρᾶς は Βορέας のアッティカ方言形．Ἑρμῆς の双数形および複数形は「ヘルメースの神像」の意．

§8.1. 母音融合の結果，すべての変化形が perispomenon になる．ε, ι, ρ の後では εᾱ > ᾱ, その他の場合は εᾱ > η となる．

§9. タイプ 6~20：造語法とアクセント

§9.1. ギリシア語の名詞の構成要素は語幹と語尾（格と数を示す格語尾）に大別される．大抵の語幹は一つまたは複数の接尾辞が語根と結合して作られるが，語根がそのまま語幹となることもある．また，語幹に語尾が付かない場合もある．

```
語根     （＋接尾辞）      （＋語尾）
 └──────────┬──────────┘
         語幹
 └──────────────────┬──────────────────┘
                   語
```

すでに見たように，タイプ 1~5 の名詞においては語幹と語尾を分離してそれぞれの形を明示することが困難な場合が少なくないが，これから学ぶタイプ 6~20 の名詞においては，両者の境目を把握するのは比較的容易である．これらの変化に習熟するには，語尾の形を覚え，語幹のさまざまな種類を知ることが肝要になる．**語幹の形は通常，単数属格形から格語尾 -ος を取り除くことによって得られる．**

§9.2. タイプ 6~20 に属する単音節語の属格形と与格形は **ultima** にアクセントを持つ．そこに含まれる母音が短ければ oxytonon に，長ければ perispomenon になる：e.g. πούς「足」, G.sg. ποδός, G.pl. ποδῶν．それ以外は §3.2, 3.3 のアクセント規則に従う．

注．以下の名詞の双数属・与格形 (-οιν) および複数属格形 (-ων) は perispomenon ではなく paroxytonon である：ἡ δάς「松明」（タイプ 7a．語幹 δαδ-），ὁ δμώς *poet.*「奴隷」（タイプ 14．語幹 δμω(ϝ)-），ὁ, ἡ θώς「ジャッカル」（タイプ 14．語幹 θω(ϝ)-），τὸ οὖς「耳」(➡ §25.22)，ὁ, ἡ παῖς「子供」（タイプ 7b．語幹 παιδ-），ὁ Τρώς「トロイア人」（タイプ 14．語幹 Τρω(ϝ)-），τὸ φῶς「光」（タイプ 9c．➡ §13.3）．

§10. タイプ 6

6a: π, β, φ + σ > ψ
6b: κ, γ, χ + σ > ξ

		6a		6b			
		ὁ κλώψ	ἡ φλέψ	ὁ φύλαξ	ἡ φάλαγξ	ὁ, ἡ αἴξ	ἡ θρίξ
		(κλωπ-)	(φλεβ-)	(φυλακ-)	(φαλαγγ-)	(αἰγ-)	(τριχ- §10.5)
		「泥棒」	「血管」	「見張人」	「戦列」	「山羊」	「毛髪」
Sg.	NV	κλώψ	φλέψ	φύλαξ	φάλαγξ	αἴξ	θρίξ
	A	κλῶπ-α	φλέβ-α	φύλακ-α	φάλαγγ-α	αἶγ-α	τρίχ-α
	G	κλωπ-ός	φλεβ-ός	φύλακ-ος	φάλαγγ-ος	αἰγ-ός	τριχ-ός
	D	κλωπ-ί	φλεβ-ί	φύλακ-ι	φάλαγγ-ι	αἰγ-ί	τριχ-ί
Du.	NVA	κλῶπ-ε	φλέβ-ε	φύλακ-ε	φάλαγγ-ε	αἶγ-ε	τρίχ-ε
	GD	κλωπ-οῖν	φλεβ-οῖν	φυλάκ-οιν	φαλάγγ-οιν	αἰγ-οῖν	τριχ-οῖν
Pl.	NV	κλῶπ-ες	φλέβ-ες	φύλακ-ες	φάλαγγ-ες	αἶγ-ες	τρίχ-ες
	A	κλῶπ-ας	φλέβ-ας	φύλακ-ας	φάλαγγ-ας	αἶγ-ας	τρίχ-ας
	G	κλωπ-ῶν	φλεβ-ῶν	φυλάκ-ων	φαλάγγ-ων	αἰγ-ῶν	τριχ-ῶν
	D	κλωψί(ν)	φλεψί(ν)	φύλαξι(ν)	φάλαγξι(ν)	αἰξί(ν)	θριξί(ν)

語幹末尾の π, β, φ (6a) と κ, γ, χ (6b) は，単数主・呼格形と複数与格形において後続の σ と結合し，それぞれ ψ [ps], ξ [ks] になる．

格語尾

§10.1. N.sg. タイプ 6~20 の男性・女性名詞の大部分が語尾 -ς をとる（例外については後述）．

§10.2. V.sg.

a) 通常は語幹がそのまま単数呼格形として用いられる．ただし，ギリシア語では原則として ν, ρ, ς（および ξ [ks], ψ [ps]）以外の子音が語末音となることは許されないので，これら以外の幹末子音は消失する．

b) タイプ 6, 7a の名詞と，語幹が流音（λ, ρ）ないし ν で終わり，かつ oxytonon である男性・女性名詞の呼格形は単数主格形と同一である．ただし，タイプ 12 の名詞は例外（➡ §16, §3.5）．

第 2 章 名詞 41

§10.3. Acc. 印欧祖語の単数対格形語尾 -m が語幹末尾の母音の後で -ν に，子音の後では発音がより容易な -α に変化した（➡ §3）．複数形の -ăς は -νς に由来する．

§10.4. D.pl. -σι. この ν は母音で始まる語が後続する場合に，また文末や節の切れ目において，語末に ν が書き加えられることを示す．これを「付加音の ν（νῦ ἐφελκυστικόν）」と称する（➡ 7§2.1 注）．

§10.5. 帯気音を含む音節が連続する時，先行する音節中の帯気音は無気音に変わる．これを「**グラスマン（Grassmann）の法則**」と呼ぶ．θρίξ の単数主格と複数与格以外の変化形において語幹が θριχ- [tʰrikʰ] > τριχ- [trikʰ] となっているのは，この法則が働いて θ から τ への異化が生じたためである．

§11. タイプ7：τ, δ, θ + σ > σ

		7a ὁ θής「奴隷」 (θητ-)	7a ἡ νύξ「夜」 (νυκτ-)	7b ἡ ἐλπίς「希望」 (ἐλπιδ-)	7c ἡ χάρις「優美」 (χαριτ-)
Sg.	N	θής	νύξ	ἐλπίς	χάρις
	V	**θής**	**νύξ**	**ἐλπί**	**χάρι**
	A	θητ-α	νύκτ-α	ἐλπίδ-α	χάρι-ν
	G	θητ-ός	νυκτ-ός	ἐλπίδ-ος	χάριτ-ος
	D	θητ-ί	νυκτ-ί	ἐλπίδ-ι	χάριτ-ι
Du.	NVA	θῆτ-ε	νύκτ-ε	ἐλπίδ-ε	χάριτ-ε
	GD	θητ-οῖν	νυκτ-οῖν	ἐλπίδ-οιν	χαρίτ-οιν
Pl.	NV	θῆτ-ες	νύκτ-ες	ἐλπίδ-ες	χάριτ-ες
	A	θῆτ-ας	νύκτ-ας	ἐλπίδ-ας	χάριτ-ας
	G	θητ-ῶν	νυκτ-ῶν	ἐλπίδ-ων	χαρίτ-ων
	D	**θησί**ᵥ	**νυξί**ᵥ	**ἐλπίσι**ᵥ	**χάρισι**ᵥ

タイプ 7b と 7c の名詞には語幹が -ιτ, -ιδ, -ιθ のいずれかで終わるという共通点があるが，前者が語幹の最後の音節にアクセントを持つのに対し，後者はそうではない．タイプ 7a の名詞においては語幹末尾の歯音に ι 以外の音が先行する．

§11.1. 幹末の τ, δ, θ は σ の前で消失する．

§11.2. 語幹が -ιτ, -ιδ, -ιθ で終わる名詞（7b, 7c）の単数呼格形は無語尾で，さらに幹末の子音は語末音たり得ないため消失する：ἐλπίδ > ἐλπί, χάριτ > χάρι．それ以外の名詞（7a）では，単数呼格は単数主格と同形である（➡ §10.2）．

§11.3. 語幹が二つ以上の音節から成り，最後の音節が -ιτ, -ιδ, -ιθ のいずれかで終わり，かつそこにアクセントが置かれない名詞（7c）の単数対格形は通常，幹末の歯音を落とし，語尾 -ν を付けて作られる：χάρις (χαριτ-): χάριν, ἔρις「争い」(ἐριδ-): ἔριν, ὄρνῑς「鳥」(ὀρνῑθ-): ὄρνῑν．これに対して，語幹末尾の音節にアクセントが置かれるタイプ 7b の名詞は語尾が -α となる：ἐλπίδ-α．

§12. タイプ 8：短母音 + ντ + σ > 長母音 + σ

		8a		8b
		ὁ γίγᾱς「巨人」	θείς (§12.2)	ὁ γέρων「老人」
		(γιγαντ-)	(θεντ-)	(γεροντ-)
Sg.	N	γίγᾱς	θείς	γέρων
	V	γίγαν	θείς	γέρον
	A	γίγαντ-α	θέντ-α	γέροντ-α
	G	γίγαντ-ος	θέντ-ος	γέροντ-ος
	D	γίγαντ-ι	θέντ-ι	γέροντ-ι
Du.	NVA	γίγαντ-ε	θέντ-ε	γέροντ-ε
	GD	γιγάντ-οιν	θέντ-οιν	γερόντ-οιν
Pl.	NV	γίγαντ-ες	θέντ-ες	γέροντ-ες
	A	γίγαντ-ας	θέντ-ας	γέροντ-ας
	G	γιγάντ-ων	θέντ-ων	γερόντ-ων
	D	**γίγᾱσι**ν	**θεῖσι**ν	**γέρουσι**ν

タイプ 8a の名詞の単数主格形は語尾 -ς をとり，8b のそれはとらない．

§12.1. 幹末の τ が σ の前で消失するのはタイプ 7 の場合と同じだが，タイプ 8 の名詞ではさらに ν も落ち，その代償として ν に先行する短母音が長母音となる：ἄντ+ς > ἄνς > ᾱς．

§12.2. ε は代償延長の結果 ει = [ẹ:] となる (εντ+ς > εις) が，その実例が名詞の変化においては見出されないため，上の表では τίθημι「置く」のアオリスト分詞 (➡ 7§18.1) を掲げておいた．分詞は名詞と違って単数呼格が単数主格と同形であること，単音節語であっても属格と与格のアクセントが ultima には置かれないことに注意 (➡ §9.2)．

§12.3. ο は複数与格形において代償延長の結果 ου = [ọ:] > [u:] となる．単数主格形においても οντ+ς > ους となることがあるが (タイプ 8a．e.g. ὁ ὀδούς (ὀδοντ-)「歯」, διδούς (διδοντ-) [δίδωμι「与える」の現在分詞 (➡ 7§64)])，タイプ 8b に属する -οντ- 語幹の男性名詞の単数主格形は，通常は幹末の τ を落とし，ο を ω とすることによって作られる：λέων (λεοντ-)「ライオン」．

§13. タイプ 9：-τ- 語幹の中性名詞

		9a σῶμα「肉体」 (σωματ-)	9b ἧπαρ「肝臓」 (ἡπατ-)	9c τέρας「怪異」 (τερατ-)
Sg.	NVA	σῶμα	ἧπαρ	τέρας
	G	σώματ-ος	ἥπατ-ος	τέρατ-ος
	D	σώματ-ι	ἥπατ-ι	τέρατ-ι
Du.	NVA	σώματ-ε	ἥπατ-ε	τέρατ-ε
	GD	σωμάτ-οιν	ἡπάτ-οιν	τεράτ-οιν
Pl.	NVA	σώματ-α	ἥπατ-α	τέρατ-α
	G	σωμάτ-ων	ἡπάτ-ων	τεράτ-ων
	D	**σώμασι**	**ἥπασι**	**τέρασι**

§13.1. タイプ 9a の名詞には，他に στόμα (στοματ-)「口」, ὄνομα (ὀνοματ-)「名前」, μέλι (μελιτ-)「蜂蜜」, γάλα (γαλακτ-)「乳」などがある．

§13.2. 単数主・呼・対格形が ρ で終わる名詞 (9b) には，他に ἧμαρ (ἡματ-) poet.「日」, φρέαρ (φρεατ-)「貯水槽」などがある．

§13.3. 単数主・呼・対格形が ς で終わる (これらの変化形のみ -σ- 語幹から作られる) 名詞 (9c) には，他に κέρας (κερᾱτ-)「角」(➡ §17.12), πέρας (περατ-)「終わり」, φῶς (φωτ-)「光」がある．

§14. タイプ 10：-ν- 語幹の男性・女性名詞

		10a ἡ ῥίς 「鼻」 (ῥῑν-)	10b ὁ, ἡ ἡγεμών 「指導者」 (ἡγεμον-)	ὁ ἀγών 「競技」 (ἀγων-)	10c ὁ, ἡ δαίμων 「神霊」 (δαιμον-)
Sg.	N	ῥίς	ἡγεμών	ἀγών	δαίμων
	V	ῥίς	ἡγεμών	ἀγών	δαῖμον
	A	ῥῖν-α	ἡγεμόν-α	ἀγῶν-α	δαίμον-α
	G	ῥῑν-ός	ἡγεμόν-ος	ἀγῶν-ος	δαίμον-ος
	D	ῥῑν-ί	ἡγεμόν-ι	ἀγῶν-ι	δαίμον-ι
Du.	NVA	ῥῖν-ε	ἡγεμόν-ε	ἀγῶν-ε	δαίμον-ε
	GD	ῥῑν-οῖν	ἡγεμόν-οιν	ἀγών-οιν	δαιμόν-οιν
Pl.	NV	ῥῖν-ες	ἡγεμόν-ες	ἀγῶν-ες	δαίμον-ες
	A	ῥῖν-ας	ἡγεμόν-ας	ἀγῶν-ας	δαίμον-ας
	G	ῥῑν-ῶν	ἡγεμόν-ων	ἀγών-ων	δαιμόν-ων
	D	**ῥῑσί**	**ἡγεμόσι**	**ἀγῶσι**	**δαίμοσι**

§14.1. タイプ 10b の名詞は単数主格形で語尾 -ς をとらず，語幹末尾の ν の直前の母音が短い場合は長母音に変える：ἡγεμον- > ἡγεμών．

§14.2. 幹末の ν は複数与格の語尾 -σι の前で落ちるが，これに先行する短母音が長母音に変わることはない．この点，幹末の ντ の消失に伴って先行母音の代償延長が生じるタイプ 8 と対照的である．

§14.3. oxytonon（10a, 10b）の単数呼格形は単数主格形と同じであるが（➡ §10.2.b），そうでない名詞（10c）は語幹がそのまま単数呼格形となる．このことはタイプ 11 の名詞にも当てはまる（➡ §15.2）．

§14.4. 特殊な変化形を持つ神名—Ἀπόλλων と Ποσειδῶν

a) 対格形：Ἀπόλλωνα, Ποσειδῶνα と並んで Ἀπόλλω, Ποσειδῶ という形もあり，碑文では通常，後者が用いられる．この形は神の名にかけての誓言において特によく見られる：νὴ τὸν Ἀπόλλω「アポッローンにかけて然り」，μὰ τὸν Ποσειδῶ「ポセイドーンにかけて否」．

b) 呼格形：アクセントが後退的（可能な限り語末から遠ざかろうとする）で，

Ἄπολλον, Πόσειδον となる（➡ §3.5）。主格形が -ων で終わる人名を表す複合名詞の呼格形も後退的なアクセントを持つ：e.g. Ἀγαμέμνων, Ἀγάμεμνον. ただし，このことは -φρων で終わるものには当てはまらない（Εὐθύφρων の呼格形は Εὔθυφρον ではなく Εὐθύφρον）。また，Λακεδαίμων, Φιλήμων はそれぞれ Λακεδαῖμον, Φιλῆμον となる．

§15. タイプ 11：流音（λ, ρ）幹名詞

		11a ὁ ἅλς「塩」 (ἁλ-)	11b ὁ θήρ「野獣」 (θηρ-)	11c ὁ ῥήτωρ「弁論家」 (ῥητορ-)
Sg.	N	ἅλ-ς	θήρ	ῥήτωρ
	V	ἅλ-ς	θήρ	ῥῆτορ
	A	ἅλ-α	θῆρ-α	ῥήτορ-α
	G	ἁλ-ός	θηρ-ός	ῥήτορ-ος
	D	ἁλ-ί	θηρ-ί	ῥήτορ-ι
Du.	NVA	ἅλ-ε	θῆρ-ε	ῥήτορ-ε
	GD	ἁλ-οῖν	θηρ-οῖν	ῥητόρ-οιν
Pl.	NV	ἅλ-ες	θῆρ-ες	ῥήτορ-ες
	A	ἅλ-ας	θῆρ-ας	ῥήτορ-ας
	G	ἁλ-ῶν	θηρ-ῶν	ῥητόρ-ων
	D	ἁλ-σί(ν)	θηρ-σί(ν)	ῥήτορ-σι(ν)

§15.1. -λ- 語幹の名詞は ἅλς 1 語のみ．この名詞は「海」を意味する詩語として用いられる場合は性が女性になる．-ρ- 語幹の名詞の単数主格形は語尾 -ς を持たず，幹末の ρ の直前の母音が短い場合は長母音に変える：ῥητορ- > ῥήτωρ.

§15.2. oxytonon（11a, 11b）の単数呼格形は単数主格形と同じであるが（➡ §10.2b），そうでない名詞（11c）は語幹がそのまま単数呼格形となる（➡ §14.3）．

§15.3. ὁ σωτήρ (σωτηρ-)「救済者」の単数呼格形は σῶτερ という不規則な形をしている．

§16. タイプ 12：-ερ- と -ρ- の二つの語幹を持つ名詞

		12a			12b
		ὁ πατήρ「父」	ἡ μήτηρ「母」	ἡ θυγάτηρ「娘」	ὁ ἀνήρ「男」
		(πατερ-)	(μητερ-)	(θυγατερ-)	(ἀνερ-)
Sg.	N	πατήρ	μήτηρ	θυγάτηρ	ἀνήρ
	V	πάτερ †	μῆτερ	θύγατερ †	ἄνερ †
	A	πατέρ-α	μητέρ-α †	θυγατέρ-α †	ἄνδρ-α †
	G	πατρ-ός	μητρ-ός †	θυγατρ-ός †	ἀνδρ-ός
	D	πατρ-ί	μητρ-ί †	θυγατρ-ί †	ἀνδρ-ί
Du.	NVA	πατέρ-ε	μητέρ-ε †	θυγατέρ-ε †	ἄνδρ-ε †
	GD	πατέρ-οιν	μητέρ-οιν	θυγατέρ-οιν	ἀνδρ-οῖν
Pl.	NV	πατέρ-ες	μητέρ-ες †	θυγατέρ-ες †	ἄνδρ-ες †
	A	πατέρ-ας	μητέρ-ας †	θυγατέρ-ας †	ἄνδρ-ας †
	G	πατέρ-ων	μητέρ-ων	θυγατέρ-ων	ἀνδρ-ῶν
	D	**πατρά-σι**	**μητρά-σι** †	**θυγατρά-σι** †	**ἀνδρά-σι**

§16.1. タイプ 12a では単数属・与格形および複数与格形が，ἀνήρ（タイプ 12b）では単数主・呼格形以外のすべての変化形が，語幹 -ερ- の末尾の音節から母音 ε が落ちた -ρ- 語幹から作られる．ἀνήρ においては隣接する ν と ρ の間に δ が挿入される（ἀνερ- > ἀνρ- > ἀνδρ-）．なお，タイプ 12a に属する名詞には他に ἡ γαστήρ「腹」がある．

§16.2. 単数主格形は語幹末尾の音節の母音 ε が伸ばされて -ηρ となる．

§16.3. 複数与格形において二つの子音に挟まれた幹末の ρ は ρα となる．

§16.4. 単数呼格形のアクセントは後退的である．

§16.5. タイプ 12a の名詞は，単数主・呼格形以外は τε ないし τρ- にアクセントを持つ．ἀνήρ の属・与格形（ただし複数与格形を除く）のアクセントは単音節語のそれに準じる（➡ §9.2）．その他の変化形は，単数主格形以外はすべて paenultima にアクセントを持つ．

§16.6. ἡ Δημήτηρ「デーメーテール（神名）」は次のように変化する：V. Δήμητερ, A. Δήμητρα, G. Δήμητρος, D. Δήμητρι.

§16.7. ὁ ἀστήρ「星」の単数属・与格形はそれぞれ ἀστέρος, ἀστέρι. ただし複数与格形は ἀστράσι.

§17. タイプ 13：-σ- 語幹の名詞

13a. -εσ- 語幹の中性名詞

γένος「種族」
(γενεσ-)

Sg.	NVA		γένος
	G	γένε(σ)-ος >	γένους
	D	γένε-ι >	γένει
Du.	NVA	γένε-ε >	γένει
	GD	γενέ-οιν >	γενοῖν
Pl.	NVA	γένε-α >	γένη
	G	γενέ-ων >	γενῶν
	D	γένεσ-σι >	γένεσι

§17.1. タイプ 13 の名詞では，二つの母音に挟まれた幹末の σ が消失し，母音融合が生じる：γένος, G.sg. γένε(σ)-ος > γένους, D.sg. γένε(σ)-ι > γένει. その際の規則は以下の通り：

a) 隣接する同一の母音は長母音になる：e.g. ᾰ+ᾰ > ᾱ, ε+ε > [ẹ:] = ει, ο+ο > [ọ: (> u:)] = ου.

b) α+ι > αι, ε+ι > ει, ο+ι > οι.

c) ε は長母音および二重母音の前で消失する：-εων > -ων, -εοιν > -οιν.

d) ο 音は常に a 音，e 音より優勢である：α+ο, α+ω, ο+α > ω；ε+ο > [ọ: (> u:)] = ου.

e) α と ε が隣り合う場合は先行する音が優勢となる：α+ε > ᾱ, ε+α > η.

§17.2. 複数与格形では -σ-σι > -σι となるが，幹末の σ に先行する母音は延長されない．

§17.3. タイプ 13a の名詞の単数主・呼・対格形は -ος となる．

13b. -εσ- 語幹の男性・女性名詞

		ἡ τριήρης「三段櫂船」 (τριηρεσ-)		ὁ Σωκράτης「ソークラテース」 (Σωκρατεσ-)	
Sg.	N		τριήρης		Σωκράτης
	V		τριῆρες		Σώκρατες †
	A	τριήρε-α >	τριήρη	Σωκράτε-α >	Σωκράτη(ν)
	G	τριήρε-ος >	τριήρους	Σωκράτε-ος >	Σωκράτους
	D	τριήρε-ι >	τριήρει	Σωκράτε-ι >	Σωκράτει
Du.	NVA	τριήρε-ε >	τριήρει		
	GD	τριηρέ-οιν >	τριήροιν †		
Pl.	NV	τριήρε-ες >	τριήρεις		
	A	(τριήρε-ας)	**τριήρεις**		
	G	τριηρέ-ων >	τριήρων †		
	D	τριήρεσ-σι >	**τριήρεσι**ν		

§17.4. このタイプに属するのは，男性・女性単数主格形が -ης で終わる形容詞が名詞化したものである．男性名詞は個人名で，その呼格形は後退的なアクセントを持つ．

§17.5. τριήρης は本来，女性名詞 ναῦς「船」を修飾する形容詞で，「三段から成る漕手席を備えた」を意味する．

§17.6. -γένης, -κράτης, -μένης, -φάνης などで終わる個人名は，タイプ 4b, 4c の名詞と同様に -ᾱ- 語幹から作られる -ην という対格形をとることもある：e.g. Σωκράτην, Ἀριστοφάνην.

§17.7. τριήρης の双数属・与格形 τριήροιν と複数属格形 τριήρων は，他の変化形への類推によってアクセントが変則的になっている．

§17.8. 複数対格形は母音融合の結果 -ης (< -ε-ας) とはならず，複数主格形の母音融合後の形を借用して -εις となる．

13c. -εεσ- 語幹の名詞

ὁ Περικλῆς「ペリクレース」
(Περικλεεσ-)

N	Περικλέης >		Περικλῆς
V	Περίκλεες >		Περίκλεις †
A	Περικλέε-α >		**Περικλέᾱ**
G	Περικλέε-ος >		Περικλέους
D	Περικλέε-ι >		Περικλεῖ

§17.9. 三つの母音が隣接する時，通常はまず二つ目と三つ目が融合し，次いでその結果生じた長母音ないし二重母音と一つ目の母音が融合するが，このタイプの名詞においては必ずしもそのようにならない：ε+ε+α > εᾱ（ε+α > ᾱ となることに注意．χρέος「負債」などの中性名詞の複数主・呼・対格形においても同様である：χρεεσ-α > χρεεα > χρέᾱ．➡ §17.1.e），ε+ε+ο > εου，ε+ε+ω > εω（χρέος の複数属格形 χρεέσ-ων > χρεέων > χρεῶν）．単数与格形では ε+ε+ι > ε+ει > ει と母音融合が二重に生じる：Περικλεεσ-ι > Περικλεει > Περικλεῖ．

§17.10. τὸ δέος「恐怖」の語幹 δεεσ- の最初の ε が母音と隣接しても母音融合は生じない．元は 2 つの ε の間に半母音の ι [j] が存在したからである：G. δέ(ι)εσ-ος > δέ(ι)εος [cf. Hom. δείους] > δέους, D. δέ(ι)εσ-ι > δέει.

13d. -ασ- 語幹の中性名詞

γέρας「褒賞」
(γερασ-)

Sg.	NVA		γέρας
	G	γέρα-ος >	γέρως
	D	γέρα-ι >	γέραι
Du.	NVA	γέρα-ε >	γέρᾱ
	GD	γεράoιν >	γερῶν
Pl.	NVA	γέρα-α >	γέρᾱ
	G	γεράων >	γερῶν
	D	γέρασ-σι >	**γέρασι**ᵥ

このタイプに属する名詞は約30語のみで，いずれも古語ないし詩語である．母音融合の規則については ➡ §17.1.

§17.11. κρέας「肉」の複数主・呼・対格形 κρέᾱ は不規則．

§17.12. このタイプの名詞の中には -ασ- 語幹と -ατ- ないし -ᾱτ- 語幹（タイプ 9）を併せ持つものがある．κέρας は κερᾱτ- を語幹とする時は「角」を，κερασ- を語幹とする時は「（軍隊の左右いずれかの）翼」を意味する．後者の場合も複数与格形においては α が長くなることに注意．

κέρας
(κερᾱτ-, κερασ-)

Sg.	NVA	κέρας			
	G	κέρᾱτ-ος	κέρα-ος >	κέρως	
	D	κέρᾱτ-ι	κέρα-ι >	κέραι	
Du.	NVA	κέρᾱτ-ε	κέρα-ε >	κέρᾱ	
	GD	κερᾱ́τ-οιν	κερά-οιν >	κερῷν	
Pl.	NVA	κέρᾱτ-α	κέρα-α >	κέρᾱ	
	G	κερᾱ́τ-ων	κερά-ων >	κερῷν	
	D	**κέρᾱσι**ν			

13e. -οσ- 語幹の名詞

ἡ αἰδώς「恥」
(αἰδοσ-)

Sg.	NV		αἰδώς
	A	αἰδό-α >	αἰδῶ
	G	αἰδό-ος >	αἰδοῦς
	D	αἰδό-ι >	αἰδοῖ

第2章 名詞

§17.13. このタイプに属する名詞はアッティカ方言では αἰδώς 1 語のみ．双数形と複数形を欠く．

§18. タイプ 14：-ω(ϝ)- 語幹の男性名詞

ἥρως「英雄」
(ἡρωϝ-)

Sg.	NV	ἥρως
	A	**ἥρω-α > ἥρω**
	G	ἥρω-ος
	D	**ἥρω-ι > ἥρῳ**
Du.	NVA	ἥρω-ε
	GD	ἡρώ-οιν
Pl.	NV	**ἥρω-ες (> ἥρως)**
	A	**ἥρω-ας (> ἥρως)**
	G	ἡρώ-ων
	D	ἥρω-σι_v

§18.1. ϝ の消失後，単数対格形および与格形では通常，複数主・呼格形および対格形では稀に，母音融合が生じる（ω+α, ω+ε > ω については ➡ §17.1.d）．それ以外の変化形においては ω と格語尾先頭の母音は融合しない．

§19. タイプ 15：-ι-, -υ- 語幹の名詞 (1) G.sg. -υ-ος/-ι-ος

		ἡ σῦς「雌豚」	ὁ ἰχθύς「魚」	ὁ βότρυς「葡萄の房」
		(συ-)	(ἰχθυ-)	(βοτρυ-)
Sg.	N	σῦ-ς	ἰχθύ-ς	βότρυ-ς
	V	σῦ	ἰχθύ	βότρυ
	A	σῦ-ν	ἰχθύ-ν	βότρυ-ν
	G	συ-ός	ἰχθύ-ος	βότρυ-ος
	D	συ-ΐ	ἰχθύ-ϊ	βότρυ-ϊ
Du.	NVA	σύ-ε	ἰχθύ-ε	βότρυ-ε
	GD	συ-οῖν	ἰχθύ-οιν	βοτρύ-οιν
Pl.	NV	σύ-ες	ἰχθύ-ες	βότρυ-ες
	A	**σῦς**	**ἰχθῦς**	**βότρῡς**
	G	συ-ῶν	ἰχθύ-ων	βοτρύ-ων
	D	συ-σί(ν)	ἰχθύ-σι(ν)	βότρυ-σι(ν)

§19.1. 大部分の -υ- 語幹の名詞においては，すべての変化形が本来の語幹から作られる．単数主・呼・対格形の υ は，最後の音節が鋭アクセントを持たない（oxytonon でない）語では短く，oxytonon と単音節語では通常長い．単音節語の場合は υ に曲アクセントが置かれる．

§19.2. 複数対格形 -ῡς は -υ-νς に由来する．

§19.3. このタイプに属する -ι- 語幹の名詞は稀である．例：ὁ κίς「ゾウムシ」(A. κῖ-ν, G. κῑ-ός, etc.)；Λύγδαμις, G. Λυγδάμι-ος「リュグダミス」, Συέννεσις, G. Συεννέσι-ος「シュエンネシス」など -ις で終わる個人名．

§19.4. ὁ, ἡ οἶς「羊」は次のように変化する：sg. οἶ-ς, οἶ, οἶ-ν, οἰ-ός, οἰ-ΐ; du. οἶ-ε, οἰ-οῖν; pl. οἶ-ες, **οἶ-ς**, οἰ-ῶν, οἰ-σί．語幹 οἰ- の原形は ὀϝι-．cf. *Lat.* ovi-s.

§20. タイプ 16：-ι-, -υ- 語幹の名詞 (2) G.sg. -εως

		ἡ πόλις「都市」 (πολι-)	ὁ πῆχυς「前腕」 (πηχυ-)	τὸ ἄστυ「町」 (ἀστυ-)
Sg.	N	πόλι-ς	πῆχυ-ς	ἄστυ
	V	πόλι	πῆχυ	ἄστυ
	A	πόλι-ν	πῆχυ-ν	ἄστυ
	G	πόλε-ως †	πήχε-ως †	ἄστε-ως †
	D	(πόλε-ι) **πόλει**	(πήχε-ι) **πήχει**	(ἄστε-ι) **ἄστει**
Du.	NVA	(πόλε-ε) **πόλει**	(πήχε-ε) **πήχει**	(ἄστε-ε) **ἄστει**
	GD	πολέ-οιν	πηχέ-οιν	ἀστέ-οιν
Pl.	NV	(πόλε-ες) **πόλεις**	(πήχε-ες) **πήχεις**	(ἄστε-α) **ἄστη**
	A	**πόλεις**	**πήχεις**	(ἄστε-α) **ἄστη**
	G	πόλε-ων †	πήχε-ων †	ἄστε-ων †
	D	**πόλε-σι**ν	**πήχε-σι**ν	**ἄστε-σι**ν

§20.1. このタイプの名詞には -ι-, -υ- と並んで -ει-, -ευ- という語幹もある．後者には母音で始まる格語尾が付くが，その際，幹末の ι, υ は半母音 (j, ϝ) 化して消失する．残った ε は隣接する ι, ε, α と融合して ει, η となる．

§20.2. πόλις の単数属格形は，ホメーロスに見られる語形 πόλη-ος の η と ο の長短が入れ替わって -η-ος > -ε-ως となったものである．音量転換後も元のアクセントの位置が保持されることに注意（➡ §5 注 1, 3）．πῆχυς, ἄστυ の単数属格形 πήχε-ως, ἄστε-ως は πόλε-ως への類推による．

§20.3. πόλις, πῆχυς の複数対格形 πόλεις, πήχεις は複数主格形を借用したものである（➡ §17.8）．

§20.4. 複数属格形のアクセントは単数属格形のそれに倣っている．

§20.5. 複数与格形 -ε-σι は -ει-, -ευ- 語幹から作られた πόλε-ων などの語形への類推による．

§20.6. ἡ ἔγχελυς「鰻」の単数形の変化はタイプ 15 に従うが (G. ἐγχέλυ-ος, etc.)，複数形のそれはタイプ 16 に従う (NV. ἐγχέλεις, etc.)．

§21. タイプ17：-ηϝ- > -ευ- 語幹の名詞

			17a ὁ βασιλεύς「王」	17b ὁ ἁλιεύς「漁師」
Sg.	N	βασιληϝ-ς >	βασιλεύ-ς	ἁλιεύ-ς
	V		βασιλεῦ	ἁλιεῦ
	A	βασιλη(ϝ)-α >	βασιλέ-ᾱ	ἁλιᾶ, ἁλιέ-ᾱ
	G	βασιλη(ϝ)-ος >	βασιλέ-ως	ἁλιῶς, ἁλιέ-ως
	D	βασιλη(ϝ)-ι >	βασιλεῖ	ἁλιεῖ
Du.	NVA	βασιλη(ϝ)-ε >	βασιλῆ	ἁλιῆ
	GD	βασιλη(ϝ)-οιν >	βασιλέ-οιν	ἁλιέ-οιν
Pl.	NV	βασιλη(ϝ)-ες >	βασιλῆς, 後に βασιλεῖς	ἁλιῆς, 後に ἁλιεῖς
	A	βασιλη(ϝ)-ας >	βασιλέ-ᾱς	ἁλιᾶς, ἁλιέ-ᾱς
	G	βασιλη(ϝ)-ων >	βασιλέ-ων	ἁλιῶν, ἁλιέ-ων
	D	βασιληϝ-σι >	βασιλεῦ-σι	ἁλιεῦ-σι

§21.1. 単数主格形と複数与格形では語幹末尾が -ηϝ- > -ευ- となる．これは，長母音の後に共鳴音（半母音，鼻音，流音）が続き，さらにその後に別の子音が続く場合，その長母音は短音化するという「オストホフ (Osthoff) の法則」による．単数呼格形は祖語からそのまま継承された形だと考えられる．その他の変化形においては母音で始まる格語尾の前で幹末の ϝ が消失する．そしてさらに (a) 単数対格・属格および複数対格では ηα, ηο が音量転換によってそれぞれ εᾱ, εω となる．(b) 単数与格，双数属・与格および複数属格では η > ε となる．(c) 双数主・呼・対格および複数主・呼格では母音融合によって ηε > η となる．

§21.2. 複数主・呼格形は，前350年頃までは -ῆς が一般的であった．その後優勢となる -εῖς は複数属格形 -έων および複数対格形 -έᾱς から逆形成によって作られた．-ε- を語幹とする -έες が母音融合を行った形．前4世紀末以降，-ι-, -υ- 語幹の名詞への類推によって（➡ §20.3），この複数主・呼格形が（時には -ῆς も）複数対格形としても用いられるようになった．

§21.3. 語幹末尾の -ηϝ- に母音または二重母音が先行する名詞（タイプ 17b）にあっては，単数および複数の対格形と属格形で母音融合が生じうる．前5世紀には母音が融合した形が優勢であったが，前4世紀には（とりわけ前350年

以降は）非融合形が一般的になった．

§22. タイプ 18：-ᾱϝ- / -oϝ- 語幹の名詞

		18a ἡ γραῦς「老女」	18b ὁ, ἡ βοῦς「牛」
Sg.	N	γραῦ-ς	βοῦ-ς
	V	γραῦ	βοῦ
	A	γραῦ-ν	βοῦ-ν
	G	γρᾱ-ός	βο-ός
	D	γρᾱ-ΐ	βο-ΐ
Du.	NVA	γρᾶ-ε	βό-ε
	GD	γρᾱ-οῖν	βο-οῖν
Pl.	NV	γρᾶ-ες	βό-ες
	A	**γραῦ-ς**	**βοῦ-ς**
	G	γρᾱ-ῶν	βο-ῶν
	D	γραυ-σί_ν	βου-σί_ν

§22.1. 語幹末尾の ϝ は母音で始まる格語尾の前で消失する．単数主・呼・対格および複数与格においては γραϝ- > γραυ-, βοϝ- > βου- となる．複数対格形は単数主格形を借用したものである．

§22.2. 古典期のアッティカ方言では，ὁ, ἡ, χοῦς「クース（液体の容量の単位．3.28 リットルに相当）」の単数はタイプ 2a の名詞のような変化を示すが（A. χοῦν, G. χοῦ），特に複数においてはタイプ 18 の -oϝ- 幹名詞のような形が見られる：N. (χόϝες >) χόες, A. (χόϝας >) χόας. また，喜劇には -ευ- 語幹（タイプ 17b）から形成される A.sg. (χοέᾱ >) χοᾶ, G.sg. (χοέως >) χοῶς, A.pl. (χοέᾱς >) χοᾶς といった変化形も見られる．

§23. **タイプ 19：ναF-, νη(F)-, νε- 語幹の名詞**

		ἡ ναῦς「船」
Sg.	N	ναῦ-ς
	V	ναῦ
	A	ναῦ-ν
	G	νε-ώς
	D	νη-ΐ
Du.	NVA	νῆ-ε
	GD	νε-οῖν
Pl.	NV	νῆ-ες
	A	**ναῦ-ς**
	G	νε-ῶν
	D	ναυ-σί

§23.1. 語幹の形は，母音で始まる格語尾を持つ変化形では νᾱF- > νηF- となり，F は消失する．格語尾が長母音ないし二重母音で始まる場合は，さらに νη(F)- > νε- と変化する（単数属格形 νε-ώς は νη-ός の ηο が音量転換によって εω となったものである）．それ以外の変化形においては νᾱF- > ναυ- となる．複数対格形は単数主格形を借用したものである．ホメーロスに見られる単数・複数対格形 νῆ-α, νῆ-ας は，本来の形をとどめている．

§24. **タイプ 20：-οι- 語幹の女性名詞**

			πειθώ「説得」
Sg.	N		**πειθώ**
	V		πειθοῖ
	A	(πειθό-α)	πειθώ †
	G	(πειθό-ος)	πειθοῦς
	D	(πειθό-ι)	πειθοῖ

§24.1. このタイプの名詞は双数形と複数形を欠く．主格形では語幹の形が -ωι- に変化する．呼格形以外の変化形では幹末の ι が消失し，斜格においてはさらに ο と格語尾の母音が融合する．対格形のアクセントは変則的（-ῶ ではなく -ώ．➡ §4.2）．主格形は格語尾 -ς を持たない．

§25. 不規則変化名詞

ギリシア語の名詞の中には，二つの異なる語幹を有し，2 種類の形式に従って変化するものがある．たとえば，σκότος「暗闇」はタイプ 1a（語幹 σκοτο-；男性）とタイプ 13a（語幹 σκοτεσ-；中性）の両様の変化をなし，Σωκράτης（タイプ 13b；語幹 Σωκρατεσ-）の対格形はタイプ 4b, 4c の名詞と同様に Σωκράτην（語幹 Σωκρατᾱ-）となることもある（➡ §17.6）．これらは相異なる二つの語幹から作られる単数主格形が同形となるものである．

また，いくつかの変化形が単数主格形のそれとは別の語幹から作られるものもある．たとえば，タイプ 1 の名詞 ὁ ὄνειρος または τὸ ὄνειρον「夢」は，中性名詞としてはタイプ 9 の形式に従って変化することが多い（語幹 ὀνειρατ-）．

単数と複数で性が異なる名詞もある．たとえば，ὁ σῖτος「穀物」の複数形は τὰ σῖτα であり，τὸ στάδιον「スタディオン（長さの単位．約 185 メートルに相当）；競走場」の複数形には τὰ στάδια と並んで οἱ στάδιοι もある．

不規則な変化をなす名詞の主要なものは以下の通りである：

1. Ἄρης (ὁ)「アレース（神名）」．語幹 Ἀρεσ-, Ἀρευ- (< Ἀρηϝ-)．V. Ἄρες, A. Ἄρη (poet. Ἄρεα), G. Ἄρεως † (poet. Ἄρεος), D. Ἄρει．

2. [ἀρήν (ὁ, ἡ)]「仔羊，羊」．語幹 ἀρεν-, ἀρν-, ἀρνα-．タイプ 12a の名詞（πατήρ など）と同様に変化する．すなわち ἄρν-α, ἀρν-ός, ἀρν-ί, pl. ἄρν-ες, ἄρν-ας, ἀρν-ῶν, ἀρνά-σι．単数主格形 ἀρήν は碑文などに僅かに見られるのみである．

3. γάλα (τό)「乳」．γάλακτ-ος, γάλακτ-ι, etc.（タイプ 9a）．

4. γέλως (ὁ)「笑い」．γέλωτ-α, γέλωτ-ος（タイプ 7a）．韻文では A.sg. γέλων など，語幹末尾の τ を欠いた変化形も見られる．

5. γόνυ (τό)「膝」．γόνατ-ος, γόνατ-ι, etc.

6. γυνή (ἡ)「女」．単数主格形以外はすべて語幹 γυναικ- から作られ，いずれの数においても属・与格形は ultima にアクセントを持つ（タイプ 12b の名詞 ἀνήρ と比較せよ．➡ §16.5）：V. γύναι, A. γυναῖκ-α, G. γυναικ-ός, D. γυναικ-ί, du. γυναῖκ-ε, γυναικ-οῖν, pl. γυναῖκ-ες, γυναῖκ-ας, γυναικ-ῶν, γυναιξί．喜劇においてはタイプ 3d の変化形も見られる：A.sg. γυνήν, N.pl. γυναί, A.pl. γυνάς．

7. δάκρυον (τό)「涙」. 通常はこのタイプ 1b の形が用いられるが，韻文では韻律の都合上，τὸ δάκρυ（タイプ 15）が代用されることがある．ただし単数主・対格形以外で使用が実証されるのは複数与格形 δάκρυσι のみ（後者には僅かながら散文における用例も認められる）．

8. δένδρον (τό)「木」の変化はタイプ 1b に加えてタイプ 13a の形式にも従う（語幹 δενδρεσ-）: D.sg. δένδρει, N.pl. δένδρη, D.pl. δένδρεσι.

9. δέος (τό)「恐怖」. 語幹 δεεσ-（タイプ 13c）. G.sg. δέους, D.sg. δέει (➡ §17.10).

10. δόρυ (τό)「槍」. δόρατ-ος, δόρατ-ι, etc. poet. G.sg. δορ-ός, D.sg. δορ-ί, δόρει. δορί は「武力によって」を意味する慣用表現として散文においても用いられる. δόρει は ἄστει（タイプ 16）への類推による．

11. ἔρως (ὁ)「愛」. ἔρωτ-α, ἔρωτ-ος, etc.（タイプ 7a）. poet. N.sg. ἔρος, A.sg. ἔρον, D.sg. ἔρῳ. 悲劇における歌唱では（エウリーピデースの劇では台詞の部分でも）これらの形が用いられる．

12. Ζεύς (ὁ)「ゼウス」. V. Ζεῦ, A. Δί-α, G. Δι-ός, D. Δι-ί. poet. Ζῆν-α, Ζην-ός, Ζην-ί. 主・呼格形はそれぞれ PIE dyēws, dyew に由来する. dyēws > Ζεύς の際に長母音 ē が短音化するのはオストホフの法則 (➡ §21.1) による. 斜格形 Δία, etc. の語幹は Δι(ϝ)- (< PIE diw-). 悲劇において頻用される Ζῆνα, etc. の語幹 Ζην- は，ホメーロスとヘーシオドスに用例が見られる古い対格形 Ζῆν (< PIE dyēm < dyewm) に由来する.

13. θέμις (ἡ)「正義」. θέμι-ν (➡ §11.3), θέμιδ-ος, θέμιδ-ι（タイプ 7c）. この名詞は θέμις ἐστί「(...するのが) 正当である」の不定詞句形 θέμις εἶναι では不変化詞となる．

14. κάρᾱ (τό) poet.「頭」. アッティカ方言における用例は単数主・呼・対格形および単数与格形 κάρᾳ のみ. これら以外に κρᾱτ- という語幹から作られる変化形もあるが，その性は男性または女性の場合もある: G.sg. κρᾱτ-ός, D.sg. κρᾱτ-ί; N.A.sg. κρᾶτ-α, A.pl. κρᾶτ-ας.

15. κύων (ὁ, ἡ)「犬」. 単数主格形と呼格形 κύον の語幹は κυον-（タイプ 10c）. その他の変化形はすべて語幹 κυν- から作られ，単音節語と同様のアクセントを持つ (➡ §9.2). A. κύν-α, G. κυν-ός, D. κυν-ί, du. κύν-ε, κυν-οῖν, pl. κύν-ες, κύν-ας, κυν-ῶν, κυσί.

16. λᾶας (λᾶς) (ὁ) poet.「石」. A. λᾶαν, λᾶα, G. λᾶος (λάου), D. λᾶϊ, du. λᾶε, pl. λᾶες, λάων, λάεσσι (λάεσι).

17. μάρτυς (ὁ, ἡ)「証人」. 単数主・呼格形 μάρτυ-ς および複数与格形 μάρτυ-σι

以外はタイプ 11c の形式に従う：μάρτυρ-α, μάρτυρ-ος, etc.

18. Οἰδίπους (ὁ)「オイディプース」．V. Οἰδίπους, A. Οἰδίποδ-α, G. Οἰδίποδ-ος, D. Οἰδίποδ-ι（タイプ 7a）の他に，悲劇で用いられる V. Οἰδίπου, A. Οἰδίπουν, G. Οἰδίπου（タイプ 2a：語幹 Οἰδιποο-）という形もある（呼格形は稀）．さらに悲劇の歌唱においては V. Οἰδιπόδα, A. Οἰδιπόδᾱν, G. Οἰδιπόδᾱ (Dor. < -δᾱ-ο < -δᾱ-ιο) という形（タイプ 4b；語幹 Οἰδιποδᾱ-. ただし ᾱ > η とはならない. ➡ §6.1)も用いられる．

19. ὄνειρος (ὁ), ὄνειρον (τό)「夢」．ὀνείρατ-ος, etc. という形（タイプ 9b）も頻用される．τὸ ὄναρ は単数主・対格形でのみ用いられる．

20. ὄρνῑς (ὁ, ἡ)「鳥」の単数対格形には ὄρνῑν に加えて ὄρνῑθ-α もある（➡ §11.3）．

21. ὄσσε (τώ)「両眼」は本来は中性の双数名詞だが，G. ὄσσων, D. ὄσσοις (-οισι) という複数形も見られる．

22. οὖς (τό)「耳」．ὠτ-ός, ὠτ-ί, du. ὦτε, ὤτοιν †, pl. ὦτ-α, ὤτ-ων †, ὠσί (➡ §9.2 注)．

23. Πνύξ (ἡ)「プニュクス（アテーナイのアクロポリスの西南にある丘．民会の議場として用いられた）」．Πύκν-α, Πυκν-ός, Πυκν-ί；また Πνύκ-α, Πνυκ-ός, Πνυκ-ί という形も見られる．

24. πρεσβευτής (ὁ)「使節」（タイプ 4c）の複数形 πρεσβευταί, etc. は稀であり，代わりに ὁ πρέσβυς poet.「老人」（タイプ 16. 本来は形容詞「年老いた」）の複数形が用いられる．N.A. πρέσβεις, G. πρέσβεων, D. πρέσβεσι. πρέσβυς の「老人」の意味での用例は，単数主格形，呼格形 πρέσβυ，対格形 πρέσβυν および複数呼格形 πρέσβεις が認められるのみである．ὁ πρεσβύτης「老人」は，すべての数の変化形が散文においても悲劇・喜劇においても用いられる．

25. πῦρ (τό)「火」．πῠρ-ός, πῠρ-ί；ただし複数形 τὰ πῠρά「篝火」はタイプ 1b の形式に従う．e.g. D. πῠροῖς．

26. ὕδωρ (τό)「水」．ὕδατ-ος, ὕδατ-ι, etc. (cf. §13.2)

27. υἱός (ὁ)「息子」は，アッティカ方言においては二つの語幹を持つ：(1) υἱο- からはタイプ 1a の υἱόν, υἱοῦ, etc. が，(2) より古い υἱυ- からはタイプ 16 の G.sg. υἱέος (< υἱέϝ-ος ➡ §20.1), D.sg. υἱεῖ, du. υἱεῖ, υἱέοιν, N.pl. υἱεῖς (< υἱέϝ-ες), A.pl. υἱεῖς, G.pl. υἱέων, D.pl. υἱέσι が，それぞれ作られる．語幹から ι が脱落した形もしばしば用いられる：ὑοῦ, ὑέος, etc.

28. χείρ (ἡ)「手」．χεῖρ-α, χειρ-ός, etc（タイプ 11b）．ただし双数属・与格形と複数与格形は大抵の場合，それぞれ χερ-οῖν, χερ-σί（碑文では χειροῖν, χειρσί も見られる）．韻文ではすべての格において語幹 χειρ- と χερ- が韻律上の必要

60

に応じて使い分けられるが，それでも χεροῖν と χερσί の優位は変わらない．

29. χρώς (ὁ)「皮膚」．χρῶτ-α, χρωτ-ός, χρωτ-ί（タイプ 7a）．与格形は「皮膚すれすれに；すぐ傍をかすめるように」を意味する句 ἐν χρῷ では特殊な形をとる．韻文では χρό-α, χρο-ός, χρο-ί というタイプ 13e (αἰδώς) のような変化形も見られる．

第3章　形容詞

形容詞の変化形式一覧			
三変化型：	男性形	女性形	中性形

1. -o- / -ā- 語幹：§1（タイプ 1a, 1b, 3a, 3d）※同様に変化する名詞のタイプを括弧内に示す．

	δίκαι-ος	δικαί-ᾱ	δίκαι-ον	正しい
	ἀγαθ-ός	ἀγαθ-ή	ἀγαθ-όν	よい

2. -o- / -ā- 語幹のうち，幹末の o / ā が直前の母音と融合するもの：§4（タイプ 2a, 2b, 5）

	ἀργυρ-οῦς	ἀργυρ-ᾶ	ἀργυρ-οῦν	銀の
	χρῡσ-οῦς	χρῡσ-ῆ	χρῡσ-οῦν	黄金の
	ἁπλ-οῦς	ἁπλ-ῆ	ἁπλ-οῦν	単純な

3. -υ- 語幹：§9（タイプ 16）

	ἡδύ-ς, G. ἡδέ-ος	ἡδεῖα	ἡδύ	快い

4. -ν- 語幹：§10（タイプ 10）

	μέλᾱς, G. μέλαν-ος	μέλαινα	μέλαν	黒い

5. -ντ- 語幹：§11（タイプ 8）

	πᾶς, G. παντ-ός	πᾶσα	πᾶν	すべての

6. -τ- 語幹：（分詞➡ 7§19）

	πεπαιδευκώς, -κότ-ος	πεπαιδευκυῖα	πεπαιδευκός	教育し終えた

二変化型：	男性形＝女性形	中性形

1. -o- 語幹：§2

	ἄ-δικ-ος	ἄ-δικ-ον	不正な

2. -οο- 語幹：§4.2

	εὔ-νους	εὔ-νουν	親切な

3. -(ε)ω- 語幹：§3（タイプ 2c）

	ἵλεως	ἵλεων	慈悲深い

4. -εσ- 語幹：§6（タイプ 13b）
   ἀληθής, G. -θέ[σ]ος >   ἀληθές   真実の
   -θοῦς
5. -τ-, -δ-, -θ- 語幹（特に名詞との複合語）§6（タイプ 7）
   εὔ-ελπις, G. -πιδ-ος   εὔελπι   希望に満ちた
6. -ον- 語幹：§7（タイプ 10）
   εὐ-δαίμων, G. εὐδαίμον-ος   εὔδαιμον   幸福な

一変化型：	男性形＝女性形＝中性形 §15		
	ἄπαις (m., f., n.), G. ἄπαιδ-ος		子供のない

不規則な形容詞 §12~14

ギリシア語の形容詞は英語よりむしろドイツ語のそれに似ている．たとえば「小さな島」を意味するドイツ語 die kleine Insel（女性名詞 Insel を形容詞の女性形 kleine が修飾している）は，ギリシア語では ἡ μῑκρὰ νῆσος となる（νῆσος は女性名詞である ➡ 2§3.6）．形容詞の形は，主語ないし被修飾語となる名詞の示す文法素性に完全に依存しており，したがって必然的に性・数・格がその名詞と同じになる．

形容詞の位置について．定冠詞と名詞は一つの語群をなす．形容詞をこの語群の内部に置くか外部に置くかによって意味が変わる：
属性的位置（語群の内部）．ὁ σοφὸς ἀνήρ「賢者」．形容詞が名詞の後に置かれる場合もあることに注意．ただし，その場合は形容詞が〈定冠詞＋名詞〉という語群の内部にあるという印象を保つべく，形容詞の前にも必ず定冠詞が置かれる．名詞は繰り返し置かれることはなく，省略される．いずれの場合も形容詞が定冠詞の後に置かれることになる．ὁ σοφὸς ἀνήρ = ὁ ἀνὴρ ὁ σοφός．
述語的位置（語群の外部）．σοφὸς ὁ ἀνήρ = ὁ ἀνὴρ σοφός「その男は賢い」（➡ 8§4）．

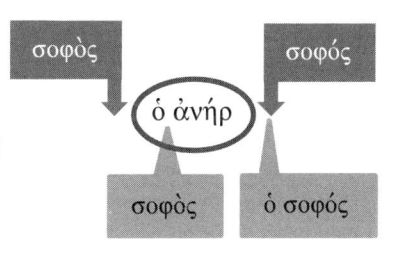

語尾に関しては新たに覚えるべきことはない．名詞の語尾が形容詞にも用いられるからである．前章で取り上げられなかった若干の変化形は➡で強調する．実際に目新しい点は唯一，名詞の場合とは異なるアクセントの置き方のみである．

§1. 三変化型の形容詞．男性形 -ος, 女性形 -ᾱ / -η, 中性形 -ον.

δίκαιος, δικαίᾱ, δίκαιον	正しい	G. δικαίου, δικαίᾱς, δικαίου
ἀγαθός, ἀγαθή, ἀγαθόν	よい	G. ἀγαθοῦ, ἀγαθῆς, ἀγαθοῦ
ὄγδοος, ὀγδόη, ὄγδοον	第八の	G. ὀγδόου, ὀγδόης, ὀγδόου
ἀθρόος, ἀθρόᾱ, ἀθρόον	密集した	G. ἀθρόου, ἀθρόᾱς, ἀθρόου

ギリシア語の形容詞の大部分は男・女・中それぞれの性に応じた三つの異なる語尾を持ち，語幹が o および ᾱ で終わる名詞（タイプ 1a, 3a または 3d, 1b）と同様に変化する．形容詞の女性形は ε, ι, ρ が先行する場合は ᾱ で終わり，それ以外の場合は η で終わる．

注．-οος で終わる形容詞の女性形は η で終わる：ὀγδόη；ただし，o の直前の音が ρ である場合は ᾱ で終わる：ἀθρόᾱ．

ここで新しく覚えるべき唯一の事項は，アクセントに関する次の規則である：**形容詞の女性形と中性形のアクセントは男性形と同じ音節に置かれる**（アクセントの基本原則が許す限りにおいて）．このことは，常に単数主格形のアクセントの位置を保とうとする名詞との重要な相違点である．

以下に示す女性名詞と形容詞の女性形のアクセントの違いに注意：

名詞：	-	形容詞の女性形：
ἡ φιλίᾱ 友情	-	φιλίᾱ 友好的な（φίλιος の女性形）
N.pl. φιλίαι	-	N.pl. φίλιαι（男性形 φίλιοι への類推による）
G.pl. φιλιῶν	-	G.pl. φιλίων（男性形と同じ）

ἡ φιλίᾱ「友情」は名詞であるから，複数属格形 φιλιῶν（φιλιάων の母音が融合した形）を除くすべての変化形を通じて単数主格形のアクセントが支配的である．これに対して，形容詞の女性形は可能な限り男性形に準じようとする（ただし，語幹の成り立ちが男性形と同じものに限る．この点は重要である➡ §8）．したがって，φίλιος, φιλίᾱ, φίλιον「友好的な」のような三変化型の形容詞に関しては，男性単数主格形のアクセントさえ覚えておけばよいわけである．φίλιος の場合は，アクセントの基本原則によって妨げられない限り，他の変化形もすべて proparoxytonon になる（最後の音節が長い場合は，アクセントは右隣の音節に移動しなければならない）．複数主格形は φίλιοι, φίλιαι, φίλια であり (語末の οι, αι はアクセントの決定に際しては短いと見なされる),複数属格形は 3 性とも φιλίων という同じ形になる.

		1a	3a	3d	1b
Sg.	N / V	ἄξιος / ἄξιε	ἀξίᾱ	ἀγαθή	ἄξιον
	A	ἄξιον	ἀξίᾱν	ἀγαθήν	ἄξιον
	G	ἀξίου	ἀξίᾱς	ἀγαθῆς	ἀξίου
	D	ἀξίῳ	ἀξίᾳ	ἀγαθῇ	ἀξίῳ
Du.	NVA	ἀξίω	ἀξίᾱ / -ίω	ἀγαθά̄ / -θώ	ἀξίω
	GD	ἀξίοιν	ἀξίαιν / -ίοιν	ἀγαθαῖν / -θοῖν	ἀξίοιν
Pl.	NV	ἄξιοι	ἄξιαι †	ἀγαθαί	ἄξια
	A	ἀξίους	ἀξίᾱς	ἀγαθάς	ἄξια
	G	ἀξίων	ἀξίων †	ἀγαθῶν	ἀξίων
	D	ἀξίοις	ἀξίαις	ἀγαθαῖς	ἀξίοις

形容詞の双数においては女性形の代わりに男性形が用いられることがある: τὼ ἀγαθὼ γυναῖκε 二人の善き女.

§2. 二変化型の形容詞．男性形・女性形 -ος，中性形 -ον

より古い時代には形容詞には有生と無生の区別しかなく，前者における男性と女性の形態上の違いはなかった．時代が下ると男性と女性はそれぞれ特有の形を持つに至ったが，多くの形容詞はなおも男女同形である．たとえば：

		m. / f.	n.
Sg.	N	βάρβαρος	βάρβαρον
	V	βάρβαρε	βάρβαρον
	A	βάρβαρον	βάρβαρον
	G	βαρβάρου	
	D	βαρβάρῳ	
Du.	NVA	βαρβάρω	
	GD	βαρβάροιν	
Pl.	NV	βάρβαροι	βάρβαρα
	A	βαρβάρους	βάρβαρα
	G	βαρβάρων	
	D	βαρβάροις	

ὁ βάρβαρος ἄνθρωπος 非ギリシア人，異国人；
ἡ βάρβαρος γλῶττα, τῆς βαρβάρου γλώττης 非ギリシア語，外国語．

二変化型の形容詞の大部分は二つ以上の部分から成る複合語である：
ἄλογος (m. / f.), ἄλογον (n.) 非理性的な（ἀ- ～を欠いた + λόγος 理性），ἄ-δικος, ον 不正な（正義 δίκη を欠いた），ἄ-τῑμος, ον 名誉を汚された（尊敬 τῑμή を受けない），εὔ-ξενος, ον 客を歓待する，異国の人に親切な（εὖ よく→～に対して好意的に，ξένος 余所者），ὑπ-ήκοος, ον 臣従する，従順な（ὑπό ～の支配下に + ἀκούω 聞く），etc.

複合語でない二変化型の形容詞もある．たとえば，φρόνιμος「思慮深い」のように -ιμος で終わる形容詞の大多数がそうであるし，他にも以下のようなものがある：

βάρβαρος	異国の	κίβδηλος	（貨幣について）混ぜ物をした
ἥσυχος	静かな	λάλος	饒舌な
ἥμερος	飼い馴らされた	τύραννος	王の，専制的な

§3. アッティカ式変化

➡ 注意すべき変化形：中性単数形は -ων で終わる．

		m. / f.	n.
Sg.	NV	ἵλεως †	ἵλεων
	A	ἵλεων	ἵλεων
	G	ἵλεω	
	D	ἵλεῳ	
Du.	NVA	ἵλεω	
	GD	ἵλεῳν	
Pl.	NV	ἵλεῳ	ἵλεα
	A	ἵλεως	ἵλεα
	G	ἵλεων	
	D	ἵλεῳς	

§3.1. ἵλεως「(神が) 慈悲深い」のように，タイプ 2c の名詞と同様のアッティカ式変化をする形容詞には，他に ἄκερως「角のない」，ἀξιόχρεως「役に立つ，信頼できる」などがある．アクセントについては ➡ 2§5 注 3．-ως, -ων で終わるこの種の形容詞の中性複数形は，他の変化形式に従う形容詞に準じて -α という形をとるが，クセノポーンには ἔκπλεω（「豊富な」）という形が見られる．

§3.2. πλέως「一杯の，満ちた」は例外的に三変化型である：πλέως, πλέᾱ, πλέων, pl. πλέῳ, πλέαι, πλέα．ただし，ἔμπλεως「満杯の」のような複合語は大抵の場合，男女同形の二変化型である．

§3.3. σῶς「安全な」は変化形の一部を欠く：

		m. / f.	n.
Sg.	N	σῶς（f. は稀に σᾶ）	σῶν
	A	σῶν	σῶν
Pl.	N	σῷ	σᾶ
	A	σῶς	σᾶ

第 3 章　形容詞

他の変化形は σῶος, σώᾱ, σῶον によって補われる．単数対格形も σῶον となることがある．

§4. 母音融合を伴う形容詞

アッティカ方言では -οος および -εος で終わる形容詞の大部分が母音融合を伴う．男性形と中性形はタイプ 2a, 2b の名詞と，女性形はタイプ 5 の名詞 (σῡκῆ, μνᾶ) と同様に変化する．
例：ἁπλόος, ἁπλέᾱ, ἁπλόον 単純な，χρύσεος, χρῡσέᾱ, χρύσεον 黄金の，ἀργύρεος, ἀργυρέᾱ, ἀργύρεον 銀の．
母音融合型の形容詞の呼格形と双数形は極めて稀である．

§4.1. 非融合形が antepaenultima にアクセントを持つ場合（χρύσεος, ἀργύρεος, etc.)，**融合形は ultima に曲アクセントを持つ**（χρῡσοῦς, ἀργυροῦς, etc.）．これは属格形および与格形への類推による．男性と中性の双数主・呼・対格形のアクセントも不規則である（χρῡσῶ ではなく χρῡσώ）．

		m.		f.		以下の形以外は n. = m.	
Sg.	NV	ἁπλοῦς	[-όος]	ἁπλῆ	[-έᾱ]	ἁπλοῦν	[-όον]
	A	ἁπλοῦν	[-όον]	ἁπλῆν	[-έᾱν]	ἁπλοῦν	[-όον]
	G	ἁπλοῦ	[-όου]	ἁπλῆς	[-έᾱς]		
	D	ἁπλῷ	[-όῳ]	ἁπλῇ	[-έᾳ]		
Du.	NVA	ἁπλώ †	[-όω]	ἁπλᾱ	[-έᾱ]		
	GD	ἁπλοῖν	[-όοιν]	ἁπλαῖν	[-έαιν]		
Pl.	NV	ἁπλοῖ	[-όοι]	ἁπλαῖ	[-έαι]	ἁπλᾶ	[-όα]
	A	ἁπλοῦς	[-όους]	ἁπλᾶς	[-έᾱς]	ἁπλᾶ	[-όα]
	G	ἁπλῶν	[-όων]	ἁπλῶν	[-έων]		
	D	ἁπλοῖς	[-όοις]	ἁπλαῖς	[-έαις]		

Sg.	NV	χρῡσοῦς †	[χρύσεος]	χρῡσῆ	[-έᾱ]	χρῡσοῦν †	[χρύσεον]
	A	χρῡσοῦν †	[χρύσεον]	χρῡσῆν	[-έᾱν]	χρῡσοῦν †	[χρύσεον]
	G	χρῡσοῦ	[-έου]	χρῡσῆς	[-έᾱς]		
	D	χρῡσῷ	[-έῳ]	χρῡσῇ	[-έᾳ]		
Du.	NVA	χρῡσώ †	[-έω]	χρῡσᾶ	[-έᾱ]		
	GD	χρῡσοῖν	[-έοιν]	χρῡσαῖν	[-έαιν]		
Pl.	NV	χρῡσοῖ †	[χρύσεοι]	χρῡσαῖ †	[χρύσεαι]	χρῡσᾶ †	[χρύσεα]
	A	χρῡσοῦς	[-έους]	χρῡσᾶς	[-έᾱς]	χρῡσᾶ †	[χρύσεα]
	G	χρῡσῶν	[-έων]	χρῡσῶν	[-έων]		
	D	χρῡσοῖς	[-έοις]	χρῡσαῖς	[-έαις]		

Sg.	NV	ἀργυροῦς †	[ἀργύρεος]	ἀργυρᾶ	[-έᾱ]	ἀργυροῦν †	[ἀργύρεον]
	A	ἀργυροῦν †	[ἀργύρεον]	ἀργυρᾶν	[-έᾱν]	ἀργυροῦν †	[ἀργύρεον]
	G	ἀργυροῦ	[-έου]	ἀργυρᾶς	[-έᾱς]		
	D	ἀργυρῷ	[-έῳ]	ἀργυρᾷ	[-έᾳ]		
Du.	NVA	ἀργυρώ †	[-έω]	ἀργυρᾶ	[-έᾱ]		
	GD	ἀργυροῖν	[-έοιν]	ἀργυραῖν	[-έαιν]		
Pl.	NV	ἀργυροῖ †	[ἀργύρεοι]	ἀργυραῖ †	[ἀργύρεαι]	ἀργυρᾶ †	[ἀργύρεα]
	A	ἀργυροῦς	[-έους]	ἀργυρᾶς	[-έᾱς]	ἀργυρᾶ †	[ἀργύρεα]
	G	ἀργυρῶν	[-έων]	ἀργυρῶν	[-έων]		
	D	ἀργυροῖς	[-έοις]	ἀργυροῖς	[-έοις]		

同様に変化する形容詞：χαλκοῦς, -ῆ, -οῦν 青銅の, φοινῑκοῦς, -ῆ, -οῦν 緋色の, πορφυροῦς, -ᾶ, -οῦν 赤紫色の, σιδηροῦς, -ᾶ, -οῦν 鉄の, διπλοῦς, -ῆ, -οῦν 二重の，および他の -πλοῦς で終わる倍数詞．

§4.2. 二変化型の複合形容詞 εὔ-νους, -ουν (εὔνοος) 親切な, ἄ-πλους, -ουν (ἄπλοος) 航行し難い, εὔ-ρους, -ουν (εὔροος) 美しく流れる，etc. の中性複数形は母音が融合しない．すなわち，三変化型の ἁπλᾶ に対して ἄ-πλοα．

§4.3. 母音融合の生じない形容詞もある：ἀργαλέος 難しい，κερδαλέος 悪賢い，νέος 若い，ὄγδοος 第八の，ἀθρόος 密集した（通常はこの形であるが，ἄθρους, -όᾱ,

第３章　形容詞　　69

-ουν となることもある).（これらは元は -εϝος ないし -οϝος であったと考えられる).

純粋な子音幹形容詞

§5. すべての変化形が子音幹である形容詞は二変化型である．そのような形容詞の大多数は -εσ- 語幹のもの（N.sg. -ης, -ες）と -ον- 語幹のもの（N.sg. -ων, -ον）に分かれる．後者には βελτίων, βέλτῑον「よりよい」などの形容詞の比較級（➡ §22）も含まれる．また，それらのいずれにも属さない名詞由来の形容詞もある．

§6. -εσ- 語幹の形容詞と，語幹を異にする名詞由来の形容詞の例：

		ἀληθής		εὔελπις	
		m. / f.	n.	m. / f.	n.
Sg.	N	ἀληθής	ἀληθές	εὔελπις	εὔελπι
	V	ἀληθές	ἀληθές	εὔελπι	εὔελπι
	A	ἀληθῆ (-έα)	ἀληθές	εὔελπιν	εὔελπι
	G	ἀληθοῦς (-έος)		εὐέλπιδ-ος	
	D	ἀληθεῖ (-έι)		εὐέλπιδ-ι	
Du.	NVA	ἀληθεῖ (-έε)		εὐέλπιδ-ε	
	GD	ἀληθοῖν (-έοιν)		εὐελπίδ-οιν	
Pl.	NV	ἀληθεῖς (-έες)	ἀληθῆ (-έα)	εὐέλπιδ-ες	εὐέλπιδ-α
	A	ἀληθεῖς (-έες)	ἀληθῆ (-έα)	εὐέλπιδ-ας	εὐέλπιδ-α
	G	ἀληθῶν (-έων)		εὐελπίδ-ων	
	D	ἀληθέσι(ν) (-έσσι(ν))		εὐέλπισι(ν)	

注．複数与格形の末尾の ν は「付加音の ν」（➡ 2§10.4, 7§2.1 注3)．

§6.1. ἀληθής（語幹：ἀληθεσ-）「真実の」（cf. タイプ 13b）の単数呼格形は語幹そのものである．男性・女性複数対格形は主格形を代用したもの．ἄληθες;（アクセントが antepaenultima に移動することに注意)は「本当かい？（まさか)」「本気で言ってるのか？」「冗談だろう？」を意味する．ἀληθής と同様に変化する形容詞には次のようなものがある：σαφής 明らかな，εὐτυχής 幸運な，εὐγενής 高貴な生まれの，ἀσθενής 弱い，ἐγκρατής 自制心のある，πλήρης 満ちた．

εὔ-ελπις（語幹：εὐελπιδ-）「希望に満ちた」はタイプ 7b の名詞と同様に変化するが，男性・女性単数対格形はアクセントの位置が語幹の末尾の音節ではないので，タイプ 7c に準じる．

§6.2. -ης で終わる複合形容詞で，oxytonon でないものは，アクセントが後退的である．母音が融合した変化形においてもなおアクセントは語末から遠ざかろうとする：e.g. φιλαλήθης 真実を愛する，n. φιλάληθες；αὐτάρκης 自給自足の，n. αὔταρκες, G.pl. αὐτάρκων (αὐταρκῶν (< -έ-ων) ではない)．この規則の例外は，-ῶδες, -ῶλες, -ῶρες および -ῆρες で終わる中性形である：e.g. εὐῶδες よい香りの（εὔωδες ではない），ποδῆρες 足まで届く（πόδηρες ではない）．τριήρης「三段から成る漕手席を備えた」の複数属格形 τριήρων (τριηρῶν ではない) については➡ 2§17.7.

§6.3. ἀληθεσ-α > ἀληθε-α > ἀληθῆ のように，ε-α の直前の音が子音である場合は母音融合の結果 η になるが，タイプ 13c の名詞に準じて変化する形容詞においては ε(σ)α が η ではなく ᾱ になる．すなわち，εε(σ)α > εᾱ（εη ではない）：εὐκλεής 栄えある，G. εὐκλεοῦς, A.sg. m. / f., NVA.pl. n. (εὐκλεέα) εὐκλεᾶ ἐνδεής 困窮している，G. ἐνδεοῦς, A.sg. m. / f., NVA.pl. n. (ἐνδεέα) ἐνδεᾶ.

-ιε(σ)α, -υε(σ)α はそれぞれ -ιᾱ / -ιη, -υᾱ / -υη となる：e.g. ὑγιᾶ / ὑγιῆ（ὑγιής 健康な），εὐφυᾶ / εὐφυῆ（εὐφυής 形のよい）．-ῆ という形は ἐμφερῆ（ἐμφερής 似ている）のような変化形への類推による．

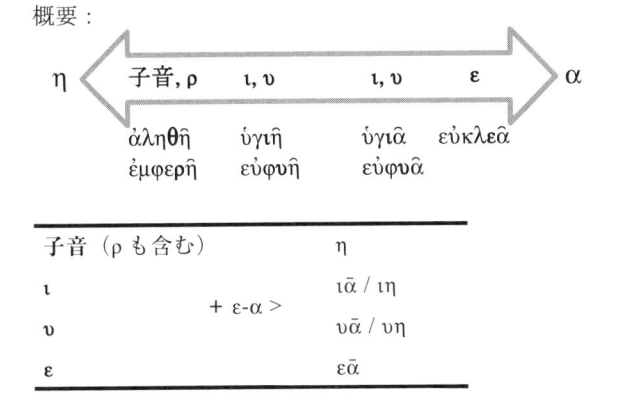

概要：

	子音, ρ	ι, υ	ι, υ	ε	
η ←					→ α
	ἀληθῆ	ὑγιῆ	ὑγιᾶ	εὐκλεᾶ	
	ἐμφερῆ	εὐφυῆ	εὐφυᾶ		

子音（ρ も含む）		η
ι	+ ε-α >	ιᾱ / ιη
υ		υᾱ / υη
ε		εᾱ

§6.4. -εσ-, -ον- 以外の語幹を持つ形容詞も若干存在する．それらの中性単数形は語幹そのものである．様々な名詞から作られた複合形容詞：m. / f. ἀπάτωρ, n. ἄπατορ 父のない，G.ἀπάτορος；ἄπολις, ἄπολι 故郷のない，ἀπόλιδος；αὐτοκράτωρ, αὐτοκράτορ 独立した，αὐτοκράτορος；εὔχαρις, εὔχαρι 愛想のよい，εὐχάριτος；

εὔελπις, εὔελπι 希望に満ちた, εὐέλπιδος. その他：ἄρρην (Ion. ἄρσην), ἄρρεν 男性の, ἄρρενος. -ιτ-, -ιδ- 語幹の形容詞の男性・女性単数対格形については, ➡ 2§11.3. それらの中性単数形が εὔχαριτ, εὔελπιδ ではなく εὔχαρι, εὔελπι となるのは, ギリシア語では τ, δ が語末音たり得ないからである.

§7. -ον- 語幹の形容詞（cf. タイプ 10c）. 中性単数形のアクセントが後退的であることに注意.

		εὐδαίμων「幸福な」		βελτίων「よりよい」	
		m. / f.	n.	m. / f.	n.
Sg.	N	εὐδαίμων	εὔδαιμον	βελτίων	βέλτῑον
	V	εὔδαιμον	εὔδαιμον	βέλτῑον	βέλτῑον
	A	εὐδαίμον-α	εὔδαιμον	βελτίω (-ίον-α)	βέλτῑον
	G	εὐδαίμον-ος		βελτίον-ος	
	D	εὐδαίμον-ι		βελτίον-ι	
Du.	NVA	εὐδαίμον-ε		βελτίον-ε	
	GD	εὐδαιμόν-οιν		βελτῑόν-οιν	
Pl.	NV	εὐδαίμον-ες	εὐδαίμον-α	βελτίους (-ίον-ες)	βελτίω (-ίον-α)
	A	εὐδαίμον-ας	εὐδαίμον-α	βελτίους (-ίον-ας)	βελτίω (-ίον-α)
	G	εὐδαιμόν-ων		βελτῑόν-ων	
	D	εὐδαίμοσι_ν		βελτίοσι_ν	

§7.1. -ίον-α と -ίον-ες では母音が融合する場合がある. これらの比較級の変化形は, 元は -οσ- というもう一つの語幹から作られており, 母音間の σ が消失した結果, 母音融合が生じたのである：ίο(σ)-α > ίω, ίο(σ)-ες > ίους (cf. Lat. melio-s-is > melioris. ただし, ラテン語では s は消失せず r に変わる). しかし, ν が消失し, ίο(ν)-α > ίω, ίο(ν)-ες > ίους となったと見なす方が簡便である. 男性・女性複数対格形 βελτίους は主格形を代用したものであることに注意（ίον-ας が母音融合の結果 ίους になることは決してあり得ない）.

εὐδαίμων と同様に変化する形容詞：μνήμων, μνῆμον 忘れない, ἀγνώμων, ἄγνωμον 冷酷な, ἄφρων, ἄφρον 無分別な, πέπων, πέπον 熟した, σώφρων, σῶφρον 思慮深い, etc.

βελτίων と同様に変化するのは，μείζων, μεῖζον「より大きな」, κακίων, κάκῑον「より悪い」, ἐλάττων, ἔλᾱττον「より少ない」などの形容詞の比較級である．

混合幹形容詞：男性形と中性形は子音幹，女性形は母音幹
§8. 女性形はタイプ 3b ないし 3c の名詞と同様に変化する．その語幹は男性形および中性形のそれに接尾辞 -jă / -jā を付して作られるが，この接尾辞と先行の音節との結合の仕方は様々である．単数主・呼・対格形では -ă-，その他の変化形では -ā- が女性形の語幹となる．**女性の複数属格形は常に perispomenon である**：§1 で提示した形容詞の女性形のアクセントに関する規則（アクセントの基本原則が許す限りにおいて男性形のアクセントの位置を保持しようとする）は，ここでは適用されない．上述のように，女性形の語幹の形が男性形のそれと著しく異なるからである．後の参考のために，男性と女性の複数属格形のアクセントの位置が異なる形容詞（および分詞）の種類を挙げておこう：

βαρύς, εῖα, ύ	G. pl.	βαρέων, βαρειῶν
χαρίεις, ίεσσα, ίεν	—	χαριέντων, χαριεσσῶν
μέλᾱς, μέλαινα, μέλαν	—	μελάνων, μελαινῶν
πᾶς, πᾶσα, πᾶν	—	πάντων, πᾱσῶν
τυφθείς, εῖσα, έν	—	τυφθέντων, τυφθεισῶν
τύψᾱς, τύψᾱσα, τύψαν	—	τυψάντων, τυψᾱσῶν

第 3 章　形容詞

§9. -υ- 語幹の形容詞 （-υς, -εια, -υ）

男性形と中性形はそれぞれ πῆχυς, ἄστυ（タイプ 16）と同様に変化する. ➡
注意すべき変化形：男性と中性の単数属格形の語尾は本来の -ος であり（音量転換によって作られたタイプ 16 の -ως ではない），男性・中性双数と中性複数の主・呼・対格形 -εε, -εα の母音は融合しない.

ἡδύς「快い」の変化は以下の通り：

		m. (ἡδυ-)	n. (ἡδυ-)	f. (ἡδεϝ + ja-)
Sg.	N	ἡδύ-ς	ἡδύ	ἡδεῖα
	V	ἡδύ	ἡδύ	ἡδεῖα
	A	ἡδύ-ν	ἡδύ	ἡδεῖα-ν
	G	**ἡδέ-ος**		ἡδείᾱς
	D	ἡδεῖ (-έϊ)		ἡδείᾳ
Du.	NVA	**ἡδέ-ε**		ἡδείᾱ
	GD	ἡδέ-οιν		ἡδείαιν
Pl.	NV	ἡδεῖς (-έες)	**ἡδέ-α**	ἡδεῖαι
	A	ἡδεῖς	**ἡδέ-α**	ἡδείᾱς
	G	ἡδέ-ων		ἡδειῶν †
	D	ἡδέ-σι(ν)		ἡδείαις

§9.1. 男性複数対格形 ἡδεῖς は主格形を代用したものである．これと同様に変化する形容詞にはよく用いられるものが多い：e.g. βαθύς 深い, γλυκύς 甘い, εὐρύς 広い, ὀξύς 鋭い, ταχύς 速い.

§9.2. このタイプに属する形容詞は，ἥμισυς「半分の」, θῆλυς「女性の」および δίπηχυς「2 ペーキュス（長さの単位．肘から中指の先までの長さ）の」などの若干の複合語以外は，すべて oxytonon である.

§10. -ν- 語幹の形容詞 (-ᾱς, -αινα, -αν；-ην, -εινα, -εν).
μέλᾱς「黒い」(タイプ 10a), τέρην「柔らかい」(タイプ 10c):

Sg.	N	μέλᾱς	μέλαν	μέλαινα	τέρην	τέρεν	τέρεινα
	V	(μέλαν,)			(τέρεν,)		
		μέλᾱς	μέλαν	μέλαινα	τέρην	τέρεν	τέρεινα
	A	μέλαν-α	μέλαν	μέλαινα-ν	τέρεν-α	τέρεν	τέρεινα-ν
	G	μέλαν-ος		μελαίνης	τέρεν-ος		τερείνης
	D	μέλαν-ι		μελαίνῃ	τέρεν-ι		τερείνῃ
Du.	NVA	μέλαν-ε		μελαίνᾱ	τέρεν-ε		τερείνᾱ
	GD	μελάν-οιν		μελαίναιν	τερέν-οιν		τερείναιν
Pl.	NV	μέλαν-ες	μέλαν-α	μέλαιναι	τέρεν-ες	τέρεν-α	τέρειναι
	A	μέλαν-ας	μέλαν-α	μελαίνᾱς	τέρεν-ας	τέρεν-α	τερείνᾱς
	G	μελάν-ων		μελαινῶν	τερέν-ων		τερεινῶν
	D	μέλασι$_ν$		μελαίναις	τέρεσι$_ν$		τερείναις

§10.1. μέλᾱς の男性単数主格形は語幹 μελαν- に格語尾 -ς を付して作る：μελανς > μέλᾱς. 女性単数主格形は μελαν-jα > μέλαινα (j が直前の音節内に移動し, α と結び付いて二重母音 αι になる). μέλᾱς と同様に変化する形容詞はただ一つ, τάλᾱς, τάλαινα, τάλαν「哀れな」のみ.

§10.2. μέλᾱς と τάλᾱς を例外として, -ν- 語幹の形容詞の単数主格形は格語尾 -ς を持たない (➡ 2§14.1). 男性・中性複数与格形は μελαν-σι > μέλασι (➡ 2§14.2).

§10.3. 単数呼格形 μέλαν, τέρεν は稀であり, 通常は主格形が代わりに用いられる.

§11. -ντ- 語幹の形容詞（タイプ8）
若干の形容詞と多くの分詞がこのタイプに属する．
χαρίεις「優美な」, πᾶς「すべての」(8a) および ἑκών「自発的な」(8b) の変化：

Sg.	N	χαρίεις	χαρίεν	χαρίεσσα	πᾶς	πᾶν	πᾶσα
	V	χαρίεν	χαρίεν	χαρίεσσα	πᾶς	πᾶν	πᾶσα
	A	χαρίεντ-α	χαρίεν	χαρίεσσα-ν	πάντ-α	πᾶν	πᾶσα-ν
	G	χαρίεντ-ος		χαριέσσης	παντ-ός		πάσης
	D	χαρίεντ-ι		χαριέσσῃ	παντ-ί		πάσῃ
Du.	NVA	χαρίεντ-ε		χαριέσσᾱ			
	GD	χαριέντ-οιν		χαριέσσαιν			
Pl.	NV	χαρίεντ-ες	χαρίεντ-α	χαρίεσσαι	πάντ-ες	πάντ-α	πᾶσαι
	A	χαρίεντ-ας	χαρίεντ-α	χαριέσσᾱς	πάντ-ας	πάντ-α	πᾱ́σᾱς
	G	χαριέντ-ων		χαριεσσῶν	πάντ-ων †		πᾱσῶν
	D	χαρίεσι$_v$		χαριέσσαις	πᾶσι$_v$ †		πᾱ́σαις
Sg.	NV	ἑκών	ἑκόν	ἑκοῦσα			
	A	ἑκόντ-α	ἑκόν	ἑκοῦσα-ν			
	G	ἑκόντ-ος		ἑκούσης			
	D	ἑκόντ-ι		ἑκούσῃ			
Du.	NVA	ἑκόντ-ε		ἑκούσᾱ			
	GD	ἑκόντ-οιν		ἑκούσαιν			
Pl.	NV	ἑκόντ-ες	ἑκόντ-α	ἑκοῦσαι			
	A	ἑκόντ-ας	ἑκόντ-α	ἑκούσᾱς			
	G	ἑκόντ-ων		ἑκουσῶν			
	D	ἑκοῦσι$_v$		ἑκούσαις			

§11.1. χαρίεις, πᾶς はそれぞれ χαριεντ-ς, παντ-ς からの ντ の消失と代償延長によって生じた形（➡ 2§12.1）. χαρίεν は語幹 χαριεντ- から τ が落ちたもの. πᾶν (< πᾰν(τ-)) の α が長いのは不規則. これは πᾶς への類推によるもの. 複合語においてはこの α が短くなる：ἅπᾰν, σύμπᾰν.

§11.2. χαρίεις には χαριετ- という別の語幹（χαριεντ- の弱形）があり、この語幹から男性・中性複数与格形と女性形が作られる：χαριετ-σι > χαρίεσι, χαριετ-ja > χαρίεσσα. この -εσσα という形容詞の女性形は、-σσ- が示すようにイオーニアー方言の影響を受けた語形であり（➡ 付録1）、詩語としてしか用いられない. アッティカ方言の散文で用いられるとしたら、当然 -εττα となるところである.

§11.3. -εις で終わる分詞（➡ 7§18）は男性・中性複数与格形と女性形を強形の語幹 -εντ から作る：τιθεντ-σι > τιθεῖσι, τιθεντ-ja > τιθεῖσα. -οντ- 語幹の分詞（➡ 7§12, 7§64）のうち、男性単数主・呼格形が格語尾 -ς を持つものは -οντ-ς > -ους. それ以外の変化形は ἑκών に準じる：(δι)δούς, (δι)δοῦσα, (δι)δόν. πᾶσα は παντ-ja > παντσα から.

§11.4. πάντων, πᾶσι のアクセントは変則的, παντός, παντί は規則的である（➡ 2§9.2）.

§11.5. χαρίεις と同様に変化する形容詞には、πτερόεις「翼のある」, φωνήεις「声を発する」, δακρυόεις「涙ぐんだ」などがある. -όεις, -ήεις で終わる形容詞は概して詩語ないしイオーニアー方言形である. アッティカ方言では母音が融合する. たとえば μελιτόεις「密で甘くした」の場合, μελιτοῦς, μελιτοῦττα, μελιτοῦν, G. μελιτοῦντος, μελιτούττης, etc. となる. πτερόεις にも πτεροῦντα, πτεροῦσσα (-σσ- が詩語であることを示す) といった形が見られる.「母音」を意味する τὰ φωνήεντα は、アッティカ方言特有の母音融合がすでに行われなくなっていた時代の語であるので、常に非融合形で現れる.

不規則な形容詞

§12. μέγας「大きい」(語幹：μεγα-, μεγαλο-) と πολύς「多い」(語幹：πολυ-, πολλο-) は，あたかも男性単数主格形が *μεγάλος, *πολλός であるかのように変化する．μέγας, μέγαν, μέγα および πολύς, πολύν, πολύ のみが例外である：

Sg.	N	μέγας	μέγα	μεγάλη	πολύς	πολύ	πολλή
	V	μεγάλε / μέγας	μέγα	μεγάλη			
	A	μέγαν	μέγα	μεγάλην	πολύν	πολύ	πολλήν
	G	μεγάλου		μεγάλης	πολλοῦ		πολλῆς
	D	μεγάλῳ		μεγάλῃ	πολλῷ		πολλῇ
Du.	NVA	μεγάλω		μεγάλᾱ			
	GD	μεγάλοιν		μεγάλαιν			
Pl.	NV	μεγάλοι	μεγάλα	μεγάλαι	πολλοί	πολλά	πολλαί
	A	μεγάλους	μεγάλα	μεγάλᾱς	πολλούς	πολλά	πολλάς
	G	μεγάλων		μεγάλων	πολλῶν		πολλῶν
	D	μεγάλοις		μεγάλαις	πολλοῖς		πολλαῖς

§13. πρᾶος「穏やかな」．πρᾶος, πρᾱεῖα, πρᾶον, G. πρᾱου, πρᾱείᾱς, πρᾴου, etc. 複数形は以下のように変化する：

NV	πρᾶοι / πρᾱεῖς	πρᾶα / πρᾱέα	πρᾱεῖαι
A	πρᾴους	πρᾶα / πρᾱέα	πρᾱείᾱς
G	πρᾴων / πρᾱέων		πρᾱειῶν
D	πρᾴοις / πρᾱέσι		πρᾱείαις

§14. πούς「足」(ποδ-) から派生した複合形容詞の中には，中性単数主・呼・対格形が (時には男性単数対格形も) -ουν という形をとるものがある．これは形がよく似ている ἁπλοῦς (➡ §4) への類推による．E.g. τρίπους 三本足の，τρίπουν (ただし，「三脚の鼎」を意味する男性名詞としての単数対格形は τρίποδα).

§15. 一変化型の形容詞
この種の形容詞は男性と女性が同形であり，中性は時として斜格形が用いられるのみであるが，それもやはり男性形＝女性形と同一である．例：ἀγνώς, ἀγνῶτ-ος 未知の，知らない，ἄπαις, ἄπαιδ-ος 子供のない，ἀργής, ἀργῆτ-ος 白く

輝く，ἅρπαξ, ἅρπαγ-ος 強奪する，強欲な，μάκαρ, μάκαρ-ος 浄福の，ἀκάμᾱς, ἀκάμαντ-ος 疲れを知らない．通例，名詞として用いられるある種の形容詞も，このタイプに属する：γυμνής, γυμνῆτ-ος 軽装備の，πένης, πένητ-ος 貧しい，φυγάς, φυγάδ-ος 逃亡した，ἧλιξ, ἥλικ-ος 同じ年齢の，同年代の，ἀλαζών, ἀλαζόν-ος 法螺吹きの．ἐθελοντής, -οῦ「自ら志願する」のように男性形しか持たないものもある．-ίς, -ίδος という形の形容詞には女性形しかない：Ἑλληνίς ギリシアの，πατρίς 父祖の (sc. γῆ 祖国), συμμαχίς 同盟している (sc. πόλις 同盟国)．

形容詞の比較

英語の dark, dark-er, dark-est のように，ギリシア語においても形容詞の比較級と最上級は語幹に接尾辞を付加することによって作られる：
-τερος, -τατος (§16~21)
-ίων / -jων, -ιστος (§22)
あるいは英語の more / most interesting のように，特別な副詞を形容詞の前に置く場合もある：
μᾶλλον, μάλιστα (§26)

§16. 比較級・最上級の最も一般的な作り方は，接尾辞 -τερος, -τατος を付加することである．これらは原級の男性形の語幹に付せられる：
比較級 (-er)：m. -τερος, f. -τέρᾱ, n. -τερον (ἄξιος と同様に変化する ➡ §1)
最上級 (-est)：m. -τατος, f. -τάτη, n. -τατον (ἀγαθός と同様に変化する ➡ §1)

δῆλος (δηλο-) 明瞭な	δηλό-τερος	δηλό-τατος
ἰσχῡρός (ἰσχῡρο-) 強い	ἰσχῡρότερος	ἰσχῡρό-τατος
μέλᾱς (μελαν-) 黒い	μελάν-τερος	μελάν-τατος
βαρύς (βαρυ-) 重い	βαρύ-τερος	βαρύ-τατος
ἀληθής (ἀληθεσ-) 真実の	ἀληθέσ-τερος	ἀληθέσ-τατος
εὐκλεής (εὐκλεεσ-) 有名な	εὐκλεέσ-τερος	εὐκλεέσ-τατος

§16.1. -τερος にはもともと二つの概念を対照する働きしかなかった（either A or B）．その本来の機能は，δεξιτερός「右の」/ ἀριστερός「左の」, ἡμέτερος「我々の」/ ὑμέτερος「あなた方の」といった形容詞に保持されている．

§16.2. χαρίεις「優美な」の比較級と最上級 χαριέστερος, χαριέστατος は，χαριετ-τερος, -τατος (➡ §11.2) の語幹末尾の τ が異化によって σ に変じた形 (-ττ- > -στ-) である．χάρις「優美さ」から派生した複合形容詞 (e.g. εὔχαρις「愛想のよい」) は，比較級と最上級を作る際に o を語幹に付加する (-χαριτ-o-)：εὐχαριτώτερος, -τώτατος (o > ω については ➡ §17)．

第 3 章 形容詞

§16.3. πένης「貧しい」(➡ §15) の語幹は πενητ- であるから，比較級は幹末の τ が異化によって σ となった *πενήσ-τερος だと予想されるが，実際の形は ἀληθεσ- のような語幹への類推によって作られた πενέσ-τερος である．

比較級と最上級の特殊な形成法
§17. o > ω． いくつもの短音節が連続するのを避けるため，-ος で終わる形容詞で paenultima の短いものは，幹末の o を延ばして ω にする：

νέο-ς 新しい	νεώ-τερος	νεώ-τατος
χαλεπό-ς 困難な	χαλεπώ-τερος	χαλεπώ-τατος

paenultima が自然に長い（長母音ないし二重母音を含む）場合または位置によって長い（音節に含まれる短母音の後に二つ以上の子音が続く）場合は，幹末の o は延ばされない：

λεπτός 細い　　　　　　　λεπτότερος　　　　　λεπτότατος

閉鎖音＋流音も，この場合はほとんど常に 2 子音と見なされる（cf. 7§23.1, 注 1）：

πικρός 苦い　　　　　　　πικρότερος　　　　　πικρότατος

κενός「空虚な」と στενός「狭い」は元は κενϝος, στενϝος であったが，ϝ が消失した後も比較級と最上級を形成する際に幹末の o は延ばされない：

κεν(ϝ)ός　　　　　　　　κεν(ϝ)ότερος　　　　κεν(ϝ)ότατος
στεν(ϝ)ός　　　　　　　　στεν(ϝ)ότερος　　　　στεν(ϝ)ότατος

ただし，プラトーンとアリストテレースには -ώτατος という形の最上級の用例が認められる．

§18. -αίτερος, -αίτατος．形容詞の比較級と最上級は副詞からも作られうる：

πάλαι ずっと以前に　　　παλαί-τερος　　　　　παλαί-τατος

これらの形は παλαι-ό-ς の比較級・最上級として頻用された：

παλαι-ό-ς 昔の　　　　　παλαί-τερος　　　　　παλαί-τατος

類推によって，以下の形容詞は語幹末尾の o を落とす：

γεραι-ό-ς 年老いた　　　γεραί-τερος　　　　　γεραί-τατος
σχολαῖ-ο-ς 緩慢な　　　　σχολαί-τερος　　　　σχολαί-τατος

さらなる類推によって，幹末の o を落とし，-αίτερος, -αίτατος を付加する形容詞もある：

ἡσυχ-ος 静かな　　　　　ἡσυχ-αίτερος　　　　ἡσυχ-αίτατος
ἴσ-ος 等しい　　　　　　ἰσ-αίτερος　　　　　ἰσ-αίτατος
ὄρθρι-ος 早朝の　　　　　ὀρθρι-αίτερος　　　　ὀρθρι-αίτατος
μέσ-ος 中央の　　　　　　μεσ-αίτερος　　　　　μεσ-αίτατος

φίλ-ος 親愛な   φιλ-αίτερος (Xen.)   φιλ-αίτατος (Xen.)

これと同類の形容詞：ὄψιος（時間的に）遅い，πλησίος 近い，προὔργου 有益な，好都合な（➡ §24）
同じく副詞：παραπλησίως ほぼ同様に（παραπλησιαίτερον），πρῴ 早朝に（➡ 4§3 注 3）

§19. **-έστερος, -έστατος**. -ον- 語幹（§7）および一部の -οο- 語幹（母音が融合して -ου- となる．§4）の形容詞は，ἀληθέσ-τερος, ἀληθέσ-τατος などの語に倣って，-έστερος, -έστατος を語幹に付して比較級と最上級を作る：

εὐδαίμων 幸福な   εὐδαιμον-έστερος   εὐδαιμον-έστατος
ἁπλοῦς 単純な   ἁπλο-εστ > ἁπλούστερος   ἁπλούστατος

νοῦς「心」から派生したすべての複合形容詞：
εὔνους 親切な   εὐνούστερος   εὐνούστατος

ただし，それ以外の -οος で終わる形容詞の比較級と最上級は §17 の規則に従って作られる：
ἀθρόος 密集した   ἀθροώτερος   ἀθροώτατος

その他の -ο- 語幹の形容詞（いずれも幹末の ο を落とす）：
ἐρρωμέν-ο-ς 強い   ἐρρωμενέστερος   ἐρρωμενέστατος
ἄκρᾱτ-ο-ς 純粋な   ἀκρᾱτέστερος   ἀκρᾱτέστατος
ἄσμεν-ο-ς 喜んでいる   ἀσμενώτερος   ἀσμενώτατος（副詞 -έστατα）
ἄφθον-ο-ς 豊富な   ἀφθονέστερος   ἀφθονέστατος

§20. -ον- 語幹の形容詞の中には，あたかも -ο- 語幹から作られたかのような比較級や最上級を持つものがある：
πίων 太った   πῑό-τερος   πῑό-τατος
ἐπιλήσμων 忘れっぽい ἐπιλησμον-έστερος   ἐπιλησμό-τατος
πέπων 熟した   πεπ-αίτερος   πεπ-αίτατος (§18)

§21. **-ίστερος, -ίστατος**（否定的な意味を持つ比較級・最上級）
ἄχαρις (ἀ- + χάρις, χάριτος)「不愉快な」の比較級は ἀχαριτ-τερος の幹末の τ が異化によって σ に変じた ἀχαρίσ-τερος である．この形への類推によって，否定的な意味を持つ形容詞や，さらには名詞までもが，-ίστερος, -ίστατος を語幹に付加して（幹末の母音は落ちる）比較級や最上級を作ることがある：κλεπτίστατος（κλέπτης 泥棒），κακηγορίστερος（κακήγορος 口汚い），λαλίστερος（λάλος 饒舌な）；プラトーンには ἀλαζονίστατον「最も恥知らずな」（ἀλαζών, -όνος ペテン師，法螺吹き）の用例が見られる．

§22. 比較級・最上級のもう一つの形成法：-ίων / -jων, -ιστος.

この方法によって比較級・最上級を作る形容詞は数も少ないので，覚えてしまう方がよい．比較級の男性・女性形は -ίων / -jων を，中性形は -ῑον / -jον を，最上級は -ιστος, -η, -ον を，それぞれ原級の語根に付加することによって作られる．

ἡδ-ύ-ς 快い （ἡ ἡδ-ονή 快楽）	ἡδ-ίων	ἥδ-ιστος
ταχ-ύ-ς 速い （τὸ τάχ-ος 速さ）	θάττων (< θαχ-jων[1])	τάχ-ιστος
μέγ-α-ς 大きい （τὸ μέγ-εθος 大きさ）	μείζων[2] (< μεγ-jων)	μέγ-ιστος
ἀλγ-εινός 痛ましい （τὸ ἄλγ-ος 苦痛）	ἀλγ-ίων	ἄλγ-ιστος
αἰσχ-ρό-ς 恥ずべき （τὸ αἶσχ-ος 恥）	αἰσχ-ίων	αἴσχ-ιστος
ἐχθ-ρό-ς 憎むべき （τὸ ἔχθ-ος 憎悪）	ἐχθ-ίων	ἔχθ-ιστος

注 1. θαχ- > ταχ- については➡ 2§10.5. θαχ-jων > θάττων, ἐλαχ-jων > ἐλάττων (§23) における α の長音化の理由は不詳．

注 2. μεγ-jων > μέζων がアッティカ方言において μείζων となるのは，κρείττων, ἀμείνων などへの類推による．

比較級 -ίων は βελτίων (§7) と，最上級 -ιστος は ἀγαθός (§1) と同様に変化する．

§23. 不規則な比較級・最上級

不規則な比較級と最上級を持つ最も一般的な形容詞は以下の通りである：

原級	比較級	最上級
1. ἀγαθός よい	ἀμείνων (< ἀμεν-jων)	ἄριστος (ἀρ-ετή 卓越性)
	βελτίων	βέλτιστος
	κρείττων	κράτιστος (κράτ-ος 力)
	λῴων	λῷστος
2. κακός 悪い	κακίων peior	κάκιστος
	χείρων deterior	χείριστος
	ἥττων (< ἥκ-jων) inferior	ἥκιστα（副詞）最も少なく
3. καλός 美しい	καλλίων	κάλλιστος (κάλλ-ος 美しさ)
4. μέγας 大きい	μείζων	μέγιστος
5. μῑκρός 小さい	μῑκρότερος	μῑκρότατος
	ἐλάττων (< ἐλαχ-jων)	ἐλάχιστος
	μείων	
6. ὀλίγος 少ない	ὀλείζων（碑文で）	ὀλίγιστος
7. πολύς 多い	πλείων, πλέων, n. πλέον / πλεῖν	πλεῖστος
8. ῥᾴδιος 容易な	ῥᾴων	ῥᾷστος
9. ταχύς 速い	θάττων	τάχιστος
10. φίλος 親愛な	(φίλτερος poet.)	φίλτατος
	φιλαίτερος (Xen.)	φιλαίτατος (Xen.)
	通常は：μᾶλλον φίλος	μάλιστα φίλος

§23.1. ἀμείνων, ἄριστος は有能さや勇敢さを，βελτίων, βέλτιστος は道徳的に優れていることを，κρείττων, κράτιστος は力の強さや優位を，λῴων, λῷστος は望ましさや好ましさを，それぞれ表す（ὦ λῷστε 我がよき友よ）．

§23.2. κακίων, κάκιστος は邪悪さや卑怯さを，χείρων, χείριστος は能力や徳性が劣っていることを，ἥττων は力の弱さを，それぞれ表す．以下の対義語の組み合わせに注意：

ἀμείνων	vs.	κακίων, χείρων
βελτίων	vs.	χείρων
κρείττων	vs.	ἥττων

§23.3. ἐλάττων, ἔλᾱττον, ἐλάχιστος は大きさについて「より小さい」を意味する場合（μείζων の対義語）と，数の多さについて「より少ない」を意味する場合（πλείων の対義語）とがある．μείων, μεῖον, ἧττον, ἥκιστα もまた，μῑκρός と ὀλίγος の両方に対応する．

μῑκρός	ἐλάττων, μείων, μεῖον	ἐλάχιστος	対義語：μείζων
ὀλίγος	ἧττον（副詞）	ἥκιστα（副詞）	対義語：πλείων

§23.4. 弁論家たちは πλέων より πλείων を，とりわけ πλείω, πλείους という母音が融合した形（§7.1）を好んで用いた．ただし，中性形は πλέον．πλεῖν は πλέον の母音が融合した形ではなく，語幹を異にしている．

§24. 原級を欠くもの

πάλαι から作られた παλαίτερος, παλαίτατος のように（§18），形容詞の比較級・最上級の中には副詞や前置詞から作られたために原級を欠くものがある．さらには比較級か最上級のどちらか一方が欠けている（そのアッティカ方言における用例が認められない）ものもある：

πλησίον 近くに	πλησιαίτερος	πλησιαίτατος
πρό 〜の前に	πρότερος 先の，前者の	πρῶτος 最初の
?	ὕστερος 後の，後者の	ὕστατος 最後の
ἐξ 〜（の中）から		ἔσχατος 最も遠い，末端の
ὑπέρ 〜の上方に，〜を越えて	ὑπέρτερος (poet.) より高い，より優れた	ὑπέρτατος, ὕπατος (poet.) 最も高い，至上の
πρὸ ἔργου > προὔργου 有益な，好都合な	προὐργιαίτερος	

§25. 韻文においては，また時には散文においても，比較級や最上級が名詞や代名詞から作られることがある．たとえば，アリストパネースには κλεπτίστατος「盗みにかけては右に出る者がいない」(κλέπτης「泥棒」；§21) や αὐτότατος「正真正銘の本人」といった語が見られる．

§26. μᾶλλον, μάλιστα による比較
-τερος, -τατος ないし -ίων, -ιστος という形を作る代わりに，副詞 μᾶλλον「（〜よりも）もっと」，μάλιστα「最も」を原級に添えて比較級・最上級とすることもある：e.g. μᾶλλον φίλος より親愛な，μάλιστα φίλος 最も親愛な．分詞や，固有の比較変化形を持たないその他の形容詞にあっては，これが比較級・最上級の意味を表す唯一の方法である（μᾶλλον ἑκών より乗り気な）．μᾶλλον, μάλιστα による比較は，複合形容詞，名詞から作られた形容詞，前置詞を接頭辞として持つ形容詞，-τός で終わる動形容詞に多く見られる．

§27. 比較級と最上級の基本的用法（後の参照用）

比較級：

Much / a little	taller	than	I
πολλῷ / ὀλίγῳ（差異の程度を示す 与格➡ 9§4.2.2）	μείζων	+比較の属格 (➡ 9§3.3.3)	ἐμοῦ
πολύ, ὀλίγον（副詞的対格➡ 4§3 注 1, 9§2.1.3）		+ ἤ	ἐγώ

この比較の属格は，同じく比較の対象を表すラテン語の奪格（sapientior te = quam tu「君より賢い」）と同源である．両者は共に起点からの分離を示す印欧祖語の奪格に由来する．

πλέον (= πλεῖν) と ἔλᾱττον (= μεῖον) に伴う ἤ は，数詞の前では省略されることがある：

more (less)	than	200 men
πλέον (πλεῖν) より多い	[ἤ]	διᾱκόσιοι ἄνδρες
ἔλᾱττον (μεῖον) より少ない	属格：	διᾱκοσίων ἀνδρῶν

比較級が「～よりも」を意味する語句を伴わず孤立している場合は，言外にほのめかされた比較の対象を推測しなければならない：

含意された比較の対象：	
a. 普通の程度	σοφώτερος 利発すぎる，度を超えて賢い
b. 知恵の欠如ないし愚かさ	σοφώτερος 思ったより賢い，多少は知恵が働く（それほど馬鹿でもない）

最上級：

ὁ σοφώτατος ἀνήρ	最も賢い人	=相対最上級
σοφώτατος ἀνήρ	非常に賢い人	=絶対最上級（'elative' と称する）
ὁ σοφώτατος πάντων	すべての人々の中で最も賢い人	（部分の属格）

最上級の意味は次のような言い回しによっても表されうる：

最も（非常に）有力な	
δυνατὸς εἴ τις ἄλλος	もし他に誰かいるとしたら（それが誰であれその人と同等かそれ以上に）有力な
δυνατὸς ὡς οὐδεὶς ἄλλος	他の誰とも違って（他の誰にも増して）有力な
πλεῖστα εἷς δυνάμενος	最も力のあるただ一人の（他の誰よりも有力な）
οἷος δυνατώτατος	最も有力な類いの（非常に有力な）
ἐν τοῖς δυνατώτατος	（字義通りには「それらのものの中で」）最も有力な

ἐν τοῖς は女性形の語句が後に続く場合もこの形のままである：ἐν τοῖς πλεῖσται νῆες 他と比べ物にならないほど数多くの船，ἐν τοῖς πρώτη ἐγένετο (sc. ἡ στάσις) まさしく最初の内乱が起こった．

「(水が) あまりに冷たいので水浴できない／水浴するには冷たすぎる」

ギリシア人ならこの意味を，形容詞の原級または比較級を用いて次のように言い表すであろう：

原級	[+ ὥστε] 8§35 [+ ὡς]	+ 不定詞
τὸ ὕδωρ ψυχρόν ἐστιν	[ὥστε]	λούσασθαι
比較級	+ ἢ + ὥστε / ὡς	+ 不定詞
τὸ ὕδωρ ψυχρότερόν ἐστιν	ἢ ὥστε	λούσασθαι
(災難が) 大きすぎて		涙も出ない
比較級	+ ἢ + κατά / πρός (〜に見合うよりも)	+ 対格
μεῖζον	ἢ κατὰ	δάκρυα

「美しさと善良さを同等に兼ね備えている」という意味は次のように表す：

Equally/ just as	good	as	beautiful
ὥσπερ, (as) ὡς, ὅπως, καθάπερ	ἀγαθὸς	οὕτω καὶ (so also)	καλός
οὕτως (so)	ἀγαθὸς	ὥσπερ καὶ (as also)	καλός
No less	**beautiful**	**than**	**good**
οὐχ ἧττον	καλὸς	ἢ καὶ	ἀγαθός

第4章　副詞

§1. 副詞は時，場所，程度，様態などを示す：e.g. He always (1) runs home (2) very (3) fast (4). 大抵の場合は動詞の意味を明確にする（1, 2, 4）が，形容詞（e.g. very big）や別の副詞を修飾することもある（3）。副詞の語形は変化しないので，語彙素として覚えるべきである。しかしながら，その多くは形容詞から規則的に作られるので，それらをここで紹介しよう。

§2. 形容詞から作られる副詞
様態の副詞は，形容詞（ないし分詞）の男性複数属格形の語末の -ν を -ς と取り替えて作る：

		G.pl.			
δίκαιος	正しい		δικαίων	δικαίως	正しく
σοφός	賢明な		σοφῶν	σοφῶς	賢明に
ἁπλοῦς	単純な		ἁπλῶν	ἁπλῶς	単純に
σαφής	明らかな		σαφῶν	σαφῶς	明確に
ἡδύς	快い		ἡδέων	ἡδέως	愉快に
σώφρων	思慮深い		σωφρόνων	σωφρόνως	慎重に
ἄλλος	他の		ἄλλων	ἄλλως	別様に
χαρίεις	優美な		χαριέντων	χαριέντως	優雅に
πᾶς	すべての		πάντων	πάντως	あらゆる点で
μέγας	大きい		μεγάλων	μεγάλως	大いに
ὤν	動詞 εἰμί「～である」の現在分詞		ὄντων	ὄντως	本当に

次の副詞の特殊な意味に注意：
ἴσως おそらく（< ἴσος, η, ον 等しい）
πάντως 是非とも，いずれにせよ，きっと

§3. 形容詞に由来する副詞の比較
副詞の比較級は形容詞の比較級の中性単数対格形（➡ 9§2.1.3）と，副詞の最上級は形容詞の最上級の中性複数対格形と，それぞれ同一である：

比較級の副詞形 = 中性単数対格形 -ον

最上級の副詞形 = 中性複数対格形 -α

σοφῶς	賢明に	σοφώτερον	σοφώτατα
σαφῶς	明確に	σαφέστερον	σαφέστατα
χαριέντως	優雅に	χαριέστερον	χαριέστατα
εὐδαιμόνως	幸福に	εὐδαιμονέστερον	εὐδαιμονέστατα
αἰσχρῶς	恥ずかしくも	αἴσχῑον	αἴσχιστα
ἡδέως	愉快に	ἥδῑον	ἥδιστα

注1. 原級の中性対格形も副詞として用いられることがある:

πολύ	非常に	πλέον もっと	πλεῖστα 最も
ὀλίγον, μῑκρόν	少し	ἧττον より少なく	ἥκιστα 最も少なく
πλησίον	近くに	πλησιαίτερον より近く	πλησιαίτατα 最も近く
ταχύ	= ταχέως 速く	θᾶττον より速く	τάχιστα 最も速く
μέγα	= μεγάλως 大いに		
εὐθύ	= εὐθέως ただちに		
πολλά	しばしば		
σφόδρα*	= σφοδρῶς 非常に		

* 本来は σφοδρός「激しい」の中性複数対格形
ὕστερον「後に」への類推による πρῶτον「まず, 最初は」という副詞的対格もある.

注2. -ως で終わる副詞の中には形容詞の比較級や最上級から作られたものもある:
ἀσφαλεστέρως (ἀσφαλέστερον) より安全に, βελτῑόνως (βέλτῑον) よりよく, μειζόνως より大きく; ἐσχάτως 最も遠く, 最も高く

注3. ἀγαθός から作られる副詞はないので, 代わりに εὖ ないし καλῶς が用いられる.
以下の副詞の比較変化に注意:

εὖ / καλῶς	よく	ἄμεινον よりよく	ἄριστα 最もよく
μάλα / σφόδρα	非常に	μᾶλλον もっと	μάλιστα 最も
πρῴ	早朝に	πρῳαίτερον より早く	πρῳαίτατα 最も早く

§4. 格変化形が副詞になったもの

元は名詞や形容詞や代名詞の何らかの格を表す形であったものが固定して副詞になった例は多い（そうした名詞や形容詞そのものはすでに用いられなくなっており, 副詞がその名残を辛うじて留めていることがしばしばある）. ➡ 第9章.

1. 主格（稀）
πύξ 拳骨で, ἅπαξ 一度, ἀναμίξ ごちゃ混ぜに.

2. 対格
τήμερον 今日, προῖκα 贈り物として, 無償で（ἡ προίξ 贈り物）, μακράν 遠く離れて, χάριν（＋属格）～のために.
注. 形容詞の中性対格形は単数・複数共に, ごく頻繁に副詞的な意味で用いられる（cf. §3 および注 1）.

3. 属格：-ου
ποῦ; どこに, οὐδαμοῦ どこにも～ない, πανταχοῦ 至る所に, αὐτοῦ まさしくその場所に, ὁμοῦ 同じ場所に, 一緒に.
注 1. ἐκποδών「邪魔にならない所に, 離れて」（< ἐκ ποδῶν）ならびにこれへの類推による ἐμποδών「邪魔になって, 道を塞いで」にも注意.
注 2. -ης で終わる単数属格形が副詞になったものもある：ἕνης 明後日に, ἑξῆς 次から次へと.

4. 与格：-ῃ / -ᾳ
πῇ; どのように, どこへ, δημοσίᾳ 国費で, λάθρᾳ 密かに, κοινῇ 共同で, 共通して, ἄλλῃ 別様に.
注. 多くの名詞・形容詞・代名詞の与格形が, このように副詞的に用いられる. 他の例については➡ 9§4.2.6.

5. 所格：sg. -ι, pl. -οισι / -ᾱσι (-ησι)
ποῖ; どこへ, οἴκο-ι 家に（οἶκο-ς 家）, Ἰσθμο-ῖ イストモスにて, Μαραθῶν-ι マラトーンにて；θύρᾱσι 戸口に, 国外に, Πλαταιᾶσι プラタイアにて, Ἀθήνησι アテーナイにて.
注. 次の副詞も所格形に由来する：πάλαι ずっと以前に, ἐκεῖ そこに, πανδημεί 一団となって

6. 具格（ないし奪格）：-ω
ἄνω 上方に, κάτω 下方に, οὔπω まだ～ない, ὧ-δε このように, ὀπίσω (τὸ ὀπίσω > τοὐπίσω) 後方に. 場所を表す以下の副詞は, 比較級と最上級の形も対格形ではなく古い具格形 -ω である：

ἄνω	上方に	ἀνωτέρω	ἀνωτάτω
κάτω	下方に	κατωτέρω	κατωτάτω
πόρρω	前方へ，先に，遠くに （韻文では πρόσ(σ)ω, πόρσω）	πορρωτέρω	πορρωτάτω
ἔσω / εἴσω	(< εἰς) 中へ，内部へ	ἐσωτέρω	ἐσωτάτω
ἔξω	(< ἐξ) 外へ (ἀπό >)	ἐξωτέρω ἀπωτέρω さらに遠くに	ἐξωτάτω ἀπωτάτω 最も遠くに
ἐγγύς	近くに	ἐγγυτέρω / ἐγγύτερον	ἐγγυτάτω （稀に -τατα）
πέρᾱ	さらに先に，過度に	περαιτέρω (➡ 3§18)	—

§5. 特殊な接尾辞を付加することによって作られる副詞

どこに (Ger. Wo?) -ι, -θι, -σι, -ου		どこへ (Wohin?) -σε, 対格 + δε		どこから (Woher?) -θεν	
οἴκο-ι	家に	οἴκα-δε	家へ	οἴκο-θεν	家から
Ἀθήνη-σι	アテーナイに	Ἀθήνᾱζε	アテーナイへ	Ἀθήνη-θεν	アテーナイから
Ὀλυμπίᾱ-σι	オリュンピアーに	Ὀλυμπίᾱζε	オリュンピアーへ	Ὀλυμπίᾱ-θεν	オリュンピアーから
θύρᾱ-σι	戸口に, 外に, 国外に	θύρᾱζε	戸口へ, 外へ	θύρᾱθεν	外から
χαμα-ί	地上に (on)	χαμᾶζε	地面に (to)	χαμᾶθεν	地面から
ἄλλο-θι ἀλλ-αχ-οῦ	他の場所に	ἄλλο-σε ἀλλ-αχ-ό-σε	他の場所へ	ἄλλο-θεν ἀλλ-αχ-ό-θεν	他の場所から
παντ-αχ-οῖ παντ-αχ-οῦ	至る所に	πάντ-ο-σε παντ-αχ-ό-σε	至る所へ	παντ-αχ-ό-θεν	至る所から
ἀμφοτέρω-θι	両側に	(ἀμφοτέρω-σε)	どちらの側へも	ἀμφοτέρω-θεν	両側から
αὐτό-θι αὐτ-οῦ	その場で, まさにその場所に	αὐτό-σε	まさにその場所へ	αὐτό-θεν	まさにその場所から
ὁμ-οῦ	同じ場所に	ὁμό-σε	同じ場所へ	ὁμό-θεν	同じ場所から
ἐκε-ῖ	そこに	ἐκεῖ-σε	そちらへ	ἐκεῖ-θεν	そこから

注. οἶκα-δε には古い対格形の痕跡が認められる（叙事詩には οἰκόνδε という形も見られる）．Ἀθήνᾱζε は Ἀθήνᾱσ-δε が変形したもの．このことは ζ がある時期まで [zd] と発音されたことの証左となる．語幹と語尾の間にしばしば αχ が挿入されることに注意．

これらの副詞はアッティカ方言ではあまり頻繁には用いられない．それに対してホメーロスには場所を表す語尾を持つ様々な副詞が頻出する：e.g. δόμον-δε 家へ，πόλιν-δε 城市へ，οὐρανό-θι 天空で，ἀγορῆ-θεν 集会から．

§6. 他の様々な語尾

副詞を作る語尾は他にもたくさんある．それらを覚える必要はないが，形を見

てすぐそれと分かるようにしておくことは有益である：
- -α：ἅμα 同時に，μάλα 非常に，τάχα すぐに（アッティカ方言の散文では「おそらく」の意味も）．
- -ακις：πολλάκις 何度も，しばしば，ἑκαστάκις 毎度，τοσαυτάκις それほど頻繁に，ὁσάκις …する度ごとに，πλειστάκις 非常に頻繁に，ὀλιγάκις 滅多に…ない，πλεονάκις もっと頻繁に
- -δην：συλλήβδην 要するに，σποράδην あちこち散らばって
- -δον：ἔνδον 内部に，σχεδόν ほとんど
- -ει：πανδημεί 一団となって（➡ §4.5 注）
- -τε：ὅτε …時
- -τι, -στι：ἐθελοντί 自発的に，Ἑλληνιστί ギリシア語で，ギリシア風に，Ἀττικιστί アッティカ方言で

第5章　代名詞

§1. 代名詞は人や事物などを，それらを表す名詞に成り代わって指し示すために用いられる：e.g. She loves her children more than herself. 機能に応じて様々なグループに分類される．

§2. 人称代名詞

それぞれ単数，双数，複数の順に：
1人称：私；我々二人；我々
2人称：あなた；あなた方二人；あなた方
3人称：彼（女），それ；彼（女）ら二人，それら二つ；彼（女）ら，それら

		1人称	2人称	3人称
Sg.	N	ἐγώ	σύ	—
	A	ἐμέ, με	σέ, σε	ἕ, ἑ (*Lat.* sē)
	G	ἐμοῦ, μου	σοῦ, σου	οὗ, οὑ
	D	ἐμοί, μοι	σοί, σοι	οἷ, οἱ
Du.	NA	νώ	σφώ	(σφωέ)
	GD	νῷν	σφῷν	(σφωίν)
Pl.	N	ἡμεῖς	ὑμεῖς	σφεῖς
	A	ἡμᾶς	ὑμᾶς	σφᾶς
	G	ἡμῶν	ὑμῶν	σφῶν
	D	ἡμῖν	ὑμῖν	σφίσι(ν)

注．古代の文法学者によれば，ἡμεῖς, ὑμεῖς の斜格形は，特に強調されない場合は前接語である．その場合はアクセントが最初の音節に置かれ，-ᾱς と -ῑν は通常，短くなる．-ᾱς と -ῑν は代名詞が強調される場合でも短くなることがある：

強調形		非強調形＝前接語	
長い ᾱ, ῑ	短い ᾰ, ῐ	長い ᾱ, ῑ	短い ᾰ, ῐ
ἡμᾶς	ἡμάς	ἥμᾱς	ἥμᾰς
ἡμῶν		ἥμων	
ἡμῖν	ἡμίν	ἥμῑν	ἥμῐν

同様に σφᾶς が σφάς となることもある．

§2.1. **主格形**. ἐγώ, σύ, ἡμεῖς, ὑμεῖς は常にアクセントを持つ．しかし，人称と数は動詞の形から分かるので，これらは通常は必要ではない．意味を強めるためにのみ，とりわけ対比を強調するために用いられる：

ὑμεῖς μὲν οὐχ ὁρᾶτε τἄσδ', **ἐγὼ δ'** ὁρῶ. あなた方にはこの女たちが見えていないが，私には見える．

注．「一方では」－「他方では」を意味する小辞 μέν － δέ に注意．ギリシア人は二元性や対照をことのほか好み，しばしばこれらの小辞を相関的に用いて二つの物事を対比する．μέν は訳出されないことが多い．

§2.2. **斜格形**. ἐμέ, ἐμοῦ, σοί, οὗ などのアクセントを持つ形すなわち強調形は，やはりその代名詞を際立たせるために用いられる：
a. 対比において：οὐκ ἐμοὶ μόνον, ἀλλὰ καὶ ὑμῖν 私だけでなくあなた方にも

ἐμοῦ γάρ ἐστι κύριος μὲν εἷς ἀνήρ,
τούτου δὲ καὶ **σοῦ** μυρίων τ' ἄλλων νόμος.
私の主人は一人の人間だが，その人や君や他の無数の人々の主人は法だ．Phil. 31

b. 前置詞の後で：πρὸς ἡμᾶς 我々に対して（ただし，πρὸς ἐμέ の代わりに πρός με としてもよい）

それ以外の場合は μου, μοι, με; σου, σοι, σε などのアクセントのない形（前接語）が用いられる：
τὸ παιδίον δός μοι, γύναι. 妻よ，その子を私によこせ．Men. *Epitr.* 302

§2.3. さらなる強調のための γε が付加されることがある（† ＝アクセントの位置に注意）：ἔγωγε †, ἐμοῦγε, ἔμοιγε †, σύγε, etc. この強調形は肯定の返事としても用いられる：
ἐτεὸν ἡγεῖ γὰρ θεούς; ἔγωγε. お前は本当に神々が存在すると信じているのか？―信じているとも．
注．γε は先行する語を強調する機能を持つ重要な小辞である．ちょうど現代の西洋人が文章中のある語を強調するために下線を引いたりイタリック体を用いたりするように，ギリシア人は強調したい語にこの小辞を添えた．

§2.4. **3 人称の人称代名詞**．次の英文は二通りの解釈が可能である：
He (A) asked her (B) to help **him** (**A** または **C**).
ラテン語でもギリシア語でも，この曖昧さを避けるために二組の代名詞が使い分けられる：
a. 斜格が文や節の主語を（上の英文に即して言えば him が (A) を）指す場合

は再帰代名詞を用いる (*Lat.* sē, sibi, etc.). 従属節や従属句の中の再帰代名詞が，その節や句の主語ではなく主節の主語を指す場合は，これを間接再帰代名詞と称する（自らが置かれた文や節の主語を指すのは直接再帰代名詞）. アッティカ方言の散文では，3 人称の人称代名詞は本来の機能を果たさず，もっぱら間接再帰代名詞として用いられるが，それも単数与格形 οἷ と複数与格形 σφίσι,にほぼ限られる. これとは別に，直接再帰にも間接再帰にも用いられる本来の再帰代名詞がある. その 3 人称の形は ἕ に強意代名詞 αὐτός の斜格形を付して作られる：ἑαυτόν, etc. (➡ §5). 時代が下ると ἕ の必要性に対する意識が薄れ，αὐτός の斜格形が単独で再帰代名詞として用いられるようになった.

b. 3 人称の人称代名詞としては通常，指示代名詞 ἐκεῖνος, οὗτος (➡ §8.2, §8.3) が用いられる. 斜格が文や節の主語以外を（上の英文に即して言えば him が第三者 (C) を）指す場合は，αὐτός (m.), αὐτή (f.), αὐτό (n.) の変化形 (➡ §3) をラテン語の eum, eam, id, etc. のように用いる.

§3. αὐτός

αὐτός, αὐτή, αὐτό は形容詞 ἀγαθός (➡ 3§1) と同様に変化するが，呼格形を欠き，中性単数主・対格形は αὐτόν ではなく αὐτό である：

Sg.	A	αὐτόν	αὐτήν	αὐτό	彼（彼女，それ）を (eum, eam, id)
	G	αὐτοῦ	αὐτῆς	αὐτοῦ	彼（彼女，それ）の (eius)
	D	αὐτῷ	αὐτῇ	αὐτῷ	彼（彼女，それ）に (ei)
Du.	A	αὐτώ	αὐτά	αὐτώ	
	GD	αὐτοῖν	αὐταῖν	αὐτοῖν	
Pl.	A	αὐτούς	αὐτάς	αὐτά	彼ら（彼女ら，それら）を (eos, eas, ea)
	G	αὐτῶν	αὐτῶν	αὐτῶν	彼ら（彼女ら，それら）の (eorum, earum)
	D	αὐτοῖς	αὐταῖς	αὐτοῖς	彼ら（彼女ら，それら）に (eis)

中性単数形は元は -δ で終わっていたのだが，これは語末音たり得ないため消失した. Cf. *Lat.* aliud, istud, quid, etc. ただし，「同一物」を意味する ταὐτόν はよく用いられる.

この代名詞には三つの意味がある：

1. 自身（*Lat.* ipse）. 述語的位置（定冠詞 + 名詞という語群の外側）で：αὐτὸς ὁ ἀνήρ / ὁ ἀνὴρ αὐτός その人自身

παρέταττε δὲ αὐτὸς αὐτὸς ὁ βασιλεὺς ἐφ᾽ ἅρματος παρελαύνων. 王自ら戦車に乗って傍らを進みながら，手勢の者たちに戦闘隊形をとらせていた. Xen. *Cyr.* 3. 3. 43

2. 同じ. 属性的位置（定冠詞の後）で：ὁ αὐτὸς ἀνήρ 同じ人, τοῦ αὐτοῦ ἀνδρός 同じ人の.
定冠詞と αὐτός が母音縮合によって一つになることがある：ὁ αὐ- > αὑτός, ἡ αὐ- > αὑτή, τὸ αὐ- > ταὐτό または ταὐτόν ; ταὐτοῦ, ταὐτῆς ; ταὐτῷ, ταὐτῇ, etc.
οἱ δὲ ἀπὸ τοῦ αὐτοῦ σπέρματος φύντες καὶ ὑπὸ τῆς αὐτῆς μητρὸς τραφέντες καὶ ἐν τῇ αὐτῇ οἰκίᾳ αὐξηθέντες καὶ ὑπὸ τῶν αὐτῶν γονέων ἀγαπώμενοι καὶ τὴν αὐτὴν μητέρα καὶ τὸν αὐτὸν πατέρα προσαγορεύοντες, πῶς οὐ πάντων οὗτοι οἰκειότατοι; 同じ血筋を引き，同じ母親に育てられ，同じ家の中で成長し，同じ両親に愛され，同じ人を母と呼び，同じ人を父と呼ぶ，その者たちこそが紛れもなくあらゆる人々の中で最も近しい存在なのだ. Xen. *Cyr.* 8. 7. 14

3. 彼を，彼女を，それを，彼らを，etc.（➡ §2.4）. αὐτός の斜格形は通例，ἕ, οὗ, οἷ などの代わりに3人称の人称代名詞として用いられる：ἀσπάζομαι αὐτούς 私は彼らに挨拶する, ὁ πατὴρ αὐτοῦ 彼の父.
　　　　καὶ φράζ᾽ αὐτοῖς
ταχέως ἥκειν ὡς ἐμὲ δευρὶ
καὶ μὴ μέλλειν·
そして彼らに言ってくれ，今すぐここへ，私のところへ来るように，ぐずぐずするな，と. Ar. *Ran.* 1507-9

§4. ἄλλος と相互代名詞

§4.1. ἄλλος, ἄλλη, ἄλλο は αὐτός とまったく同様に変化し，「別の，もう一つの」を意味する（*Lat.* alius, alia, aliud）. 複数形 ἄλλοι は「別の人々」を意味し，定冠詞を伴った οἱ ἄλλοι は「それ以外の人々」，「その他の人々」(ceteri) という，より限定された意味を表す.

§4.2. ἄλλος の語幹を二つ重ねることにより (ἀλλ-αλλο-)，「互い」を意味する相互代名詞が作られる. この代名詞が主格形や単数形を持ち得ないことは，その意味から自明である. アクセントは後退的であり，中性複数対格形は *ἀλλῆλα ではなく ἄλληλα である：

Du.	A	ἀλλήλω	ἀλλήλα	ἀλλήλω
	GD	ἀλλήλοιν	ἀλλήλαιν	ἀλλήλοιν
Pl.	A	ἀλλήλους	ἀλλήλας	ἄλληλα
	G	ἀλλήλων	ἀλλήλων	ἀλλήλων
	D	ἀλλήλοις	ἀλλήλαις	ἀλλήλοις

οἱ Λακεδαιμόνιοι καὶ Ἀθηναῖοι πολεμοῦσι πρὸς ἀλλήλους. ラケダイモーン人とアテーナイ人は相争っている．

§5. 再帰代名詞

「彼ら (A) はその人たち (B) について語る」という意味を表す文は λέγουσι περὶ αὐτῶν. である．

「彼ら (A) は自分たち自身 (A) について語る」という意味を表すには，文の主語を指し示す再帰代名詞を用いる：λέγουσι περὶ σφῶν αὐτῶν（または ἑαυτῶν）．再帰代名詞の単数形は人称代名詞の語幹 ἐμ-, σ(ε)-, ἑ- [h(e)-] と αὐτός, αὐτή, αὐτό の斜格形から成る複合語である．複数形は人称代名詞そのものと αὐτός の組み合わせとなり，それぞれが個別に変化するが，3人称では ἑ- [h(e)-] との複合形も用いられる：e.g. ἑαυτῶν．主格形は意味上，存在し得ない．双数形は欠如している．

	私自身	あなた自身	彼（彼女，それ）自身
A	ἐμαυτόν, -ήν	σ(ε)αυτόν, -ήν	ἑαυτόν, -ήν, -ό αὑτόν, -ήν, -ό
G	ἐμαυτοῦ, -ῆς	σ(ε)αυτοῦ, -ῆς	ἑαυτοῦ, -ῆς, -οῦ αὑτοῦ, -ῆς, -οῦ
D	ἐμαυτῷ, -ῇ	σ(ε)αυτῷ, -ῇ	ἑαυτῷ, -ῇ, -ῷ αὑτῷ, -ῇ, -ῷ
	我々自身	あなた方自身	彼ら（彼女ら，それら）自身
A	ἡμᾶς αὐτούς, -άς	ὑμᾶς αὐτούς, -άς	σφᾶς αὐτούς, -άς または ἑαυτούς, -άς, -ά
G	ἡμῶν αὐτῶν	ὑμῶν αὐτῶν	σφῶν αὐτῶν または ἑαυτῶν
D	ἡμῖν αὐτοῖς, -αῖς	ὑμῖν αὐτοῖς, -αῖς	σφίσιν αὐτοῖς, -αῖς または ἑαυτοῖς, -αῖς, -οῖς

ἑαυτούς, ἑαυτῶν, ἑαυτοῖς の代わりに αὑτούς, αὑτῶν, αὑτοῖς という形が用いられることもある．3人称の変化形 αὑτ- と αὐτός の斜格形を識別すること．

§6. 所有代名詞

所有代名詞は人称代名詞の語幹から作られ，ἀγαθός, ἄξιος と同様に変化する (➡ 3§1)．

ἐμός, ἐμή, ἐμόν	私（自身）の	ἡμέτερος, -ᾱ, -ον	我々（自身）の
σός, σή, σόν	あなた（自身）の	ὑμέτερος, -ᾱ, -ον	あなた方（自身）の
[ὅς, ἥ, ὅν poet.	彼（彼女，それ）自身の]	σφέτερος, -ᾱ, -ον	彼（彼女，それ）ら自身の

§6.1. 形容詞として用いられる場合は属性的位置に置かれる：ὁ ἐμὸς φίλος, ὁ φίλος ὁ ἐμός 私の友人．定冠詞なしで：φίλος ἐμός = ἐμὸς φίλος = φίλος μου 私の友人の一人，ある友人．

§6.2. ὅς, ἥ, ὅν はアッティカ方言の散文では用いられない．「彼の」「彼女の」「それの」という意味を表すには αὐτοῦ, -ῆς, -οῦ が用いられる．

§6.3. ἐμός, σός, ἡμέτερος, ὑμέτερος は再帰的に用いられることもあれば，そうでない場合もある．σφέτερος は再帰的にしか用いられない（➡ §7）．

§6.4. 1人称と2人称では，所有の意味を表すために人称代名詞の属格形 μου, σου, ἡμῶν, ὑμῶν がよく用いられる．3人称の場合は，アッティカ方言においては上述のように αὐτός の属格形を用いるのが唯一の方法である．このように所有の表現の仕方は様々であるが，ここでそのすべてを詳細に見ておこう：

§7. 所有代名詞の再帰的用法と強意的用法

所有者や間柄を示すのに定冠詞だけで事足りる場合が非常に多い：ἀσπάζομαι τὸν πατέρα 私は私の父に挨拶する．所有の意味が強調される場合とそうでない場合を比較してみよう：

非再帰的：私の（あなたの, …）友人

非強意的	強意的
ὁ φίλος μου	ὁ ἐμὸς φίλος
ὁ φίλος σου	ὁ σὸς φίλος
ὁ φίλος αὐτοῦ amicus eius	ὁ ἐκείνου / τούτου φίλος illius amicus
ὁ φίλος αὐτῆς	ὁ ἐκείνης / ταύτης φίλος
ὁ φίλος ἡμων	ὁ ἡμέτερος φίλος, ὁ φίλος ἡμῶν
ὁ φίλος ὑμων	ὁ ὑμέτερος φίλος, ὁ φίλος ὑμῶν
ὁ φίλος αὐτῶν	ὁ ἐκείνων / τούτων φίλος

ὁ φίλος μου ἥκει．「私の友人が来ている」．
ὁ ἐμὸς φίλος ἥκει．「来ているのは（君のではなく）私の友人だ」．

「私は私の友人を愛する」のように，所有者や間柄を示す「〜の」が文の主語を指す場合は，所有代名詞を再帰的に用いるか，あるいは再帰代名詞を用いてその意味を表す．「私は<u>私自身の</u>友人を愛する」のように意味を強めることもできる．

再帰的：私は（あなたは，…）私の（あなたの，…）友人を愛する

非強意的				強意的（〜自身の）			
στέργω	τὸν	ἐμὸν	φίλον	στέργω	τὸν	ἐμαυτοῦ / ἐμαυτῆς	φίλον
στέργεις	τὸν	σὸν	φίλον	στέργεις	τὸν	σεαυτοῦ / σεαυτῆς	φίλον
στέργει	τὸν	ἑαυτοῦ / ἑαυτῆς	φίλον	στέργει	τὸν	ἑαυτοῦ / ἑαυτῆς	φίλον
στέργομεν	τὸν	ἡμέτερον	φίλον	στέργομεν	τὸν	ἡμέτερον αὐτῶν / ἡμῶν αὐτῶν	φίλον
στέργετε	τὸν	ὑμέτερον	φίλον	στέργετε	τὸν	ὑμέτερον αὐτῶν / ὑμῶν αὐτῶν	φίλον
στέργουσι	τὸν	ἑαυτῶν / σφέτερον αὐτῶν	φίλον	στέργουσι	τὸν	ἑαυτῶν / σφέτερον αὐτῶν / σφῶν αὐτῶν	φίλον

§8. 指示代名詞

定冠詞 ὁ, ἡ, τό は元は指示代名詞であり，ホメーロスではなおそのように機能している．指示代名詞としての機能はアッティカ方言では僅かな例外を残して（➡ 8§3 注）ほとんど失われており，その機能を果たすには何らかの形で「強調」されなければならなかった．最もよく用いられる指示代名詞は ὅδε, οὗτος, ἐκεῖνος である．

§8.1. ὅδε = 定冠詞 + δε「これ；この，次に述べる」

Sg.	N	ὅδε	ἥδε	τόδε
	A	τόνδε	τήνδε	τόδε
	G	τοῦδε	τῆσδε	τοῦδε
	D	τῷδε	τῇδε	τῷδε
Du.	NA	τώδε	τώδε	τώδε
	GD	τοῖνδε	τοῖνδε	τοῖνδε
Pl.	N	οἵδε	αἵδε	τάδε
	A	τούσδε	τάσδε	τάδε
	G	τῶνδε	τῶνδε	τῶνδε
	D	τοῖσδε	ταῖσδε	τοῖσδε

§8.2. οὗτος［語幹 = 定冠詞 + 指示小辞 *υ + 指示接尾辞 -το-］「それ；その，前述の」．男性および女性の単数・複数主格形は気息音で，それ以外の変化形は τ を語頭に持つ．語幹末尾の τ の後の部分（見かけ上の語尾）が o 音（o, ω）を含む場合は ου が，それ以外の場合は αυ が，それぞれ語幹に含まれる：

Sg.	N	οὗτος	αὕτη	τοῦτο
	A	τοῦτον	ταύτην	τοῦτο
	G	τούτου	ταύτης	τούτου
	D	τούτῳ	ταύτῃ	τούτῳ
Du.	NA	τούτω	τούτω	τούτω
	GD	τούτοιν	τούτοιν	τούτοιν
Pl.	N	οὗτοι	αὗται	ταῦτα
	A	τούτους	ταύτᾱς	ταῦτα
	G	τούτων	τούτων	τούτων
	D	τούτοις	ταύταις	τούτοις

「同一の」を意味する αὐτή（女性単数主格形；➡ §3.2）と αὕτη を，同じく ταὐτά（中性複数主・対格形）と ταῦτα を，ταὐτῇ（女性単数与格形）と ταύτῃ を，それぞれ識別すること．

第5章　代名詞　101

§8.3. ἐκεῖνος「あれ；あの」は αὐτός, αὐτή, αὐτό と同様に変化する：

Sg.	N	ἐκεῖνος	ἐκείνη	ἐκεῖνο
	A	ἐκεῖνον	ἐκείνην	ἐκεῖνο
	G	ἐκείνου	ἐκείνης	ἐκείνου
	D	ἐκείνῳ	ἐκείνῃ	ἐκείνῳ
Du.	NA	ἐκείνω	ἐκείνω	ἐκείνω
	GD	ἐκείνοιν	ἐκείνοιν	ἐκείνοιν
Pl.	N	ἐκεῖνοι	ἐκεῖναι	ἐκεῖνα
	A	ἐκείνους	ἐκείνᾱς	ἐκεῖνα
	G	ἐκείνων	ἐκείνων	ἐκείνων
	D	ἐκείνοις	ἐκείναις	ἐκείνοις

注1. ὅδε は1人称ないし話し手に近いものを指す：εἴ τι ἔχεις τῷδε τῷ σαυτοῦ δημότῃ ἀγαθὸν συμβουλεῦσαι, χρὴ συμβουλεύειν. あなたと同じ区の一員であるこの男（＝私）に何かよい助言がおありでしたら，助言なさるべきです．
οὗτος は2人称ないし聞き手に近いものを指す：αὕτη, τί ποιεῖς; おい，そこの女，何をしている．
ἐκεῖνος は3人称すなわち話し手からも聞き手からも遠いものを指す：ἐκεῖνος ὁ ἀνὴρ κυνᾱγός ἐστι. あの男は猟師だ．

注2. これらは単独で名詞と同様に（上の αὕτη のように，「これ」「それ」「あれ」の意味で）用いられることも，形容詞と同様に（「この」「その」「あの」の意味で）用いられることもある．後者の場合は述語的位置に置かれる：ὅδε ὁ ἀνήρ, αὕτη ἡ γυνή, ἐκεῖνος ὁ κυνᾱγός.

注3. οὗτος は先に述べられたことを指すのにも用いられ，ὅδε は今まさに行われようとしていること，ないし次に控えていることをも指しうる．自分の話し相手が何かを言い，自分が今その言葉に反応しようとしていると想像してみれば，このことは容易に理解されよう．

「まずそのこと (A) を検討し，その後で次のこと (B) を検討しよう」は以下のように表される：

"A..." μετὰ ταῦτα τάδε σκοπῶμεν· "B..."

同様に，ἥδε ἡ ἡμέρᾱ が「この日，今日」を意味するのに対し，αὕτη ἡ ἡμέρᾱ は（すでに言及された）「その日」の意であり，したがって過去に属する．

§9. その他の指示代名詞

τοσόσδε	τοσήδε †	τοσόνδε	これほどの大きさ（量，程度，etc.）の (tantus), （複数形で）これほどの数の (tot)	後方照応（これから述べる事柄を指す）
τοιόσδε	τοιάδε †	τοιόνδε	このような（性質の，talis）	
τηλικόσδε	τηλικήδε †	τηλικόνδε	これほどの年齢の，これほど大きな	

これらは，通常は詩語として用いられる τόσος, τοῖος, τηλίκος に -δε を付して作られる．

τοσοῦτος	τοσαύτη	τοσοῦτο(ν)	それほどの大きさ（量，程度，etc.）の (tantus), （複数形で）それほどの数の (tot)	前方照応（すでに述べた事柄を指す）
τοιοῦτος	τοιαύτη	τοιοῦτο(ν)	そのような（性質の，talis）	
τηλικοῦτος	τηλικαύτη	τηλικοῦτο(ν)	それほどの年齢の，それほど大きな	

中性形は -ν で終わる形の方が -ο で終わる形よりもよく用いられる．
τοιοῦτος ἄνθρωπος そのような人（ein solcher Mann），ὁ τοιοῦτος ἄνθρωπος そのような性質のこの人（dieser so geartete Mann）．

注．指示性を強めるために指示代名詞に接尾辞 -ῑ が付加されることがある．その際，語末の α, ε, ο は消失する：ὁδί ここにいるこの男，ἡδί, τοδί, G. τουδί, τησδί, etc.; οὑτοσί, αὑτηί, τουτί, οὑτοί, τουτωνί．この接尾辞は他の指示代名詞や指示副詞にも付せられる：τοσουτοσί, οὑτωσί, ὡδί．喜劇では -ῑ の代りに -γῑ や，稀に -δῑ（それぞれ < γ(ε) + ῑ, < δ(ε) + ῑ）も見られる：αὑτηγί, τουτογί, τουτοδί．

§10. 疑問代名詞・不定代名詞

これらは単独で名詞と同様に用いられることもある：
τίς, τί 誰が？何が？（*Lat.* quis? quid?）
τὶς, τὶ 誰か，何か（aliquis, aliquid）
注．後続の語がないにもかかわらず重アクセントが付せられているのは，これらが前接語であることを示すためである．

ἄνθρωπε, τίς εἶ; おい，お前は誰だ．
τί δρᾷς ἤν τίς σε τύπτῃ; 誰かがお前を殴ったらどうする？

あるいはまた，形容詞と同様に用いられもする：

τίς ἀνήρ; どの男が？（qui vir?）
σὺ δὲ τίνα γνώμην ἔχεις; それで君の意見はどうなんだい？
ἕξει τινὰ γνώμην. 彼には何らかの意見があるだろう.
ἀνήρ τις ある男（vir quidam）

疑問代名詞は常に第一音節に鋭アクセントを持ち，決してこれを重アクセントに変えることはない．不定代名詞は前接語であり，必ずより重要な語の後に添えられる．アクセントを持つ場合は，その位置は第二音節に限られる．

Sg.	N	τίς;		τί;	τὶς		τὶ
	A	τίν-α		τί	τινά		τὶ
	G		τίν-ος, τοῦ			τιν-ός, τοῦ	
	D		τίν-ι, τῷ			τιν-ί, τῷ	
Du.	NA		τίν-ε			τιν-έ	
	GD		τίν-οιν			τιν-οῖν	
Pl.	N	τίν-ες		τίν-α	τιν-ές		τιν-ά, ἄττα
	A	τίν-ας		τίν-α	τιν-άς		τιν-ά, ἄττα
	G		τίν-ων			τιν-ῶν	
	D		τί-σι$_ν$			τι-σί$_ν$	

§10.1. 不定代名詞の中性複数主・対格形 τινά の代わりに ἄττα（これは前接語ではない）が用いられることがある.
不定代名詞の用例（先行語の種類とアクセントの様々なパターンを示す）については ➡ 1§5.6.

§11. その他の不定代名詞
§11.1. ὁ (ἡ, τὸ) δεῖνα（常に定冠詞を伴って）誰それ，何々，何某.

Sg.	N	ὁ (ἡ, τὸ) δεῖνα	Pl.	N	οἱ δεῖνες
	A	τὸν (τὴν, τὸ) δεῖνα		A	τοὺς δεῖνας
	G	τοῦ (τῆς, τοῦ) δεῖνος		G	τῶν δείνων
	D	τῷ (τῇ, τῷ) δεῖνι		D	

δεῖνα は稀に変化しないことがある．日常会話で用いられる：
ὁ δεῖνα τοῦ δεῖνος τὸν δεῖνα εἰσήγγειλεν. 何某の子の何某が何某を告発した.

§11.2. その他の不定代名詞的形容詞：
ἕτερος, -ᾱ, -ον：(定冠詞を伴って)(二つのうちの)一方の, もう一方の, 他方の (*Lat.* alter, alteruter)；(定冠詞なしで)別の, もう一つの, 他の (alius). 母音縮合によって定冠詞と一体化し, ἅτερος, θάτερον などの形になる.
ἑκάτερος, -ᾱ, -ον：(二つのものの)それぞれの (uterque)；複数形では二つの集団について「どちらの～も」「両方の」の意味を表す (utrique).
ἕκαστος, -η, -ον：(二つ以上のものについて)各々の, どの～も (quisque).
μόνος, -η, -ον：唯一の, ～だけ.
πᾶς (➡ 3§11)：どの～も, ～の全体の, すべての.
否定詞：
οὐδείς, μηδείς (➡ 6§3.1) 誰(何)も～ない (nemo, nullus). (否定詞 οὐ, μή と不定代名詞 τὶς との複合語 οὔτις, μήτις は詩語だが, 中性形 οὔτι, μήτι のみは散文でも用いられる. あたかも前接語である不定代名詞が依然として別個の語であるかのようなアクセントを持つことに注意).
οὐδέτερος, μηδέτερος 二つのうちのいずれも～でない (neuter).

§12. 関係代名詞
ὅς, ἥ, ὅ …するところの (人, もの)：

		m.	f.	n.
Sg.	N	ὅς	ἥ	ὅ
	A	ὅν	ἥν	ὅ
	G	οὗ	ἧς	οὗ
	D	ᾧ	ᾗ	ᾧ
Du.	NA	ὤ	ὤ	ὤ
	GD	οἷν	οἷν	οἷν
Pl.	N	οἵ	αἵ	ἅ
	A	οὕς	ἅς	ἅ
	G	ὧν	ὧν	ὧν
	D	οἷς	αἷς	οἷς

女性双数形 ἅ, αἷν はアッティカ方言では滅多に用いられない.

§12.1. ὅς はホメーロスでは指示代名詞として用いられるが, アッティカ方言の散文においても, 主として καί の後で, 主格形がそのように用いられることがある：καὶ ὅς (ἥ) そして彼(女)は.
καὶ οἳ εἶπον. そして彼らは言った. Xen. *Anab.* 7. 6. 4

次の表現も多用される：ἦ δ' ὅς そして彼は言った（ἦ は ἠμί「言う」の未完了過去3人称単数形）．

§12.2. 関係代名詞や副詞に前接語である小辞 περ が付加され，それらと先行詞ないし相関的に用いられた指示詞との結び付きが強調されることがある：ὅσ-περ, ἥ-περ, ὅ-περ まさに…するところの人（もの）；ὥσπερ ちょうど…のように．ὅσπερ の変化は ὅς と同じ．

注．ἐφ' ᾧ は「…という条件で」を意味する節を導くが，関係代名詞に前接語 τε が付加されて ἐφ' ᾧτε となることがある（➡ 8§47）．οἷος「…のような（性質の人，もの）」は指示代名詞 τοῖος, τοιόσδε, τοιοῦτος と相関的に用いられる関係代名詞であるが，この語を含む慣用句 οἷός τε + 不定詞は「…することができる」という意味を表し，頻繁に用いられる：οὐχ οἷός τ' εἰμὶ ἀναβλέπειν πρὸς τὸν πάππον. 私は祖父の顔を見上げることができない．

§13. 不定関係代名詞 ὅστις, ἥτις, ὅ τι

§13.1. 次の二つの文を対比してみよう：'Socrates was an innocent man who (ὅς) was put to death.' 'Blessed is **whoever** (ὅστις) has friends'．前者の文では，関係代名詞は明らかにソークラテースを指している．後者の文で用いられている関係代名詞は特定の人物ではなく，友人を持つ人一般を指している．このように，ある部類ないし集団全体に共通する性質を説明する不定関係代名詞は，関係代名詞 ὅς, ἥ, ὅν と不定代名詞 τὶς, τὶ（➡ §10）との複合語であり，「誰であれ…する人，何であれ…するもの」という意味を表す．ὅς と τὶς はそれぞれ別個に変化し，アクセントの形態も，あたかも両者がいまだ結合していないかのようである．

Sg.	N	ὅστις	ἥτις	ὅ τι
	A	ὅντινα	ἥντινα	ὅ τι
	G	οὗτινος, ὅτου	ἧστινος	οὗτινος, ὅτου
	D	ᾧτινι, ὅτῳ	ᾗτινι	ᾧτινι, ὅτῳ
Du.	NA	ὥτινε	ὥτινε	ὥτινε
	GD	οἷντινοιν	οἷντινοιν	οἷντινοιν
Pl.	N	οἵτινες	αἵτινες	ἅτινα, ἅττα
	A	οὕστινας	ἅστινας	ἅτινα, ἅττα
	G	ὧντινων, ὅτων	ὧντινων	ὧντινων, ὅτων
	D	οἷστισι, ὅτοις	αἷστισι	οἷστισι, ὅτοις

注 1. 中性単数形 ὅ τι は，「…ということ」「…であるから」を意味する接続詞 ὅτι との混同を避けるため，活字では ὅ,τι と表記されることがある.

注 2. 短縮形は散文では稀であるが，韻文ではほぼ例外なくこちらが用いられる（特に ὅτου, ὅτῳ）.

注 3. 中性複数主・対格形 ἅττα と ἄττα (§10) を識別すること.

注 4. 不定の意味を強めるために，ὁπότερος, ὅσος, οἷος などの他の関係代名詞 (§15) にも τις が付加されることがある：ὁποῖός τις いかなる種類のものであれ.

§13.2. ὅστις にはこれとはまったく別の用法もある ➡ §14.3b（間接疑問詞）

§13.3. 不定代名詞の意味を強めて可能な限り一般化するため，ὅστις と οὖν, δή, δήποτε ないし δηποτοῦν との複合語が作られることがある：καὶ ἐγὼ καὶ ἄλλος ὁστισοῦν 私も他のどんな人も．ὁστισ-οὖν (ὅστις οὖν), ἥτισ-οὖν, ὅτι-οὖν どのような人（もの）であれ；また，ὁστισ-δή-ποτε, ὁστισ-δηποτ-οῦν．これらの複合語においては，関係詞ないし疑問詞 (§14.3b) としての機能はすべて失われる.

§14. 相関的に用いられる代名詞と副詞

本章を終える前に少し後戻りして，互いに関係の深いある種の代名詞と副詞の区別を明確にしておかなければならない.

§14.1. **直接疑問文**：あれは誰だ？ τίς ἐστιν ἐκεῖνος; 先生はどこにいる？ ποῦ 'στιν ὁ διδάσκαλος; 英語では Wh- で始まるこれらの疑問文は，ラテン語では qu- で，ギリシア語では π- で始まる（τίς は例外）．英語では意味を強めるため

に疑問代名詞に -ever が付加されることがあるが，ギリシア語でも同様に前接語ποτεが添えられる：τίς ποτε; 一体誰が？ τί ποτε λέγεις; 一体全体お前は何を言っているんだ？

§14.2. **曖昧な返事**：上の質問に対して「ある男性です」「先生はこの場所のどこかにいるよ」と答える場合，ギリシア語では不定代名詞や不定副詞（いずれも前接語）を用いる：ἀνήρ τις. ἐστί που ἐνταῦθα.

§14.3. 上の質問の内容を**従属節**（間接疑問文）で表すこともできる：
a. I ask: "who is that?" / I ask: "where is the teacher?"
b. I ask who that is. / I ask where the teacher is.
ギリシア語でも 3a は 1 と同様に直接疑問文で，ἐρωτῶ «τίς ἐστιν ἐκεῖνος;» / ἐρωτῶ «ποῦ ἐστιν ὁ διδάσκαλος;» とする.
しかし 3b の場合は ὅστις, ὅπου を間接疑問詞として用いる：ἐρωτῶ ὅστις ἐστὶν ἐκεῖνος. / ἐρωτῶ ὅπου ἐστὶν ὁ διδάσκαλος.
τίς εἶ; — ὅστις; πολίτης χρηστός. お前は誰だ．—誰だ，ですと？よき一市民です．

§14.4. 3b の場合と同じ形が，質問に対する**答の内容を一般化する不定関係詞**（➡ §13.3）として用いられる：誰が喜劇を観たの？—町にいた人は誰でも観たよ ὅστις ἐν ἄστει ἦν. 君が居心地が悪いと感じる場所はどこだい？—先生がいる所はどこでもそうさ ὅπου ἐστὶν ὁ διδάσκαλος. これらの不定関係詞を 3b の間接疑問詞と区別し，不特定性・非限定性を強めるために，οὖν が付加されることがある：ὁστισοῦν, ὁποιοσοῦν, ὁποσοσοῦν, ὁποτεροσοῦν, ὁπηλικοσοῦν (➡ §15), ὁπωσοῦν どのようにしてであれ, ὁποθενοῦν どこからであろうと (➡ §16).

§14.5. **明確な返答に用いられる関係詞**（➡ §12）：この中で新顔はどいつだい？—奥に立っているあの男です [(That man) who ὅς is standing at the back]. 先生はどこにいる？—学生たちがいるあちらにおられます [(Over there) where οὗ the students are]. 疑問副詞 ποῦ と関係副詞 οὗ の間に明らかに認められるように，疑問詞や指示詞，関係詞として用いられる代名詞および副詞には，それぞれ相関関係がある．それらの非常に規則的で整然とした様を，§15, §16 に示した一覧表で確認されたい．

§14.6. 複合語でない関係詞は，しばしば感嘆文を導く：οἷον τὸ τεκεῖν. 子を産むというのはなんということだろうか．疑問文と感嘆文について，より詳しくは
➡ 8§32.

§15. 相関代名詞

代名詞的形容詞の多くは，形態および意味の上で互いに対応している．以下の一覧表において，詩語や稀にしか用いられない形は括弧内に示した．

疑問代名詞		不定代名詞 (2) (前接語)	指示代名詞	関係代名詞	
直接 (1) または間 接 (3a)	間接 (3b) の み			特定 (5)	一般 (4)
τίς; 誰？何？	ὅστις 誰が，何が	τις 誰か	ὅδε この οὗτος その ἐκεῖνος あの ἕκαστος 各々の ἄλλος 別の	ὅς …するとこ ろの（人， もの）	ὅστις 誰（何）であ れ…するとこ ろの
ποῖος; どのよう な？	ὁποῖος どのような	ποιός ある種の, ある性質 の	(τοῖος) τοιόσδε τοιοῦτος そのような ἀλλοῖος 異なった種類の	οἷος …ような	ὁποῖος 種類や性質は どうあれ…す るところの
πόσος; どれほど の量（大 きさ） の？	ὁπόσος どれほどの 量（大きさ） の	ποσός ある量（大 きさ）の	(τόσος) τοσόσδε τοσοῦτος それほどの量（大きさ） の	ὅσος （量や大きさ が）…ほど の	ὁπόσος 量や大きさは どうあれ…す るところの
πόσοι; どれほど の数の？	ὁπόσοι どれほどの 数の	ποσοί ある数の	τοσοῦτοι τοσοίδε それほどの数の ἔνιοι いくつかの	ὅσοι （数が） …ほどの, …限りの	ὁπόσοι どれほどの数 であれ…限り の
πότερος; 二つのう ちどちら の？	ὁπότερος 二つのうち のどちらの	πότερος （前接語で はない）/ ποτερός 二つのう ちのどち らかの	ἕτερος 二つのうちいずれ か一方の ἑκάτερος 二つのもののそ れぞれの ἄμφω / ἀμφότεροι 両方とも οὐδέτερος / μηδέτερος 両者 のどちらも～ない		ὁπότερος 二つのうちど ちらであれ… する方の
πηλίκος; どれほど の年齢 （大きさ） の？	ὁπηλίκος どれほどの 年齢（大き さ）の	πηλίκος ある年齢 （大きさ） の	(τηλίκος) τηλικόσδε τηλικοῦτος それほどの年齢（大きさ） の	ἡλίκος （年齢や大き さが）…ほ どの	ὁπηλίκος どれほどの年 齢（大きさ） であれ…す るところの

以下の対話文は，それぞれの種類の代名詞の用法を理解してもらうために拵えたものである：

A. πόσα χρήματ' ὀφείλεις καὶ πόσοις; あなたは何人の人たちからいくらお金を借りてるんですか．（直接疑問文）

第 5 章　代名詞　109

B. ὁπόσα; いくらかって？（間接疑問文）
ὀφείλω ποσόν τι χρημάτων, ἀλλ' οὐκ οἶδ' ἀκρῑβῶς. 借りてる金はちょっとした額になるけど（不定代名詞．アクセントに注意），正確にいくらかは知らない．
ἔκφερε τὸ γραμματεῖον, ἵν' ἀναγνῶ λαβὼν ὁπόσα καὶ ὁπόσοις（または πόσα καὶ πόσοις）ὀφείλω. 帳簿を取り出してくれ．何人からどれだけ借りてるか（直接疑問代名詞と間接疑問代名詞のいずれを用いてもよい）把握して読み上げてみるから．
δισχῑλίας, ὡς δοκεῖ, δραχμάς. μὴ θαύμαζε, ὅτι τοσαῦτ' ὀφείλω χρήματα. どうやら2千ドラクメーのようだな．俺がこんなに（指示代名詞）借金を抱えてるからって驚くなよ．
A. ὦ Ζεῦ φίλταθ', ὅσα πράγματ' ἔχεις. なんとまあ！どれだけ厄介事を背負い込んでるんですか！（定関係代名詞が感嘆文を導いている）
δεῖ σε πάνθ' ὅσ' ἔχεις πωλεῖν πᾶσιν ὁπόσοι ἂν βουληθῶσιν ὠνεῖσθαι. いま手元にあるだけのものを（定関係代名詞）全部売り払うべきです．どのくらい買い手がつくにせよ（不定関係代名詞），手を挙げてくれる人全員にです．

文学作品からも用例を引いておこう：
Εὐρῑπίδης πού（不定副詞 ➡ §16）φησιν, οὗτος（指示代名詞）ὅς（定関係代名詞）μόνος δύναται λέγειν ... ただ一人…語ることができる，そのエウリーピデースがどこかで言っている．Phil. 153

ὁπόσοι（不定関係代名詞）γὰρ δοῦλοί μοι ἢ δοῦλαί εἰσι, πάντας παραδίδωμι βασανίσαι. 私が持っている限りの奴隷を，男であれ女であれ一人残らず拷問にかけていただくために提出いたします．Antiph. Tetr. 1. 4. 8

τί τὸ πρᾶγμα; πηλίκον（直接疑問代名詞）τι; 何事なの？大きさはどれくらい？Ar. Lys. 23

Ἡράκλεις, ἡλίκον（感嘆文を導く定関係代名詞）κέκρᾱγε. うわあ，なんという大声で怒鳴るんだ．奴は．Men. Sam. 552-3

οὐκ ἂν λαλῇ τις μῑκρόν, ἐστὶ κόσμιος,
οὐδ' ἂν πορεύηταί τις εἰς τὴν γῆν βλέπων·
ὁ δ' ἡλίκον（定関係代名詞）μὲν ἡ φύσις φέρει λαλῶν,
μηδὲν ποιῶν δ' ἄσχημον, οὗτος κόσμιος.
口数が少なくても（または「大声で話さなくても」），地面に目を落として歩いても，それでその人が行儀がよいということにはならない．本性がもたらすだけのことを（または「本性にふさわしい大きさの声で」）語り，みっともないことはいっさい行わない，そういうのが行儀のよい人だ．Phil. 4

ὢν τηλικοῦτος（指示代名詞）παῖδα μέλλεις λαμβάνειν;
πηλίκος（直接疑問代名詞）;
あなた，その歳で若い娘を嫁さんに貰うつもりですか？―この歳でとは？ Men. *Asp.* 258-9

§16. 相関副詞

疑問副詞		不定副詞 (2) (前接語)	指示副詞	関係副詞	
直接 (1) または間 接 (3a)	間接 (3b) の み			特定 (5)	一般 (4)
ποῦ; どこに？	ὅπου どこに	που どこかに	ἐνθάδε ここに ἐνταῦθα そこに ἐκεῖ あそこに αὐτοῦ まさにその場 所に οὐδαμοῦ どこにも 〜ない (ἔνθα)	οὗ …所に (ἔνθα)	ὅπου どこであれ… 所に
πόθεν; どこか ら？	ὁπόθεν どこか ら	ποθέν どこからか	ἐνθένδε ここから ἐντεῦθεν そこから ἐκεῖθεν あそこから (ἔνθεν)	ὅθεν …所から (ἔνθεν)	ὁπόθεν どこであれ… 所から
ποῖ; どこへ？	ὅποι どこへ	ποι どこかへ	ἐνθάδε, δεῦρο ここ へ ἐνταῦθα そこへ ἐκεῖσε あそこへ αὐτόσε まさにその 場所へ (ἔνθα)	οἷ …所へ (ἔνθα)	ὅποι どこであれ… 所へ
πότε; いつ？	ὁπότε いつ	ποτέ いつか	τότε その時 οὔποτε 決して…な い	ὅτε …時に	ὁπότε いつであれ… 時に
πηνίκα; 何時に？	ὁπηνίκα 何時に		τηνικάδε τηνικαῦτα その時刻 に αὐτίκα すぐに (τηνίκα)	ἡνίκα …時刻に	ὁπηνίκα 何時であれ… 時刻に
πῇ; どのよう な方法 で？	ὅπῃ どのよ うな方 法で	πῃ どうにかし て	τῇδε ταύτῃ この方法で οὐδαμῇ どうしても …ない (τῇ)	ᾗ …という方 法で	ὅπῃ どんな方法で あれ…ように して
πῶς; どのよう に？	ὅπως どのよ うに	πως 何らかの仕 方で	ὧδε このように οὕτω(ς) そのように ἐκείνως あのように οὐδαμῶς どんな仕 方でも…ない (τώς), (ὥς / ὡς)	ὡς …ように なんと…！	ὅπως どんな仕方で あれ…ように

注 1. 括弧内に示した指示副詞は詩語である．アッティカ方言の散文では，これらは

次のような句でのみ用いられる：καὶ ὥς (ὣς) そうであっても，それにもかかわらず (auch so)，οὐδ᾿ (μηδ᾿) ὥς (ὣς) そうであっても…ない (auch so nicht).

注 2. ἔνθα と ἔνθεν は大抵の場合，関係副詞として用いられる．指示副詞としては次のような句で用いられる：ἔνθα μὲν ... ἔνθα δέ 一面では…他面では，ἔνθα καὶ ἔνθα あちらこちらに，ἔνθεν μὲν ... ἔνθεν δέ 一方では…他方では，ἔνθεν καὶ ἔνθεν あちらからもこちらからも，両側から

注 3. τοτὲ μὲν ... τοτὲ δέ と ποτὲ μὲν ... ποτὲ δέ は，いずれも「ある時には…また他の時には…」を意味する．

   πηνίκ᾿ ἐστὶν ἄρα τῆς ἡμέρας;
ὁπηνίκα; σμῑκρόν τι μετὰ μεσημβρίᾱν.
今は昼の何時頃ですか？―何時かって？正午少し過ぎだよ．Ar. *Av.* 1498-9

ἐπανελθεῖν οὖν ὁπόθεν ἐνταῦθ᾿ ἐξέβην βούλομαι. 話が本題から逸れてしまった所まで戻りたいと思います．Dem. *De Cor.* 211

ἄντε ἐκ θαλάττης ἄντε ἐκ δικαστηρίου ἐάντε ἄλλοθεν ὁποθενοῦν σώσῃ ... 海からであれ，法廷からであれ，他のどんな場所からであれ，（その人を）救ってやるならば… Pl. *Gorg.* 512a

第6章　数詞

§1. 数詞は名詞・形容詞・副詞の三つの顔を持つ：ἡ δεκάς 10個一組のもの, τρεῖς ἄνδρες 三人の男, πεντάκις 5回.

	記数法[1]	基数詞（数量）	序数詞[2]（順序）	数副詞（回数・度数）
1	α̅	εἷς, μία, ἕν 一つの	πρῶτος 第一の（多数の中で） πρότερος 先の（二つのうち）	ἅπαξ 1回
2	β̅	δύο 二つの	δεύτερος 第二の	δίς 2回
3	γ̅	τρεῖς, τρία 三つの	τρίτος 第三の	τρίς 3回
4	δ̅	τέτταρες, τέτταρα	τέταρτος, -η, -ον	τετράκις
5	ε̅	πέντε	πέμπτος	πεντάκις
6	ϛ̅	ἕξ	ἕκτος	ἑξάκις
7	ζ̅	ἑπτά	ἕβδομος	ἑπτάκις
8	η̅	ὀκτώ	ὄγδοος[3]	ὀκτάκις
9	θ̅	ἐννέα	ἔνατος	ἐνάκις
10	ι̅	δέκα	δέκατος, -η, -ον	δεκάκις
11	ι̅α̅	ἕνδεκα	ἑνδέκατος	ἑνδεκάκις
12	ι̅β̅	δώδεκα	δωδέκατος	δωδεκάκις
13	ι̅γ̅	τρεῖς (τρία) καὶ δέκα τρεισκαίδεκα	τρίτος καὶ δέκατος	τρεισκαιδεκάκις
14	ι̅δ̅	τέτταρες (τέτταρα) καὶ δέκα	τέταρτος καὶ δέκατος	τετταρεσκαιδεκάκις
15	ι̅ε̅	πεντεκαίδεκα	πέμπτος καὶ δέκατος	πεντεκαιδεκάκις
16	ι̅ϛ̅	ἑκκαίδεκα	ἕκτος καὶ δέκατος	ἑκκαιδεκάκις
17	ι̅ζ̅	ἑπτακαίδεκα	ἕβδομος καὶ δέκατος	ἑπτακαιδεκάκις
18	ι̅η̅	ὀκτωκαίδεκα	ὄγδοος καὶ δέκατος	ὀκτωκαιδεκάκις

	記数法[1]	基数詞（数量）	序数詞[2]（順序）	数副詞（回数・度数）
19	ιθ	ἐννεακαίδεκα	ἔνατος καὶ δέκατος	ἐννεακαιδεκάκις
20	κ̄	εἴκοσι$_\nu$	εἰκοστός, -ή, -όν	εἰκοσάκις
21	κᾱ	εἷς καὶ εἴκοσι$_\nu$ / εἴκοσι (καὶ) εἷς	εἷς (πρῶτος) καὶ εἰκοστός / εἰκοστὸς καὶ πρῶτος	εἰκοσάκις ἅπαξ
22	κβ̄	δύο καὶ εἴκοσι$_\nu$ / εἴκοσι (καὶ) δύο	δεύτερος καὶ εἰκοστός / εἰκοστὸς καὶ δεύτερος	εἰκοσάκις δίς
30	λ̄	τριάκοντα	τριᾱκοστός	τριᾱκοντάκις
40	μ̄	τετταράκοντα	τετταρακοστός	τετταρακοντάκις
49	μθ̄	ἑνὸς δέοντες (μιᾶς δέουσαι, ἑνὸς δέοντα) πεντήκοντα	ἑνὸς δέων πεντηκοστός, μιᾶς δέουσα πεντηκοστή, ἑνὸς δέον πεντηκοστόν	
50	ν̄	πεντήκοντα	πεντηκοστός	πεντηκοντάκις
60	ξ̄	ἑξήκοντα	ἑξηκοστός	ἑξηκοντάκις
70	ο̄	ἑβδομήκοντα	ἑβδομηκοστός	ἑβδομηκοντάκις
80	π̄	ὀγδοήκοντα	ὀγδοηκοστός	ὀγδοηκοντάκις
90	ϙ̄	ἐνενήκοντα	ἐνενηκοστός	ἐνενηκοντάκις
100	ρ̄	ἑκατόν	ἑκατοστός, -ή, -όν	ἑκατοντάκις
200	σ̄	διᾱκόσιοι, -αι, -α	διᾱκοσιοστός	διᾱκοσιάκις
300	τ̄	τριᾱκόσιοι	τριᾱκοσιοστός	τριᾱκοσιάκις
400	ῡ	τετρακόσιοι	τετρακοσιοστός	τετρακοσιάκις
500	φ̄	πεντακόσιοι	πεντακοσιοστός	πεντακοσιάκις
600	χ̄	ἑξακόσιοι	ἑξακοσιοστός	ἑξακοσιάκις
700	ψ̄	ἑπτακόσιοι	ἑπτακοσιοστός	ἑπτακοσιάκις
800	ω̄	ὀκτακόσιοι	ὀκτακοσιοστός	ὀκτακοσιάκις
900	ϡ̄	ἐνακόσιοι	ἐνακοσιοστός	ἐνακοσιάκις

	記数法[1]	基数詞（数量）	序数詞[2]（順序）	数副詞（回数・度数）
1,000		χίλιοι, -αι, -α	χῑλιοστός, -ή, -όν	χῑλιάκις
2,000		δισχίλιοι	δισχῑλιοστός	δισχῑλιάκις
3,000		τρισχίλιοι	τρισχῑλιοστός	τρισχῑλιάκις
9,000		ἐνακισχίλιοι, αι, α	ἐνακισχῑλιοστός	ἐνακισχῑλιοστάκις
10,000		μῡ́ριοι, -αι, -α	μῡριοστός	μῡριάκις
20,000		δισμῡ́ριοι δύο μῡριάδες	δισμῡριοστός	δισμῡριάκις
100,000		δεκακισμῡ́ριοι δέκα μῡριάδες	δεκακισμῡριοστός	δεκακισμῡριάκις

注1. イオーニアー（ミーレートス）式記数法．➡ §2.1.
注2. 19までの序数詞（2, 7, 8を除く）は -τοςで終わり，それらのアクセントは後退的（可能な限り語頭に近づこうとする）である．20以降は -στόςで終わる．
注3. 元は -ϝο- という接尾辞を持っていた（ὀγδ-ϝος）．Cf. *Lat.* octavus. 語幹に含まれる子音群はもともと無声音 κτ であったが，後続の ϝ の影響を受け，同化によって γδ となった．

§2. 数詞はどのように書き記されたか

§2.1. イオーニアー式記数法（ミーレートス発祥）：字母を用い，その上に横線を付することによって数字であることを示す．アルファベットの順序に従って各文字に以下のように数を割り当てる：最初の8字 α~θ に ϛ を加えた9字は一の位の数 1~9 を，次の8字 ι~π に ϟ を加えた9字は十の位の数 10~90 を，最後の8字 ρ~ω に ϡ を加えた9字は百の位の数 100~900 を表す．24の字母では足りない分を補うのは，すでに用いられなくなっていた次の三つの文字である：

6 ϛ：イオーニアー式アルファベットの6番目の文字は ϝ（ϝαῦ；古典期における呼称は δίγαμμα．ラテン語のアルファベットのFとして存続）であったが，数字として用いられたのは Ϲ という筆記体風の字形であった．ヘレニズム時代および古代末期には ϟ ないし ϭ に変わり，ビザンツ期には ἐπίσημον と呼ばれたこの字形は，たまたま形が似ていたため，στίγμα と呼ばれる σ と τ の合字（ϭ または ϛ）と綯い交ぜにされた．6という数詞と合字 στ との結び付きは強固になり，ギリシアでは今日，6という数を書き記す際，ϛʹ の代わりに ΣΤʹ ないし στʹ がしばしば用いられる．ϛ と ς（語末の σίγμα）を取り違えないよう注意されたい．前者の方が後者よりも頭でっかちである．

90 ϟ：κόππα という名のこの文字は，元は q に似た形をしていたが（ϙ），やが

て字体が崩れ（Ϥ, Ч），さらに単純化された（Ϥ, ϟ）．筆記体は疑問符 '?' を反転させたような形をしている．ちょうどラテン語のアルファベットでQがPとRの間にあるように，ϙがπ (80) とρ (100) の間に置かれていたことは注目に値する．

900 ϡ：この文字の起源は明らかでないが，イオーニアー地方で短期間（前550~450年）用いられていた文字 T に関係があるかもしれない．アルファベットの最後に付け足されたこの文字は，しばしば σαμπῖ と呼ばれるが，「π に似た」（中世のギリシア語で [ὠ]σὰν πῖ）形をしていることがその呼称の由来か．アンシャル体では ↑↑ という形になった．

ミーレートス式記数法では 999 までの数しか表せない．1000 以上の数を書き表すために様々な手段が講じられたが，それらは差し当たり重要ではない．むしろ現代のギリシアにおける慣例を知っておく方が有意義である．その方法は極めて単純で，文字の右上に κεραία「角」と呼ばれる記号 ʹ を付することによって数字であることを示す：αʹ = 1. 千の位を表すには，この記号を文字の左下に付する：͵α = 1000, ͵αϡϟαʹ = 1991．

§2.2. **頭音書法によるアッティカ式記数法**：数の名称を表す語の最初の文字を，その数を表す数字として用いる：Γ (Π の異形，πέντε) = 5, Δ (δέκα) = 10, H (ἑκατόν) = 100, X (χίλιοι) = 1000, M (μύριοι) = 10,000. 古典期アテーナイの碑文では，この方法によって次のように数を記した：I = 1, IIII = 4, ΓI = 6, ΔΔΔ = 30, HHHH = 400. また，次のような合字も用いられた：⌐ = πεντάκις δέκα 50, ⌐ = 500, ⌐ = 5000, ⌐ = 50,000. これらの数字はさらに，貨幣の単位を表す語の最初の文字，すなわちタラントン（τάλαντον）のT（横線が消失して I だけが残る場合もある），スタテール（στατήρ）のΣ，ムナー（μνᾶ）のMとも合体させられた：e.g. ⌐ = 5000 タラントン，Δ = 10 タラントン，H = 100 スタテール，M = 10 ムナー．

§3. 数詞の変化

数副詞は変化しない．序数詞は形容詞と同様に変化する．基数詞については1から4までの数の変化を覚えなければならない．5から199までは変化せず，200以上は形容詞と同様に変化する．

§3.1. 基数詞 1~4 は次のように変化する：

	一人の，一つの (m., f., n.)			誰も〜ない (pl.)
Nom.	εἷς	μία	ἕν	οὐδένες
Acc.	ἕνα	μίαν	ἕν	οὐδένας
Gen.	ἑνός	μιᾶς	ἑνός	οὐδένων
Dat.	ἑνί	μιᾷ	ἑνί	οὐδέσι$_ν$

εἷς は ἑν-ς の ν が消失し，ε が代償延長によって長母音 [ẹ:] となった形．

「誰一人（何一つ）〜ない」を意味する οὐδὲ εἷς, μηδὲ εἷς は結合して複合語になることがあるが，その場合はアクセントが変わる：οὐδείς, μηδείς．これらは εἷς と同様に変化する：οὐδείς, οὐδενός, οὐδεμία, οὐδεμιᾶς, οὐδέν, οὐδενός, etc. また時には複数形で：οὐδένες, οὐδένας, οὐδένων, οὐδέσι．これらの複合語を構成する二つの要素が前置詞ないし ἄν によって分離されることがある：οὐδ' ὑφ' ἑνός ただの一人によっても…ない，οὐδ' ἂν ἕνα 誰一人として（対格）…ないだろう．

	二人の，二つの	両方
N. A.	δύο	ἄμφω
G. D.	δύο + pl. / δυοῖν + du.	ἀμφοῖν

δύο は複数属格形や与格形と共に用いられることもある：e.g. δύο μηνῶν 2ヶ月の．

ἄμφω 両方の，cf. *Lat.* ambo．しかし，この意味を表す語としては ἀμφότεροι, -αι, -α の方がより一般的である：ἀμφότεραι πόλεις 双方の都市が．

| | 三人の，三つの | |
	m. / f.	n.
N. A.	τρεῖς	τρία
G.	τριῶν	
D.	τρισί$_ν$	

13 という数には τρεῖς καὶ δέκα と τρεισκαίδεκα の二様の表し方がある．前者は τρεῖς のみが変化し，後者は不変化である．

	四人の，四つの	
	m. / f.	n.
Nom.	τέτταρες	τέτταρα
Acc.	τέτταρας	
Gen.	τεττάρων	
Dat.	τέτταρσι	

τέτταρες καὶ δέκα「14」においても τέτταρες のみが変化する．

§3.2. 2 語以上からなる 21 以上の基数詞を表記する際，並列の順序は小さい数が先でも大きい数が先でもよいが，前者の場合は必ず καί によって連結せねばならないのに対し，後者の場合は καί はあってもなくてもよい．同じく序数詞の表記に際しては καί は必須であり，アテーナイの碑文では常に小さい数が先に置かれる．

§3.3. 21 や 31 などの序数詞を表記する際，一の位に限っては πρῶτος の代わりに基数詞 εἷς を用いてもよい：εἷς καὶ εἰκοστός (τριᾱκοστός)．ただし，22 や 23 などの序数詞は規則通りに表記される．

§3.4. 一の位が 8 ないし 9 である 2 桁以上の数詞（18, 19, 28, 29 など）は通常，減法によって表される：「18 人（19 人）の男たち」=「一人（二人）を欠く 20 人の男たち」．「～を欠く」は (ἀπο)δέω + 属格（ἑνός, μιᾶς, δυοῖν）の現在分詞句で表し，分詞と数詞の性は被修飾語である名詞のそれに一致させる：δυοῖν (ἑνός) δέοντες εἴκοσιν ἄνδρες．句全体の形は主格形にとどまらず，然るべく変化しうる：「29 人の男たちに」ἀνδράσιν ἑνὸς δέουσι τριάκοντα．「39 隻の船」は νῆες μιᾶς δέουσαι τεττᾰράκοντα，「39 隻の船で」は ναυσὶ μιᾶς δεούσαις τεττᾰράκοντα．「48 年」は δυοῖν δέοντα πεντήκοντα ἔτη，「19 年目」は序数詞を用いて ἑνὸς δέον εἰκοστὸν ἔτος．一の位が 8 ないし 9 以外の数も，これと同じ方法で表されることがある：ἑπτὰ ἀποδέοντες τριᾱκόσιοι = 293, τριᾱκοσίων ἀποδέοντα μύρια = 9700.

§3.5. -ιοι で終わる基数詞は，ἡ ἵππος「騎兵隊」や ἡ ἀσπίς「重装歩兵部隊」などの集合名詞と共に単数形で用いられることがある：διᾱκοσίᾱ ἵππος 200 人の騎兵，ἵππος τρισμυρίᾱ 3 万の騎兵からなる部隊，ἀσπὶς μυρίᾱ καὶ τετρακοσίᾱ 10,400 人の重装歩兵．

§3.6. μύριοι は基数詞「1万」を意味する．これが複合語でない単一の語によって表しうる最大の数であり，このように千の十倍の数を表す語が存在するというのはギリシア語と日本語の共通点である．この語と同じ綴りでアクセントが異なる μῡ́ριοι は「無数の，計り知れない」を意味する．後者の意味では単数形でも用いられる：μῡρία ἐρημία 果てしなく広がる荒涼たる土地，μῡρία πενία 赤貧洗うが如き有様．

§4. その他の数詞

§4.1. 厳密な意味での配分数詞，すなわち「いくつずつ？」という問いへの答となる語はギリシア語には存在しない．代わりに前置詞 ἀνά, εἰς, κατά と基数詞の対格形の組み合わせによってその意味を表す：κατὰ δύο (*Lat.* bini, bina) 二人ずつ，二つずつ，ἀνὰ δέκα ἀφίκοντο (deni venerunt) 彼らは10人ずつ（10人一組となって）やって来た，καθ' ἕνα (ἕν) (singuli, singula) 一人ずつ，一つずつ，εἰς τέτταρας (quaterni) 四人ずつ．あるいは前置詞 σύν (「～と共に」) との複合語を用いる：σύνδυο 二人ずつ，二つずつ，σύντρεις, σύντρια 三人ずつ，三つずつ．しかし，基数詞が単独で用いられることも少なくない：ἀνδρὶ ἑκάστῳ δώσω πέντε ἀργυρίου μνᾶς (singulis militibus dabo quinas argenti minas). 兵士ら一人ひとりに銀貨を5ムナーずつ与えよう．

§4.2. 倍数詞 -πλοῦς, -ῆ, -οῦν (< -πλοος, *Lat.* -plex)「～倍の」．ἁπλοῦς, ῆ, οῦν 単一の，διπλοῦς 2倍の，τριπλοῦς 3倍の，τετραπλοῦς 4倍の，πενταπλοῦς (5), ἑξαπλοῦς (6), ἑπταπλοῦς (7), δεκαπλοῦς (10), πολλαπλοῦς 何倍もの，多面的な．

§4.3. 比例数 -πλάσιος, -ία, -ιον「～倍の大きさ（数量）の」．διπλάσιος 2倍の大きさの，(pl.) 2倍の数の，τριπλάσιος (3), τετραπλάσιος (4), πενταπλάσιος (5), ἑξαπλάσιος (6), ἑπταπλάσιος (7), ὀκταπλάσιος (8), ἐννεαπλάσιος (9), δεκαπλάσιος (10), ἑκατονταπλάσιος (100), χῑλιοπλάσιος (1,000), μῡριοπλάσιος (10,000), πολλαπλάσιος 何倍もの大きさ（数量）の，ποσαπλάσιος 何倍の大きさ（数量）の？

§4.4. διττός は「二重の」を，τριττός は「三重の」を意味する．これらの複数形は韻文および古い散文では δύο や τρεῖς の意味で用いられる．

§4.5. 数を表す抽象名詞・集合名詞 -άς (G. -άδ-ος) はすべて女性である：μονάς 1という数，単一性（同義語 ἡ ἑνάς はやや稀），δυάς 2という数，二重性，τριάς 三つであること，三幅対，τετράς (4), πεμπάς (5), ἑξάς (6), ἑπτάς, ἑβδυμάς (7), ὀκτάς, ὀγδυάς (8), ἐννεάς (9), δεκάς 10という数，10個一組のもの，ἑνδεκάς (11), δωδεκάς (12), εἰκάς (20), τριᾱκάς (30), τετταρακοντάς (40), πεντηκοντάς (50), ἑκατοντάς (100), χῑλιάς (1,000), μῡριάς 1万という数，無数，

δύο μῡριάδες (20,000), ἑκατὸν μῡριάδες 100万. -ύς で終わる女性名詞もある（G. -ύος）：τριττύς 3 という数．アテーナイの部族（φυλή）の下部組織（都市部・沿岸部・内陸部の三つに分かれる），πεντηκοστύς（スパルタの軍制における）50人隊，ἑκατοστύς（= ἑκατοντάς）百人隊，χῑλιοστύς 千人隊，μῡριοστύς 1万人の兵団．

§4.6. **形容詞 -αῖος.** ἰχθύδια τριταῖα は「水揚げされてから三日経った小魚」の意．ἡ δευτεραίᾱ (sc. ἡμέρᾱ) は「二日目，翌日」．これらの形容詞は，ある行為が「何日目に」なされたかを表すためにごく頻繁に用いられる：δευτεραῖος ἀπῆλθε 彼は二日目に出発した．これらは副詞的に訳されるが，性・数は動詞の主語と一致する：τριταῖος, τεταρταῖος, πεμπταῖος, ἑκταῖος, ἑβδομαῖος, ὀγδοαῖος, ἐναταῖος, δεκαταῖος ἀφίκετο 彼は三日目（…十日目）に到着した．同じ意味を次のように表すこともできる：τῇ δευτεραίᾳ, τριταίᾳ, ... (sc. ἡμέρᾳ) ἀφίκετο. アッティカ方言では ἡ προτεραίᾱ「前日」，ἡ ὑστεραίᾱ「翌日」（ἡμέρᾱ は通常，省略される）も頻用される．

δευτεραῖος ἀπῆλθε = τῇ δευτεραίᾳ ἀπῆλθε.

§4.7. **分割の副詞 -χα, -χῇ, -χῶς.** μοναχῇ ただ一通りの方法で，δίχα, διχῇ 二様に，別々に，τριχῇ (3), τέτραχα (4), πένταχα, πενταχῇ, πενταχῶς (5), ἑξαχῇ (6), πολλαχῇ 様々な仕方で，πανταχῇ あらゆる方法で．ヘーロドトスは διχοῦ, τριχοῦ, πενταχοῦ という形を用いる．

§5. 加減乗除の表し方

συντίθημι 足す：σύνθες τὰ $\overline{γ}$ καὶ τὰ $\overline{ιη}$. 3 に 18 を加えよ．
ἀφαιρέω τι ἀπό τινος y から x を引く：ἀφαιρῶ τὰ $\overline{γ}$ ἀπὸ τῶν $\overline{ε}$· λοιπὸν $\overline{β}$. 5 から 3 を引くと差は 2 だ．
πολυπλασιάζω τι ἐπί τι x に y を掛ける：τὰς $\overline{ιη}$ πολυπλασιάζω ἐπὶ τὸν $\overline{ιβ}$, γίγνονται $\overline{σις}$. 18 に 12 を掛けると積は 216 になる；τὰ δὶς πέντε δέκα ἐστίν. 2×5 = 10.
μερίζω τι παρά τι x を y で割る：τὰ $\overline{ρπ}$ μερίζω παρὰ τὸν $\overline{ε}$, καὶ $\overline{λς}$ ἐστιν. 180 を 5 で割ると商は 36 だ．

§6. 分数の表し方

§6.1. a. τὸ μέρος, -ους または ἡ μοῖρα, -ᾱς を用いる：日本語と同様に（「5分の2」）分母が分子に先行し，前者は属格形で示される．両方に定冠詞を付し，いずれか一方（どちらでもよい）に μέρος ないし μοῖρα を添える：τῶν πέντε αἱ δύο μοῖραι = τῶν πέντε μοιρῶν αἱ δύο = τῶν πέντε τὰ δύο μέρη = τῶν πέντε μερῶν τὰ δύο, e.g. Πελοποννήσου τῶν πέντε τὰς δύο μοίρᾱς ペロポンネーソス半島の5分の2を．

第6章 数詞　121

b. 分母が分子より 1 だけ大きい場合は，分母は省略される：定冠詞 + 基数詞 + μέρη：τὰ τρία μέρη 3/4, τὰ τέτταρα μέρη 4/5, τὰ πέντε μέρη 5/6, etc.

§6.2.「半分，2 分の 1」の意味は ἥμισυς を次のように用いて表す：
a. τὸ ἥμισυ（定冠詞付きの中性名詞として）+ 名詞の属格：τὸ ἥμισυ τοῦ στρατοῦ 軍隊の半数．
b. 定冠詞 + ἥμισυς, -εια, -υ + 名詞の属格（ἥμισυς の性と数はこの名詞に一致させる）：
ὁ ἥμισυς τοῦ ἀριθμοῦ その数の 2 分の 1（ἀριθμοῦ は男性名詞の単数形，よって男性単数形 ἥμισυς）
αἱ ἡμίσειαι τῶν νεῶν 船団の半数（νεῶν は女性名詞の複数形）
τὰ ἡμίσεα τῶν ἀνδραπόδων 捕虜の半数（ἀνδραπόδων は中性名詞の複数形）
c. 接頭辞 ἡμι- による（cf. *Eng.* semi-）: e.g. ἡμιτάλαντον 半タラントン（τὸ τάλαντον）．

§6.3. 分子が 1 である分数（1/3, 1/4, 1/5, etc.）は，序数詞 τρίτος, τέταρτος, πέμπτος, ... と μόριον の複合語によって表される：τριτημόριον 1/3, τεταρτημόριον 1/4, πεμπτημόριον 1/5, etc.

§6.4. 帯分数
a. 整数が 1 である帯分数は，前置詞 ἐπί と分母を示す序数詞との複合形容詞によって表される：
1 1/3 ἐπίτριτος, 1 1/4 ἐπιτέταρτος, 1 1/5 ἐπίπεμπτος．
b. 整数 + 1/2．a) 序数詞（整数に 1 を加えた数）+ 接頭辞 ἡμι- による複合語：たとえば 2 1/2 ムナーは τρίτον ἡμιμναῖον（あたかも「手元に 2 ムナーあり，さらに 1 ムナー（3 ムナー目）を加えようとするも半ムナーしかない」と言っているかのよう）. Cf. *Ger.* dritthalb (2 1/2), vierthalb (3 1/2), etc. 同様に 3 1/2 タラントン = τέταρτον ἡμιτάλαντον（4 タラントン目は半分のみ），4 1/2 T. πέμπτον ἡμιτάλαντον, 5 1/2 T. ἕκτον ἡμιτάλαντον．b) 総量ないし総額を ἡμι- による複合形容詞の複数形で表すこともできる：πέντε ἡμιτάλαντα = 半タラントンが五つ（5/2 T.）= 2 1/2 T., πέντε ἡμιμναῖα 2 1/2 ムナー, πένθ᾽ ἡμιπόδια = 半プース（πούς, 長さの単位．約 30cm に相当）五つ分 = 2 1/2 プース．

2 1/2 ムナー = τρίτον ἡμιμναῖον = πέντε ἡμιμναῖα

第7章　動詞

§1. 序論

ギリシア語の語形変化の中でも，動詞の変化は最も複雑な様相を呈する．動詞 ἔχω を例にとり，その特質のいくつかを見てみよう．

ἔχ-ω	私は持っている．			ἔχ-ομεν	我々は持っている．
ἔχ-εις	あなたは持っている．	ἔχ-ετον	あなた方二人は持っている．	ἔχ-ετε	あなた方は持っている．
ἔχ-ει	彼／彼女／それは持っている．	ἔχ-ετον	彼ら二人は持っている．	ἔχ-ουσι	彼らは持っている．

動詞の活用を学ぶ上で最も重要なのは，語尾（人称と数と相を示す人称語尾）を覚えることである．ギリシア語では，英語などとは違って，人称代名詞の主格形が用いられるのは主語を強調する場合に限られる．たとえば，ἐγὼ ἔχω は「私は持っている」ではなく「私が持っているのだ（持っているのはほかならぬこの私だ）」を意味する．単数と複数には三つの人称がすべて揃っているが，双数には2人称と3人称しかない．双数は対をなす人や物を表すのに用いられた古い数であり，多くの方言では早く廃れたが，アッティカ方言はこの点に関しては保守的で，双数が姿を消し始めるのは前4世紀になってからのことである．二人兄弟，両目，両手など，対をなすものに言及する時は，双数と複数のいずれを用いてもよい．双数形の人称語尾は2人称複数形から容易に得られるので，本書ではそれらを簡略化して示すことにする（➡ §2.6）．

§1.1. 上に掲げたのは ἔχω の直説法現在能動相の活用形である．これらは，すべての人称と数に共通の語幹 ἐχ- に ο ないし ε を，次いで人称語尾を付して作られるが，未来時称の活用においては ἐχ- にまず σ が付加される：ἐχ-σ-ο/ε- 人称語尾．その結果は以下のようになる：

$$\text{ἕξω, ἕξεις, ἕξει, ἕξομεν, ἕξετε, ἕξουσι.}$$

ek^h- > heks- という変化がなぜ生じるのかを理解するためには，この動詞の来歴を知る必要がある．「持つ」という意味を表す印欧祖語 *$seǵ^h$- がギリシア語では σεχ- となり，さらに語頭の摩擦音 s が気息音 h に変じたが，帯気音を含む音節が連続する場合の常として（➡ 2§10.5），この h は消失した：sek^h > hek^h > ek^h-．ところが，未来時称を特徴づける s 音がこれに付加されると，今度は k^h の気音が消失し（ek^h+s > eks），この語に含まれていた帯気音が二つとも失われた恰好になる．そこで，均衡を回復すべく，語頭の気息音 h が再び現

れるのである：eks > heks: ἑξ-.

§1.2. ところで，ἔχω には別の未来形もある：

σχήσω, σχήσεις, σχήσει, σχήσομεν, σχήσετε, σχήσουσι.

これらは σεχ- ではなく σχ- という語幹から作られている．これに未来時称の標徴である σ が付加されるが，その際，発音を容易にするために語幹と σ の間に η が挿入される．η は動詞の活用において，このように二つの子音の間に挿入されて発音を滑らかにする役割を果たすことが多い．

　この動詞の二つの語幹のうち，σεχ- は「保持，所有」という，一定の時間継続する動作ないし状態を，σχ- は「入手，獲得」という，ある時点において瞬間的に行われる動作を意味する．視覚的には，前者は線によって，後者は点によって表されうる：ἕξω「私は持つ（自分のものにしている）だろう」／σχήσω「私は手に入れるだろう」．

　このように動詞が表す動作や状態のあり方（話者がそれらをどのように捉えるか）の違いを区別することは，ギリシア語においては極めて重要である．

§1.3. 動詞の活用形の成り立ちを把握するためには，その動詞の**語根**を知ることが肝要である．

　語根（√という記号を用いて示す）とは，単語を構成する要素のうち，辞書的意味を表す最も基本的な部分で，それ以上分解できない最小の単位である．語根に接尾辞を付加したり，**母音交替**（**ablaut**）によってこれを変形させたりして名詞や動詞が形成される．語根から作られた**動詞幹**（あらゆる活用形の基となる語幹．語根がそのまま動詞幹になるものも少なくない）に各時称を特徴づける**時称接尾辞**その他の要素を付け加えれば，現在幹，未来幹，完了幹などの**時称幹**になる（時称接尾辞が付かない場合もある）．たとえば，「盗む」という意味を表す語根 √κλεπ（これは動詞幹でもある）に未来の時称接尾辞 σ-ο/ε を付加すれば，動詞 κλέπτω の未来形の基となる語幹，すなわち未来幹になる：κλεπ-σ > κλεψ-ο/ε-．現在幹はこの語根に時称接尾辞 j-ο/ε を付して作る．その際，語根末尾の π が j と結合して πτ となる（➔ §31）：κλεπ-j- > κλεπτ-ο/ε-．完了幹は次の三つの過程を経て形成される：1. **畳音**（**reduplication**）．語頭の子音 κ に ε を加えた音節 κε を語根の前に置く；2. ε から o への母音交替：κλεπ > κλοπ；3. 語根末尾の π の帯気音化：κεκλοφ-．これらの時称幹に所定の人称語尾を付ければ，各時称の活用形が得られる．

　この κλέπτω の例からも分かるように，動詞の代表形として辞書の見出し語になる活用形（直説法現在能動相1人称単数形）が必ずしも語根の形を明示するわけではない．個々の動詞の語根を覚えることを強く勧める所以である．同

じ語根から作られる名詞を動詞と一緒に覚えるのも有益である：e.g. κλέπ-τη-ς「泥棒」, κλοπ-ή「窃盗」.

§1.4. 過去時称の活用形においては，接頭母音ἐ-（「あの時に」を意味する印欧祖語に由来する）が時称幹の前に置かれる．これを**加音**（augment）と称する．
　「私は持っていた」という意味を表すἔχωの未完了過去形は次のようにして作られる：
ἐ + (σεχ- > hεχ- >) εχ- = εἶχ-ο-ν．ει は隣接した二つの短母音 ε が融合して生じる [ẹ:] という音を表す綴りである（➡ 1§2）．
　「私は手に入れた」という意味を表すἔχωのアオリスト形は次のようにして作られる：
ἐ + σχ- = ἔσχ-ο-ν．

§1.5. ギリシア語の動詞の活用に習熟するためには，特に重要な動詞の六つの**主要形**を覚えなければならない．活用が最も規則的なタイプ 1（➡ §3）に分類される動詞 παιδεύω の主要形は以下の通りである（いずれも直説法 1 人称単数形）：
現在能動相 παιδεύω「私は教育する」－ 未来能動相 παιδεύσω「私は教育するだろう」－ アオリスト能動相 ἐπαίδευσα「私は教育した」－ 完了能動相 πεπαίδευκα「私は教育し終えている」－ 完了受動相 πεπαίδευμαι「私は教育を受けた（その結果，知識や技術を体得している）」－ アオリスト受動相 ἐπαιδεύθην「私は教育を受けた」．

ἔχω（動詞幹 σεχ-/σχ-）の場合は以下のようになる：
ἔχω：未完了過去能動相 εἶχον（この活用形は成り立ちが自明ではないので，現在形に添えられる）－ ἕξω / σχήσω － ἔσχον － ἔσχηκα － ἔσχημαι －（アオリスト受動相は用いられない）

学習を進めながら，使用頻度の高い約 200 個の動詞の主要形を少しずつ覚えるよう努力すべきである．最初の 20〜30 個をマスターすれば，頻出するパターンがいくつかあることに気づき，残りはさほど苦労せずに覚えられるであろう．実際，ギリシア語には真の意味での不規則動詞は存在しないのである．

§1.6. 初学者の当面の目標はしかし，動詞の活用形が表す文法的意味を正確に捉えられるようになることである．活用形の成り立ちを簡単に図式化すると以下のようになる：

（加音）＋（畳音）＋	動詞幹	＋（時称接尾辞）＋人称語尾
	14 のタイプ	

動詞幹＋時称接尾辞＝時称幹（時称接尾辞が子音の場合は特定の母音が添えられることもある）．時称接尾辞が付かない場合もある．動詞の中には ἔχω のように二つの動詞幹を持つものが少なくない（三つ以上持つものも稀にある）．

動詞によっては，上の図式に従って動詞幹に他の構成要素を付け加えれば活用形が出来上がるものもあるが，動詞幹に時称接尾辞や人称語尾が付加される際に何らかの音韻の変化が生じる場合が非常に多い．それゆえ，動詞幹の末尾がどういう音である場合にどのような変化が起こるのかを把握しておかなければならない．本書では学習上の便宜のため，**動詞幹と時称接尾辞ないし人称語尾の結びつき方**によって，すべての動詞を **14 のタイプ**に分類した．これらの知識なくしては辞書を引くことすら覚束ないと心得られたい．学習の順序としては，まず人称語尾についての概略をまとめた次節を読み，次に**タイプ 1** と**タイプ 11** を学び，それから残りのタイプ（それらはいずれもタイプ 1 ないしタイプ 11 と僅かに異なるのみである）へと進むのがよい．タイプ 11 は小さなグループゆえ，しばしば軽視されるが，これに属する動詞はよく用いられる重要なものばかりなので，タイプ 1 の修得後，なるべく早く学習すべきである．

人称語尾
§2. 動詞は現在，過去，未来の行為や状態を表す．人称・数・時称・法・相によるその語形変化を**活用**（**conjugation**）と称する．動詞の変化形は，これら五つの要素に従って活用した形である**定形**と，人称と数と法によって規定されず，名詞や形容詞の機能を兼ね備えた**不定形**に大別される．

定形が表す文法的意味	
人称 (person)	1人称・2人称・3人称
数 (number)	単数・双数・複数
時称 (tense)	現在 (present) I educate. / I am educating.
	未完了過去 (imperfect) I was educating.
	未来 (future) I will educate. / I will be educating.
	アオリスト (aorist) I educated.
	完了 (perfect) I have educated.
	過去完了 (pluperfect) I had educated.
	未来完了 (future perfect) I will have educated.
法 (mood)	直説法 (indicative) …事実を述べる
	接続法 (subjunctive) …予想：Maybe I will educate.
	希求法 (optative) …願望・可能性：I wish I could educate.
	命令法 (imperative) …命令：Educate!
相 (voice)	能動相 (active) I educate.
	中動相 (middle) I educate for myself. / I educate myself.
	受動相 (passive) I am educated.
不定形	それぞれが表す文法的意味
不定詞 (infinitive)	時称，相，格：e.g. 'to educate, to be educated, to have educated, to have been educated', etc.
分詞 (participle)	時称，相，性，数，格：e.g. '(a girl) being educated'
動形容詞 (verbal adjective)	性，数，格：e.g. 'educated'

これらの用語については後に詳述する．動詞の時称は現在ないし未来を表す**本時称**と過去を表す**副時称**に大別され，それぞれ別の人称語尾を用いる．人称語尾は能動相と中・受動相でも異なる．本時称の人称語尾は直説法現在，未来，完了，未来完了と接続法で，副時称の人称語尾は直説法未完了過去，アオリスト，過去完了と希求法で用いられる．命令法には固有の人称語尾がある．

§2.1. 能動相本時称の人称語尾

	（例）	単数	複数	（例）
1人称	*ἐσ-μι > εἰ-μί παιδεύ-ω	-μι -ω	-μεν	ἐσ-μέν παιδεύ-ο-μεν
2人称	*ἐσ-σι > ἐ-σι > εἶ δίδω-ς παιδεύ-εις	*-σι -ς -εις	-τε	ἐσ-τέ παιδεύ-ε-τε
3人称	ἐσ-τί$_ν$ / δίδω-σι$_ν$ παιδεύ-ει	-τι / -σι -ει	*-ντι > -νσι	*ἐσ-εντι > *ἐ-ενσι > εἰσί$_ν$ *παιδεύ-ο-ντι > -ονσι > -ουσι$_ν$

ギリシア語の動詞は，直説法現在能動相1人称単数形が -ω で終わるものと -μι で終わるものに大別され，前者（e.g. παιδεύ-ω；タイプ 1~10）を ω 動詞，後者（e.g. εἰ-μί, δίδω-μι；タイプ 11~13）を μι 動詞と称する．ω 動詞は現在幹の末尾に**幹母音（thematic vowel）** o/ε を持つことを特徴とするので，幹母音動詞（thematic verbs）とも呼ばれる．幹母音は μ, ν の前では o，それ以外の場合は ε である．

注1. μι 動詞の単数形の人称語尾は印欧祖語の *-mi, *-si, *-ti をよく保っている．2.sg. -ς は副時称の人称語尾への類推による．ω 動詞の 2.sg. -εις, 3.sg. -ει も同様．

注2. 3人称複数形では，まず人称語尾の τ が σ に変わり，次に ν が消失するが，これに先行する母音が短い場合は，タイプ 8 の名詞の複数与格形（➡ 2§12）と同様に代償延長が生じる．

注3. 3人称複数形および μι 動詞の 3 人称単数形の末尾の $_ν$ は，句読の前で，あるいは母音で始まる語が後に続く場合に母音の連続を避けるために，語末に ν が付加されることを示す．この ν を「**付加音の ν（νῦ ἐφελκυστικόν）**」と称する．韻文においては後続の語が子音で始まる場合にもこれが付せられることがある．付加音の ν は，-σι で終わる語および次の動詞の 3 人称単数形の末尾にのみ置かれうる：(1) 未完了過去・アオリスト・完了の -ε，(2) 過去完了の -ει，(3) ἐστί (εἰμί「~である」の直説法現在)，(4) ᾔει (εἶμι「行くだろう」の直説法未完了過去)．

§2.2. 中・受動相本時称の人称語尾

	（例）	単数	複数	（例）
1人称	παιδεύ-ό-μαι	-μαι	-μεθα	παιδευ-ό-μεθα
2人称	*παιδεύ-ε-σαι > -ῃ	-σαι	-σθε	παιδεύ-ε-σθε
3人称	παιδεύ-ε-ται	-ται	-νται	παιδεύ-ο-νται

中動相は，行為の主体が自分自身の利益になるようにとの意図を持って何

かを行うこと，または行為の対象が主体自身であることを表す．たとえば，παιδεύομαι は「私は（息子を）自分自身のために（教養のある我が子を自慢できるように，立派に成長した息子が年老いた自分の面倒を見てくれるように，etc.）教育する」または「私は独学する」を意味する．中動相と受動相は未来とアオリストの2時称を除いて同形である．

注．2人称単数形では母音間の σ が消失し，幹母音 ε と αι が融合する：παιδεύ-ε-σαι > παιδεύ-ε-αι > παιδεύ-ῃ．

§2.3. 能動相副時称の人称語尾

	（例）		単数	複数	（例）
1人称	ἐ-παίδευ-ο-ν / ἦ-ν	-ν	-μεν	ἐ-παιδεύ-ο-μεν
	ἐ-παίδευ-σ-α	-α		
2人称	ἐ-παίδευ-ε-ς	-ς	-τε	ἐ-παιδεύ-ε-τε
3人称	ἐ-παίδευ-ε-ν	—	-ν	ἐ-παίδευ-ο-ν
			-σαν	ἦ-σαν

注．印欧祖語における単数形の人称語尾は，1人称 -m / -ṃ（母音の後では前者，子音の後では後者），2人称 -s，3人称 -t であったが，ギリシア語ではラテン語のように（e.g. faciebam, faciebat）m 音や t 音が語末に置かれることは許されないため，1人称の人称語尾は -ν / -α，3人称は無語尾となった．

§2.4. 中・受動相副時称の人称語尾

	（例）	単数	複数	（例）
1人称	ἐ-παιδευ-ό-μην	-μην	-μεθα	ἐ-παιδευ-ό-μεθα
2人称	*ἐ-παιδεύ-ε-σο > -ου	-σο	-σθε	ἐ-παιδεύ-ε-σθε
3人称	ἐ-παιδεύ-ε-το	-το	-ντο	ἐ-παιδεύ-ο-ντο

注．2人称単数形では母音間の σ が消失し，幹母音 ε と ο が融合する：ἐ-παιδεύ-ε-σο > ἐ-παιδεύ-ε-ο > ἐ-παιδεύ-ου．

§2.5. 命令法の人称語尾

	（例）	能動相	中・受動相	（例）
2.sg.	παίδευ-ε	—	-σο	*παιδεύ-ε-σο > -ου
3.sg.	παιδευ-έ-τω	-τω	-σθω	παιδευ-έ-σθω
2.pl.	παιδεύ-ε-τε	-τε	-σθε	παιδευ-έ-σθε
3.pl.	παιδευ-ό-ντων	-ντων	-σθων	παιδευ-έ-σθων

2人称単数形に限っては，時称によって語尾が -θι, -σον, -σαι といった特殊な形に変わるが，それ以外はすべての時称を通じて語尾に変化はない．
注．中・受動相2人称単数形では母音間の σ が消失し，幹母音 ε と ο が融合する：παιδεύ-ε-σο > παιδεύ-ε-ο > παιδεύ-ου．

§2.6. 双数形の人称語尾は，2人称複数形の人称語尾 -τε, -σθε の末尾の ε を以下のものと取り替えれば得られる：

	直説法本時称と接続法	直説法副時称と希求法	命令法
2人称	-ον	-ον	-ον
3人称	-ον	-ην	-ων

E.g. 直説法現在能動相2人称複数形 παιδεύετε > 2人称および3人称双数形 παιδεύετον．
直説法アオリスト中動相2人称複数形 ἐπαιδεύσασθε > 2人称双数形 ἐπαιδεύσασθον，3人称双数形 ἐπαιδευσάσθην．
命令法現在能動相2人称複数形 παιδεύετε > 2人称双数形 παιδεύετον，3人称双数形 παιδευέτων．

2人称双数形はすべて -ον で終わるので，本書ではこれを示さない．以下の活用表では3人称双数形のみを，その末尾の形を2人称複数形の語尾に上付き文字で添えることによって示す．たとえば，ἐπαιδεύσασθε^{ην} という2人称複数形からは，2人称双数形は ἐπαιδεύσασθον で3人称双数形は ἐπαιδευσάσθην であることが知られる．

タイプ1：παιδεύ-ω

§3. 直説法現在

		能動相	中動相・受動相
Sg.	1	παιδεύ-ω	παιδεύ-ο-μαι
	2	παιδεύ-εις	παιδεύ-ῃ
	3	παιδεύ-ει	παιδεύ-ε-ται
Pl.	1	παιδεύ-ο-μεν	παιδευ-ό-μεθα
	2	παιδεύ-ε-τε^{ον}	παιδεύ-ε-σθε^{ον}
	3	παιδεύ-ουσι$_ν$	παιδεύ ο-νται

ほとんどの動詞のアクセントは後退的，すなわちアクセント規則の許す限りに

おいて語頭に近い音節へと移動しようとする傾向にある．語末の二重母音 αι は短母音と見なされることに注意（→ 2§6.2a）．

ω 動詞（幹母音動詞）の直説法現在の活用形は以下の図式に従って作られる：

παιδεύ	-	ο	-	μεν
動詞幹		幹母音		人称語尾
		μ, ν の前では ο		
		それ以外は ε		

動詞幹と語根は必ずしも一致しないことに注意されたい．παιδεύω の動詞幹 παιδευ- は語根 √παιδ（たとえば名詞 παιδ-ς > παῖς, Gen. παιδός「子供」などに見出される）に接尾辞 ευ を付して作られる．動詞幹がこれと同様に形成される動詞は多い：δουλεύω「隷属する」(δοῦλος「奴隷」), βουλεύω「思案する」(βουλή「意志」), etc. 動詞幹 παιδευ- に幹母音 ο/ε を付したものが現在幹である．

能動相：
παιδεύουσι τοὺς παῖδας ἱππεύειν. 彼らは子供たちに乗馬を教える．

受動相：
行為者「～によって」は ὑπό ＋属格で表される．
οἱ παῖδες ὑπὸ δούλων παιδεύονται. 子供たちは奴隷によって教育される．

中動相：
τούτους παιδεύεσθε. あなた方はその人たちをあなた方自身の（利益の）ために教育する．
παιδεύεσθε. あなた方は独学する．

注1. 能動相と中動相の両方を具えていながら，主として後者が用いられる動詞がある．その場合，能動相よりも意味が強くなることが多い：
πολῑτεύω 市民である／πολῑτεύομαι 市民として活動している（市政に携わっている）
στρατεύω 軍務に服している／στρατεύομαι 出征する；軍を率いて進む

注2. 中動相でしか用いられない動詞もある．これを能相欠如動詞ないし形式所相動詞と称する（英語の文法書では deponents と呼ばれることがあるが，ラテン語 depono 「捨てる」に由来するこの呼称は適切ではない．この種の動詞は能動相を捨てたわけではなく，最初から中動相の形しか持っていないのであるから，**media tantum**（「中動相のみ」を意味するラテン語）と呼ぶほうがよい）．感情を表すものが多い：e.g. ἥδομαι 喜ぶ．

注 3. 動詞によっては未来の活用形が中動相のみの場合もある：e.g. ἀκούω「聞く」– fut. ἀκούσομαι「聞くだろう」. 形は中動相であっても意味は大抵の場合，能動的である．どの動詞がこのような特徴を持つのかを知る唯一の方法は，基本動詞の主要形を覚えることである．§59 のリストを参照．

未来とアオリスト以外の時称においては中動相は受動相と同形であるが，動詞がいずれの意味で用いられているかは通常，文脈から判断できる．

§4. 直説法未完了過去
未完了過去の活用形は現在幹 παιδευ-ο/ε- から作られる．

ἐ-παίδευ-ο-ν	ἐ-παιδευ-ό-μην
ἐ-παίδευ-ε-ς	ἐ-παιδεύ-ου (< ε-σο)
ἐ-παίδευ-ε$_ν$	ἐ-παιδεύ-ε-το
ἐ-παιδεύ-ο-μεν	ἐ-παιδευ-ό-μεθα
ἐ-παιδεύ-ε-τε^{ην}	ἐ-παιδεύ-ε-σθε^{ην}
ἐ-παίδευ-ο-ν	ἐ-παιδεύ-ο-ντο

未完了過去という時称の表す意味については，§15 でアオリストと比較しながら詳述する．

直説法における事実の否定は，否定詞 οὐ, οὐκ, οὐχ ないし強調形 οὐχί を動詞の前に置くことによって表される．子音で始まる語の前では οὐ が（οὐ παιδεύω），無気母音で始まる語の前では οὐκ が（οὐκ ἐπαίδευον），帯気母音で始まる語の前では οὐχ が（οὐχ ἕξω）用いられる．

§5. 接続法現在
直説法が事柄を事実として述べるのに対し，接続法以下の三つの法は事柄を事実としてではなく，予想，仮定，願望，他者に対する要求などとして述べる．接続法は本来，未来の事柄に関する話者の不確かな予想を表した．接続法現在の活用形は，動詞幹の直後の母音が o, ου > ω, ε > η, ει > η となる点を除けば，直説法現在のそれと同じである．

παιδεύ-ω	παιδεύ-ω-μαι
παιδεύ-ῃς	παιδεύ-ῃ (< η-σαι)
παιδεύ-ῃ	παιδεύ-η-ται
παιδεύ-ω-μεν	παιδευ-ώ-μεθα
παιδεύ-η-τε^{ον}	παιδεύ-η-σθε^{ον}
παιδεύ-ωσι_ν	παιδεύ-ω-νται

接続法現在の活用形の成り立ちを図式化すれば，以下のようになる：

παιδεύ	-	ω	-	μεν
動詞幹		長音化した幹母音 ω / η		人称語尾

接続法で表現されるのは，事実ではない，あるいはいまだ実現していない事柄であり，肯定文では意図や願望，否定文では危惧や拒絶といった内容になる．接続法の文で用いられる否定詞は οὐ ではなく μή である．οὐ が事実を否定するのに対して μή は事実ではなく話者の主観を介した事柄を打ち消し，否定的な命令（禁止）や願望，条件を述べるのにも用いられる．

§6. 接続法の最も一般的な用法は以下の通りである：
1. **勧奨の接続法 (exhortative subjunctive)**．1人称単数形ないし複数形で勧誘や決意を表す．
παιδεύωμεν τοὺς παῖδας. 子供たちを教育しようではないか.
μὴ παιδεύωμεν. 教育しないでおこう.

2. **熟慮の接続法 (deliberative subjunctive)**．1人称単数ないし複数を主語とする疑問文で，自分（たち）がとろうとしている行動についての思案を表す．
παιδεύωμεν τοὺς παῖδας; 子供たちを教育しようか（すべきだろうか；してもよいのだろうか）.

これらは主文における用法の代表例であるが，接続法は主として従属文の中で用いられる．

第7章 動詞

3. ἄν + 予想の接続法 (prospective subjunctive)．蓋然的な事柄についての主観的な予想を述べる．おそらくそうなるであろうが，未来のことゆえ確実とまでは言えないという意味合いを含む．
ἐὰν (= εἰ + ἄν) ἔχωμεν χρήματα, ἕξομεν φίλους. もし（εἰ）我々にお金があれば，我々は友人を持つだろう（自分たちは将来いくらかの金銭を手にしているだろうという予想の下に述べる）．

4. ἄν + 反復の接続法 (iterative subjunctive)．ある条件の下で普遍的に，ないし繰り返し見られる事象（ある事柄が生じれば必ずそうなる）について述べる．ἄν は先行する接続詞や関係詞と共に，「…する時はいつでも」「…する者は誰であれ」などの意味を表す．この用法と前項 3 の用法は截然と区別されるものではない．一方が未来のみを視野に納めているのに対し，他方は未来に限定されないという違いはあるものの，ある事象がある条件の下で生起することの確実性を述べるという点で両者は共通している．
τὰ γράμματα ὅταν (= ὅτε + ἄν) παιδευώμεθα, πρῶτον μὲν τὰ ὀνόματα αὐτῶν ἐκμανθάνομεν, ἔπειτα τοὺς τύπους καὶ τὰς δυνάμεις, εἶτα … 文字を教わる時（ὅτε）我々は決まって，まず第一にそれらの名前を正確に覚え，次いでそれらの形と意味を，それから…．

5. 接続法は他にも様々な従属文の中で用いられる．e.g.
ἵνα + 接続法（目的文）．「…するために」．
παιδευώμεθα ἵν' ἔχωμεν χρήματα. 収入が得られるように教育を受けよう／修養を積もう．

§7. 希求法現在

παιδεύ-οι-μι	παιδευ-οί-μην
παιδεύ-οι-ς	παιδεύ-οι-ο (< -οι-σο)
παιδεύ-οι	παιδεύ-οι-το
παιδεύ-οι-μεν	παιδευ-οί-μεθα
παιδεύ-οι-τε[ην]	παιδεύ-οι-σθε[ην]
παιδεύ-οι-εν	παιδεύ-οι-ντο

παιδεύ	-	ο	ι	-	μεν
動詞幹		幹母音	希求法の法接尾辞		人称語尾

希求法の活用では法接尾辞 ιη/ι が時称幹に付せられる．前者はアオリスト受動相，母音融合動詞，μι 動詞などの主として単数形において，後者はそれ以外の活用形で用いられる．直説法とは異なり，幹母音はすべての人称と数を通じて o である．法接尾辞が ι である場合の能動相 1 人称単数形以外は，すべて副時称の人称語尾を持つ．能動相 3 人称複数形の -εν は印欧祖語の *-ent に由来する．語末の οι が長母音と見なされることに注意（cf. 2§3.3）．

§8. 希求法の主な用法
1. **願望の希求法**（否定は μή）．しばしば εἰ γάρ, εἴθε（韻文では εἰ, ὡς も）が前に置かれる．
εἴθε μὴ παιδεύοις τοὺς παῖδας. あなたが子供たちを教育しようとなどしなければいいのに．

2. **間接話法の希求法** (optativus obliquus)．主文の動詞が副時称の時，従属文の動詞の法を直説法ないし接続法から希求法に変える（ただし，必ず変えなければならないわけではなく，元のままでもよい）．
E.g. λέγουσιν ὅτι εὖ παιδεύει τοὺς παῖδας. 彼は子供たちをよく教育していると彼らは言う．
主文の動詞の時称を未完了過去 ἔλεγον「彼らは言っていた」に変えた場合，従属文（ὅτι 節）はそのままでもよいが，動詞の法を希求法に変えてもよい：
ἔλεγον ὅτι εὖ παιδεύει τοὺς παῖδας. = ἔλεγον ὅτι εὖ παιδεύοι τοὺς παῖδας.

3. **接続法の用法 3 にやや近い用法**．ἄν + 予想の接続法を用いる場合に比して蓋然性が低い，またはその実現を願う気持ちが強くない事柄を表すときは，ἄν を伴わない希求法を用いる．
βουλοίμην μὲν ἄν (➡ 5) ἔγωγε οὐδέτερα· εἰ δ' ἀναγκαῖον εἴη ἀδικεῖν ἢ ἀδικεῖσθαι, ἑλοίμην ἄν (➡ 5) μᾶλλον ἀδικεῖσθαι ἢ ἀδικεῖν. 私としてはどちらもできれば御免蒙りたい．だが，もし不正を働くことと不正を受けることのどちらかを余儀なくされるとしたら，不正を働くよりはむしろ不正を受ける方を選びたいと思う．Plat. *Gorg.* 469c

4. **反復の希求法**．接続法の用法 4 の表す意味内容を過去に移したもの：
εἰ / ὅτε ἔχοιμεν χρήματα, εἴχομεν φίλους. 我々にお金があれば／ある時は，決まって友達に恵まれたものだった．

5. **可能性を表す ἄν + 希求法**．未来に起こりうることについて「…かもしれない」「…だろう」と意見を述べる．自分の主張や要求を和らげて物言いを控え目にするときや，躊躇しながら発言するときにも用いられる．
παιδεύοις ἄν. 君は教育するかもしれない．

λέγοι τις ἄν. 誰かが言うだろう．

疑問文にも用いられる：
πῶς ἂν λέγοι ... ; 彼はまた何だって…などと言うのか（よくもそんなことが言えたものだ）．

否定には οὐ を用いる．この οὐ は可能性を強く否定する：
οὐκ ἂν λέγοις ... ．君は…などとは絶対に言わないだろう．

§9. 命令法現在

Sg.	2	παίδευ-ε 教育せよ．	παιδεύ-ου 独学せよ．／教育を受けよ．
	3	παιδευ-έ-τω 彼に教育させよ．	παιδευ-έ-σθω
Pl.	2	παιδεύ-ε-τε^ων	παιδεύ-ε-σθε^ων
	3	παιδευ-ό-ντων	παιδευ-έ-σθων

§10. 現在不定詞

παιδεύ-ειν 教育すること	παιδεύ-εσθαι 独学すること／教育されること

能動相では語尾 -εν が，中・受動相では -σθαι が，それぞれ現在幹に付加される：
παιδεύ-ε-εν > παιδεύ-ειν ／ παιδεύ-ε-σθαι

不定詞は名詞の性質と動詞の性質を併せ持ち，文の主語や他動詞の目的語になりうる一方，時称と相を表す．

§11. 不定詞の用法
1. 文の主語になる．χρή「…しなければならない」や καλόν (ἐστιν) などの非人称的表現においてよく用いられる：
καλόν ἐστιν ἔχειν χρήματα. お金を持っているということはいいことだ．

不定詞は中性単数の名詞と同等に扱われる．上の例文で，主格補語である形容詞が中性単数形になっているのはそのためである．

2. ある種の他動詞の目的語になる：
βούλομαι παιδεύειν. 私は教育したい．
βούλομαι παιδεύεσθαι. 私は独学したい．／私は教育を受けたい．

3. 別の目的語を持つ他動詞の意味を補う：
παιδεύω τὸν παῖδα κιθαρίζειν. 私は子供にキタラー（竪琴の一種）の演奏を教える．
κελεύω σε κιθαρίζειν. 私は君にキタラーを弾くよう命じる．

4. 不定詞ないし不定詞句に定冠詞を付して，中性単数の名詞としての機能をより明確にすることがある：
τὸ παιδεύειν ἀνθρώπους 人々を教育すること
τὸ κιθαρίζειν ταχέως πολὺ κάλλῑον τοῦ βραδέως.
キタラーを速く弾くことは，ゆっくり弾くことよりはるかに素晴らしい．
※ τοῦ (sc. κιθαρίζειν) βραδέως = ἢ τὸ κιθαρίζειν βραδέως.

§12. 現在分詞

m.	παιδεύ-ων, -οντος	παιδευ-ό-μενος, -ου
f.	παιδεύ-ουσα, -ούσης	παιδευ-ο-μένη, -ης
n.	παιδεῦ-ον, -οντος	παιδευ-ό-μενον, -ου

能動相は現在幹に -ντ- を，中・受動相は -μενο- を付して語幹を形成する．前者は形容詞 ἑκών (➡ 3§11) と，後者は -ο- / -ᾱ- 語幹の形容詞 (➡ 3§1) と同様に変化する．分詞の変化においては，単数呼格は常に単数主格と同形である．

分詞は動詞の性質と形容詞の性質を併せ持ち，時称と相を表す一方，性・数・格によって変化する．名詞化して定冠詞を付せられることもある：
ὁ παιδεύων 教える人，教育者
ἡ ὀρθῶς παιδευομένη 正しい教育を受けている女性

未来と弱変化アオリスト

§13. 未来形は現在形の動詞幹と幹母音の間に σ を挿入することによって作られる (➡ §16)．ギリシア語には接続法未来が存在しないことに注意．接続法と未来時称はしばしば同様の機能を果たすので，一方にとって他方は余計になるからである．

§14. ヤーコプ・グリムは，過去時称の活用形を母音交替によって作る動詞を強変化動詞，接尾辞などの外的要素を付加して作る動詞を弱変化動詞と呼んだ．たとえば，英語の speak – spoke は前者に，work – worked は後者に属する．ギリシア語の動詞の多くは弱変化であり，アオリスト形を作る際，動詞幹に時称接尾辞 σ を付加する．接続法以外の活用においては，これにさらに母音 α を加えた -σα- が弱変化アオリストの標徴となる．

直説法，希求法および接続法アオリストの活用形は以下の図式に従って作られる：

ἐ-	παιδεύ	- σ	- α	- μεν
接頭母音（直説法のみ）	動詞幹	時称接尾辞	時称幹を形成する母音（3人称単数形以外）	人称語尾

	παιδεύ	- σ	- α	- ι	- μεν
				希求法の法接尾辞	

	παιδεύ	- σ	- ω	- μεν
			接続法の法接尾辞	

§15. 過去時称の標徴となる**加音は直説法においてのみ行われる**ことに注意．このことは，アオリストは直説法以外の法においては過去を意味しないということを物語っている．

　未完了過去が一定の時間継続した行為ないし状態の一部を切り取って描写するのに対し，アオリストは行為や状態の全体を（線ではなく点として）捉え，ある時点において生起した，または存在が確認された事象として伝える．それがその後どうなったか（どの程度持続したか，完結したか否か）にはいっさい関心を払わない．古代の文法学者がこの時称を ἀόριστος「限定されない」と名付けた所以はここにある．つまり，継続，完了，反復といった付随的な条件に制約されず，単にある出来事が起こったこと，ある状態が認められたことを表すのみだからである．

　アオリストはまた，継続的な状態や動作の始点（開始）や終点（結果）を示すこともある．

未完了過去とアオリストの意味の差異は以下のようにまとめられる：

現在 παιδεύει	a) 彼は（今日，一日中誰かに何かを）教えている． b) 彼は（習慣的に，日常的に人にものを）教えている，教育に従事している． c) 彼は教えようとしている（が，うまくいかないかもしれない）．	
未完了過去 ἐπαίδευε a) 彼は（一日中）教えていた．⊢―――⊣ b) 彼は日常的に人にものを教えていた，教育者であった．―― c) 彼は教えようとしていた（が，失敗に終わったかもしれない）．⊢┄┄┄➤		アオリスト ἐπαίδευσε a) 事実：彼は教育した．● b) 開始：彼は教育者になった．●┄ c) 結果：ἔφυγε 彼は逃げおおせた，脱出に成功した．┄●
ἐβασίλευε 彼は王として君臨していた．		ἐβασίλευσε a) 彼は王であった． b) 彼は王位に就いた．
命令法現在 παίδευε τοὺς παῖδας. 子供たちを教育しなさい（一般的な義務ないし通例として）．		命令法アオリスト παίδευσόν με τοῦτο. それを私に教えてくれ（特定の事柄について）．

ἔπειθεν ἀλλ' οὐκ ἔπεισεν. 彼は説得を試みたが失敗に終わった（相手は納得しなかった）．

§16. アオリストと未来の能動相・中動相

アオリスト能動相 I educated. Ind.	アオリスト中動相 I educated for myself.	未来能動相 I will educate.	未来中動相 I will educate for myself.
ἐ-παίδευ-σ-α	ἐ-παιδευ-σ-ά-μην	παιδεύ-σ-ω	παιδεύ-σ-ο-μαι
ἐ-παίδευ-σ-α-ς	ἐ-παιδεύ-σ-ω	παιδεύ-σ-εις	παιδεύ-σ-ῃ
ἐ-παίδευ-σ-ε$_v$	ἐ-παιδεύ-σ-α-το	παιδεύ-σ-ει	παιδεύ-σ-ε-ται
ἐ-παιδεύ-σ-α-μεν	ἐ-παιδευ-σ-ά-μεθα	παιδεύ-σ-ο-μεν	παιδευ-σ-ό-μεθα
ἐ-παιδεύ-σ-α-τε^{ην}	ἐ-παιδεύ-σ-α-σθε^{ην}	παιδεύ-σ-ε-τε^{ον}	παιδεύ-σ-ε-σθε^{ον}
ἐ-παιδεύ-σ-α-ν	ἐ-παιδεύ-σ-α-ντο	παιδεύ-σ-ουσι$_v$	παιδεύ-σ-ο-νται
Inf. παιδεῦ-σαι †	παιδεύ-σ-α-σθαι	παιδεύ-σ-ειν	παιδεύ-σ-ε-σθαι

第7章 動詞

アオリスト能動相	アオリスト中動相	未来能動相	未来中動相
Subj.			
παιδεύ-σ-ω	παιδεύ-σ-ω-μαι		
παιδεύ-σ-ῃς	παιδεύ-σ-ῃ		
παιδεύ-σ-ῃ	παιδεύ-σ-η-ται		
παιδεύ-σ-ω-μεν	παιδευ-σ-ώ-μεθα		
παιδεύ-σ-η-τε^{ον}	παιδεύ-σ-η-σθε^{ον}		
παιδεύ-σ-ω-σι$_ν$	παιδεύ-σ-ω-νται		
Opt.			
παιδεύ-σαι-μι	παιδευ-σαί-μην	παιδεύ-σοι-μι	παιδευ-σοί-μην
παιδεύ-σει-ας, -σαι-ς	παιδεύ-σαι-ο	παιδεύ-σοι-ς	παιδεύ-σοι-ο
παιδεύ-σει-ε$_ν$, -σαι †	παιδεύ-σαι-το	παιδεύ-σοι	παιδεύ-σοι-το
παιδεύ-σαι-μεν	παιδευ-σαί-μεθα	παιδεύ-σοι-μεν	παιδευ-σοί-μεθα
παιδεύ-σαι-τε^{ην}	παιδεύ-σαι-σθε^{ην}	παιδεύ-σοι-τε^{ην}	παιδεύ-σοι-σθε^{ην}
παιδεύ-σει-αν, -σαι-εν	παιδεύ-σαι-ντο	παιδεύ-σοι-εν	παιδεύ-σοι-ντο
Imp.			
παίδευ-σ-ον	παίδευ-σ-αι †		
(μὴ παιδεύσῃς)	(μὴ παιδεύσῃ)		
παιδευ-σ-ά-τω	παιδευ-σ-ά-σθω		
παιδεύ-σ-α-τε^{ων}	παιδεύ-σ-α-σθε^{ων}		
παιδευ-σ-ά-ντων	παιδευ-σ-ά-σθων		
Part.			
παιδεύ-σ-ᾱς, Gen. -αντος	παιδευ-σ-ά-μενος, -μένου	παιδεύ-σ-ων, -οντος	παιδευ-σ-ό-μενος, -μένου
παιδεύ-σ-ᾱσα, -άσης	παιδευ-σ-α-μένη, -μένης	παιδεύ-σ-ουσᾰ, -ούσης	παιδευ-σ-ο-μένη, -μένης
παιδεῦ-σ-ᾰν, -αντος	παιδευ-σ-ά-μενον, -μένου	παιδεῦ-σ-ον, -οντος	παιδευ-σ-ό-μενον, -μένου

§16.1. アクセント：語末の αι, οι は希求法においてのみ長いと見なされる．以下の三つの変化形はいずれもアオリストであるが，それぞれの表す意味の違いはアクセントによってのみ見分けられる：παίδευσαι（命令法中動相 2 人称単数形．語末の αι は短いと見なされるので，アクセントは最も語末から遠い antepaenultima に置かれる），παιδεύσαι（希求法能動相 3 人称単数形．アクセントが paenultima に置かれていることから，語末の αι は長い，したがって希求法であると判別できる），παιδεῦσαι（能動相不定詞．語末の αι が短いにもかかわらず，アクセントは paenultma に置かれている．不定詞は動詞の性質を持ってはいるものの，あくまでも動詞から派生した名詞［元はおそらく所格的与格］だからである）．
　παίδευσον（命令法アオリスト能動相 2 人称単数形）と παιδεύσον（未来能動相分詞中性単数主・対格形）のアクセントの違いにも注意．分詞は形容詞と同様に可能な限り男性単数主格形のアクセントの位置を保持しようとする．

§16.2. 注意：
希求法アオリストの活用形は希求法現在のそれに倣って作られており，幹母音 ο を σα に変えれば得られる．2 人称・3 人称単数形および 3 人称複数形では，-αις, -αι, -αιεν という規則的な形よりも -ειας, -ειε, -ειαν という別形の方がよく用いられる．希求法未来は間接話法においてのみ用いられる（➡ 8§63）．

接続法では時称を問わず常に本時称の人称語尾が用いられる．そのため，以下のような判別を要する語形が生じる：
παιδεύσω：直説法未来能動相 1 人称単数形　または　接続法アオリスト能動相 1 人称単数形
παιδεύσῃ：直説法未来中動相 2 人称単数形　または　接続法アオリスト能動相 3 人称単数形　または　接続法アオリスト中動相 2 人称単数形

アオリスト分詞は形容詞 πᾶς（➡ 3§11）と同様に変化する．すなわち，語幹 -ντ- に付く単数主格形の語尾は，男性 -ς, 女性 -ja, 中性は無語尾．σ の前の ντ および語末の τ は消失する．前者の場合は先行する ᾰ が代償延長によって ᾱ となる：
男性：παιδευ-σᾰ-ντ-ς > -σᾱς, 中性：παιδευ-σᾰ-ντ > παιδεῦσᾰν (cf. πᾰντ- > πᾶν ➡ 3§11.1)
女性：παιδευ-σᾰ-ντ-ja > -σᾰντσα > -σᾱσα
男性・中性複数与格においても同様に：παιδεύσαντ-σι > -σᾶσι_ν

第 7 章　動詞　141

§17. 命令法の否定形（禁止の表現）

| παίδευε | - μὴ παίδευε | しかし | παίδευσον | - μὴ παιδεύσῃς |
| παιδεύετε | - μὴ παιδεύετε | | παιδεύσατε | - μὴ παιδεύσητε |

命令法アオリストの否定は **μή + 接続法アオリスト**という形をとる。

　直説法以外の法においては，現在とアオリストの間の相違は時間的なものではなく，アスペクトのそれである。

§18. 弱変化のアオリストおよび未来の受動相

	アオリスト受動相 I was educated.	未来受動相 I will be educated.
Ind.	ἐ-παιδεύ-θη-ν	παιδευ-θή-σ-ο-μαι
	ἐ-παιδεύ-θη-ς	παιδευ-θή-σ-ῃ
	ἐ-παιδεύ-θη	παιδευ-θή-σ-ε-ται
	ἐ-παιδεύ-θη-μεν	παιδευ-θη-σ-ό-μεθα
	ἐ-παιδεύ-θη-τε[ην]	παιδευ-θή-σ-ε-σθε[ον]
	ἐ-παιδεύ-θη-σαν	παιδευ-θή-σ-ο-νται
Inf.	παιδευ-θῆ-ναι †	παιδευ-θή-σ-ε-σθαι
Subj.	παιδευ-θ-ῶ	
	παιδευ-θ-ῇς	
	παιδευ-θ-ῇ	
	παιδευ-θ-ῶ-μεν	
	παιδευ-θ-ῆ-τε[ον]	
	παιδευ-θ-ῶ-σι[ν]	
Opt.	παιδευ-θείη-ν	παιδευ-θη-σοί-μην
	παιδευ-θείη-ς	παιδευ-θή-σοι-ο
	παιδευ-θείη	παιδευ-θή-σοι-το
	παιδευ-θεῖ-μεν, -θείη-μεν	παιδευ-θη-σοί-μεθα
	παιδευ-θεῖ-τε[ην], -θείη-τε[ην]	παιδευ-θή-σοι-σθε[ην]
	παιδευ-θεῖ-εν, -θείη-σαν	παιδευ-θή-σοι-ντο

Imp.	παιδεύ-θη-τι	
	παιδευ-θή-τω	
	παιδεύ-θη-τε^{ων}	
	παιδευ-θέ-ντων	
Part.	παιδευ-θείς, G. -θέντος	παιδευ-θη-σό-μενος
	παιδευ-θεῖσα, -θείσης	παιδευ-θη-σο-μένη
	παιδευ-θέν, -θέντος	παιδευ-θη-σό-μενον

直説法アオリスト受動相の活用形は以下の図式に従って作られる：

ἐ-	παιδεύ	-	θη	-	ν
接頭母音	動詞幹		受動相の標徴 （＝時称接尾辞）		**能動相**の人称語尾

§18.1. 受動相の活用における強変化アオリストと弱変化アオリストの唯一の違いは θ の有無であり，人称語尾はいずれも**能動相**副時称のそれである．弱変化アオリスト：ἐ-παιδεύ-θη-ν／強変化アオリスト：ἐ-γράφ-η-ν (< γράφω)．強変化アオリスト受動相は子音幹動詞に多く見られる（§30 以下で詳述）．(θ)η は母音ないし ντ（命令法アオリスト 3 人称複数形の人称語尾およびアオリスト分詞の語幹に含まれる）の前で (θ)ε となる．

　命令法アオリスト 2 人称単数形は本来 παιδεύ-θη-θι であるが，帯気音を含む音節の連続を避けるために（➡ §10.5）語尾が -θι > -τι となっている．

　アオリスト分詞はタイプ 8a の名詞と同様に変化する（➡ 2§12.2）．

希求法アオリスト受動相の活用形は以下の図式に従って作られる：

παιδευ	-	θε	-	ίη/ῑ	-	μεν
動詞幹		受動相の標徴 （＝時称接尾辞）		法接尾辞		人称語尾

法接尾辞は単数形では常に ιη．双数形および複数形では ιη と ι のいずれも見られるが，より多く用いられるのは後者である．-ιμεν, -ιτε^{ην}, -ιεν はホメーロスにも見られる古い形であり，-ιημεν, -ιητε^{ην}, -ιησαν は単数形の -ιη- が一般化されて出来た新しい形である．このことは，古い時代のギリシア語には単数形と双数形・複数形の間に ιη / ῑ (>ῐ) という母音交替があったことを示す．古ラテン語においても単数形と複数形の間に同様の母音交替が認められる：siem (<

siēm) / sīmus. 3 人称複数形の人称語尾は，法接尾辞が ι の時は -εν, ιη の時は -σαν であることに注意．

接続法アオリスト受動相の活用形は以下の図式に従って作られる：

παιδευ	-	(θη > θε >) θ	-	ῶ	-	μεν
動詞幹		受動相の標徴 （＝時称接尾辞）		法接尾辞		人称語尾

θή+ω > θέ+ω > θῶ．

直説法未来受動相の活用形は以下の図式に従って作られる：

παιδευ	-	θη	-	σ	-	ό	-	μεθα
動詞幹		受動相の標徴		未来の 標徴		幹母音		人称語尾

2 人称単数形では母音間の σ が消失し，母音融合が生じる：παιδευ-θή-σε-σαι > -σε-αι > -ση．未来受動相の活用においては θη-σ-ο/ε が時称接尾辞となる．未来受動相はホメーロスにはいまだ見られず，アッティカ方言においても比較的遅くに作られたため，文学作品における用例はさほど多くない．

§19. 弱変化の完了系時称の能動相

	完了能動相	過去完了能動相
	I have educated.	I had educated.
Ind.	πε-παίδευ-κ-α	ἐ-πε-παιδεύ-κ-η (< ε-α)　/ -κ-ει-ν
	= πεπαιδευκώς εἰμι	= πεπαιδευκὼς ἦν
	πε-παίδευ-κ-ας	ἐ-πε-παιδεύ-κ-ης (< ε-ας)　/ -κ-ει-ς
	πε-παίδευ-κ-ε$_ν$	ἐ-πε-παιδεύ-κ-ει$_ν$ (< ε-ε)
	πε-παιδεύ-κ-α-μεν	ἐ-πε-παιδεύ-κ-ε-μεν
	πε-παιδεύ-κ-α-τε^{ον}	ἐ-πε-παιδεύ-κ-ε-τε^{ην}
	πε-παιδεύ-κ-ᾱσι$_ν$	ἐ-πε-παιδεύ-κ-ε-σαν
Inf.	πε-παιδευ-κ-έ-ναι †	
Part.	πε-παιδευ-κ-ώς †, G. -κότος	
	πε-παιδευ-κ-υῖα, -κυίᾱς	
	πε-παιδευ-κ-ός, -κότος	
Subj.*		
	πε-παιδεύ-κ-ω, -ῃς, -ῃ	
	πε-παιδεύ-κ-ω-μεν, -η-τε^{ον}, -ω-σι$_ν$	未来完了能動相
Opt.*		I will have educated.
	πε-παιδεύ-κ-οι-μι, -οι-ς, -οι	πε-παιδευ-κ-ώς, -υῖα, -ός　ἔσομαι
	πε-παιδεύ-κ-οι-μεν, -οι-τε^{ην}, -οι-εν	πε-παιδευ-κ-ώς, -υῖα, -ός　ἔσῃ
Imp.*		πε-παιδευ-κ-ώς, -υῖα, -ός　ἔσται
	[πε-παίδευ-κ-ε, -έ-τω	πε-παιδευ-κ-ότες, -υῖαι, -ότα　ἐσόμεθα
		πε-παιδευ-κ-ότες, -υῖαι, -ότα　ἔσεσθε
	πε-παιδεύ-κ-ε-τε^{ων}, -ό-ντων /	πε-παιδευ-κ-ότες, -υῖαι　ἔσονται
	-έ-τωσαν]	πε-παιδευ-κ-ότα　ἔσται

弱変化完了（κ 完了）は主として動詞幹の末尾が母音である動詞（母音幹動詞）に見られる．子音幹動詞（タイプ 5, 6 など）の完了系時称は通常，強変化である．完了系時称は畳音を特徴とする．

直説法完了能動相の活用形は以下の図式に従って作られる：

πε-	παιδεύ	- κ	- α	- μεν
重複音節	動詞幹	時称接尾辞	時称幹を形成する母音	人称語尾

単数形の人称語尾は -α, -ας, -ε. 3 人称複数形は -αντι > -ανσι > -ᾱσι. 双数形および 1 人称・2 人称複数形では，時称接尾辞 κ に母音 α を加えて完了幹を形成する．

分詞の語幹は，男性形・中性形が -κ-οτ-，女性形は -κ-υιᾱ-. 前者はタイプ 7a の，後者はタイプ 3b の名詞と同様に変化する．

不定詞と分詞のアクセントに注意．

接続法，希求法，命令法の活用形は直説法現在のそれに準じて作られるが，これらが実際に用いられるのは稀である．

§20. 完了系時称においては，通常の活用形（単純形）の代わりに完了分詞と εἰμί「…である」の組み合わせによる迂言的活用形がしばしば用いられる．完了・過去完了・未来完了の迂言的活用形における εἰμί の時称は，それぞれ現在・未完了過去・未来である．接続法・希求法・命令法完了の迂言的活用形は以下の通りである：

Subj.	Opt.	Imp.
πεπαιδευκὼς ὦ	πεπαιδευκὼς εἴην	
πεπαιδευκὼς ᾖς	πεπαιδευκὼς εἴης	πεπαιδευκὼς ἴσθι
πεπαιδευκὼς ᾖ	πεπαιδευκὼς εἴη	πεπαιδευκὼς ἔστω
πεπαιδευκότες ὦμεν	πεπαιδευκότες εἶμεν	
πεπαιδευκότες ἦτε	πεπαιδευκότες εἶτε	πεπαιδευκότες ἔστε
πεπαιδευκότες ὦσιν	πεπαιδευκότες εἶεν	πεπαιδευκότες ἔστων (ὄντων, ἔστωσαν)

過去完了能動相の活用形は以下の図式に従って作られる：

ἐ-	πε-	παιδεύ	- κ	- ε	- μεν
接頭母音	重複音節	動詞幹	時称接尾辞	時称幹を形成する母音	人称語尾

単数形 -κη, -κης, -κει は，それぞれ -κε-α, -κε-ας, -κε-ε の母音が融合した形．3 人称単数形 ἐπεπαιδεύ-κε-ε > ἐπεπαιδεύ-κει への類推によって 1 人称単数形 -κει-ν，2 人称単数形 -κει-ς が新たに作られ，古い -κη, -κης と並んで用いられるようになった．

未来完了は能動相の用例自体が稀であり，受動的な意味を持つ場合がほとんどである．

§21. 完了系時称の中・受動相

	完了中・受動相	過去完了中・受動相
	中：I have educated for myself.	中：I had educated for myself.
	受：I have been educated.	受：I had been educated.
Ind.	πε-παίδευ-μαι	ἐ-πε-παιδεύ-μην
	πε-παίδευ-σαι	ἐ-πε-παίδευ-σο
	πε-παίδευ-ται	ἐ-πε-παίδευ-το
	πε-παιδεύ-μεθα	ἐ-πε-παιδεύ-μεθα
	πε-παίδευ-σθε^{ον}	ἐ-πε-παίδευ-σθε^{ην}
	πε-παίδευ-νται	ἐ-πε-παίδευ-ντο
Inf.	πε-παιδεῦ-σθαι †	
Part.	πε-παιδευ-μένος †, G. -μένου	
	πε-παιδευ-μένη, -μένης	
	πε-παιδευ-μένον †, -μένου	
Subj.	πε-παιδευ-μένος ὦ, ᾖς, ᾖ	未来完了（中動相）
	πε-παιδευ-μένοι ὦμεν, ἦτε, ὦσι$_ν$	I will have been educated.
Opt.	πε-παιδευ-μένος εἴην, εἴης, εἴη	πε-παιδεύ-σ-ο-μαι
	πε-παιδευ-μένοι εἶμεν, εἶτε, εἶεν	= πεπαιδευμένος ἔσομαι
		πε-παιδεύ-σ-ῃ
Imp.	πε-παίδευ-σο	πε-παιδεύ-σ-ε-ται
	= πεπαιδευμένος ἴσθι	
	πε-παιδεύ-σθω	πε-παιδεύ-σ-ό-μεθα
	πε-παίδευ-σθε^{ων}	πε-παιδεύ-σ-ε-σθε^{ον}
	πε-παιδεύ-σθων	πε-παιδεύ-σ-ο-νται

　完了の活用形には中・受動相本時称の，過去完了の活用形には同じく副時称の人称語尾が，いっさい変化を蒙ることなく表れている．
　不定詞と分詞のアクセントがいずれも paenultima に置かれていることに注意．πεπαιδευμένος は「教育を受けた結果，知識や技術が身についている」「教養のある」を意味する．

接続法，希求法，命令法の活用形が実際に用いられるのは稀である．
　未来完了形も稀にしか用いられないが，非常に豊かな表現機能を有する．完了形の特徴である畳音（πε-παιδευ-）が現在の状態を示し，その状態が未来に移されたことを時称接尾辞 σ-ο/ε- が示す．不定詞 πεπαιδεύ-σε-σθαι，分詞 πεπαιδευ-σ-ό-μενος，希求法 πεπαιδευ-σ-οί-μην, -σ-οι-ο, etc. の用例も見られる．

補説1：加音と畳音についての詳細

§22. ギリシア語では，動詞の表す動作や状態が過去に行われた，ないし存在したものであることを，「あの時に」を意味する古い副詞に由来する接頭母音 ἐ- を語頭に付加したり，語頭の母音を長くしたりすることによって示す．これを加音（augment）という．加音は**直説法**の過去時称，すなわち未完了過去，アオリストおよび過去完了においてのみ見られる．加音には次の2種類がある：

a. 音節的加音. 子音で始まる動詞の時称幹に接頭母音 ἐ- を付加する：
未完了過去 ἐ-παίδευον　　アオリスト ἐ-παίδευσα　　過去完了 ἐ-πεπαιδεύκη
注1. ρ で始まる動詞は加音の後 ρ を重複させる：e.g. ῥίπτω「投げる」, impf. ἔ-ρρῑπτον, aor. ἔ-ρρῑψα. これらの動詞の元の形は ϝρ- ないし σρ- であり，語頭の子音の消失を ρ の重複によって補うのである：ἐ(ϝ)+ρ, ἐ(σ)+ρ > ἐρρ-.
注2. βούλομαι「欲する」, δύναμαι「…することができる」, μέλλω「…するつもりである」は，ἐ- の代わりに ἠ- を接頭母音とすることもある（特に後代のアッティカ方言に見られる現象）：ἐβουλόμην / ἠβουλόμην, ἐδυνάμην / ἠδυνάμην, ἔμελλον / ἤμελλον.

b. 時量的加音. 母音で始まる動詞は語頭の母音を長音にする．その際の規則は以下の通り：

1. 短母音は長母音に変えられる：			
α, ε > η	ο > ω	ῐ > ῑ	ῠ > ῡ
2. 長母音はそのまま．一つの長母音を2字で表したものにすぎない ου も変化を蒙らない：			
η > η	ω > ω	ῑ > ῑ	ῡ > ῡ　　ου > ου
3. 二重母音は第一母音を長くする．第二母音 ι は下書きの ι になる：			
αι, ει > ῃ	οι > ῳ	αυ, ευ > ηυ	

例：

現在	未完了過去	アオリスト	完了[1]	過去完了
ἄγω 導く	ἦγον	ἤγαγον[2]	ἦχα	ἤχη
ἐλπίζω 希望する	ἤλπιζον	ἤλπισα	ἤλπικα	ἠλπίκη
ἱκετεύω 嘆願する	ἱκέτευον	ἱκέτευσα	ἱκέτευκα	ἱκετεύκη
ὁρίζω 区切る	ὥριζον	ὥρισα	ὥρικα	ὡρίκη
ὑβρίζω 侮辱する	ὕβριζον	ὕβρισα	ὕβρικα	ὑβρίκη
αἱρέω 取る	ᾕρουν	εἷλον[3]	ᾕρηκα	ᾑρήκη
αὐλέω 笛を吹く	ηὔλουν	ηὔλησα	ηὔληκα	ηὐλήκη
εἰκάζω 似せる	ᾔκαζον	ᾔκασα		
εὔχομαι 祈る	ηὐχόμην	ηὐξάμην	ηὔγμαι	ηὔγμην
οἰκέω 住む	ᾤκουν	ᾤκησα	ᾤκηκα	ᾠκήκη

注 1. ➡ §23.1: 2. a. 注 2. いわゆるアッティカ式畳音を伴う強変化アオリスト（➡補説2: §33, §34）の唯一の例．ἀγ-αγ- が加音によって ἠγ-αγ- となっている（➡ §24.2）．注 3. 強変化アオリスト．

§22.1. 母音で始まる動詞の中には音節的加音を行うものがある．元は語頭にあった子音が後に消失したためである（2 aor. = 強変化［第二］アオリスト；3 aor. = 語根［第三］アオリスト ➡ §67）：

ἄγνυμι 破壊する (ϝάγνῡμι), aor. ἔϝᾱξα > ἔᾱξα, 2 aor. pass. (➡ §36) ἐ(ϝ)άγην
ἁλίσκομαι 捕らえられる (ϝαλίσκομαι), impf. ἡλισκόμην, 3 aor. ἥλων / ἐ(ϝ)άλων
ἀν-οίγω 開く (ἀν-ϝοίγνῡμι), impf. ἀν-έ(ϝ)ῳγον
ὁράω 見る (ϝοράω), impf. ἑ(ϝ)ώρων, pf. (ϝ)έ-(ϝ)ώρᾱκα / (ϝ)έ-(ϝ)όρᾱκα
ὠθέω 押す (ϝωθέω), ἐ(ϝ)ώθουν, ἔ(ϝ)ωσα, ἐ(ϝ)ώσθην
ὠνέομαι 買う (ϝωνέομαι), ἐ(ϝ)ωνούμην, ἐ(ϝ)ωνήθην
εἶδον 見た; ὁράω のアオリスト幹は (ϝ)ἰδ-, したがって 2 aor. ἐ-ϝιδον > εἶδον.

ε + (消失した語頭子音) + ε > ει：
ἐάω 許す (σεϝάω), ε(σ)ε > ει: εἴων, εἴᾱσα, εἰάθην
ἕζομαι 坐る (< σεδ-j-ο-μαι), εἰσάμην
ἐθίζω 慣らす (σϝεθίζω), ε(σϝ)ε > ει: εἴθιζον, εἴθισα, εἰθίσθην
ἐλίττω 回す (ϝελίττω), ε(ϝ)ε > ει: εἴλιττον, εἴλιξα, εἰλίχθην
ἕλκω / ἑλκύω 引く (σέλκω), εἷλκον, εἵλκυσα, εἱλκύσθην
ἕπομαι 同行する (σέπομαι), εἱπόμην

第 7 章 動詞   149

ἐργάζομαι 働く (ϝεργάζομαι, cf. *Ger.* Werk), εἰργασάμην. ただし未完了過去形は語頭に子音がなかったかのような形になることもある：εἰργαζόμην / ἠργαζόμην.
ἕρπω 這う (σέρπω), εἷρπον
ἑστιάω 饗応する (ϝεστιάω), εἱστίων, εἱστίᾱσα, εἱστιάθην
ἔχω 持つ (σέχω), εἶχον
ἵημι 放つ (σίσημι), aor. du. ε(σ)ε > ε(h)ε: ἐ-έ-τον > εἶτον, ἐ-έ-την > εἵτην
ἵστημι 立てる (σίστημι), plpf. ἐ-(σ)ε-στή-κη > εἱστήκη
εἷλον 摑んだ；αἱρέω のアオリスト幹は ἑλ-，したがって 2 aor. ἐ-ἑλον > εἷλον.

ϝ は早くに消失したため，その痕跡を残さない動詞も多い．たとえば，οἰκέω「住む」はミュケーナイ・ギリシア語の名詞 ϝοῖκος「家」からの派生語（ϝοικέω）であるが，語頭の ϝ は無視される：impf. ᾤκουν.

ἄγνῡμι, ἁλίσκομαι, (ἀν)οίγνῡμι, ὁράω の過去時称の形は，加音が二重に施されたような様相を呈している．その理由については，接頭母音は元は ἐ- ではなく ἠ- であり，第二音節の母音は短かったが，両者の間で音量の転換が行われたためだと考えるべきであろう：ἠϝάγην > ἐάγην, ἠϝάλων > ἠhαλων > ἑά(hεᾱ)λων, (ἀν)ηϝοιγον > (ἀν)έῳγον, ἠϝορων > ἠhορων > ἑώρων.

§23. 畳音とは語頭音の重複の謂である．何かを二度重ねて言うことによって発言内容が強調されることがある．たとえば，πιστεύω「信じる」の完了形 πε-πίστευκα は「確信している」「納得している」を意味する．しかし完了はより多くの場合，過去の何らかの行為の結果ある状態に至り，それが現在維持されていることを示す．たとえば，日本語の「京都に来ている」という表現は，過去の行為（京都に到着したこと）の結果が今なお持続している（現時点で京都にいる）という意味であり，ギリシア語の完了とニュアンスが近い．完了の活用形を作る時に加音を必要としないのは，この時称が過去に起こったことではなく，その結果として生じた事柄の現在の状態を表すものだからである．過去のある時点において，それ以前に行われたことの結果として生じた事柄がどのような状態にあったかを述べる時は，過去完了を用いる．過去完了の活用形を作る際には，畳音に加えて加音も必要になる．

§23.1. 加音が直説法の動詞の活用にしか見られないのに対し，**畳音はすべての法において行われる**．完了時称を特徴づけるものが畳音しかない場合が多いからである．

畳音の方法：
1. 単子音（C）で始まる動詞は次の図式に従う：Cε-C：
παιδεύω (C=π) > πε-παίδευκα
λύω 解く > λέ-λυκα（語根の母音の長短の違いに注意：現在形 ῡ > 完了形 ῠ）．
注 1. 閉鎖音（無声音 π, τ, κ；有声音 β, δ, γ；無声帯気音 φ*, θ*, χ*）と流音（λ, ρ）または鼻音（μ, ν）の組み合わせ（これらは結合が強く，発音が容易であるため 1 子音と見なされる）が語頭にある場合も同じ規則が適用される：πρίω 鋸で挽く，πέ-πρῖκα.
* すでに何度も述べたように（→ 2§10.5），帯気音で始まる動詞の場合，畳音によってこれらの音を含む音節が連続することは避けられる：φονεύω 殺す，φε-φο- > πε-φόνευκα；θύω 供犠を行う，τέ-θυκα；χορεύω 踊る，κε-χόρευκα.
注 2. 例外：γν と γλ は発音がさほど容易ではないと感じられたらしく，1 子音とは見なされない．βλ も同様に扱われることがある：γνωρίζω 知らせる，ἐ-γνώρικα；γλύφω 彫る，ἔ-γλυφα；βλαστάνω 発芽する，βεβλάστηκα / 時に ἐ-βλάστηκα.
注 3. 語頭の ρ は古くは子音結合 ϝρ- または σρ- であった場合が少なくないので，単子音とは見なされない．

2. 上記以外のすべての場合において，畳音は加音とまったく同様に行われる：
a. 短母音で始まる動詞は，その母音を長音化する：ἄγω 導く，ἦχα；ἀγγέλλω 告げる，ἤγγελκα.
b. 二つ以上の子音（ただし閉鎖音と流音または鼻音の組み合わせは除く），二重子音 ζ [zd], ξ [ks], ψ [ps] および ρ で始まる動詞は接頭母音 ἐ を付加する．その際 ρ は重ねられる：στρατηγέω 将軍である，ἐ-στρατήγηκα；ζητέω 探し求める，ἐ-ζήτηκα；ψαύω 触れる，ἔ-ψαυκα；ῥίπτω 投げる，ἔ-ρριφα．ただし，μιμνήσκω「思い出させる」（現在形に Cι-C という形式の畳音が見られるタイプ 10 の動詞．→ §59）と κτάομαι「手に入れる」は例外．μν と κτ は発音が容易なので，1 子音として扱われる：μέ-μνημαι, ἐ-μεμνήμην；κέ-κτημαι, ἐ-κεκτήμην.
このタイプの畳音は加音と紛らわしいので注意を要する．上述したように直説法以外の法では加音は行われないので，時称がアオリストであっても語頭の母音が長音化したり接頭母音 ἐ が付加されたりはしないが，完了系の時称の場合はいずれの法においても畳音としてこれらの変化を加えなければならない：直説法アオリスト ἐζήτησα，希求法アオリスト ζητήσαιμι；直説法完了 ἐζήτηκα，希求法完了 ἐζητήκοιμι.

前置詞との複合動詞においては加音と畳音は基礎動詞に対して行われるので，接頭母音や重複音節は前置詞と基礎動詞の間に位置することになる：

前置詞＋動詞	>	前置詞＋接頭母音＋動詞
εἰσ-βάλλω 投げ込む	>	εἰσ-έ-βαλλον
前置詞は末尾の母音を落とす：		
ἀπο-βάλλω 投げ捨てる	>	ἀπ-έ-βαλλον
κατα-βάλλω 投げ落とす	>	κατ-έ-βαλλον
ἐπι-βάλλω 上に投げる	>	ἐπ-έ-βαλλον
ただし περί と πρό は例外：		
περι-βάλλω 周りに投げる	>	περι-έ-βαλλον
προ-βάλλω 前に投げる	>	アッティカ方言：πρού-βαλλον
		他の方言：προ-έ-βαλλον
本来の形に戻る前置詞：		συν-ε, ἐξ-ε, ἐν-ε
συμβάλλω ぶつけ合う	>	συν-έ-βαλλον
συλλέγω 集める	>	συν-έ-λεγον
συρρίπτω 寄せ集める	>	συν-έ-ρρῑψα
συσκευάζω 一緒に荷物をまとめる	>	συν-ε-σκεύαζον
ἐκ-βάλλω 投げ出す	>	ἐξ-έ-βαλλον
ἐμ-βάλλω 投げ入れる	>	ἐν-έ-βαλλον

完了と過去完了における畳音（および加音）の手順も同じである：前置詞＋（接頭母音）＋重複音節＋動詞．βάλλω, pf. βέβληκα → ἐκ-βάλλω, pf. ἐκ-βέ-βληκα, plpf. ἐξ-ε-βε-βλήκη；συρρίπτω, pf. συν-έ-ρρῖφα, plpf. συν-ε-ρρίφη*．
* 完了幹が母音で始まる場合は，過去完了形を作る際に加音を行わない．ただし，アッティカ式畳音を行う動詞は例外である（➡ §24.1）．

§24. アッティカ式畳音：ἀC-ηC, ἐC-ηC, ὀC-ωC
α, ε, ο＋子音で始まる少数の動詞は，いわゆるアッティカ式畳音を行う．まず語頭の母音＋子音を重複させ，次に元の（動詞幹の先頭の）α, ε を η に，ο を ω にするというのがその手順である：
ἀγείρω 集める，ἀγ-ήγερκα, ἀγ-ήγερμαι
ἐγείρω 起こす，ἐγ-ήγερμαι
ἐλέγχω 詮議する，ἐλ-ήλεγμαι
ἔρχομαι (ἐλυθ-) 行く／来る，ἐλ-ήλυθα

ὀρύττω 掘る, ὀρ-ώρυχα, ὀρ-ώρυγμαι
ὄμνῡμι 誓う, ὀμ-ώμοκα
ὄλλῡμι 滅ぼす, ὀλ-ώλεκα.
φέρω「運ぶ」の完了形として用いられる ἐν-ήνοχα, ἐν-ήνεγμαι も同様.

§24.1. ἀκούω 聞く, pf. (ἀκ-ήκοjα >) ἀκ-ήκοα；ἄγω, pf. ἀγ-ή(γ)οχα. 過去完了形は完了幹が ε で始まる場合を除いて時量的加音を行う：ἠκ-ηκόη, ὠμ-ωμόκη, ἀπ-ωλ-ώλη；ἐλ-ηλύθη, ἐν-ηνέγμην.

§24.2. ἄγω の強変化アオリスト形 ἤγ-αγον も同様の形式の畳音によって形成されている. 直説法以外では加音を施されていない形 ἀγ-αγ- が見られる：e.g. inf. ἀγαγεῖν.

タイプ2：母音融合動詞 -έ-ω

§25. タイプ 2, 3, 4 の動詞は動詞幹の末尾が ε, α, o であり，これらの母音は現在および未完了過去の活用において隣接する母音と融合する.

融合形のアクセント：έ+ε > εῖ；ε+έ > εί. 隣接する二つの母音のうち第一の母音で音調が上昇すると，それは第二の母音で必然的に下降する. 二つの母音が融合して一つの長母音ないし二重母音になると，音調の上昇と下降はその母音を含む音節の内部で起こり，それが曲アクセントによって表される. 一方，第二の母音で音調が上昇する場合は，母音融合の結果生じた長母音ないし二重母音のアクセントは鋭アクセントとなり，音調の下降が後続の音節において起こることを示す.

§26. 上述のアクセントに関する規則と次節以下で示す母音融合の規則の他に知っておかなければならないことが一つある. それは，希求法の活用における法接尾辞と人称語尾の関係である：

παιδεύ-ο-ι-μι	(ποι-ο-ῖ-μι)	**ποι-ο-ίη-ν**	παιδευθε-ίη-ν
παιδεύ-ο-ι-ς	(ποι-ο-ῖ-ς)	**ποι-ο-ίη-ς**	παιδευθε-ίη-ς
παιδεύ-ο-ι	(ποι-ο-ῖ)	**ποι-ο-ίη**	παιδευθε-ίη
παιδεύ-ο-ι-μεν	ποι-ο-ῖ-μεν	(ποι-ο-ίη-μεν)	παιδευθε-ῖ-μεν, -θε-ίη-μεν
παιδεύ-ο-ι-τε^{ην}	ποι-ο-ῖ-τε^{ην}	(ποι-ο-ίη-τε^{ην})	παιδευθε-ῖ-τε^{ην}, -θε-ίη-τε^{ην}
παιδεύ-ο-ι-εν	ποι-ο-ῖ-εν	(ποι-ο-ίη-σαν)	παιδευθε-ῖ-εν, -θε-ίη-σαν

母音融合動詞の希求法現在能動相の活用形は次の二通りに分かれる. 両者の相違点は法接尾辞ならびに1人称単数形と3人称複数形の人称語尾である：

(1) 法接尾辞が ιη の場合：1.sg. -ν, 3.pl. -σαν.
(2) 法接尾辞が ι の場合：1.sg. -μι, 3.pl. -εν.
単数形では第一の形式が，双数形と複数形では第二の形式が多く用いられる．タイプ1の動詞の希求法アオリスト受動相の活用形にも同様の傾向が見られる（➡ §18.1）．

§27. タイプ2の動詞の活用における母音融合の規則：

ε + ε   >   ει（長い狭母音 [ẹ:]）
ε + ο   >   ου（元は長い狭母音 [ǫ:]，古典期には [u:]）
ε は長母音および二重母音の前で消失する．

Ind.	ποιῶ	[ποιέ+ω]	ποιοῦμαι	[εομαι]
	ποιεῖς	[ποιέ+εις]	**ποιῇ / ποιεῖ**	[έῃ / έει]
	ποιεῖ	[έ+ει]	ποιεῖται	[έεται]
	ποιοῦμεν	[έ+ομεν]	ποιούμεθα	[εόμεθα]
	ποιεῖτε^ov	[έ+ετε]	ποιεῖσθε^ov	[έεσθε]
	ποιοῦσι_ν	[έ+ουσι]	ποιοῦνται	[έονται]
Subj.	ποιῶ	[έω]	ποιῶμαι	[έωμαι]
	ποιῇς	[έῃς]	ποιῇ	[έῃ]
	ποιῇ	[έῃ]	ποιῆται	[έηται]
	ποιῶμεν	[έωμεν]	ποιώμεθα	[εώμεθα]
	ποιῆτε^ov	[έητε]	ποιῆσθε^ov	[έησθε]
	ποιῶσι_ν	[έωσι]	ποιῶνται	[έωνται]
Opt.	ποιοίην / (ποιοῖμι)		ποιοίμην	[εοίμην]
	ποιοίης / (ποιοῖς)		ποιοῖο	[έοιο]
	ποιοίη / (ποιοῖ)	[εοίη / έοι]	ποιοῖτο	[έοιτο]
	(ποιοίημεν) / ποιοῖμεν		ποιοίμεθα	[εοίμεθα]
	(ποιοίητε^ην) / ποιοῖτε^ην		ποιοῖσθε	[έοισθε]
	(ποιοίησαν) / ποιοῖεν		ποιοῖντο	[έοιντο]
Imp.	ποίει	[εε]	ποιοῦ	[έου]
	ποιείτω	[εέτω]	ποιείσθω	[εέσθω]
	ποιεῖτε^ων	[έετε]	ποιεῖσθε^ων	[έεσθε]
	ποιούντων	[εόντων]	ποιείσθων	[εέσθων]

Inf.	ποιεῖν	[έειν]	ποιεῖσθαι	[έεσθαι]
Part.	ποιῶν, -οῦντος	[έων, έοντ-]	ποιούμενος	[εόμενος]
	ποιοῦσα, -ούσης	[έουσα]	ποιουμένη	[εομένη]
	ποιοῦν, -οῦντος	[έον]	ποιούμενον	[εόμενον]
Impf.	ἐποίουν	[εον]	ἐποιούμην	[εόμην]
	ἐποίεις	[εες]	ἐποιοῦ	[έου]
	ἐποίει	[εε]	ἐποιεῖτο	[έετο]
	ἐποιοῦμεν	[έομεν]	ἐποιούμεθα	[εόμεθα]
	ἐποιεῖτε^ην	[έετε]	ἐποιεῖσθε^ην	[έεσθε]
	ἐποίουν	[εον]	ἐποιοῦντο	[έοντο]

母音融合動詞の中で最もよく見られるのがこのタイプである（その数およそ4000）．元は -o- 語幹の名詞（➔ 2§3）から派生したものに限られていたが (e.g. πόνος 労苦 > πονέω 苦労する；φίλος 友人 > φιλέω 愛する)，次第に他の語幹の名詞や形容詞からも作られるようになった：e.g. εὐδαίμων 幸福な (-ον- 語幹：➔ 3§7) > εὐδαιμονέω 幸福である．

注．ホメーロス，ピンダロスなどの詩やイオーニアー方言で書かれた散文（ヘーロドトスなど）では母音が融合しない形が見られるが，アッティカ方言とコイネーでは常に融合形が用いられる．

タイプ 2a の動詞については §57 を参照．

タイプ 3：母音融合動詞 -ά-ω

§28. タイプ 3 の動詞の活用における母音融合の規則：

o 音 (ω, o, ου) は α に勝り，α は e 音 (ε, η) に勝る．中・受動相の活用における母音融合の結果は，（下書きのイオータの有無を別にすれば）いずれの人称と数においても概ね能動相のそれと同じである．以下に掲げる表では，例外的に能動相とは異なる音が生じている三つの活用形を**ボールド体**で示した．直説法現在と接続法現在の活用形が同一であることに注意．

α + ω, ο, ου   >   ω
α + ε, η   >   ᾱ
α + ει*, ῃ   >   ᾳ
α + οι   >   ῳ

* 不定詞 τῑμά-ε-εν > τῑμά-ειν の ει は ε + ε の融合によって生じた長い狭母音 [e:] という音を表す綴りである．α + [e:] = ᾱ．

Ind.	τῑμῶ	[τῑμά+ω]	τῑμῶμαι	[άομαι]
	τῑμᾷς	[τῑμά+εις]	τῑμᾷ	[άη / άει]
	τῑμᾷ	[τῑμά+ει]	τῑμᾶται	[άεται]
	τῑμῶμεν	[ά+ομεν]	τῑμώμεθα	[αόμεθα]
	τῑμᾶτεᵒᵛ	[ά+ετε]	τῑμᾶσθεᵒᵛ	[άεσθε]
	τῑμῶσιᵥ	[ά+ουσι]	τῑμῶνται	[άονται]
Subj.	τῑμῶ	[άω]	τῑμῶμαι	[άωμαι]
	τῑμᾷς	[άῃς]	τῑμᾷ	[άῃ]
	τῑμᾷ	[άῃ]	τῑμᾶται	[άηται]
	τῑμῶμεν	[άωμεν]	τῑμώμεθα	[αώμεθα]
	τῑμᾶτεᵒᵛ	[άητε]	τῑμᾶσθεᵒᵛ	[άησθε]
	τῑμῶσιᵥ	[άωσι]	τῑμῶνται	[άωνται]
Opt.	τῑμῴην / (τῑμῷμι)		τῑμῴμην	[αοίμην]
	τῑμῴης / (τῑμῷς)		τῑμῷο	[άοιο]
	τῑμῴη / (τῑμῷ)	[αοίη / άοι]	τῑμῷτο	[άοιτο]
	(τῑμῴημεν) / τῑμῷμεν		τῑμῴμεθα	[αοίμεθα]
	(τῑμῴητεⁿᵛ) / τῑμῷτεⁿᵛ		τῑμῷσθεⁿᵛ	[άοισθε]
	(τῑμῴησαν) / τῑμῷεν		τῑμῷντο	[άοιντο]
Imp.	τίμᾱ	[αε]	**τῑμῶ**	[άου]
	τῑμάτω	[αέτω]	τῑμάσθω	[αέσθω]
	τῑμᾶτεʷᵛ	[άετε]	τῑμᾶσθεʷᵛ	[άεσθε]
	τῑμώντων	[αόντων]	**τῑμάσθων**	[αέσθων]
Inf.	τῑμᾶν	[άειν]	τῑμᾶσθαι	[άεσθαι]
Part.	τῑμῶν,	[άων]	τῑμώμενος	[αόμενος]
	G. τῑμῶντος	[άοντος]		
	τῑμῶσα	[άουσα]	τῑμωμένη	[αομένη]
	τῑμῶν, -ῶντος	[άον]	τῑμώμενον	[αόμενον]

Impf.	ἐτίμων	[αον]	ἐτιμώμην	[αόμην]
	ἐτίμᾱς	[αες]	**ἐτιμῶ**	[άου]
	ἐτίμᾱ	[αε]	ἐτιμᾶτο	[άετο]
	ἐτιμῶμεν	[άομεν]	ἐτιμώμεθα	[αόμεθα]
	ἐτιμᾶτε[ην]	[άετε]	ἐτιμᾶσθε[ην]	[άεσθε]
	ἐτίμων	[αον]	ἐτιμῶντο	[άοντο]

このタイプに属する動詞の大部分は，-ā- 語幹の女性名詞（➡ 2§6）からの派生語である（Att. = アッティカ方言形）：e.g. τῑμά (Att. τῑμή) 名誉 > τῑμάω 敬う；βοά (Att. βοή) 叫び > βοάω 叫ぶ；νῑκά (Att. νίκη) 勝利 > νῑκάω 勝つ．しかし，中には語幹を異にする名詞から派生したものもある：e.g. ἔρως (-τ- 語幹：➡ 2§11) 恋 > ἐράω 恋する．

タイプ 3a の動詞については §58 を参照．

タイプ 3b：母音融合動詞 -ή-ω

§28.1. タイプ 3 の動詞の活用では動詞幹末尾の α が ε, η, ει, ῃ と融合して ᾱ, ᾳ になるが，動詞幹が η で終わる少数の動詞の活用においては η とこれらの母音が融合して η, ῃ となる：διψῶ 渇く，ζῶ 生きる，κνῶ 掻く，πεινῶ 飢える，σμῶ 拭う，χρῶ 神託を下す，χρῶμαι 使用する，ψῶ 擦る．

§28.2. ζῶ「生きる」と χρῶμαι「使用する」の直説法および接続法現在，命令法現在，直説法未完了過去の活用は以下の通りである：

直説法・接続法現在		命令法現在		直説法未完了過去	
ζῶ	χρῶμαι			ἔζων	ἐχρώμην
ζῇς	χρῇ	ζῆ	χρῶ	ἔζης	ἐχρῶ
ζῇ	χρῆται	ζήτω	χρήσθω	ἔζη	ἐχρῆτο
ζῶμεν	χρώμεθα			ἐζῶμεν	ἐχρώμεθα
ζῆτε[ον]	χρῆσθε[ον]	ζῆτε[ον]	χρῆσθε[ον]	ἐζῆτε[ην]	ἐχρῆσθε[ην]
ζῶσι[ν]	χρῶνται	ζώντων	χρήσθων	ἔζων	ἐχρῶντο

現在不定詞：ζῆν, χρῆσθαι，現在分詞：ζῶν, G. ζῶντος, fem. ζῶσα, ζώσης；χρώμενος．

ζῶ の直説法未来・アオリスト・完了は ζήσω (ζήσομαι), ἔζησα, ἔζηκα．ただし，アッティカ方言では，アオリスト形と完了形はほとんどの場合，同義語 βιόω， βιώσομαι, ἐβίωσα (ἐβίων), βεβίωκα または βιοτεύω で代用される。

χρήω > χρῶ「神託を下す」の中動相 χρήομαι > χρῶμαι「神託を求める」と、中動相でのみ用いられる χρῶμαι（χρήσομαι, ἐχρησάμην, κέχρημαι, ἐχρήσθην）「使用する」を混同しないこと。

タイプ4：母音融合動詞 -ό-ω

§29. タイプ4の動詞の活用における母音融合の規則：

o + o, ε, ου   >   ου
o + ω, η   >   ω
o + οι, ει*, ῃ   >   οι

* 不定詞 δηλό-ε-εν > δηλό-ειν の ει は ε + ε の融合によって生じた長い狭母音 [e̦:] という音を表す綴りである。o + [e̦:] = ου。

Ind.	δηλῶ	[όω]	δηλοῦμαι	[όομαι]
	δηλοῖς	[όεις]	δηλοῖ	[όῃ / όει]
	δηλοῖ	[όει]	δηλοῦται	[όεται]
	δηλοῦμεν	[όομεν]	δηλούμεθα	[οόμεθα]
	δηλοῦτε[ον]	[όετε]	δηλοῦσθε[ον]	[όεσθε]
	δηλοῦσι[ν]	[όουσι]	δηλοῦνται	[όονται]
Subj.	δηλῶ	[όω]	δηλῶμαι	[όωμαι]
	δηλοῖς	[όῃς]	δηλοῖ	[όῃ]
	δηλοῖ	[όῃ]	δηλῶται	[όηται]
	δηλῶμεν	[όωμεν]	δηλώμεθα	[οώμεθα]
	δηλῶτε[ον]	[όητε]	δηλῶσθε[ον]	[όησθε]
	δηλῶσι[ν]	[όωσι]	δηλῶνται	[όωνται]
Opt.	δηλοίην / (δηλοῖμι)		δηλοίμην	[οοίμην]
	δηλοίης / (δηλοῖς)		δηλοῖο	[όοιο]
	δηλοίη / (δηλοῖ)	[οοίη / -όοι]	δηλοῖτο	[όοιτο]
	(δηλοίημεν) / δηλοῖμεν		δηλοίμεθα	[οοίμεθα]
	(δηλοίητε[ην]) / δηλοῖτε[ην]		δηλοῖσθε[ην]	[όοισθε]
	(δηλοίησαν) / δηλοῖεν		δηλοῖντο	[όοιντο]

Imp.	δήλου	[οε]	δηλοῦ	[όου]
	δηλούτω	[οέτω]	δηλούσθω	[οέσθω]
	δηλοῦτε^{ων}	[όετε]	δηλοῦσθε^{ων}	[όεσθε]
	δηλούντων	[οόντων]	δηλούσθων	[οέσθων]
Inf.	δηλοῦν	[όειν]	δηλοῦσθαι	[όεσθαι]
Part.	δηλῶν	[όων]	δηλούμενος	[οόμενος]
	δηλοῦσα	[όουσα]	δηλουμένη	[οομένη]
	δηλοῦν	[όον]	δηλούμενον	[οόμενον]
Impf.	ἐδήλουν	[οον]	ἐδηλούμην	[οόμην]
	ἐδήλους	[οες]	ἐδηλοῦ	[όου]
	ἐδήλου	[οε]	ἐδηλοῦτο	[όετο]
	ἐδηλοῦμεν	[όομεν]	ἐδηλούμεθα	[οόμεθα]
	ἐδηλοῦτε^{ην}	[όετε]	ἐδηλοῦσθε^{ην}	[όεσθε]
	ἐδήλουν	[οον]	ἐδηλοῦντο	[όοντο]

このタイプに属する動詞は母音融合動詞の中で最も数が少なく，そのほとんどが作為動詞（factitive verbs）である．たとえば，同じく δοῦλος「奴隷」から派生した δουλεύω「奴隷である」に対して，δουλόω は「人を奴隷にする」を意味する．同様に，ἐλευθερόω 人を自由に（ἐλεύθερος）する，δηλόω 物事を明らかに（δῆλον）する，ὑψόω 何かを高く（ὕψι）上げる，ταπεινόω 何かを低く（ταπεινόν）する，πληρόω 何かを一杯に（πλῆρες）する，ὀρθόω 何かを真っ直ぐに（ὀρθόν）する，etc.

§29.1. λούω「洗う」の動詞幹末尾の υ が落ちると，タイプ4の動詞と同じく母音融合が生じる：λόομεν > λοῦμεν, λόετε > λοῦτε, λόουσι > λοῦσι. 直説法現在以外でも，ἔλου, λοῦται, λοῦσθαι, λούμενος. かくして，この動詞特有の λου- という音が保持される．

タイプ2, 3, 4の動詞の現在と未完了過去以外の時称の活用形は規則的に作られるが，動詞幹末尾の母音は長音化する：ε > η, ο > ω；α は ε, ι, ρ の後では ᾱ，それ以外の場合は η となる．

ποιέω[1]	ποιήσω	ἐποίησα	πεποίηκα	πεποίημαι	ἐποιήθην
τῑμάω[2]	τῑμήσω	ἐτίμησα	τετίμηκα	τετίμημαι	ἐτῑμήθην
θηράω[3]	θηράσω	ἐθήρᾱσα	τεθήρᾱκα	τεθήρᾱμαι	ἐθηράθην
δηλόω[4]	δηλώσω	ἐδήλωσα	δεδήλωκα	δεδήλωμαι	ἐδηλώθην

1. 行う　2. 尊敬する　3. 狩る　4. 明らかにする

タイプ 4a：母音融合動詞 -ώ-ω

§29.2. ἱδρώω「汗をかく」と ῥῑγώω「寒さに震える」は，母音融合の結果が ου, οι ではなく ω, ῳ となる．

タイプ 5, 6, 7：閉鎖音幹動詞

§30. 動詞幹の末尾が子音である動詞（子音幹動詞）の活用では，子音で始まる時称接尾辞や人称語尾が動詞幹に付加される時，二つの子音の接触によってしばしば音便が生じる．また，現在幹を形成する際，幹母音 o/ε の前に半母音 j が加えられる（つまり j-o/ε が時称接尾辞となる）動詞が多いが，この j が動詞幹末尾の子音に様々な変化をもたらす．現在幹が動詞幹の形を知るための最良の手掛かりたり得ない所以である．

　母音幹動詞の中にも j-o/ε を時称接尾辞とするものが多いが，母音間の j は何ら変化をもたらすことなく消失する：e.g. τελε(j)ω > τελέω > τελῶ 果たす．

　子音幹動詞の多くは強変化動詞である，つまり動詞幹に時称接尾辞を付加することによってではなく，動詞幹そのものを変形させることによってアオリスト幹や完了幹が形成される（➔ §14）．そのようにして作られるアオリスト形と完了形を，強変化アオリスト／完了ないし第二アオリスト／完了 (2 aor., 2 pf.) と呼ぶ．

タイプ 5：唇音 (π, β, φ) 幹動詞

§31. 動詞幹が π, β, φ で終わるこのタイプの動詞の中にも，現在幹を作る際に時称接尾辞 j-o/ε を付加するものが多い．

その場合の音韻変化の規則は π/β/φ + j = πτ である：

e.g. βλαβ-j-ω > βλάπτω「害する」．動詞幹 βλαβ- (cf. βλάβ-η「損害」) はアオリスト受動相の強変化形 ἐ-βλάβ-η-ν に表れている．

音韻変化の仕組み	未来： π, β, φ + σ > ψ	アオリスト： π, β, φ + σ > ψ	アオリスト受動相： π, β, φ + θη > φθη	強変化完了： φ-α (π, β > φ)
πέμ-π-ω[1]	πέμψω	ἔπεμψα	ἐπέμφθην	πέπομφα
ἀμεί-β-ω[2]	ἀμείψω	ἤμειψα	ἠμείφθην	(ἤμειμμαι)
γρά-φ-ω[3]	γράψω	ἔγραψα	(ἐγράφθην) ἐγράφην	γέγραφα
βλαβ-j-ω > βλάπτω[4]	βλάψω	ἔβλαψα (ἐβλάφθην)	ἐβλάβην	βέβλαφα
θρεφω > τρέ-φ-ω[5]	θρέψω	ἔθρεψα	(ἐθρέφθην) ἐτράφην	τέτροφα

1. 送る　2. 交換する　3. 書く　4. 害する　5. 養育する

注 1. θ̱ρεφω > τ̱ρέφω, fut. θ̱ρέψω, aor. ἔθ̱ρεψα については，➔ 2§10.5 (θ̱ρίξ, τ̱ριχός, D.pl.

θριξίν), §1.1 (ἔχω, fut. ἕξω). ただし，非常に稀な活用形 ἐθρέφθην においてはグラスマンの法則が破られる．

注2. ἐγράφθην, ἐθρέφθην は稀であり，代わりに強変化形 ἐγράφην, ἐτράφην が用いられる．

§32. 動詞幹に直接人称語尾が付せられる完了および過去完了中・受動相の活用においては，以下のような音韻変化が生じる：

π, β, φ	+	μ σ τ σθ	=	μμ[1] ψ πτ φθ[2]

Ind. pf.	γέγραμμαι γέγραψαι γέγραπται γεγράμμεθα γέγραφθε[ον] γεγραμμένοι εἰσί[ν]	Ind. plpf.	ἐγεγράμμην ἐγέγραψο ἐγέγραπτο ἐγεγράμμεθα ἐγέγραφθε[ην] γεγραμμένοι ἦσαν
Imp. pf.	γέγραψο γεγράφθω γέγραφθε[ων] γεγράφθων	Inf. Part. Subj. Opt.	γεγράφθαι γεγραμμένος, -η, -ον γεγραμμένος ὦ γεγραμμένος εἴην

注1. πε-πεμπ-μαι > πεπεμμμαι とはならず，πέπεμμαι となる．同様に，πε-πεμπ-μεθα > πεπέμμεθα．
他の人称・数の活用形は規則的である：
πε-πεμπ-σαι > πέπεμψαι, πε-πεμπ-σθε > πέπεμφθε, πε-πεμπ-ται > πέπεμπται.

注2. σ が消失し，π, β は後続の θ に影響されて帯気音化する．

補説2：強変化アオリストと強変化完了

ギリシア語の子音幹動詞の多くは古く，それらが作る強変化形（接尾辞を付加せず，動詞幹そのものを変形させて時称幹を形成する）は弱変化形より古い．

§33. 強変化動詞の現在幹とアオリスト幹には，動詞幹の形に次のような相違が認められる：

a) 母音交替：e.g. pres. λείπω - aor. ἔλιπον, φεύγω - ἔφυγον. 母音が ει > ι, ευ > υ と変化している．

b) 現在幹を形成する際，様々な接辞によって動詞幹が拡張されることが少なくないが（本書ではそのような動詞の主なものをまとめてタイプ 10a とした），アオリスト幹の形成に際しては拡張される前の本来の動詞幹が用いられる：e.g. βαλ-j-ω > pres. βάλλω (§45) - aor. ἔβαλον.
拡張の仕方は他にも色々ある．たとえば，鼻音接中辞 -ν-, -μ-, -γ [ŋ]- と接尾辞 -αν によるもの：
pres. μα-ν-θ-άν-ω - aor. ἔμαθον
pres. λα-μ-β-άν-ω - aor. ἔλαβον
pres. τυ-γ-χ-άν-ω - aor. ἔτυχον
接尾辞 -ισκ によるもの：
pres. εὑρ-ίσκ-ω - aor. ηὗρον (< εὑρ-).
c) 頻用されるいくつかの動詞は第二アオリスト幹のみを有し，現在幹を欠く：
aor. ἦλθον 来た，aor. inf. ἐλθεῖν
aor. εἶπον 言った，aor. inf. εἰπεῖν
aor. εἶδον (< ἐϝιδον) 見た，aor. inf. ἰδεῖν (< ϝιδειν), cf. *Lat. videre*

英語において本来は別の動詞の過去形であった went が go の過去形として用いられるようになったのと同様に，ギリシア語においても上に挙げたような孤立した強変化アオリスト形の動詞が，文法学者らによって同じ意味を持つ別の動詞の語形変化の系列に組み込まれた．上記の三つの動詞には現在幹が欠けているが，これらはそれぞれ同義の別の動詞と共に覚えるべきである：
ἔρχομαι 来る，λέγω 言う，ὁρῶ (ὁράω) 見る（本書ではこのような動詞の中でも特によく用いられるものをまとめてタイプ 10b とした）．

§34. 以下に掲げるのは λείπω「去る」の第二アオリスト能動相および中動相の活用である（動詞幹 **λιπ-**）．直説法は未完了過去形と，それ以外の法および不定詞と分詞は現在形と成り立ちが同じであり，アクセントが後退的でない形（ボールド体で示した）がいくつか見られるのみである．

概略（παιδεύω の活用形と比較せよ）：

ἔ-λιπ-ο-ν	ἐ-παίδευ-ο-ν	λίπ-ε	παίδευ-ε
ἐ-λιπ-ό-μην	ἐ-παιδευ-ό-μην	**λιποῦ** †	παιδεύου
λίπω	παιδεύω	**λιπεῖν** † (λιπ-έ-εν)	παιδεύειν (παιδεύ-ε-εν)
λίπ-ω-μαι	παιδεύ-ω-μαι	**λιπ-έ-σθαι** †	παιδεύ-ε-σθαι
λίπ-ο-ι-μι	παιδεύ-ο-ι-μι	**λιπών** †	παιδεύων
λίπ-ο-ί-μην	παιδευ-ο-ί-μην	λιπ-ό-μενος	παιδευ-ό-μενος

詳細：

	第二アオリスト能動相	第二アオリスト中動相
Ind.	ἔλιπον ἔλιπες ἔλιπε$_ν$ ἐλίπομεν ἐλίπετε^{ην} ἔλιπον	ἐλιπόμην ἐλίπου ἐλίπετο ἐλιπόμεθα ἐλίπεσθε^{ην} ἐλίποντο
Subj.	λίπω λίπῃς λίπῃ λίπωμεν λίπητε^{ον} λίπωσι$_ν$	λίπωμαι λίπῃ λίπηται λιπώμεθα λίπησθε^{ον} λίπωνται
Opt.	λίποιμι λίποις λίποι λίποιμεν λίποιτε^{ην} λίποιεν	λιποίμην λίποιο λίποιτο λιποίμεθα λίποισθε^{ην} λίποιντο
Imp.	λίπε λιπέτω λίπετε^{ων} λιπόντων	**λιποῦ** † λιπέσθω λίπεσθε^{ων} λιπέσθων
Inf.	**λιπεῖν** †	**λιπέσθαι** †
Part.	**λιπών** †, λιπόντος **λιποῦσα** †, λιπούσης **λιπόν** †, λιπόντος	λιπόμενος, -η, -ον

§34.1. 動詞幹の形を別にすれば，不規則なアクセント以外に目新しい点はない．極めて使用頻度の高い次の五つの動詞の命令法第二アオリスト能動相2人称単数形は，いずれも oxytonon である：

2人称単数形	2人称複数形のアクセントは規則的（後退的）	複合動詞のアクセントも規則的（後退的）
εἰπέ † 言え	εἴπετε	κάτ-ειπε
ἐλθέ † 来い	ἔλθετε	ἄπ-ελθε
εὑρέ † 見出せ	εὕρετε	ἔφ-ευρε
ἰδέ † 見よ	ἴδετε	κάτ-ιδε
λαβέ † 取れ	λάβετε	παρά-λαβε

命令法第二アオリスト中動相2人称単数形は perispomenon である：λαβοῦ, παραλαβοῦ, καθελοῦ．第二アオリスト不定詞の能動相は perispomenon (-εῖν)，中動相は paroxytonon (-έσθαι)．

§35. 主要な強変化アオリスト形（能動相または中動相）一覧

ἀπέθανον 死んだ，死んでいる　　ἀποθνήσκω 死ぬ
ἀπηχθόμην　　　　　　　　　　ἀπεχθάνομαι 憎まれる
ἀφῑκόμην　　　　　　　　　　　ἀφικνέομαι 着く
ἔβαλον　　　　　　　　　　　　βάλλω 投げる
ἐγενόμην　　　　　　　　　　　γίγνομαι ～になる
ἔδραμον　　　　　　　　　　　τρέχω 走る
εἶδον　　　　　　　　　　　　ὁράω 見る
εἷλον 取った　　　　　　　　　αἱρέω 取る
εἱλόμην 選んだ　　　　　　　　αἱρέομαι 選ぶ
εἶπον　　　　　　　　　　　　λέγω 言う
ἔκαμον　　　　　　　　　　　κάμνω 疲れる
ἔλαβον　　　　　　　　　　　λαμβάνω 摑む
ἔλαθον　　　　　　　　　　　λανθάνω ～の目を逃れる
ἔλαχον　　　　　　　　　　　λαγχάνω 籤で引き当てる
ἔλιπον　　　　　　　　　　　λείπω 去る
ἔμαθον　　　　　　　　　　　μανθάνω 学ぶ
ἔπαθον　　　　　　　　　　　πάσχω 蒙る
ἐπελαθόμην　　　　　　　　　ἐπιλανθάνομαι 忘れる
ἔπεσον　　　　　　　　　　　πίπτω 落ちる

ἔπιον	πίνω 飲む
ἐπυθόμην	πυνθάνομαι 聞き知る
ἑσπόμην	ἕπομαι 同行する
ἔσχον	ἔχω 持つ
ἔτεκον	τίκτω（子を）産む，儲ける
ἔτεμον	τέμνω 切る
ἔτυχον	τυγχάνω たまたま見つける，的に当てる
ἔφαγον	ἐσθίω 食べる
ἔφυγον	φεύγω 逃げる
ἤγαγον	ἄγω 導く
ἠγρόμην 目覚めた	ἐγείρομαι 目覚める
ἦλθον	ἔρχομαι 来る，行く
ἥμαρτον	ἁμαρτάνω 的を外す（τυγχάνω の対義語）
ἤνεγκον	φέρω 運ぶ
ἠνεσχόμην	ἀνέχομαι 耐える
ἠρόμην	ἐρωτάω 尋ねる
ᾐσθόμην	αἰσθάνομαι 知覚する
ηὗρον	εὑρίσκω 見出す
ὑπεσχόμην	ὑπισχνέομαι 約束する
ὤφελον	ὀφείλω 借りがある
ὦφλον	ὀφλισκάνω 罰金刑に処せられる，裁判に負ける

§36. 強変化アオリストおよび未来の受動相

強変化（第二）アオリスト受動相は弱変化（第一）アオリスト受動相とまったく同様に作られるが，θ を欠くという点だけは異なる．アオリスト受動相を作る特別な語幹そのものが時称と相を明示しているので，θ は不要なのである．

	第二アオリスト受動相	第二未来受動相
	ἐβλάβην	βλαβήσομαι
	ἐβλάβης	βλαβήσῃ, βλαβήσει
Ind.	ἐβλάβη	βλαβήσεται
	ἐβλάβημεν	βλαβησόμεθα
	ἐβλάβητε[ην]	βλαβήσεσθε[ον]
	ἐβλάβησαν	βλαβήσονται

	第二アオリスト受動相	第二未来受動相
Subj.	βλαβῶ βλαβῇς βλαβῇ βλαβῶμεν βλαβῆτε^{ον} βλαβῶσι_ν	
Opt.	βλαβείην βλαβείης βλαβείη βλαβεῖμεν / βλαβείημεν βλαβεῖτε^{ην} / βλαβείητε^{ην} βλαβεῖεν / βλαβείησαν	βλαβησοίμην βλαβήσοιο βλαβήσοιτο βλαβησοίμεθα βλαβήσοισθε^{ην} βλαβήσοιντο
Imp.	βλάβηθι βλαβήτω βλάβητε^{ων} βλαβέντων	
Inf.	βλαβῆναι	βλαβήσεσθαι
Part.	βλαβείς, βλαβεῖσα, βλαβέν	βλαβησόμενος, -η, -ον

§37. **主要な強変化アオリスト形（受動相）**．いずれも非常によく用いられるので，暗記すること．

ἠλλάγην 変えられた，変わった　　　　　ἀλλάττω 変える
ἀπηλλάγην 逃げた，出て行った，解放された　　ἀπαλλάττω 解放する
ἐγράφην 書かれた，告発された　　　　　γράφω 書く
ἐκλάπην　　　　　　　　　　　　　　　κλέπτω 盗む
ἐκόπην　　　　　　　　　　　　　　　κόπτω 打つ，切る

ἐξεπλάγην 驚愕した	ἐκπλήττω 驚愕させる
ἐρρίφην	ῥίπτω 投げる
ἐσπάρην	σπείρω 種を播く
ἐστράφην 回された，方向を転じた	στρέφω 回す
ἐτάφην	θάπτω 埋葬する
ἐτράφην	τρέφω 養育する
ἐτράπην 向きを変えた	τρέπω ある方向に向ける
ἐτρίβην	τρίβω 擦る
ἐφάνην 現れた	φαίνομαι 姿を現す
ἐχάρην 喜んだ	χαίρω 喜ぶ
ἐμάνην 激怒した	μαίνομαι 怒り狂う
ἐπάγην 固まった，確立された	πήγνῡμι 固定する
ἐρράγην	ῥήγνῡμι 打ち砕く
ἐρρύην	ῥέω 流れる

なぜこれらは受動相であるにもかかわらず能動相の人称語尾を持つのか．それは，これらが元は「ある状態に至った」という自動詞的な意味を表す形だったからである．しかし，たとえばἐχάρηνは「私は喜んだ」を意味するが，嬉しい気持ちになったのは何らかの外的な要因によってであろう．つまり，<u>何かが私を喜ばせた</u>のである．同様に，ἐπάγηは水が氷になるような場合は「それは固まった」であるが，何者かによって棒が地面に突き立てられたような場合は「固定された」という意味になる．このように，人や物をある特定の状態に至らしめた動因が強く意識された結果，これらの形は受動的な意味をも表すようになったのである．上に挙げた強変化（第二）アオリスト形の多くが，形は受動相でありながら「（何事かが生じ，それが原因で）何らかの状態になった」という本来の自動詞的な意味を持つことを銘記されたい．

§38. 強変化完了
時称接尾辞κが付かないことを除けば，活用形の成り立ちは弱変化完了とまったく同じである．母音交替によって動詞幹がλειπ- > λοιπ- となっていることに注意．

Ind.	強変化完了 λέλοιπα λέλοιπας λέλοιπε^ν λελοίπαμεν λελοίπατε^{ον} λελοίπᾱσι_ν	
Subj.	λελοιπὼς ὦ λελοιπὼς ᾖς λελοιπὼς ᾖ λελοιπότες ὦμεν λελοιπότες^{τε} ἦτε^{ον} λελοιπότες ὦσι_ν	または	λελοίπω λελοίπῃς λελοίπῃ λελοίπωμεν λελοίπητε^{ον} λελοίπωσι_ν
Opt.	λελοιπὼς εἴην λελοιπὼς εἴης λελοιπὼς εἴη λελοιπότες εἴημεν, εἶμεν λελοιπότες^{τε} εἴητε^{ην}, εἶτε^{ην} λελοιπότες εἴησαν, εἶεν	または	λελοίποιμι λελοίποις λελοίποι λελοίποιμεν λελοίποιτε^{ην} λελοίποιεν
Inf.	λελοιπέναι		
Part.	λελοιπώς, λελοιπυῖα, λελοιπός		

過去完了形は完了形から規則的に作られる：ἐλελοίπη, ἐλελοίπης, ἐλελοίπει_ν, ἐλελοίπεμεν, ἐλελοίπετε^{ην}, ἐλελοίπεσαν.

タイプ6：軟口蓋音（κ, γ, χ）幹動詞

§39. 現在幹を形成する際に動詞幹に j が付加された場合の音韻変化の規則：
κ/χ + j = ττ（他の方言とコイネーでは ττ ではなく σσ となる）

e.g. φυλακ-j-ω > φυλάττω 見張る（cf. φυλακ-ή 監視），ταραχ-j-ω > ταράττω 攪乱する（cf. ταραχ-ή 混乱）．

γ + j = ττ, ζ, δ （γ + j > ζ は γ に母音が先行する場合に，γ + j > δ は子音が先行する場合に限られる）

e.g. πρᾱγ-j-ω > πράττω 行う（cf. πρᾱγ-μα 行為，2 pf. πέ-πρᾱγ-α*），ἁρπαγ-j-ω > ἁρπάζω 奪う（cf. ἁρπαγ-ς > ἅρπαξ 掠奪），ἐργ-j-ω > ἔρδω poet. 行う（cf. ἔργ-ον 行為）．

*πράττω の完了形 πέπρᾱγα は自動詞として，様態の副詞と共に「～の状態にある」の意味を表すのに対し，別形の πέπρᾱχα は他動詞として「すでに目的を達成している」を意味する．

	未来： κ, γ, χ + σ > ξ	アオリスト： κ, γ, χ + σ > ξ	アオリスト受動相： κ, γ, χ + θη > χθη	強変化完了： χ-α (κ, γ > χ)
διώ-κ-ω[1]	διώξομαι	ἐδίωξα	ἐδιώχθην	δεδίωχα
ὀρέ-γ-ω[2]	ὀρέξω	ὤρεξα	ὠρέχθην	(ὤρεγμαι)
δέ-χ-ομαι[3]	δέξομαι	ἐδεξάμην	ἐδέχθην	δέδεγμαι
πρᾱ-γ-j-ω > πράττω[4]	πράξω	ἔπρᾱξα	ἐπράχθην	πέπρᾱχα

1. 追う　2. 延ばす　3. 受け入れる　4. 実行する

注．διώκω の未来形としては能動相の διώξω よりむしろ中動相の διώξομαι の方がよく用いられる．　➡ §60

§40. 完了および過去完了中・受動相の活用においては，以下のような音韻変化が生じる：

κ, γ, χ	+	μ σ τ σθ	=	γμ ξ κτ χθ

Ind. pf.		Ind. plpf.	
	πέπρᾱγμαι		ἐπεπράγμην
	πέπρᾱξαι		ἐπέπρᾱξο
	πέπρᾱκται		ἐπέπρᾱκτο
	πεπράγμεθα		ἐπεπράγμεθα
	πέπρᾱχθε[ον]		ἐπέπρᾱχθε[ην]
	πεπρᾱγμένοι εἰσί[ν]		πεπρᾱγμένοι ἦσαν

第7章　動詞　169

Imp. pf.	πέπρᾱχο	Inf.	πεπρᾶχθαι
	πεπράχθω	Part.	πεπρᾱγμένος, -η, -ον
	πέπρᾱχθε^{ων}	Subj.	πεπρᾱγμένος ὦ
	πεπράχθων	Opt.	πεπρᾱγμένος εἴην

§41. ἐλέγχω「詮議する」は動詞幹末尾の χ の直前に鼻音の γ [ŋ] を持つ．この音はすべての活用形を通じて保持されるが，綴字上，特に注意すべき点が一つある．すなわち，1 人称単数形・複数形と分詞において γγμ の発音が [ŋŋm > ŋm] となり，それに伴って綴りも γμ となる：

$$\gamma\chi + \begin{matrix}\mu\\\sigma\\\tau\\\sigma\theta\end{matrix} = \begin{matrix}\gamma\mu\\\gamma\xi\\\gamma\kappa\tau\\\gamma\chi\theta\end{matrix}$$

Ind. pf.	ἐλήλεγμαι	Ind. plpf.	ἐληλέγμην
	ἐλήλεγξαι		ἐλήλεγξο
	ἐλήλεγκται		ἐλήλεγκτο
	ἐληλέγμεθα		ἐληλέγμεθα
	ἐλήλεγχθε^{ον}		ἐλήλεγχθε^{ην}
	ἐληλεγμένοι εἰσί_ν		ἐληλεγμένοι ἦσαν
Imp. pf.	ἐλήλεγξο	Inf.	ἐληλέγχθαι
	ἐληλέγχθω	Part.	ἐληλεγμένος, -η, -ον
	ἐλήλεγχθε^{ων}	Subj.	ἐληλεγμένος ὦ
	ἐληλέγχθων	Opt.	ἐληλεγμένος εἴην

タイプ 7：歯音（τ, δ, θ, ζ）幹動詞

§42. 現在幹を形成する際に動詞幹に j が付加された場合の音韻変化の規則は τ/θ + j = ττ, δ + j = ζ である：e.g. πλαθ-j-ω > πλάττω 形作る（cf. πλάθ-ανον 伸し板），ἐλπιδ-j-ω > ἐλπίζω 希望する（cf. ἐλπιδ-ς > ἐλπίς 希望）．

注．同様の音韻変化は，たとえば PIE *dyēws > Ζεύς（➡ 2§25.12）にも見られる．

§42.1. 動詞幹末尾の音の種類が異なっていても，動詞幹に j が付加された時の音韻変化の結果が同じになる場合がある（κ/χ + j = τ/θ + j = ττ；γ + j = δ + j = ζ）ので，動詞幹の形を（その動詞がタイプ 6 とタイプ 7 のいずれに属するのかを）知っておかなければならない．πράττω（タイプ 6）と πλάττω（タイプ 7．次節参照）を対比せよ．

§42.2. 歯音幹動詞の能動相の完了形は動詞幹に時称接尾辞 κ を付して作られる（弱変化である）ことに注意．動詞幹末の歯音は σ と κ の前で消失し，θ の前では σ に変わる：

	未来： τ, δ, θ, ζ + σ > σ	アオリスト： τ, δ, θ, ζ + σ > σ	**弱変化完了：** τ, δ, θ, ζ + κ > κ	アオリスト受動相 τ, δ, θ, ζ + θη > σθη
σπεύ-δ-ω[1]	σπεύσω	ἔσπευσα	ἔσπευ-κα	—
πεί-θ-ω[2]	πείσω	ἔπεισα	πέπει-κα	ἐπείσθην
πλαθ-j-ω > πλάττω[3]	πλάσω	ἔπλασα	πέπλα-κα	ἐπλάσθην
ἀναγκάζω[4]	ἀναγκάσω	ἠνάγκασα	ἠνάγκα-κα	ἠναγκάσθην
νομίζω[5]	νομιῶ（→ §43）	ἐνόμισα	νενόμι-κα	ἐνομίσθην

1. 急ぐ　2. 説得する　3. 形作る　4. 強いる　5. 見なす

幹末の音が δ である名詞から派生した ἐλπίζω のような動詞への類推によって，語幹の形を異にする名詞からも -άζω, -ίζω という動詞が無数に作られた：e.g. ἀνάγκη > ἀναγκ-άζω, νόμος > νομ-ίζω．

アッティカ式未来

§43. -ίζω で終わる，三つ以上の音節から成る動詞の大部分は，アッティカ式未来と呼ばれる特殊な未来形を持つ：-ιέω（cf. κτί-ζω, fut. κτί-σω）．これはタイプ2の動詞の現在形と同じ形である：

直説法能動相	直説法中動相
νομίζω 見なす	ἀγωνίζομαι 競争する
νομιῶ	ἀγωνιοῦμαι
νομιεῖς	ἀγωνιῇ
νομιεῖ	ἀγωνιεῖται
νομιοῦμεν	ἀγωνιούμεθα
νομιεῖτε^{ον}	ἀγωνιεῖσθε^{ον}
νομιοῦσι_ν	ἀγωνιοῦνται
不定詞	
νομιεῖν	ἀγωνιεῖσθαι
分詞	
νομιῶν, νομιοῦντος	ἀγωνιούμενος
希求法	
νομιοίην	ἀγωνιοίμην
νομιοίης	ἀγωνιοῖο
νομιοίη	ἀγωνιοῖτο
νομιοῖμεν	ἀγωνιοίμεθα
νομιοῖτε	ἀγωνιοῖσθε
νομιοῖεν	ἀγωνιοῖντο

§44. 歯音幹動詞の完了および過去完了中・受動相の活用においては，以下のような音韻変化が生じる：

	μ	σμ
τ, δ, θ, ζ +	σ =	σ
	τ	στ
	σθ	σθ

Ind. pf.	πειθ-μ > πέπεισμαι πειθ-σ > πέπεισαι πειθ-τ > πέπεισται πεπείσμεθα πειθσθ > πέπεισθε^ον πεπειθνται > πεπείθαται¹ > πεπεισμένοι εἰσί_ν	Ind. plpf.	ἐπεπείσμην ἐπέπεισο ἐπέπειστο ἐπεπείσμεθα ἐπέπεισθε^ην πεπεισμένοι ἦσαν
Imp. pf.	πέπεισο πεπείσθω πέπεισθε^ων πεπείσθων	Inf. Part. Subj. Opt.	πεπεῖσθαι πεπεισμένος, -η, -ον πεπεισμένος ὦ πεπεισμένος εἴην

注 1. πεπείθαται はホメーロスおよび古い時代のアッティカ方言に見られる形であるが，-αται という形は 3 人称単数形を思わせるので迂言的活用形に取って代わられた．

1 人称単数形・複数形および分詞においては動詞幹末尾の θ が σ に変わるが (πέπεισ-μαι, πεπείσ-μεθα, πεπεισ-μένος)，ἀριθμός「数」などの例が示すように，これは規則的な音韻変化ではなく，πέπεισ-ται (< πεπειθ-ται)，πέπεισ-θε (< πεπειθ-(σ)θε) などへの類推によるものである．ἔψευσμαι (< ψεύδω (ψευδ-) 騙す) や πέφρασμαι (< φράζω (φραδ-) 説明する) も πέπεισμαι と同様に活用するが，σπένδω「献酒する」の完了形 ἔσπεισμαι は特に要注意である：ἐ-σπενδ-μ > ἐ-σπενσ-μ > ἐ-σπεισ-μ．

タイプ 8：流音 (λ, ρ)・鼻音 (μ, ν) 幹動詞

§45. このタイプに属する動詞は，現在幹・未来幹・アオリスト幹の形成に際して動詞幹が劇的な変化を蒙るので，さらなる注意を要する．現在幹は大抵の場合，動詞幹に j を付加して作られるが，その結果，幹末の音節が**長音節**（長母音ないし二重母音を含む音節，またはその中に含まれる短母音の後に二つ以上の子音が続く音節）になる．その仕組みは以下の通りである：

α	+	子音	+	j	>	αι + 子音
ε	+	子音	+	j	>	ει + 子音
λ	+			j	>	λλ
ῐ	+			j	>	ῑ
ῠ	+			j	>	ῡ

j が動詞幹の中に吸収され，幹末の音節の母音と結合して二重母音になるもの：
καθαρ + j > καθαιρ （καθαίρω 浄める；cf. καθαρ-ός 清浄な）
σπερ + j > σπειρ （σπείρω 種を播く；cf. σπέρ-μα 種子）
j が幹末の子音に同化するもの：
ἀγγελ + j > ἀγγελλ （ἀγγέλλω 報告する；cf. ἄγγελ-ος 使者）
j が消失し，幹末の音節の短母音が代償延長によって長母音になるもの：
κρῐν + j > κρῑν （κρίνω 判定する）
ἀμῠν + j > ἀμῡν （ἀμύνω 撃退する）
少数ながら，現在幹を形成する際に動詞幹に j が付加されないものもある：
νέμω 分配する，μένω 留まる

§46. 能動相と中動相の未来形では動詞幹に時称接尾辞 εσ-ο/ε が追加される．母音間の σ が消失し，ε が幹母音と融合した結果，アッティカ式未来（➡ §43）と同様の形になる：καθαρ-έσ-ω > καθαρῶ, σπερῶ, ἀγγελῶ, κρῐνῶ, ἀμῠνῶ, νεμῶ, μενῶ.

§47. σ を伴わない弱変化アオリスト

能動相と中動相のアオリスト形では，時称接尾辞 σ が消失し，動詞幹末尾の音節の母音が代償延長によって長音化する．σ がないことを除けば，活用形の成り立ちは -σα- を標徴とする通常の弱変化アオリストと同じである．

	現在 (-j-ω)	動詞幹	アオリスト	アオリスト 受動相[1]	
ᾰ > η	καθαίρω	καθᾰρ-	ἐκαθαρσα > ἐκάθηρα	ἐκαθάρ-θην	浄める
	φαίνω	φᾰν-	ἐφᾰνσα > ἔφηνα	ἐφάν-θην	示す
	φαίνομαι	φᾰν-	ἐφᾰνσαμην > ἐφηνάμην	ἐφάν-ην	現れる
ᾰ > ᾱ (ε, ι, ρ の後)	μιαίνω	μιᾰν-	ἐμιανσα > ἐμίᾱνα	ἐμιάν-θην	穢す
ε > ει	σπείρω	σπερ-	ἔσπειρα	ἐσπάρ-ην	種を播く
	ἀγγέλλω	ἀγγελ-	ἤγγειλα	ἠγγέλ-θην	報告する
	νέμω	νεμ-	ἔνειμα	ἐνεμ-ή-θην	分配する
ῐ > ῑ	κλίνω	κλῐ-ν-	ἔκλῑνα	ἐκλί-θην	傾ける
	κρίνω	κρῐ-ν-	ἔκρῑνα	ἐκρί-θην	判定する
ῠ > ῡ	ἀμύνω	ἀμῠν-	ἤμῡνα		撃退する
	ἀμύνομαι	ἀμῠν-	ἠμῡνάμην		遠ざけておく，防衛する

注 1. アオリスト受動相の活用形は予測不可能であるから，個々の動詞ごとに覚えなければならない．大部分の動詞は動詞幹に θη を付して時称幹を形成する（つまり弱変化である）．流音幹動詞は，動詞幹が二つ以上の音節から成るものは弱変化 (ἐκαθάρθην, ἠγγέλθην)，単音節のものは強変化 (ἐσπάρην) である．ἐνεμ-ή-θην のように，発音を容易にするために動詞幹と時称接尾辞の間に η を挿入するものもある．

κλίνω と κρίνω の本来の動詞幹は κλῐ-, κρῐ- であるが，現在，未来およびアオリスト能動相と中動相においては，これに ν を付加して拡張した動詞幹から，一般の鼻音幹動詞と同様の活用形が作られる（それゆえ，本書ではこれらをタイプ 10a に分類している）．アオリスト受動相では本来の動詞幹に θη が付加される：ἐκλί-θην, ἐκρί-θην．

§47.1. 動詞によってはアオリストと現在のそれぞれの時称幹を形成する際に生じる代償延長の結果が同じになるが，両時称の活用形がまったく同一になるのは接続法のみである：

接続法現在	接続法アオリスト
ἀμῠ́νjω > ἀμῡ́νω	ἀμῠ́νσω > ἀμῡ́νω
κλῐ́νjω > κλῑ́νω	κλῐ́νσω > κλῑ́νω

§48. 弱変化（第一）アオリスト能動相・中動相および強変化のアオリストと未来（第二アオリスト・第二未来）の受動相の活用を以下に掲げる：

	第一アオリスト能動相	第一アオリスト中動相	第二アオリスト受動相	第二未来受動相
Ind.	ἔφηνα	ἐφηνάμην	ἐφάνην	φανήσομαι
	ἔφηνας	ἐφήνω	ἐφάνης	φανήσῃ, -σει
	ἔφηνε[ν]	ἐφήνατο	ἐφάνη	φανήσεται
	ἐφήναμεν	ἐφηνάμεθα	ἐφάνημεν	φανησόμεθα
	ἐφήνατε[ην]	ἐφήνασθε[ην]	ἐφάνητε[ην]	φανήσεσθε[ον]
	ἔφηναν	ἐφήναντο	ἐφάνησαν	φανήσονται

	第一アオリスト能動相	第一アオリスト中動相	第二アオリスト受動相	第二未来受動相
Subj.	φήνω	φήνωμαι	φανῶ	
	φήνῃς	φήνῃ	φανῇς	
	φήνῃ	φήνηται	φανῇ	
	φήνωμεν	φηνώμεθα	φανῶμεν	
	φήνητε^{ον}	φήνησθε^{ον}	φανῆτε^{ον}	
	φήνωσι$_ν$	φήνωνται	φανῶσι$_ν$	
Opt.	φήναιμι	φηναίμην	φανείην	φανησοίμην
	φήναις / φήνειας	φήναιο	φανείης	φανήσοιο
	φήναι / φήνειε	φήναιτο	φανείη	φανήσοιτο
	φήναιμεν	φηναίμεθα	φανεῖμεν / φανείημεν	φανησοίμεθα
	φήναιτε^{ην}	φήναισθε^{ην}	φανεῖτε^{ην} / φανείητε^{ην}	φανήσοισθε^{ην}
	φήναιεν / φήνειαν	φήναιντο	φανεῖεν / φανείησαν	φανήσοιντο
Imp.	φῆνον	φῆναι	φάνηθι	
	φηνάτω	φηνάσθω	φανήτω	
	φήνατε^{ων}	φήνασθε^{ων}	φάνητε^{ων}	
	φηνάντων	φηνάσθων	φανέντων	
Inf.	φῆναι	φήνασθαι	φανῆναι	φανήσεσθαι
Part.	φήνᾱς, φήνᾱσα, φῆναν	φηνάμενος, -η, -ον	φανείς, φανεῖσα, φανέν	φανησόμενος, -η, -ον

§49. 流音幹・鼻音幹動詞の完了および過去完了中・受動相の活用は以下の通り．**タイプ 8a は流音幹動詞，タイプ 8b は幹末の ν が保持される ν 幹動詞**である．音韻変化に関して特筆すべきは，ν + μ > σμ となることである．これはタイプ 7 の δμ > σμ （➡ §44）への類推による．二つの子音の間の σ が消失するのは閉鎖音幹動詞の場合と同じである（λ, ρ, ν + σθ > λθ, ρθ, νθ）．なお，μ 幹の動詞においては動詞幹と人称語尾の間に η が挿入される（e.g. νενέμ-η-μαι）：

	8a	8b
Ind. pf.	ἤγγελμαι	πέφασμαι
	ἤγγελσαι	(πέφανσαι)[1] πεφασμένος εἶ
	ἤγγελται	πέφανται
	ἠγγέλμεθα	πεφάσμεθα
	ἤγγελθε[ον]	πέφανθε[ον]
	ἠγγελμένοι εἰσί[ν]	πεφασμένοι εἰσί[ν]
Ind. plpf.	ἠγγέλμην	ἐπεφάσμην
	ἤγγελσο	(ἐπέφανσο)[1] πεφασμένος ἦσθα
	ἤγγελτο	ἐπέφαντο
	ἠγγέλμεθα	ἐπεφάσμεθα
	ἤγγελθε[ην]	ἐπέφανθε[ην]
	ἠγγελμένοι ἦσαν	πεφασμένοι ἦσαν
Subj. pf.	ἠγγελμένος ὦ	πεφασμένος ὦ
Opt. pf.	ἠγγελμένος εἴην	πεφασμένος εἴην
Imp.	ἤγγελσο	(πέφανσο)[1] πεφασμένος ἴσθι
	ἠγγέλθω	πεφάνθω
	ἤγγελθε[ων]	πέφανθε[ων]
	ἠγγέλθων	πεφάνθων
Inf.	ἠγγέλθαι	πεφάνθαι
Part.	ἠγγελμένος, -η, -ον	πεφασμένος, -η, -ον

注1. 古代の文法学者たちはこれらを正しい活用形として挙げているが，実際の用例は見られず，代わりに迂言的活用形が用いられた．

タイプ 8a の動詞には他に στέλλω (στελ-, σταλ-) 派遣する ἔσταλμαι, αἴρω (< ἀείρω < ἀ-ϝερ-jω. ἀερ- > ἀρ- が動詞幹であるかのように活用する) 持ち上げる ἦρμαι, ἐγείρω (ἐγερ-) 起こす ἐγήγερμαι など．タイプ 8b には他に σημαίνω (σημαν-) 合図で示す σεσήμασμαι など．

補説 3：動形容詞

§50. すべての分詞は動詞から派生した形容詞であるから「動形容詞」と呼びうるが，この呼称は特に次の 2 種類の形容詞を指すのに用いられる．一方は -τός, -τή, -τόν を，他方は -τέος, -τέᾱ, -τέον を，それぞれ動詞幹に直接付加することによって作られる．

§51. **-τός, -τή, -τόν で終わる動形容詞**
本来，これは何らかの働きかけを受けた結果としての状態を示す形容詞であった．たとえば，παιδευτός はラテン語の eruditus (< erudio「教育する」) と同じく「教養のある」を意味した．しかし，ギリシア語には現在，未来，アオリストと並んで完了にも受動相の分詞 (πεπαιδευμένος) があるので，形容詞 -τός は次第に本来の意味ではあまり用いられなくなる一方，より幅広く，能動的な意味や能動でも受動でもない意味をも表すようになった．特に**可能性**を意味することが多く，そのため παιδευτός は「教養のある」という意味では稀にしか用いられなくなり，「教育によって獲得しうる」という語義が幅を利かせるようになった．

　この種の形容詞は欠性辞 ἀ- (alpha privativum) を冠した**否定形**でもよく用いられる (cf. *Eng.* atypical)．このような複合形容詞はアクセントが後退的であり，かつ二変化型である：ἀπαίδευτος, -ον「無学な」．ἀ- を伴う複合形容詞は受け身にとどまらず，より幅広い意味を表しうる．そのことを πράττω「行う」から派生した動形容詞 ἄπρᾱκτος, -ον について見てみよう：
a) 受動的：'not done', 'not possible to be done'：πρᾶγμα ἄπρᾱκτον「実行不可能なこと」．
b) 能動的：'doing (having done) nothing'：ἀπῆλθεν ἄπρᾱκτος「彼は何もせずに立ち去った」(何かをしながら，または何かをした後で退去したことを否定する．あるいは，何かをしようとしたものの果たせぬまま去って行ったことを示唆する)．
c) 能動でも受動でもない意味：ἄπρᾱκτοι ἡμέραι「仕事をしない日，休日」，ὀδύνη ἄπρᾱκτος「手の施しようのない苦痛」．

上の a) b) c) はそれぞれ別個の意味ではなく，基本義「**πρᾶξις を欠く**」を様々に適用したものにすぎない．「**μάχη を欠く**」を基本義とする ἄμαχος の場合も同様である：
a) 受動的：「打ち負かし難い，難攻不落の，無敵の」
b) 能動的：「戦わない，戦闘に参加しない」
c) 後代の意味：「戦う気にならない，争いを好まない」
この種の動詞は総じてこのように多義的であると知っておくべきである．

§52. -τέος, -τέᾱ, -τέον で終わる動形容詞
このタイプの動形容詞は paroxytonon である．ε と後続の母音が融合しないことに注意．意味は「**義務**」ないし「**必要**」．
1. 中性単数主格形（時には複数主格形）を用いた非人称的表現：
παιδευτέον (παιδευτέα) (±ἐστί) = *Lat.* educandum est 教育する必要がある（τοὺς παῖδας 子供たちを）．
γραπτέον τὴν ἐπιστολήν. 手紙を書かなければならない．
2. γράφω「書く」, παιδεύω「教育する」といった他動詞から派生した動形容詞には，主語の性と数に一致した人称的用法もある：γραπτέα (fem.) (±ἐστὶν) ἡ ἐπιστολή, epistula scribenda est. その手紙は書かれるべきである；παιδευτέοι (masc. nom. pl.) (±εἰσὶν) οἱ παῖδες, pueri educandi sunt. 子供たちは教育を受けなければならない．
繋辞 ἐστί / εἰσί (*Eng.* is / are) は通常，省略される．

タイプ9：σ幹・ϝ幹動詞
このタイプの動詞の活用形の中には，幹末の σ, ϝ が保持される（その場合，ϝ は υ となる）ものもあれば，それらが消失するものもある．

9a：真正 σ 幹動詞
§53. 名詞 τὸ τέλος「達成，結果，終結」の語幹は τελεσ- である（Gen. τέλεσ-ος > τέλεος > τέλους）が，これは動詞 τελέω「実現させる，成し遂げる，支払う」の動詞幹でもある：τελεσ + jω > τελεjω (Hom. τελείω) > τελέω > *Att.* τελῶ．τελέω / τελῶ という形はさながらタイプ2の動詞のようであり，現在および未完了過去においては実際にそれと同様に活用するが，他の時称の活用の仕組みは以下の主要形が示す通りである．**σ は τ / θ および μ の前では保持されることに注意**：

	動詞幹	未来	アオリスト	完了
能動相「成し遂げる」	τελεσ-	τελεσ-σω > -εσω > -εω アッティカ式未来：τελῶ	ἐτελεσ-σα > -εσα ἐτέλεσ-α	τετέλεκα
受動相		τελεσ-θήσομαι	ἐτελέσ-θην	τετέλεσ-μαι 動形容詞：ἀτέλεσ-τος「終わりのない，未完の」

このタイプに属する他の主な動詞：

	動詞幹	未来	アオリスト	完了
ἀκούω 聴く	ἀκουσ-	ἀκούσομαι（中動相！）	ἤκουσα	ἀκήκοα（アッティカ式畳音を伴う強変化形）
受動相		ἀκουσ-θήσομαι	ἠκούσ-θην	ἤκουσ-μαι ἀκουσ-τός 聞き取れる (cf. Eng. acoustics)
γελάω 笑う	γελᾰσ-	γελᾰ́σομαι	ἐγέλασ-σα (ep.) > ἐγέλᾰσ-α	(γεγέλᾰκα)
		γελᾰσ-θήσομαι	ἐγελᾰσ-θην	γεγέλᾰσ-μαι γελᾰσ-τός 滑稽な
αἰδέομαι 恥じる	αἰδεσ-	αἰδέσ-ομαι	ᾐδέσ-θην 恥ずかしく思った	ᾔδεσ-μαι

9b：寄生音の σ が幹末に現れる動詞

§54. 母音幹動詞の中には，いくつかの時称の活用において，本来は不要であるにもかかわらず，真正 σ 幹動詞への類推によって動詞幹末尾に σ が付加されるものが多い：

- τ / θ および μ の前で：e.g. κελεύω (cf. *Eng.* proceleusmatic)
- τ / θ の前でのみ：e.g. δράω (cf. *Eng.* drama / drastic)
- 動形容詞においてのみ：e.g. παύω (cf. *Eng.* pause).

	動詞幹	未来	アオリスト	完了
κελεύω 命じる	κελευ-	κελεύ-σω	ἐκέλευ-σα	κεκέλευκα
		κελευσ-θήσομαι	ἐκελεύσ-θην	κεκέλευσ-μαι κελευσ-τός
δράω 行う	δρᾱ-	δρά-σω	ἔδρᾱ-σα	δέδρᾱκα
		1	**ἐδρᾱ́σ-θην**	δέδρᾱμαι **δρᾱσ-τέον** なさねば ならない
παύω やめさせる	παυ-	παύ-σω	ἔπαυ-σα	πέπαυκα
		1	ἐπαύθην	πέπαυμαι **παυσ-τέον** 終わらせ なければならない

注1. たとえば παυθήσομαι のような未来受動相の活用形の用例が見出される可能性は十分にある．しかし，そのような形が古典期のアッティカ方言においてすでに用いられていたかどうかが問題となる．先に述べたように，未来受動相は比較的新しい時代に作り出された形であるため，それが古典期にはすでに用いられていたのか，それより後の時代になってから用いられ始めたのかを判断するための証拠が不足している場合が多い．動詞によっては未来受動相が古典期のアテーナイですでに用いられており，現存する当時の文献の中にその用例が認められないのは偶然にすぎないということもあるかもしれない．しかし，理論的に形成されうる活用形の多くが当時のアテーナイではいまだ実際には用いられていなかった可能性もなしとしない．それゆえ本書では，後代の用例によってのみその使用が実証される活用形についてはあえてこれを示さず，空欄のままとする．

9c：ϝ 幹動詞

§55. 現在幹を形成するために動詞幹に幹母音を付すると，二つの母音に挟まれた ϝ が消失する：e.g. πνεϝ-ω > πνέω 呼吸する（cf. πνεϝμα > πνεῦμα 気息）．これはさながらタイプ 2 の動詞のようであるが，現在幹以外の時称幹から作られる活用形では動詞幹が母音ではなく子音（σ, τ, μ, etc.）と隣接し，その結果 εϝ ([ew]) が ευ となる．

動詞幹		未来	アオリスト	完了
πνέω	πνεϝ- / πνευ-	πνεύ-σομαι または πνευ-σοῦμαι[1]	ἔπνευ-σα	πέπνευ-κα

注 1. §56. いわゆる**ドーリス式未来**. 意味は能動でありながら形は中動相である未来形を持つ動詞の中には，未来幹を形成する際，動詞幹に σ ではなく σε を付加するものがある．この ε が幹母音と融合して -σέομαι > -σοῦμαι となる．**この未来形しか用いられないのは πίπτω「落ちる」のみであり**，他の動詞には規則的な未来形 -σομαι もある．

πίπτω (πετ-) 落ちる πεσοῦμαι, πε-σῇ, πε-σεῖται, πε-σούμεθα, πε-σεῖσθε, πε-σοῦνται, part. πε-σούμενος, inf. πε-σεῖσθαι.

πλέω 航行する πλευσοῦμαι,

πνέω 呼吸する πνευσοῦμαι,

φεύγω 逃げる φευξοῦμαι,

χέζω (χεδ-) 排便する χεσοῦμαι.

動詞幹が εϝ で終わる動詞の現在形と未完了過去形（現在幹 -εϝ-ο/ε- > -ε-ο/ε- から作られる）は，タイプ 2 の動詞 -έω のそれとまったく同様というわけではない．また，動詞幹が αϝ で終わる動詞は，これら二つの時称においてタイプ 3 の動詞 -άω とは似て非なる活用を示す．それゆえ，タイプ 9c の動詞は，**現在と未完了過去の活用に限ってはタイプ 2 およびタイプ 3 の動詞の変種と見なしうる**．本書ではこれらをそれぞれタイプ 2a, タイプ 3a として分類する．

§57. タイプ 2a：結果が ει となる場合のみ母音が融合する動詞

幹末の ϝ はかなり遅くに消失した（母音間の σ より遅かった）ため，タイプ 2 の動詞の活用における母音融合の規則は εϝ 幹の動詞には完全には適用されず，最も容易な e 音同士の融合のみが生じた：e.g. πλεϝεις > πλεεις > πλεῖς．つまり，これらの動詞の活用においては結果が ει となる場合のみ母音が融合し，それ以外の場合は母音融合は生じない．

πλέ(ϝ)ω「航行する」の現在および未完了過去の活用は以下の通りである：
πλέω, πλεῖς, πλεῖ, πλέομεν, πλεῖτε[ον], πλέουσι[ν],
ἔπλεον, ἔπλεις, ἔπλει, ἐπλέομεν, ἐπλεῖτε[ην], ἔπλεον
subj. πλέω, opt. πλέοιμι, imp. πλεῖ, inf. πλεῖν, part. πλέων, πλέουσα, πλέον.

このタイプに属する主な動詞：
  πλέω (πλεϝ-ω) 航行する

πνέω (πνεϝ-ω) 呼吸する
θέω (θεϝ-ω) 走る
νέω (σνεϝ-ω) 泳ぐ
ῥέω (σρεϝ-ω) 流れる
χέω (< *χεϝ-ω) 注ぐ
δέω (δεϝ-ω) 必要とする，欠けている（δεῖ は非人称動詞として用いられる：「…する必要がある」）
δέομαι (δεϝ-ομαι) 必要とする，乞う（ただし，2 人称単数形は非人称動詞 δεῖ と区別するために δέει となる）

以下の真正 σ 幹動詞もタイプ 2a の動詞と同様に活用する：
τρέω (τρεσ-ω) 恐れて逃げる，恐れる
βδέω (βδεσ-ω) 放屁する
ξέω (ξεσ-ω) 滑らかにする，磨く

δεϝω > δέω「必要とする」（タイプ 2a）と δεjω > δῶ, δεῖς, δεῖ, δοῦμεν「縛る」（タイプ 2）の違いに注意．

§58. タイプ 3a：母音融合の生じない αϝ 幹の動詞 (-αϝ-jω > -α-jω > -άω)

次の 2 つの αϝ 幹の動詞は要注意である．現在幹を形成する際，動詞幹に j が付加されるが，アッティカ方言では ϝ が落ちた後，j > ι もまた消失することがある．しかし，残された α は後続の母音と融合しない．この点において，これらはタイプ 3 の動詞 -αω とは異なる：

καϝ-jω   > καίω 焼く，アッティカ方言形：κάω
κλαϝ-jω   > κλαίω 泣く，アッティカ方言形：κλάω

ι が消失しても母音融合は生じない：κάω, κάεις, κάει, κάομεν, κάετε^{ον}, κάουσι$_ν$.

第 7 章 動詞   183

現在および未完了過去以外の時称においては幹末のϝは保持され，他のタイプ 9c の動詞と同様に活用する：

	動詞幹	未来	アオリスト	完了
καϝ-jω > καίω または κάω	καϝ-	καύσω	ἔκαυσα	κέκαυκα
		καυθήσομαι	ἐκαύθην	κέκαυμαι καυτός
κλαϝ-jω > κλαίω または κλάω	κλαϝ-	κλαιήσω / κλᾱήσω[1] κλαύσομαι「私は泣くだろう＝酷い目に遭うだろう」	ἔκλαυσα	

注 1. κλα(ϝ)-j + η：発音を容易にするために σ の前に η が挿入される．ι は消失することもあるが，その場合は先行する α が長音化する：κλαιήσω > κλᾱήσω．未来形が 2 種類に分かれているのは，κλαύσομαι が異なった意味合いで，すなわち人を脅す時に用いられるようになったからである．κλαιήσεις が「お前は泣くだろう」を意味するのに対し，κλαύσει は「お前は泣くことになるぞ，痛い目を見ることになるぞ」／「お前を泣かせてやる，酷い目に遭わせてやる」という意味になる．

§59. タイプ 10：時称によって様々な動詞幹を使い分ける動詞

補説 2 で述べたように，動詞の中には現在幹の形成に際して動詞幹が拡張されるものがある．本書では，そのように時称の違いに応じて異なった動詞幹を用いる動詞の中でも特に重要なものを集めてタイプ 10 とした．ここで新たに学ぶべきことはただ一つ，どの時称幹がどのような動詞幹から作られるかだけである．それゆえ，このタイプに属する動詞の主要形はすべて正確に覚えなければならない．

タイプ 10a：現在幹を形成する際に（動詞によっては他の時称幹の形成に際しても）ν, σκ ないし ε を付加して動詞幹を拡張するもの．

タイプ 10b：いくつかの時称形しか持たないもの．その他の時称の活用においては別の動詞から借用した語幹が用いられる．

10a：動詞幹拡張の諸例

1. γίγνομαι「～になる，起こる」．語根 γν が以下のような母音階梯（vowel gradation）を示す：
a) ゼロ階梯 γν：γί-γν-ομαι（現在幹は畳音を伴う；cf. γν-ήσιος 嫡出の）
b) e/o の母音交替 γεν / γον（cf. τὸ γένος 種族，ἡ γένεσις 産出，ἐπίγονος 後から生まれた）：強変化アオリスト ἐ-γεν-όμην，強変化完了 γέ-γον-α．完了が能動

相であることに注意（意味は自動詞的）．これら以外の時称では γεν が動詞幹となり，発音を容易にするために η が添えられる．

γί-γν-ομαι	γν γεν / γον	γεν-ή-σομαι	ἐ-γεν-όμην	γέ-γον-α 'am, have been'
後代の形は受動相だが意味は同じ：	γεν + η	前4世紀以降： γεν-η-θήσομαι 'I will become'	前4世紀以降： ἐ-γεν-ή-θην 'I became, happened'	前5世紀以降： γε-γέν-η-μαι

2. πίπτω「落ちる」．語根 πτ が以下のような母音階梯を示す：
a) ゼロ階梯 πτ：πί-πτ-ω (cf. τὸ πτερόν 翼)．これは ω によって拡張されることもある．
pf. πέ-πτ-ω-κα (cf. ἡ πτῶσις 落下)
b) e 階梯 πετ：πέτομαι 飛ぶ
現在幹以外の時称幹の形成に際しては，ほとんどの方言において動詞幹 πετ が用いられる（たとえばピンダロスに見られる強変化アオリスト形 ἔπετον）が，イオーニアー方言とアッティカ方言ではこれが πεσ に変じた（理由は不明）．

πί-πτ-ω	πτ πετ- > πεσ-	πεσοῦμαι ドーリス式未来	ἔπεσον	πέπτωκα

3. τίκτω「（子を）産む，儲ける」．語根 τκ が上の二つの動詞と同様の母音階梯を示す：
a) ゼロ階梯 τκ：ただし，畳音を施した形 τί-τκ-ω は発音を容易にするために τί-κτ-ω に変化した．
b) e/o の母音交替 τεκ / τοκ (cf. τὸ τέκνον 子供, ὁ τόκος 出産) は現在幹以外の時称幹に見られる．

τί-κτ-ω	τκ > κτ τεκ / τοκ	τέξομαι または τέξω（やや稀）	ἔτεκον	τέτοκα

-(ι)σκω で終わる動詞．現在幹を形成する際，σκ（母音の後で）ないし ισκ（子音の後で）によって動詞幹が拡張される：

4. γηρά-σκω「老いる」
他の時称幹はタイプ3の動詞 -άω に準じて形成される：

γηρά-σκ-ω	γηρᾰ- / γηρᾱ-	γηράσομαι または γηράσω（やや稀）	ἐγήρᾱσα	γεγήρᾱκα 「老いている」

第7章 動詞　185

5. ἡβά-σκω「成年に達する」
他の時称幹は ἡβάω「若さの盛りにある」の動詞幹から形成される：

ἡβά-σκ-ω	ἡβᾱ- / ἡβη-	ἐφ-ηβήσω[1]	ἥβησα	παρ-ήβηκα[1] 「盛りを過ぎている，年配である」

注 1. 単純形の用例が確認されない場合は複合動詞を掲げる．

6. πάσχω「蒙る」
前ギリシア語の語根は *pnt^h．ギリシア語ではこのnを発音可能にすべく様々な方法がとられた：

a) ゼロ階梯 *pnt^h > παθ : 2 aor. ἔπαθον, pres. παθ-σκω > πασκω > πάσχω（θ が σ の前で消失し，その気息音が κ へと移って κ > χ となった）．
b) e/o の母音交替 πενθ / πονθ：
πενθ: fut. πενθ-σομαι > πενσομαι > πείσομαι（θ および ν の消失に伴う代償延長 ε > ει）．
πονθ: 2 pf. πέπονθα

πάσχω	pnt^h > παθ πενθ- / πονθ-	πείσομαι	ἔπαθον	πέπονθα

cf. τὸ πάθος 受難，経験，τὸ πένθος 悲嘆，Πενθεύς ペンテウス（テーバイの王）

7. εὑρ-ίσκω「見出す」
*εὑρέω という現在形は存在しないが，他の時称幹は動詞幹 εὑρε- から形成される．
特に次の点に注意：
a) 強変化アオリスト能動相 ηὗρον，中動相 ηὑρόμην．命令法のアクセントは不規則：εὑρέ．
b) 未来受動相とアオリスト受動相の活用においては，幹末の ε は長音化しない．
c) 古典期以後は ευ- は加音ないし畳音によって ηυ- とはならず，ευ- のままであったため，εὗρον, εὕρηκα, εὑρέθην などの後代形も見られる．

εὑρ-ίσκ-ω	εὑρέ-	εὑρήσω	ηὗρον imp. εὑρέ †	ηὕρηκα
受動相		εὑρεθήσομαι	ηὑρέθην	ηὕρημαι

8a. ἀν-ᾱλ-ίσκω「費やす」
元の動詞幹は ἀνα-ϝαλ- ; ἀνα-ϝα > αναα > ἀνᾱ．他の時称幹は別形 ἀνᾱλόω から規則的に作られる．前置詞の後に施される加音の仕組みに注意：ἀν(α)-α >

ἀν-η.

8b. ἀλ-ίσκομαι「捕らえられる」

この動詞の活用においても，現在幹以外の時称幹はあたかも -όω で終わる現在形（実際の用例は認められない）から作られたかのようである．アオリストと完了は，形は能動相で意味は自動詞的である（「捕まった」「囚われの身である」）ことに注意．接頭母音 ε と動詞幹の先頭の α が融合しないのは，語根の先頭の音が元は ϝ であったためである：ἐϝάλων > ἐάλων, ϝεϝάλωκα > ἑάλωκα．この εα はイオーニアー方言において，また前 4 世紀以降はアッティカ方言においてもしばしば，η に変化した：ἥλων, ἥλωκα．

ἀν-ᾱλ-ίσκ-ω = ἀνᾱλόω[1]	ἀνα-ϝαλο- > ἀν-ᾱλο-	ἀνᾱλώσω	ἀνήλωσα	ἀνήλωκα
受動相		ἀνᾱλωθήσομαι	ἀνηλώθην	ἀνήλωμαι ἀνᾱλωτέος
ἁλ-ίσκ-ομαι		ἁλώσομαι	ἑάλων[2] / ἥλων[2]	ἑάλωκα / ἥλωκα ἁλωτός

注 1. ただし，未完了過去形は大抵の場合 ἀνήλισκον である．
注 2. 語根アオリスト．本書ではこれを第三アオリストと称する．これについては 10. γιγνώσκω を参照．さらにタイプ 12 の動詞の説明に続く補説 5 (§67) で詳述する．さしあたりは直説法以外の形に注意：subj. ἁλῶ, opt. ἁλοίην, inf. ἁλῶναι, part. ἁλούς.

9. ἀπο-θνῄσκω「死ぬ」

散文では通常この形が，韻文では単純形 θνῄ-σκω が用いられる．しかし，いずれにおいても完了形は常に前置詞を伴わない：τέθνηκα「私は死んでいる」．
語根 θν が以下のような母音階梯を示す：
a) ゼロ階梯：θν が η によって拡張される：pres. ἀπο-θνή-ισκ-ω, pf. τέ-θνη-κα.
b) θαν (cf. ὁ θάνατος 死)：fut. ἀπο-θαν-οῦμαι（中動相．タイプ 8 の動詞と同様に活用する），2 aor. ἀπ-έ-θαν-ον.

ἀπο-θνῄσκω	θν- / θαν-	ἀπο-θανοῦμαι I will die τεθνήξω fut. pf. I will be dead[1]	ἀπ-έθανον	τέθνηκα

注 1. 完了が現在の意味を持つ場合，未来完了が未来と同様に用いられる．完了形 τέθνηκα の表す意味「私は死んでいる」が現在時称のそれのように感じられるため，あたかも *τεθνήκω という現在形から未来形を作るかのように未来完了形が作られたのは自然なことであった：τεθνηκ + σω > τεθνήξω.

10. γι-γνώ-σκω「認識する」

10~14 の動詞の現在幹は畳音と σκ による拡張の両方を伴う．他の時称幹の形成に際しては畳音は施されない（διδάσκω は例外）．γι-γνώ-σκω と δι-δρά-σκω のアオリストは強変化であるが，本書ではそれらを第二アオリストではなく第三アオリストと称する（他の文法書では「語根アオリスト」と呼ばれている）．これについてはタイプ 12 の説明に続く補説 5（§67）で詳述する．ここでは，第三アオリストは第二アオリストよりもさらに単純であると言うにとどめておこう．両者を対比してみれば，第三アオリストはこれ以上は考えられないほど単純な形であることが分かる：

2 aor. ἔ-λιπ-o-ν 接頭母音 – 動詞幹 – 幹母音 – 人称語尾
3 aor. ἔ-γνω-ν 接頭母音 – 語根 – 人称語尾

第三アオリスト形を持つ他の主な動詞と詳細な活用表は §67 に示す．

γι-γνώ-σκ-ω	γνω-	γνώσομαι 精神活動を示す動詞の未来形は中動相であることが多い．	ἔ-γνω-ν	ἔγνωκα
	τ/θ, μ の前で σ が嵌入する	γνωσθήσομαι	ἐγνώσθην	ἔγνωσμαι γνωστός
11. τι-τρώ-σκ-ω 傷つける	τρω-	κατα-τρώσω	ἔτρωσα	—
		τρωθήσομαι	ἐτρώθην	τέτρωμαι
12. δι-δρά-σκ-ω 逃走する	δρᾱ-	ἀπο-δρά-σομαι I will run away	ἀπ-έδρᾱν I ran away	ἀπο-δέδρᾱκα I have escaped

13. δι-δά-σκω「教える」

この動詞の場合は，動詞幹 δαχ- から現在幹 δι-δα(χ)-σκ- が作られているという事実はたいして役に立たない．それよりも，現在幹以外のすべての時称幹があたかも仮想の動詞 *διδάχω（タイプ 6）から作られているかのように見なす方がはるかに有益である．中動相の持つ二つの意味と，アッティカ方言では未来受動相が διδαχθήσομαι ではなく διδάξομαι（前者は後代においてのみ見られる形）であることに注意．

δι-δά-σκ-ω	仮想の動詞幹 διδαχ-	διδάξω	ἐδίδαξα	δεδίδαχα
中動相1：学ぶ 中動相2：（親が子に）教育を受けさせる		διδάξομαι I will learn / I will have (e.g. my son) educated	ἐδιδαξάμην	δεδίδαγμαι
受動相 be taught		διδάξομαι I will be taught	ἐδιδάχθην	δεδίδαγμαι

14. μι-μνή-σκω「思い出させる」

能動相は散文では前置詞 ἀνά ないし ὑπό との複合形しか見られない．完了（中動相）は常に単純形である：μέμνημαι「思い出す，覚えている」．意味の上では現在であるから，この形から作られた未来完了形は未来の意味になる：μεμνήσομαι「心にとどめているだろう」．アオリスト ἐμνήσθην の意味が「思い出した，言及した」である（受動的でない）ことにも注意．この形から作られた未来形 μνησθήσομαι は「思い出すだろう」を意味する．

ἀνα-μι-μνή-σκω σέ τινος I remind you of something	μνη-	ἀνα-μνήσω	ἀν-έμνησα	
μι-μνή-σκ-ομαι remember		μνησθήσομαι I shall remember μεμνήσομαι I shall bear in mind (fut. pf.)	ἐμνήσθην I remembered, I mentioned	μέμνημαι I remember

語根に ν を付加して現在幹を作る動詞

15. δάκ-ν-ω 噛む	δακ-, δηκ-	δήξομαι	ἔδακον	
受動相		δηχθήσομαι	ἐδήχθην	δέδηγμαι

現在，未完了過去および能動相の第二アオリスト以外では，語根の母音が交替した δηκ- という動詞幹が用いられる．能動相は完了形を欠く．時称幹が δηκ- から作られる場合は，通常のタイプ 6 の κ 幹動詞と同様に活用する．

第 7 章 動詞

16. τέμ-ν-ω 切る	τεμ-, τμ+η	τεμῶ	ἔτεμον	-τέτμηκα
		-τετμήσομαι	ἐτμήθην	τέτμημαι τμητέος

語根：τεμ-. 母音交替によってゼロ階梯の τμ- が現れる時は，発音を容易にするために η が付加される．未来能動相の活用は通常のタイプ 8 の動詞と同じくアッティカ式である．

17. κάμ-ν-ω 働く，疲れる，弱る，病む	καμ-, κμ+η	καμοῦμαι	ἔκαμον	κέκμηκα

語根：καμ-. 完了形では κμ- となり，τέμνω の場合と同様に η によって拡張される．受動相は存在しない．未来形が中動相であることに注意．

18. φθά-ν-ω 先んじる	φθα-, φθη-	φθήσομαι	ἔφθην (ἔφθασα)	ἔφθακα

19. πί-ν-ω 飲む	πι-, πο-, πω-	πίομαι	ἔπιον imp. πῖθι	πέπωκα
		-ποθήσομαι	-επόθην	-πέπομαι ποτός, ποτέος

しばしば ἐξ ないし κατά と複合する．語根：πι-, πο-, 弱変化完了では πω-. 未来形 πίομαι は異例だが，この中動相は元はアオリスト接続法の形であった．

20. ἀφ-ικ-νέ-ομαι > ἀφικνοῦμαι, impf. ἀφῑκνούμην 着く，来る	ἱκ-	ἀφ-ίξομαι	ἀφ-ῑκόμην	ἀφ-ῖγμαι

散文では通常，複合形が用いられる．韻文に見られる単純形 ἱκνέομαι は，しばしば「嘆願者 ἱκέτης としてやって来る，嘆願する相手に近づく」という特殊な意味を持つ．この動詞は ν ではなく νε によって動詞幹を拡張して現在幹を作るので，現在と未完了過去はタイプ 2 の動詞 -έω と同様に（ποιοῦμαι, ἐποιούμην のように）活用する．他の時称の活用形は語根 ἱκ から規則的に作られる．

動詞幹に αν を付加して現在幹を作る動詞

21. ἁμαρτ-άν-ω 失敗する, 的を外す	ἁμαρτ+η	ἁμαρτήσομαι	ἥμαρτον	ἡμάρτηκα
			ἡμαρτήθην	ἡμάρτημαι

| 22. αἰσθ-άν-ομαι
知覚する | αἰσθ+η | αἰσθήσομαι | ᾐσθόμην | ᾔσθημαι |

類例:

| ἀπ-εχθ-άν-ομαι
憎まれる | ἐχθ+η | ἀπεχθήσομαι | ἀπηχθόμην | ἀπήχθημαι |

| αὐξ-άν-ω
増大させる,
成長させる | αὐξ+η | αὐξήσω | ηὔξησα | ηὔξηκα |
| 受動相: 増加す
る, 成長する | | αὐξηθήσομαι
/ αὐξήσομαι | ηὐξήθην | ηὔξημαι |

αὐξηθήσομαι は「一度に, ないし一気に増大する」を (アオリストのアスペクト), αὐξήσομαι は「次第に増えてゆく, 徐々に大きくなる」を意味する.

| ὀφλ-ισκ-άν-ω
罰金刑に処せ
られる, 裁判
に負ける | ὀφλ+η | ὀφλήσω | ὦφλον | ὤφληκα |

以下の動詞は動詞幹 (語根) に αν を付加するのみならず, さらに ν を挿入して現在幹を作る. この ν (いわゆる「接中辞の ν」) は語根末尾の子音の直前に置かれる.

| 23. μα-ν-θ-άν-ω
学ぶ | μαθ+η | μαθήσομαι | ἔμαθον | μεμάθηκα
μαθητός, -τέος |

| 24. λα-μ-β-άν-ω
摑む | λαβ-, ληβ- | λήψομαι | ἔλαβον | εἴληφα |
| | | ληφθήσομαι | ἐλήφθην | εἴλημμαι
ληπτός, -τέος |

接中辞 ν が β と同化して両唇音 μ になることに注意: λανβ > λαμβάνω.

25. λα-ν-θ-άν-ω 人の目を逃れる	λαθ-, ληθ-	λήσω	ἔλαθον	λέληθα （意味は現在）
ἐπι-λανθάνομαι 忘れる		ἐπι-λήσομαι	ἐπ-ελαθόμην	ἐπι-λέλησμαι

歯音は σ の前で消失する：λήθσω > λήσω．θμ > σμ という音韻変化の規則も想起されたい：ἐπι-λέληθμαι > ἐπι-λέλησμαι．

26. τυ-γ-χ-άν-ω 的に当てる， 手に入れる	τευχ-, τυχ-	τεύξομαι	ἔτυχον	τετύχηκα

接中辞 ν が χ と同化して軟口蓋音 γ [ŋ] になることに注意：τυνχ > τυγχάνω．

27. λα-γ-χ-άν-ω 籤で引き当てる	λαχ-, ληχ-	λήξομαι	ἔλαχον	εἴληχα
			ἐλήχθην	εἴληγμαι ληκτέος

上の τυγχάνω と同様に λανχάνω > λαγχάνω．

28. πυ-ν-θ-άνομαι 聞き知る，問う	πευθ-, πυθ-	πεύσομαι	ἐπυθόμην	πέπυσμαι

歯音は σ の前で消失する：πεύθσομαι > πεύσομαι．
θμ > σμ：πέπυθμαι > πέπυσμαι．

現在幹に加えて未来幹とアオリスト幹（能動相・中動相）も ν によって拡張される二つの動詞

29. κρῐ́-ν-ω 判定する	κρι-, κρι+ν	κρινῶ	ἔκρῑνα	κέκρικα
		κριθήσομαι	ἐκρίθην	κέκριμαι
ἀποκρίνομαι 答える	κρι-, κρι+ν	ἀποκρινοῦμαι	ἀπεκρῑνάμην	ἀποκέκριμαι

英語の 'crisis' という語が示すように，語根は κρι- である．しかし，現在のみならず未来とアオリスト（能動相と中動相のみ．受動相には当てはまらない）の活用においても，これに ν が付加される．それゆえ，この動詞と次の κλίνω については流音・鼻音幹動詞（タイプ 8）の説明の中で注意を促したのである（→ §47）．

30. κλῑ́-ν-ω 傾ける	κλι-, κλι+ν	-κλινῶ	ἔκλῑνα	κέκλικα (後代の形)
		-κλινήσομαι	-εκλίνην	κέκλιμαι

通常，κατά との複合形が用いられる．κρίνω と同様に活用するが，未来とアオリストの受動相においても動詞幹に ν が付加される点は異なる．

ε による拡張

動詞幹に ε を付加して現在幹またはその他の時称幹を形成する動詞もある：

31. δοκ-έ-ω 思われる	δοκ-	δόξω	ἔδοξα	
			-εδόχθην	δέδογμαι ἀ-δόκητος

32. ὠθ-έ-ω 押す	ὠθ-	ὤσω	ἔωσα	ἔωκα
			ἐώσθην	ἔωσμαι

θμ > σμ, θθ > σθ．

33. μάχομαι 戦う	μαχ + ε/η	μαχέ(σ)ομαι > μαχοῦμαι	ἐμαχεσάμην	μεμάχημαι

34. γαμέω 娶る (τὴν γυναῖκα)	γαμ + ε/η	γαμέ(σ)ω > γαμῶ	ἔγημα	γεγάμηκα
γαμέομαι 嫁ぐ (τῷ ἀνδρί)		γαμοῦμαι	ἐγημάμην	γεγάμημαι

活用形が作られる際，発音の困難さを避けるために η がしばしば挿入されることには，様々な動詞の主要形を覚える過程でおのずと気づくであろうが，動詞幹に ε/η が付加される重要な動詞をいくつか挙げておこう：βούλομαι 欲する，δέομαι 必要とする，乞う，ἐθέλω 欲する，καθεύδω 眠る，μέλει μοι 私にとっての関心事である，μέλλω …するつもりである，οἴομαι 思う，οἴχομαι 行ってしまった，居ない，ὀφείλω 借りがある，etc.

10b：借用された動詞幹を持つ動詞

1. φέρω 耐える，運ぶ	pres. φερ- fut. οἰ(σ)- aor. ἐνεγκ- pf. ἐνεκ- / ἐνοκ-	οἴσω	1 aor. ἤνεγκα 2 aor. ἤνεγκον	ἐνήνοχα
中動相：自分のものとして持ち去る，勝ち得る		οἴσομαι	ἠνεγκάμην	
受動相		-ενεχθήσομαι οἰσθήσομαι οἴσομαι	ἠνέχθην	ἐνήνεγμαι

　この動詞は現在幹以外の時称幹の形成に際して，それぞれ異なる動詞幹を様々な動詞から借用している：現在幹は本来の動詞幹 φερ- から作られる．cf. *Lat. fero*, *Eng.* bear.

　未来幹を作るのに用いられる動詞幹は οἰ-. οἴσομαι が中動相としても受動相としても用いられることに注意．

　アオリスト幹は ἐνεγκ-. ἤνεγκα は σ を伴わない弱変化アオリストであるが，強変化形 ἤνεγκον も存在する．後者はすべての人称で用いられるわけではない：e.g. 2.sg. はほとんど常に ἤνεγκας, 2.pl. ἠνέγκατε, 3.pl. ἤνεγκαν.

　完了幹は ἐνεκ- にアッティカ式畳音（ἐν-ην）を施して作る．能動相ではさらに母音交替（ε/o）と幹末の κ の帯気音化（κα > χα）をも伴う．ἐν-ην-εκ + μαι > ἐνήνεγμαι, ἐνοκ: ἐν-ην-οχ-α.

2. ὁράω 見る impf. ἑώρων	ϝορα- ὀπ- aor. ϝιδ-	ὄψομαι I will see 2.sg. ὄψει	εἶδον (inf. ἰδεῖν)	ἑόρᾱκα / ἑώρᾱκα plpf. ἑωράκη
		ὀφθήσομαι	ὤφθην	ἑόρᾱμαι ὦμμαι ὁρᾱτός, περι-οπτέος

　どの言語にも「見る」という行為の様々なニュアンスを表す多くの動詞が存在する：e.g. βλέπω「注視する，目が見える」，θεάομαι「（運動競技会や演劇などを）眺める，観覧する」，σκοπέω, σκέπτομαι「見張る（次第に知性の働きという意味合いが強まって：「考察する，吟味する」）」．ὁράω の活用において用

いられる三つの語根も，元はそれぞれ異なる意味を帯びていた．たとえば ϝιδ- という語根の固有の意味は，視覚による即座の認識を表す「見つける，見て気づく」であり，したがってアオリストにのみ適合する．

「視覚を働かせる」「観察する」という意味を持つ語根 ὀπ- は未来幹の形成に用いられる：ὄψομαι の意味は常に能動的．2人称単数形は必ず -ει で終わり，*ὄψῃ とはならない．完了中・受動相 ὦμμαι (ὀπμ > ὀμμ)，未来およびアオリスト受動相 ὀφθήσομαι, ὤφθην (ὀπθ > ὀφθ) の活用形もまた，この語根から作られる．後代のギリシア語では語根 ὁρα- が次第にこれに取って代わった．「見つめる，見守る」という継続的な意味を持つこの語根は現在幹の形成に適している．完了能動相には ἑόρᾱκα / ἑώρᾱκα の二つの形があることに注意．

3. λέγω, -ἀγορεύω 言う	ϝερε-, ϝρ+η λεγ-	ἐρέω > ἐρῶ λέξω	εἶπον inf. εἰπεῖν (εἶπας, etc. も) ἔλεξα	εἴρηκα
受動相		ῥηθήσεται λεχθήσεται (trag. λέξεται) fut. pf. εἰρήσεται λελέξεται	ἐρρήθη ἐλέχθη	εἴρηται λέλεκται ῥητός, -τέος λεκτέος
δια-λέγομαι 話し合う		δια-λέξομαι / δια-λεχθήσομαι	δι-ελέχθην	δι-είλεγμαι δια-λεκτέος

現在：λέγω は本来「集める」を意味した (cf. *Lat.* lego) が，アッティカ方言では語義が敷衍され，「言う」という転義を獲得するに至った（「集める」という意味は συλλέγω を代用して表した）．「言う」を意味する動詞は他にもある：φημί「主張する，…という意見である」(➡ 8§10)，φάσκω「繰り返し言う」，ἀγορεύω「集会の場で話す」（ホメーロスの時代には集会が ἀγορά と呼ばれたことに由来する．古典期における呼称は ἐκκλησία. ἀπαγορεύω「禁じる，拒絶する」のような複合動詞もある）．

アオリスト：εἶπον ないしイオーニアー方言形 εἶπα. 語根は「陳述する」を意味する ϝειπ-. それゆえ加音を伴う活用形は ει で始まるが，**加音を伴わない活用形も ει で始まる**：subj. εἴπω, inf. εἰπεῖν, opt. εἴποιμι, etc. これは上述の ϝιδ- という語根と好対照をなす：2 aor. εἶδον, inf. ἰδεῖν. イオーニアー方言ではアオリスト幹 εἰπα- から作られる弱変化形が優勢であるが，アッティカ方言においても εἶπας, εἴπατε, εἶπαν の用例は少なからず見られる．しかし，後者

第7章 動詞　　195

では1人称単数形は常に εἶπον である.

語根 ϝερε- / ϝρ+η は「(宗教的儀式，民会や評議会の議場，法廷などの厳粛な場所で) 仕来りに則って言葉を発する」を意味する．この語根が現在形や能動相のアオリスト形には用いられず，完了形によく用いられるのはそのためである．活用形はいずれも規則的に作られる：fut. ϝερεω > ἐρέω > ἐρῶ, pf. ϝε-ϝερηκα > εερηκα > εἴρηκα, pf. pass. εἴρηται, aor. pass. εϝρ > ερρ+ηθη > ἐρρήθην, fut. pass. ῥηθήσεται (アオリスト受動相から作られた形), fut. pf. εἰρήσεται (完了受動相から作られた形).

4. αἱρέω 取る，捕まえる，有罪とする	αἱρε-, ἑλ-	αἱρήσω	ἐ+ἑλ > εἷλον inf. ἑλεῖν	ᾕρηκα
中動相：選ぶ				ᾕρημαι I have chosen
受動相：選ばれる		αἱρεθήσομαι I will be chosen	ᾑρέθην I was chosen	ᾕρημαι I've been chosen αἱρετός, -τέος
受動相：捕まる，有罪判決を受ける ἁλίσκομαι	ϝᾱλο-	ἁλώσομαι	ἑάλων / ἥλων (ἁλῶ, ἁλοίην, ἁλῶναι, ἁλούς)	ἑάλωκα / ἥλωκα ἁλωτός

αἱρε- という語根から作られる形は「何かを摑み取ろうと努力する」という意味を表し，ἑλ- から作られる形は実際に何かを摑むこと，手に取ることを意味する．それゆえ後者はアオリスト幹の形成に適している．アオリスト受動相 ᾑρέθην の ε が短い理由は不明（ηὑρέθην 同様，説明し難い）．

中動相が「自分のために取る，選ぶ」を意味することに注意．受動相は通常，この中動相の意味に対する受け身（「選ばれる」）として用いられる．能動相の意味に対する受け身「捕らえられる，有罪判決を受ける」を表すには，ἁλίσκομαι という別の動詞を用いるのが通例である．

5. τρέχω 走る	θρεχ- > τρεχ- δραμ-	δραμοῦμαι ἀπο-θρέξομαι	ἔδραμον	-δεδράμηκα
				-δεδράμημαι περι-θρεκτέος

語根 θρεχ- > τρεχ- は「走って移動している」という継続の相を表し，それゆえ主として現在幹の形成に用いられる．δραμ- は「走った末，目的地に到達する」という完了の相を表すようである．

ἔδω「食べる」：ἐσθίω の詩語

6. ἐδ-θι-ω > ἐσ-θίω 食べる impf. ἤσθιον	ἐδ- φαγ-	ἔδομαι	ἔφαγον	ἐδήδοκα
受動相			ἠδέσθην	κατ-εδήδεσμαι ἐδεστός, -τέος

Lat. edo, Eng. eat, Ger. essen はすべて，ホメーロスに見られる古い動詞 ἔδω「食べる」に由来する．印欧祖語より継承されたその語根 ἐδ- は，拡張されないそのままの形で未来形 ἔδομαι に，アッティカ式畳音を施された上で完了形 ἐδήδοκα に用いられている．現在形においては θι によって拡張され，δ が異化によって σ となる：ἐδ-θι-ω > ἐσ-θίω．

φαγ- は結果の相を表す：「平らげる，食べ尽くす，飲み込む」．それゆえこの語根は現在幹の形成には用いられず，アオリスト形にのみ見られる．

補説4：能動相および受動相の意味で用いられる未来中動相
§60. 現在形は能動相でありながら未来形は中動相（意味は能動）である動詞をこれまで数多く見てきたが，ここでそのような特徴を持つ重要な54の動詞の一覧を掲げておこう．アステリスクを付したものには能動相もあるが，アッティカ方言では通常，それらは中動相に比して稀である．

  ᾄδω   ᾄσομαι 歌う
  ἀκούω   ἀκούσομαι 聞く
  ἁμαρτάνω   ἁμαρτήσομαι 失敗する
  ἀπαντάω   ἀπαντήσομαι 会いに行く
  ἀπολαύω   ἀπολαύσομαι 楽しむ
  *ἁρπάζω   ἁρπάσομαι 掠奪する
  βαδίζω   βαδιοῦμαι 歩く
  βαίνω   -βήσομαι（複合形で）歩く
  βιόω   βιώσομαι 生きる
  βλέπω   βλέψομαι 目が見える
  βοάω   βοήσομαι 叫ぶ
  γελάω   γελάσομαι 笑う
  *γηράσκω   γηράσομαι 老いる
  γιγνώσκω   γνώσομαι 知る

δάκνω	δήξομαι	噛む
δείδω	δείσομαι	恐れる
ἀπο-διδράσκω	ἀπο-δράσομαι	逃走する
*διώκω	διώξομαι	追う
εἰμί	ἔσομαι	～である
*ἐπαινέω	ἐπαινέσομαι	褒める
ἐσθίω	ἔδομαι	食べる
θαυμάζω	θαυμάσομαι	驚嘆する
θέω	θεύσομαι	走る
ἀπο-θνῄσκω	ἀπο-θανοῦμαι	死ぬ
κάμνω	καμοῦμαι	働く，疲れる
*κλαίω	κλαύσομαι（または κλαιήσω）	泣く
λαγχάνω	λήξομαι	籤で引き当てる
λαμβάνω	λήψομαι	摑む
μανθάνω	μαθήσομαι	学ぶ
νέω	νεύσομαι	泳ぐ
οἶδα	εἴσομαι	知っている
οἰμώζω	οἰμώξομαι	嘆く
ὀλολύζω	ὀλολύξομαι	大声で叫ぶ
ὄμνῡμι	ὀμοῦμαι	誓う
ὁράω	ὄψομαι	見る
πάσχω	πείσομαι	蒙る
πηδάω	πηδήσομαι	跳ぶ
πίνω	πίομαι	飲む
πίπτω	πεσοῦμαι	落ちる
πλέω	πλεύσομαι（または πλευσοῦμαι）航行する
πνέω	πνεύσομαι（または πνευσοῦμαι）呼吸する
*ποθέω	ποθέσομαι（または ποθήσω）熱望する
ῥέω	ῥεύσομαι	流れる
σῑγάω	σῑγήσομαι	黙っている
σιωπάω	σιωπήσομαι	黙っている
σκώπτω	σκώψομαι	嘲笑する，冗談を言う

σπουδάζω	σπουδάσομαι 熱心に…する
*τίκτω	τέξομαι （子を）産む，儲ける
τρέχω	-θρέξομαι 走る
τρώγω	τρώξομαι 齧る
τυγχάνω	τεύξομαι 的に当てる
φεύγω	φεύξομαι （または φευξοῦμαι）逃げる
*φθάνω	φθήσομαι 先んじる
*χωρέω	χωρήσομαι 前進する

動詞幹に αν を付加して現在幹を作る動詞（タイプ 10a. 21ff.）は，αὐξάνω，λανθάνω, ὀφλισκάνω を除いてすべて中動相の未来形を持つ．称賛ないし非難を意味する動詞の未来形には能動相と中動相の両方がある．

§61. 未来中動相が受動的な意味を持つ動詞は少なくない．前述したように，未来受動相はかなり時代が下ってから作り出された形であるから，たとえば ἀδικέω「不正を働く，害をなす」のような動詞の場合，「私は虐待を受けるだろう」という意味は未来中動相 ἀδικήσομαι によって表される．この類いの最も重要な 24 の動詞を以下に示す：

ἀγνοέω 無知である (ἀγνοήσομαι)	ἐνεδρεύω 待ち伏せする (ἐνεδρεύσομαι)	προαγορεύω 予告する (-εύσομαι)
ἀγωνίζομαι 競争する (ἀγωνιοῦμαι)	ἐν-έχω 包蔵する (ἐν-έξομαι 巻き込まれるだろう)	ταράττω 攪乱する (ταράξομαι)
ἀδικέω 不正を働く，害をなす (ἀδικήσομαι)	ἐπιβουλεύω 陰謀を企む (ἐπιβουλεύσομαι)	τηρέω 監視する (-ήσομαι)
ἀμφισβητέω 論争する (-ήσομαι)	θεραπεύω 仕える，世話をする (-εύσομαι)	τρέφω 養育する (θρέψομαι)
ἄρχω 支配する (ἄρξομαι)	κωλύω 妨げる (κωλύσομαι)	τρίβω 擦る (τρίψομαι)
διδάσκω 教える (διδάξομαι)	οἰκέω 住む，治める (οἰκήσεται 家事が切り盛りされるだろう)	ὕω 雨が降る (ὕσομαι)
ἐάω 許す (ἐάσομαι)	ὁμολογέω 同意する (-ήσομαι)	φιλέω 愛する (-ήσομαι)
εἴργω 閉じ込める (εἴρξομαι)	πολεμέω 戦争する (-ήσομαι)	φυλάττω 見張る (-άξομαι)

後代のギリシア語では，これらの動詞の多くが -(θ)ησομαι で終わる規則的な未来受動相によって受動的な意味を表すようになったが，アッティカ方言においてはそのようにはならなかった．

§62. 若干の動詞は，未来受動相と未来中動相が両方とも未来における受け身の意味を表す．では，両者の違いは何であろうか．未来中動相 -σομαι は現在幹を基に作られた形であるから，継続的な行為を表す．一方，未来受動相 -(θ)ήσομαι はアオリスト形が基になっているので，表わす意味もアオリストのそれである．たとえば，θανάτῳ ζημιωθήσεται が「（有罪判決を下されたら）彼は死刑に処せられるだろう」を意味する（罰するという行為が，ある日ある時に一度きり行われるものとして捉えられている）のに対し，ζημιώσεται は「彼は（一定の期間に亘って）罰を受けることになるだろう」という意味になる．同様に：τῑμήσομαι「私は名誉に浴することになるだろう」／τῑμηθήσομαι「私は（ある特定の機会に）名誉を授けられる（表彰される）だろう」；ὠφελήσομαι「私は（長きに亘って）恩恵を受けることになるだろう」／ὠφεληθήσομαι「私は（ある特定の機会に）利益を得るだろう」．

このような性質を持つ動詞は以下の通り：

ἄγω 導く，ἄξομαι, ἀχθήσομαι
ἀπατάω 欺く，ἀπατήσομαι, ἐξαπατηθήσομαι
αὐξάνω 増大させる，αὐξήσομαι, αὐξηθήσομαι
βλάπτω 害する，βλάψομαι, βλαβήσομαι
δηλόω 明らかにする，δηλώσομαι, δηλωθήσομαι
ἐλᾱττόω 小さくする，-ώσομαι, -ωθήσομαι
ζημιόω 罰する，ζημιώσομαι, ζημιωθήσομαι
κρίνω 判定する，κρινοῦμαι, κριθήσομαι
λέγω 言う，λέξομαι (trag.), λεχθήσομαι

μαρτυρέω 証言する，μαρτυρήσομαι, μαρτυρηθήσομαι
πολιορκέω 包囲攻撃する，πολιορκήσομαι, πολιορκηθήσομαι
στερέω 剥奪する，ἀποστερήσομαι, ἀποστερηθήσομαι
τάττω 整列させる，τάξομαι, ταχθήσομαι
τῑμάω 名誉を与える，τῑμήσομαι, τῑμηθήσομαι
ὑβρίζω 侮辱する，ὑβριοῦμαι, ὑβρισθήσομαι
φέρω 運ぶ，οἴσομαι, οἰσθήσομαι, κατενεχθήσομαι
φρονέω 軽蔑する，καταφρονήσομαι καταφρονηθήσομαι
ὠφελέω 裨益する，ὠφελήσομαι, ὠφεληθήσομαι

μι 動詞

§63. μι 動詞は次の 2 種類に分けられる：

A. 語根型． -η-μι または -ω-μι で終わる（動詞幹の末尾は ε/η, α/η または ο/ω）．現在幹には通常，畳音が施されるが，動詞幹（＝語根）がそのまま現在幹となる場合もある（タイプ 11・12）．

B. -νῡμι 型． 動詞幹に νυ (νῡ) または ννυ (ννῡ) が付加される（幹末が子音の場合は前者，母音の場合は後者）．接続法と希求法は必ず，場合によっては直説法も，ω 動詞のように活用する（タイプ 13）．

§64. タイプ 11

タイプ 11a：δίδωμι「与える」．この動詞は μι 動詞の特徴を最も明確に示す．動詞幹は δο- または δω-，これらに畳音を施した形は διδο-, διδω-．(δι)δο- と (δι)δω- がどのように使い分けられているかに注意を払うこと．

タイプ 11b：τίθημι「置く」．この動詞の活用は δίδωμι と非常によく似ている．動詞幹：θε-, θη-；畳音を施した形：(θιθε-, θιθη- >) τι-θε-, τι-θη-．δίδωμι の活用における (δι)δο- と (δι)δω- の使い分けのパターンと，τίθημι の活用における (τι)θε- と (τι)θη- のそれとが同一であることに注意．

タイプ 11c：ἵημι「放つ」．動詞幹：σε > ἑ-, ση > ἥ-；畳音を施した形：σισε, σιση > ἵε-, ἵη-．

現在および未完了過去の活用においては母音間の σ が保持されることに注意：命令法現在 δί-δο-σο，直説法未完了過去 ἐ-δί-δο-σο．しかしアオリストの活用においては σ は消失する（ただし εἷσο は例外）．

直説法，命令法および不定詞

11a ω/ο Ind. pres. act.	11b η/ε	11c η/ε
δί-δω-μι	τί-θη-μι	ἵ-η-μι
δί-δω-ς	τί-θη-ς	ἵ-η-ς
δί-δω-σι$_v$	τί-θη-σι$_v$	ἵ-η-σι$_v$
δί-δο-μεν	τί-θε-μεν	ἵ-ε-μεν
δί-δο-τε^{ov}	τί-θε-τε^{ov}	ἵ-ε-τε^{ov}
δι-δό-ᾱσι$_v$	τι-θέ-ᾱσι$_v$	ἱ-ᾶσι$_v$
Inf.		
δι-δό-ναι	τι-θέ-ναι	ἱ-έ-ναι

Imp. pres. act.		
δί-δο-ε > δί-δου	τί-θε-ε > τί-θει	ἵ-ε-ε > ἵ-ει
δι-δό-τω	τι-θέ-τω	ἱ-έ-τω
δί-δο-τε^{ων}	τί-θε-τε^{ων}	ἵ-ε-τε^{ων}
δι-δό-ντων	τι-θέ-ντων	ἱ-έ-ντων

Ind. pres. mid.		
δί-δο-μαι	τί-θε-μαι	ἵ-ε-μαι
δί-δο-σαι	τί-θε-σαι	ἵ-ε-σαι
δί-δο-ται	τί-θε-ται	ἵ-ε-ται
δι-δό-μεθα	τι-θέ-μεθα	ἱ-έ-μεθα
δί-δο-σθε^{ov}	τί-θε-σθε^{ov}	ἵ-ε-σθε^{ov}
δί-δο-νται	τί-θε-νται	ἵ-ε-νται
Inf.		
δί-δο-σθαι	τί-θε-σθαι	ἵ-ε-σθαι

Imp. pres. mid.		
δί-δο-σο	τί-θε-σο	ἵ-ε-σο
δι-δό-σθω	τι-θέ-σθω	ἱ-έ-σθω
δί-δο-σθε^{ων}	τί-θε-σθε^{ων}	ἵ-ε-σθε^{ων}
δι-δό-σθων	τι-θέ-σθων	ἱ-έ-σθων

Ind. impf. act.		
ἐ-δί-δουν*	ἐ-τί-θη-ν	ἵ-η-ν
ἐ-δί-δους*	ἐ-τί-θεις*	ἵ-εις*
ἐ-δί-δου*	ἐ-τί-θει*	ἵ-ει*
ἐ-δί-δο-μεν	ἐ-τί-θε-μεν	ἵ-ε-μεν
ἐ-δί-δο-τε^{ην}	ἐ-τί-θε-τε^{ην}	ἵ-ε-τε^{ην}
ἐ-δί-δο-σαν	ἐ-τί-θε-σαν	ἵ-ε-σαν

* 母音融合の形式は, タイプ 11a の動詞はタイプ 4 の動詞 -όω と同じ : ἐ-δί-δο+ες > ἐ-δί-δους. タイプ 11b, 11c の動詞はタイプ 2 の動詞 -έω と同じ : ἐ-τί-θε+ες > ἐ-τί-θεις.

Ind. impf. mid.		
ἐ-δι-δό-μην	ἐ-τι-θέ-μην	ἱ-έ-μην
ἐ-δί-δο-σο	**ἐ-τί-θε-σο**	**ἵ-ε-σο**
ἐ-δί-δο-το	ἐ-τί-θε-το	ἵ-ε-το
ἐ-δι-δό-μεθα	ἐ-τι-θέ-μεθα	ἱ-έ-μεθα
ἐ-δί-δο-σθε^{ην}	ἐ-τί-θε-σθε^{ην}	ἵ-ε-σθε^{ην}
ἐ-δί-δο-ντο	ἐ-τί-θε-ντο	ἵ-ε-ντο

Ind. aor. act. (sg. 1 aor., pl. 3 aor.)		
ἔδωκα	ἔθηκα	ἧκα
ἔδωκας	ἔθηκας	ἧκας
ἔδωκε$_ν$	ἔθηκε$_ν$	ἧκε$_ν$
ἔ-δο-μεν	ἔ-θε-μεν	εἷ-μεν
ἔ-δο-τε^{ην}	ἔ-θε-τε^{ην}	εἷ-τε^{ην}
ἔ-δο-σαν	ἔ-θε-σαν	εἷ-σαν
Inf.		
δοῦ-ναι	θεῖ-ναι	εἷ-ναι

Imp. aor. act.		
δό-ς	θέ-ς	ἕ-ς
δό-τω	θέ-τω	ἕ-τω
δό-τε^{ων}	θέ-τε^{ων}	ἕ-τε^{ων}
δό-ντων	θέ-ντων	ἕ-ντων

Ind. aor. mid. (3 aor.)

ἐ-δό-μην	ἐ-θέ-μην	εἵ-μην
ἔ-δο-σο > ἔ-δου	ἔ-θε-σο > ἔ-θου	εἶ-σο
ἔ-δο-το	ἔ-θε-το	εἶ-το
ἐ-δό-μεθα	ἐ-θέ-μεθα	εἵ-μεθα
ἔ-δο-σθε^{ην}	ἔ-θε-σθε^{ην}	εἶ-σθε^{ην}
ἔ-δο-ντο	ἔ-θε-ντο	εἶ-ντο

Inf.

δό-σθαι	θέ-σθαι	ἕ-σθαι

Imp. aor. mid.

δό-σο > δοῦ	θέ-σο > θοῦ	ἕ-σο > οὗ
δό-σθω	θέ-σθω	ἕ-σθω
δό-σθε^{ων}	θέ-σθε^{ων}	ἕ-σθε^{ων}
δό-σθων	θέ-σθων	ἕ-σθων

接続法，希求法および分詞：現在形は畳音を伴い，アオリスト形は畳音を伴わない．

(δι-)δῶ	(τι-)θῶ	(ἱ-)ὧ
(δι-)δῷ-ς	(τι-)θῇ-ς	(ἱ-)ᾗς
(δι-)δῷ	(τι-)θῇ	(ἱ-)ᾗ
(δι-)δῶ-μεν	(τι-)θῶ-μεν	(ἱ-)ὧμεν
(δι-)δῶ-τε^{ον}	(τι-)θῆ-τε^{ον}	(ἱ-)ἧτε
(δι-)δῶ-σι$_ν$	(τι-)θῶ-σι$_ν$	(ἱ-)ὧσι$_ν$

(δι-)δῶ-μαι	(τι-)θῶ-μαι	(ἱ-)ὧμαι
(δι-)δῷ	(τι-)θῇ	(ἱ-)ᾗ
(δι-)δῶ-ται	(τι-)θῆ-ται	(ἱ-)ἧ-ται
(δι-)δώ-μεθα	(τι-)θώ-μεθα	(ἱ-)ὥ-μεθα
(δι-)δῶ-σθε^{ον}	(τι-)θῆ-σθε^{ον}	(ἱ-)ἧ-σθε
(δι-)δῶ-νται	(τι-)θῶ-νται	(ἱ-)ὧ-νται

(δι-)δο-ίη-ν	(τι-)θε-ίη-ν	(ἱ-)ε-ίη-ν
(δι-)δο-ίη-ς	(τι-)θε-ίη-ς	(ἱ-)ε-ίη-ς
(δι-)δο-ίη	(τι-)θε-ίη	(ἱ-)ε-ίη
(δι-)δο-ῖ-μεν	(τι-)θε-ῖ-μεν	(ἱ-)ε-ῖ-μεν
(δι-)δο-ῖ-τε^{ην}	(τι-)θε-ῖ-τε^{ην}	(ἱ-)ε-ῖ-τε
(δι-)δο-ῖ-εν	(τι-)θε-ῖ-εν	(ἱ-)ε-ῖ-εν
または	または	または
(δι-)δο-ίη-μεν	(τι-)θε-ίη-μεν	(ἱ-)ε-ίη-μεν
(δι-)δο-ίη-τε	(τι-)θε-ίη-τε^{ην}	(ἱ-)ε-ίη-τε^{ην}
(δι-)δο-ίη-σαν	(τι-)θε-ίη-σαν	(ἱ-)ε-ίη-σαν

(δι-)δο-ί-μην	(τι-)θε-ί-μην	(ἱ-)ε-ί-μην
(δι-)δο-ῖ-ο	(τι-)θε-ῖ-ο	(ἱ-)ε-ῖ-ο
(δι-)δο-ῖ-το	(τι-)θε-ῖ-το / (τι-)θοῖ-το	(ἱ-)ε-ῖ-το
(δι-)δο-ί-μεθα	(τι-)θε-ί-μεθα / (τι-)θοί-μεθα	(ἱ-)ε-ί-μεθα / (ἱ-)οἵμεθα
(δι-)δο-ῖ-σθε	(τι-)θε-ῖ-σθε / (τι-)θοῖ-σθε	(ἱ-)ε-ῖ-σθε / (ἱ-)οῖσθε
(δι-)δο-ῖ-ντο	(τι-)θε-ῖ-ντο / (τι-)θοῖ-ντο	(ἱ-)ε-ῖ-ντο / (ἱ-)οῖντο

(δι-)δούς, (δι-)δόντος	(τι-)θείς, (τι-)θέντος	(ἱ-)εἵς, (ἱ-)ἕντος
(δι-)δοῦσα, (δι-)δούσης	(τι-)θεῖσα, (τι-)θείσης	(ἱ-)εῖσα, (ἱ-)είσης
(δι-)δόν, (δι-)δόντος	(τι-)θέν, (τι-)θέντος	(ἱ-)ἕν, (ἱ-)ἕντος

(δι-)δόμενος	(τι-)θέμενος	(ἱ-)ἕμενος
(δι-)δομένη	(τι-)θεμένη	(ἱ-)ἑμένη
(δι-)δόμενον	(τι-)θέμενον	(ἱ-)ἕμενον

他の時称の活用形は規則的に作られる：
fut. act. δώσω, fut. mid. δώσομαι, pf. act. δέδωκα (plpf. ἐδεδώκη), pf. mid. pass. δέδομαι (plpf. ἐδεδόμην), aor. pass. ἐδόθην, fut. pass. δοθήσομαι. 動形容詞：δοτός, δοτέος.

fut. act. θήσω, fut. mid. θήσομαι, pf. act. τέθηκα (plpf. ἐτεθήκη), pf. mid. pass.

τέθειμαι (plpf. ἐτεθείμην), aor. pass. ἐτέθην, fut. pass. τεθήσομαι. 動形容詞：θετός, θετέος.

fut. act. ἥσω, fut. mid. ἥσομαι, **pf. act. εἷκα (plpf. εἵκη), pf. mid. pass. εἷμαι (plpf. εἵμην), aor. pass. εἵθην, fut. pass. ἑθήσομαι.** 動形容詞：ἑτός, ἑτέος（複合形で）。直説法アオリスト能動相の単数形では加音の結果 ἡ- となるが、それ以外の加音や畳音を施された形はすべて εἱ- となる：e.g. aor. pass. ἐέθην > εἵθην, pf. act. seseka > heheka > ἕεκα > εἷκα, pf. mid. pass. sesemai ... > ἕεμαι > εἷμαι. 能動相の意味が「放つ」であるのに対し、中動相は「急ぐ、素早く動く、熱望する」を意味する。

上の表を見れば、タイプ 11c の動詞の活用はタイプ 11b のそれに非常によく似ていることに気づくであろう。動詞幹およびそれに加音や畳音を施した形を別にすれば（e.g. εἷ-μεν vs. ἕ-θε-μεν）、両者の間に違いが認められるのは次の 2 箇所のみである：
直説法現在能動相 3 人称複数形：ἱ-ᾶσιν（母音融合が生じる）／τι-θέ-ασιν（母音は融合しない）。
直説法アオリスト中動相 2 人称単数形：εἷ-σο（σ が保持される）／ἕ-θε-σο > ἕ-θου（σ が消失する）。

　11a と 11b の間には以下のような対応関係が見られる：
11a の ω は 11b の η に（接続法を除く）、o は ε に、ου は ει に（直説法未完了過去能動相 1 人称単数形、直説法および命令法アオリスト中動相 2 人称単数形を除く）、それぞれ対応する。

§65. タイプ 12：ἵστημι

ἵστημι「立てる」の活用はタイプ 11 の動詞のそれに非常によく似ている。動詞幹：στα-, στη-；畳音を施した形：ἱστα-, ἱστη- (< σι-στα-, σι-στη-). 以下の対応関係に注意：

δί-δω-μι　　　τί-θη-μι　　　ἵ-στη-μι
(δι-)δο-ίη-ν　　(τι-)θε-ίη-ν　(ἱ-)στα-ίη-ν
(δι-)δούς　　　(τι-)θείς　　　(ἱ-)στάς（次の規則による：ονς > ους, ενς > εις, ανς > ᾱς）

以下に掲げる活用表では、上の対応表から予想されるのとは異なる形は、容易に見分けがつくようにすべて強調して示す。それらの**ボールド体で示された活用形は覚えなければならない**。その他の形は τίθημι の活用を知っていれば容易に得られる。

　この動詞についてはこれまでと順序を変えて、まず意味を提示し、それから

その意味を表す形を見てゆくことにしよう.

意味 A:「立てる, 真っ直ぐに据える, 直立した状態にして設置する, 立たせる」

Ind. pres. η/ᾰ	Subj.	Opt.	Ind. impf.	Imp.
ἵ-στη-μι	ἱ-στῶ	ἱ-στα-ίη-ν (cf. τι-θε-ίη-ν)	ἵ-στη-ν	
ἵ-στη-ς	ἱ-στῇ-ς	ἱ-στα-ίη-ς	**ἵ-στη-ς**	**ἵ-στη**
ἵ-στη-σι_ν	ἱ-στῇ	ἱ-στα-ίη	**ἵ-στη**	ἱ-στά-τω
ἵ-στα-μεν	ἱ-στῶ-μεν	ἱ-στα-ῖ-μεν / -ίη-μεν	ἵ-στα-μεν	
ἵ-στα-τε^ον	ἱ-στῆ-τε^ον	ἱ-στα-ῖ-τε^ην / -ίη-τε^ην	ἵ-στα-τε^ην	ἵ-στα-τε^ων
ἱ-στᾶσι_ν (cf. ἱ-ᾶσι_ν)	ἱ-στῶ-σι_ν	ἱ-στα-ῖ-εν / -ίη-σαν	ἵ-στα-σαν	ἱ-στά-ντων

Part.	Inf.
ἱ-στάς, ἱ-στάντος	ἱ-στά-ναι
ἱ-στᾶσα, ἱ-στάσης	
ἱ-στάν, ἱ-στάντος	

他の時称の活用形は規則的に作られる：fut. στήσω 立てるだろう, 1 aor. ἔστησα 立てた, 据えた. Aor. subj. στήσω, opt. στήσαιμι, imp. στῆσον, inf. στῆσαι, part. στήσᾱς, etc. Aor. pass. ἐστάθην 立てられた, fut. pass. σταθήσομαι 立てられるだろう.

中動相の活用形もある：e.g. aor. mid. ἐστησάμην 自分のために立てた（据えた）.

注.「立て終えている（立てたものが現在立っている）, 設置を済ませた」という意味を表す完了形 ἕστᾰκα はアッティカ方言ではあまり用いられない.

現在時称の活用が ἵστημι と同様である二つの動詞：πίμπλημι (√πλη)「満たす」, πίμπρημι (√πρη)「焼く」. これらの現在幹は畳音を施された動詞幹にνを挿入することによって形成されている：πιπ- + ν > πιμπ-. それ以外の点では ἵστημι と何ら変わるところはない：3.sg. ἵ-στη-σι, πί-μ-πλη-σι, πί-μ-πρη-σι, 3.pl. ἱ-στᾶσιν, πι-μ-πλᾶσιν, πι-μ-πρᾶσιν, inf. ἱ-στά-ναι, πι-μ-πλά-ναι, πι-μ-πρά-ναι, etc. 他の時称については, 両動詞とも規則的な活用形を完全に具えているが, それらはあたかも πληθ-, πρηθ- という動詞幹から作られたかのような形をしている：πλήσω, ἔπλησα, πέπληκα, πέπλησμαι, ἐπλήσθην；-πρήσω, ἔπρησα, -πέπρη(σ)μαι, ἐπρήσθην.

意味 B：「立つ（自分自身を立たせる，据えられる）」
"真の"中動相の意味と"真の"受動相の意味を弁別し難い場合がある．たとえば，他人の手によってある場所ないし地位に据えられる（受動相）にせよ，自らその場所なり立場なりに身を置く（中動相）にせよ，「そこに立っている（その立場にある）」という結果は同じである．

Ind. pres.	Subj.	Opt.	Ind. impf.	Imp.
ἵ-στα-μαι	ἱ-στῶ-μαι	ἱ-στα-ί-μην	ἱ-στά-μην	
ἵ-στα-σαι	ἱ-στῇ	ἱ-στα-ῖ-ο	ἵ-στα-σο	ἵ-στα-σο
ἵ-στα-ται	ἱ-στῆ-ται	ἱ-στα-ῖ-το	ἵ-στα-το	ἱ-στά-σθω
ἱ-στά-μεθα	ἱ-στώ-μεθα	ἱ-στα-ί-μεθα	ἱ-στά-μεθα	
ἵ-στα-σθε[ον]	ἱ-στῆ-σθε[ον]	ἱ-στα-ῖ-σθε[ην]	ἵ-στα-σθε[ην]	ἵ-στα-σθε[ων]
ἵ-στα-νται	ἱ-στῶ-νται	ἱ-στα-ῖ-ντο	ἵ-στα-ντο	ἱ-στά-σθων

Part.	Inf.
ἱ-στά-μενος	ἵ-στα-σθαι

§66. 以下の能相欠如動詞は ἵσταμαι と同様に活用する．これらはいずれも母音幹動詞であるので，幹母音を必要としない：

直説法現在：			
ἵ-στα	-μαι		私は立つ
ἐπί-στα	-σαι		あなたは知っている
ἄγα	-ται		彼は称賛する
δυνά	-μεθα		我々には出来る
ἔρα	-σθε[ον]		あなた方は恋する
κρέμα	-νται		彼らはぶら下がる

唯一の相違点は**接続法と希求法の活用形のアクセント**にある．これらの動詞においては ω 動詞に準じてアクセントが後退的になる．たとえば，ἄγαμαι の接続法現在形は *ἀγῶμαι (cf. ἱστῶμαι) ではなく，παιδεύσωμαι (aor. subj.) に倣って ἄγωμαι となる．同様に，希求法現在形も *ἀγαῖο ではなく ἄγαιο (cf. aor. opt. παιδεύσαιο) である．

他の時称の活用形は大部分が規則的に作られる．唯一の躓きの石は，直説法未完了過去および命令法現在の 2 人称単数形 -ασο が σ の消失と母音融合によって -ω になる場合もあれば，そのままで変化しない場合もあることである（ど

ちらの形が用いられるかは個々の作家やジャンルによってまちまちである）.

現在	未完了過去	未来	アオリスト	
ἄγαμαι	ἠγάμην		ἠγάσθην (ἀγασθείς)	称賛する
δύναμαι	ἐδυνάμην 2.sg. ἐδύνω	δυνήσομαι	ἐδυνήθην	可能である
ἐπίσταμαι Imp. ἐπίστασο / **ἐπίστω**	ἠπιστάμην 2.sg. ἠπίστασο / ἠπίστω	ἐπιστήσομαι	ἠπιστήθην	知っている
ἐράω poet. ἔραμαι	ἤρων poet. ἠράμην	ἐρασθήσομαι I will fall in love	ἠράσθην I fell in love	恋する
κρέμαμαι	ἐκρεμάμην	κρεμήσομαι	ἐκρεμάσθην	ぶら下がる

注．ἐπίσταμαι は元は前置詞 ἐπί と ἵσταμαι の複合動詞で（気息音は早くに消失した），「～の前に立つ」>「～に直面する」>「～について知る」と意味が発展した（cf. *Eng.* understand）．それに伴って複合動詞であることが忘れられたため，加音は前置詞の後（*ἐπ-ῑστάμην）ではなく語頭に施されるのである（ἠπιστάμην）．

κρέμαμαι は自動詞として「ぶら下がる」という意味を表す．「吊り下げる」を意味する他動詞は κρεμάννῡμι．

補説 5：語根アオリスト（本書での呼称は「第三アオリスト」）

§67.「私は立ち上がった」を意味するアオリスト形 ἔ-στη-ν の成り立ちは極めて単純である：接頭母音 ἐ + 動詞幹（＝語根）στη + 人称語尾 ν．これ以上に単純な活用の形式は考えられない．第二アオリスト（e.g. ἔ-μαθ-o-ν）の場合は動詞幹をなす語根（μαθ）が子音で終わっているため，発音を容易にするための幹母音（o）が必要となるが，第三アオリストの場合は動詞幹（＝語根）が母音で終わっているため，これに直接人称語尾を付加することができる．

接頭母音	動詞幹	時称接尾辞	幹母音 ε/o	人称語尾
1 aor.（弱変化アオリスト）				
ἐ-	παίδευ	σ		α
2 aor.（強変化アオリスト）				
ἔ-	μαθ		o	ν
3 aor.（語根アオリスト）				
ἔ	στη			ν

形のよく似ている第三アオリスト能動相（e.g. ἔ-στη-ν）と第二アオリスト受動相（e.g. ἐ-βλάβ-η-ν）を混同してはならない．前者の η は語根の一部だが，後者の η は接尾辞である．

語根の母音は ντ の前（e.g. στάντος）と希求法（σταίην）においては短くなるが，それ以外の場合は長い．語根から直接作られるこの古いアオリスト形を持つ動詞はごく僅かであるが，いずれも極めて頻繁に用いられる．

ᾰ / ᾱ, ᾰ / η 幹：
√δρᾰ / δρᾱ（ἀπ-έ-δρᾱ-ν < ἀποδιδράσκω 逃走する）
√βᾰ / βη（ἔ-βη-ν < βαίνω 行く，歩む）
√στᾰ / στη（ἔ-στη-ν < ἵσταμαι 立つ）

ο / ω 幹：
√γνο / γνω（ἔ-γνω-ν < γιγνώσκω 知る）

ῠ / ῡ 幹：
√φῠ / φῡ（ἔ-φῡ-ν 生長した，生まれた < φύω 生み出す）

直説法能動相：			中動相：	
ἀπ-έ-δρᾱ	-ν			-μην 買った
ἔ-βη	-ς			-σο > ἐπρίω
ἔ-στη	—		ἐ-πρια	-το
ἔ-γνω	-μεν			-μεθα
ἔ-φῡ	-τε			-σθε^{ην}
	-σαν			-ντο

注 1. 印欧祖語における能動相 3 人称単数形の人称語尾は -t であるが，ギリシア語では τ は語末音たり得ない．

注 2. 能動相 3 人称複数形の人称語尾 -σαν は 1 人称単数形との混同を避けるために弱変化アオリストから借用された．

注 3. 中動相の活用形を示すために ὠνέομαι「買う」の第三アオリスト幹 πρια- を用いた．上の表では示されていないが，アクセントは後退的である．

§67.1. 接続法

ω 動詞の活用形は第三アオリストの領域にも侵出しており，接続法において現在形から他のすべての時称の活用に広まった語末の形 -ω, -ῃς, -ῃ, -ωμεν, -ητε^{ον}, -ωσι，が，ここでも幅を利かせている．それゆえ **動詞幹末尾の母音と法接尾辞 ω / η が融合する**．ただし，υ だけは，ω 動詞の活用におけるのと同様に（λύω），後続の母音と融合しない．したがって活用は以下の通り：

ἀποδράω > ἀποδρῶ, -δράῃς > -δρᾷς, -δρᾷ, ... タイプ 3 の動詞の接続法現在形と同様：τῑμῶ, τῑμᾷς, τῑμᾷ, etc.
στήω > στῶ, στήῃς > στῇς, στῇ, στῶμεν, στῆτε^{ον}, στῶσι$_ν$.
γνώω > γνῶ, γνώῃς > γνῷς, γνῷ, γνῶμεν, γνῶτε^{ον}, γνῶσι$_ν$.
ただし：φύω, φύῃς, φύῃ, etc. タイプ 1 の動詞の接続法現在形と同様：παιδεύω, παιδεύῃς, παιδεύῃ, ...
中動相：あたかも動詞幹の形が πρι- であるかのように活用する：πρίωμαι, πρίῃ, πρίηται, πριώμεθα, πρίησθε^{ον}, πρίωνται.

§67.2. 希求法と命令法，不定詞

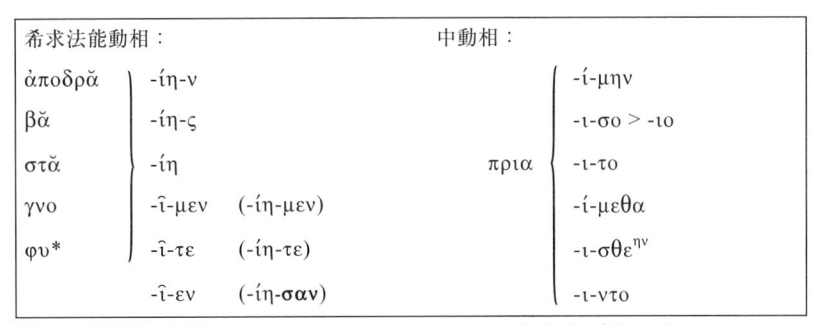

希求法能動相：			中動相：	
ἀποδρᾰ	-ίη-ν			-ί-μην
βᾰ	-ίη-ς			-ι-σο > -ιο
στᾰ	-ίη		πρια	-ι-το
γνο	-ῖ-μεν	(-ίη-μεν)		-ί-μεθα
φυ*	-ῖ-τε	(-ίη-τε)		-ι-σθε^{ην}
	-ῖ-εν	(-ίη-σαν)		-ι-ντο

ἔφῡν の希求法は稀．πρίαιο, etc. のアクセントは後退的（表中では示していない）．

命令法能動相：			中動相：	
βη	-θι			-σο > πρίω
στη	-τω		πρια	-σθω
γνω	-τε^{ων}			-σθε^{ων}
3.pl. βάντων, στάντων, γνόντων				-σθων

ἔστην には能動相しかないので，活用表を完全なものにするために ἐπριάμην を代わりに用いて中動相の形を示した．

不定詞（能動相）		不定詞（中動相）
ἀποδρᾶ		
στῆ	-ναι	πρία-σθαι
βῆ		
γνῶ		
φῦ		

§67.3. 分詞．先に述べたように，ντ の前では動詞幹末尾の母音は短い：στᾰντς, στᾰντjα > στᾰντσα．男性形と女性形では ντσ > νσ となり，さらに ν が消失した後，σ の前で代償延長が生じる：

m.	n.	f.	G.sg.	D.pl. m., n.
ἀποδρα(ντ)ς > -δράς	ἀποδραν(τ) > -δράν	-δραντjα > -δρα(ντ)σα > -δρᾶσα	-δράντος, -δράσης	-δρα(ντ)σι > -δρᾶσι
στάς	στάν	στᾶσα	στάντος, στάσης	στᾶσι
βάς	βάν	βᾶσα	βάντος, βάσης	βᾶσι
γνο(ντ)ς > γνούς	γνον(τ) > γνόν	γνοντjα > γνο(ντ)σα > γνοῦσα	γνόντος, γνούσης	γνο(ντ)σι > γνοῦσι
φύς	φύν	φῦσα	φύντος, φύσης	φῦσι

すべての変化形を通じてアクセントは語根の音節に置かれる．中動相：πριάμενος．

§67.4. これらの動詞の多くは弱変化のアオリスト形も持っている．第三アオリストとの違いは重要である：弱変化形は他動詞の，第三アオリスト形は**自動詞の意味**を表す．

ἔστησα 立てた	ἔστην 立った
ἔβησα（人を）行かせた	ἔβην 行った
ἔφῦσα 生んだ	ἔφῦν 生まれた，生まれつき…である
ἔδῦσα 沈めた	ἔδῦν 沈んだ，中に入った

§67.5. 母音幹の ω 動詞の中には第三アオリスト形を持つものもある：
βαίνω (βα- / βη-) 行く，ἔβην (βῶ, βαίην, βῆθι, βῆναι, βάς).
φθάνω (φθα- / φθη) 先んじる，ἔφθην (φθῶ, φθαίην, φθῆναι, φθάς).

γιγνώσκω (γνο-, γνω-) 知る，ἔγνων (γνῶ, γνοίην, γνῶθι, γνῶναι, γνούς).
ἁλίσκομαι (ἁλ-ο-) 捕らえられる，ἑάλων または ἥλων (ἁλῶ, ἁλοίην, ἁλῶναι, ἁλούς).
βιόω (βιο-) 生きる，ἐβίων (βιῶ, **βιῴην**, βιῶναι, βιούς).

ἀπο-διδράσκω (δρᾱ-) 逃走する，-έδρᾱν (-δρῶ, -δραίην, -δρᾶναι, -δράς).
γηράσκω (γηρα-) 老いる，*poet.* γηρᾶναι, Hom. γηράς.

φύω (φῡ-) 生み出す, ἔφῡν 生まれた (subj. φύω, φῦναι, φύς).
δύω (δῡ-) 中に入る, ἔδῡν (δύω, δῦθι, δῦναι, δύς).

πίνω (πι-) 飲む, imp. πῖθι.

§68. 第二完了・第二過去完了

若干の μι 動詞は双数と複数においてのみ, 時称接尾辞 κ を伴わない第二完了形と第二過去完了形を持つ. 単数においては時称接尾辞 κ を伴う第一完了形と第一過去完了形が用いられる. ἵστημι の第二完了および第二過去完了の活用は以下の通り:

1 pf. / 2 pf.	1 plpf. / 2 plpf.	Subj. pf.	Opt. pf.	Imp. pf.
(ἕστηκα) I stand	(εἱστήκη) I stood	ἑ-στῶ	ἑ-σταίη-ν[1]	
(ἕστηκας)	(εἱστήκης)	ἑ-στῆ-ς	ἑ-σταίη-ς	ἕ-στα-θι[1]
(ἕστηκε$_ν$)	(εἱστήκει$_ν$)	ἑ-στῆ	ἑ-σταίη	ἑ-στά-τω
ἕ-στα-μεν	ἕ-στα-μεν	ἑ-στῶ-μεν	ἑ-σταῖ-μεν / -αίημεν	
ἕ-στα-τε^{ον}	ἕ-στα-τε^{ην}	ἑ-στῆ-τε^{ον}	ἑ-σταῖ-τε^{ην} / -αίητε^{ην}	ἕ-στα-τε^{ων}
ἕ-στᾶσι$_ν$	**ἕ-στα-σαν**	ἑ-στῶ-σι$_ν$	ἑ-σταῖε-ν / -αίησαν	ἑ-στά-ντων

注 1. これらは詩語である.
Inf. ἑ-στά-ναι. Part. ἑστᾱώς > ἑ-στώ-ς, Gen. ἑστᾱότος > ἑστῶτος（アクセントが不規則！）, fem. ἑ-στῶσα, ἑστώσης, neut. ἑ-στός, ἑστῶτος †

§69. ἵστημι の主な時称形（現在・未来・アオリスト・完了）を意味別に示せば次のようになる：

他動詞： I make something stand	ἵστημι	στήσω	ἔστησα ἐστησάμην I set something up (for myself)	(-ἕστᾰκα)
自動詞： I make myself stand, I stand	ἵσταμαι	στήσομαι ἐστήξω I will stand up I will stand	ἔστην I stood up, I stopped moving	ἕστηκα I have placed myself > I stand plpf. εἱστήκη I stood
受動相： I am set up, placed, made to stand (= I stand)	ἵσταμαι	σταθήσομαι （自動詞的）	ἐστάθην	

§70. ω 動詞の第二完了形

ω 動詞の中には，双数と複数において動詞幹に直接人称語尾を付して第二完了形を作るものが少数ながら存在する．それらは μι 動詞の第二完了形（e.g. ἕ-στα-μεν）と成り立ちが同じである．

§70.1. 第二完了形の動詞 δέδια「恐れている」には別形として第一完了形 δέδοικα もあり，単数では通常こちらが用いられるが，複数ではやや稀である．

1 pf.	1 plpf.	2 pf.	2 plpf.	Inf.
δέδοικα	ἐδεδοίκη	δέδια	ἐδεδίη	δεδιέναι または δεδοικέναι
δέδοικας	ἐδεδοίκης	δέδιας	ἐδεδίης	Part.
δέδοικε_ν	ἐδεδοίκει_ν	δέδιε_ν	ἐδεδίει_ν	δεδιώς, -υῖα, -ός または
δεδοίκαμεν		δέδιμεν	ἐδέδιμεν	δεδοικώς, -υῖα, -ός.
δεδοίκατε		δέδιτε^ον	ἐδέδιτε^ην	
δεδοίκᾱσι_ν	ἐδεδοίκεσαν	δεδίᾱσι_ν	ἐδέδισαν	

以下の形は稀である：Subj. δεδίω, Opt. δεδιείην, Imp. δέδιθι (poet.).

§70.2. δέδια と同様に活用する他の第二完了形は通常は韻文で用いられるが，いくつかの形は散文においても用いられる：

a. βαίνω (βα-) 行く, 1 pf. βέβηκα ある状態にある, 2 pf. 3.pl. βεβᾶσι (*poet.*), subj. 3.pl. βεβῶσι, inf. βεβάναι (*poet.,Ion.*), **part. βεβώς** (< βεβαώς), βεβῶσα, Gen. βεβῶτος.

b. γίγνομαι (γεν-, γα-) 〜になる, **2 pf. γέγονα** 〜である；2 pf. part. *poet.* γεγώς (< γεγαώς), γεγῶσα, Gen. γεγῶτος.

c. θνῄσκω (θαν-, θνα-) 死ぬ, 1 pf. τέθνηκα 死んでいる, **2 pf. pl. τέθναμεν**, τέθνατε, τεθνᾶσι, 2 plpf. 3.pl. ἐτέθνασαν, 2 pf. opt. τεθναίην, imp. τεθνάτω, inf. τεθνάναι, part. τεθνεώς, -εῶσα, -εός, Gen. -εῶτος.

d. ἔοικα (ϝε-ϝοικ-α) 似ている, 〜のように見える (ἰκ-, εἰκ-), 1.pl. ἔοιγμεν (*poet.*), 3.pl. εἴξᾱσι (< ἐοικ-σ-ᾱσι；韻文とプラトーンに見られる形). ἔοικα (plpf. ἐῴκη) には次の諸形もある：subj. ἐοίκω, opt. ἐοίκοιμι, inf. ἐοικέναι (*poet.* εἰκέναι), part. ἐοικώς (プラトーンでは εἰκώς も).

e. κράζω (κραγ-) 喚く, **2 pf. κέκρᾱγα** (意味は現在), imp. **κέκρᾱχθι** および κεκρᾱ́γετε (双方ともアリストパネースに用例が見られる).

§71. タイプ 13：δείκ-νῡ-μι

このタイプの動詞は現在および未完了過去能動相の単数形と複数形を，現在幹末尾の υ の長短によって区別する．すなわち，単数形では ῡ，複数形では ῠ．

現在能動相	中動相
δείκ-νῡ-μι	δείκ-νυ-μαι
δείκ-νῡ-ς	δείκ-νυ-σαι
δείκ-νῡ-σι$_ν$	δείκ-νυ-ται
δείκ-νυ-μεν	δεικ-νύ-μεθα
δείκ-νυ-τε^{ον}	δείκ-νυ-σθε^{ον}
δεικ-νύ-ᾱσι$_ν$	δείκ-νυ-νται

不定詞	
δεικ-νύ-ναι	δείκ-νυ-σθαι

未完了過去	
ἐ-δείκ-νῡ-ν	ἐ-δεικ-νύ-μην
ἐ-δείκ-νῡ-ς	ἐ-δείκ-νυ-σο
ἐ-δείκ-νῡ	ἐ-δείκ-νυ-το
ἐ-δείκ-νυ-μεν	ἐ-δεικ-νύ-μεθα
ἐ-δείκ-νυ-τε^{ην}	ἐ-δείκ-νυ-σθε^{ην}
ἐ-δείκ-νυ-σαν	ἐ-δείκ-νυ-ντο

命令法	
δείκ-νῡ	δείκ-νυ-σο
δεικ-νύ-τω	δεικ-νύ-σθω
δείκ-νυ-τε^{ων}	δείκ-νυ-σθε^{ων}
δεικ-νύ-ντων	δεικ-νύ-σθων

分詞	
δεικ-νύς, δεικνύντος	δεικ-νύ-μενος
δεικ-νῦσα, δεικνύσης	δεικ-νυ-μένη
δεικ-νύν, δεικνύντος	δεικ-νύ-μενον

接続法と希求法は ω 動詞に準じて活用するが，その際，ῡ は他の母音の前で

短くなる：ῡ + ω > ῠω, etc. Subj. δεικνύω, δεικνύῃς, mid. pass. δεικνύωμαι, δεικνύῃ, etc. Opt. δεικνύοιμι, δεικνύοις, mid. pass. δεικνυοίμην, δεικνύοιο, etc.

Fut. δείξω, fut. mid. δείξομαι, pf. act. δέδειχα (plpf. ἐδεδείχη), pf. mid. pass. δέδειγμαι (plpf. mid. pass. ἐδεδείγμην), aor. pass. ἐδείχθην, fut. pass. δειχθήσομαι. 動形容詞：δεικτός, δεικτέος.

直説法現在および未完了過去，命令法現在にも ω 動詞に準じた活用形が見られる：δεικνύω, impf. ἐδείκνυε, imp. δείκνυε, etc. 古典期アテーナイの悲劇詩人たちとアリストパネースはこれらの形の使用を避けており，プラトーンも概してその傾向にあるが，前 4 世紀の弁論家や喜劇詩人たちはこれらを頻繁に用いるようになった．

同類の動詞の主要形．
以下の動詞は動詞幹に νῡ ないし νῠ を付して現在幹を作るが，他の時称幹はタイプ 6 の γ 幹動詞と同様に形成される：

ῥήγ-νῡ-μι 打ち砕く	ῥήξω	ἔρρηξα	
ῥήγ-νῠ-μαι 砕ける，砕かれる	ῥαγήσομαι	ἐρράγην	2 pf. ἔρρωγα（砕けている）
πήγ-νῡ-μι 突き刺す，固定する	πήξω	ἔπηξα	
πήγ-νῠ-μαι 固められる	παγήσομαι	ἐπάγην	2 pf. πέπηγα
μείγ-νῡ-μι 混ぜる = μίσγω	μείξω	ἔμειξα	
受動相：混ざり合う		ἐμείχθην	μέμειγμαι
ζεύγ-νῡ-μι 軛に繋ぐ，結び合わせる	ζεύξω	ἔζευξα	
受動相：軛に繋がれる		ἐζύγην	ἔζευγμαι

以下の動詞は現在幹以外の時称幹をタイプ 8 の動詞（λ, μ 幹．未来はアッティカ式活用）と同様に形成する：

ἀπ-όλ-λῡ-μι 滅ぼす	ἀπ-ολῶ, -εῖς	ἀπ-ώλεσα (inf. ἀπολέσαι)	ἀπ-ολώλεκα (have ruined) (plpf. ἀπωλωλέκη)
ἀπ-όλ-λῠ-μαι 滅ぼされる	ἀπ-ολοῦμαι	ἀπ-ωλόμην (imp. ἀπολοῦ, inf. ἀπολέσθαι)	2 pf. ἀπ-όλωλα (am ruined) (2 plpf. ἀπωλώλη)
ὄμνῡμι 誓う（神にかけて：θεούς）	ὀμοῦμαι	ὤμοσα	ὀμώμοκα

§72. タイプ 14："不規則な" μι 動詞

本当の意味での不規則動詞は存在しないが，以下の動詞は特に注意を要する：

1. εἰμί (ἐσ-, cf. *Lat.* es-se)「～である」には現在幹と未来幹しかない．σ の消失によってどのような変化が生じるかに注意すれば，活用がより覚えやすくなるであろう：

直説法	接続法	希求法	命令法	未完了過去
ἐσ-μι > εἰμί	ἐσ-ω > ἔω > ὦ	ἐσ-ιη-ν > εἴην		ἦ / ἦν
ἐσ-σι > ἐσι > εἶ	ᾖς	εἴης	ἴσθι	ἦσθα
ἐστί_v	ᾖ	εἴη	ἔστω	ἦν
ἐσμέν	ὦμεν	εἴημεν / εἶμεν		ἦμεν
ἐστέ^όν	ἦτε^ον	εἴητε^ην / εἶτε^ην	ἔστε^ων	ἦτε^ην / ἦστε^ην（後者は稀）
*ἐσ-εντι > *ἐ-ενσι > εἰσί_v	ὦσι_v	εἴησαν / εἶεν	ἔστων, ὄντων, ἔστωσαν	ἦσαν

不定詞：ἐσ-ναι > εἶναι．分詞：ἐσ-ων > ἐών > ὤν, οὖσα, ὄν, Gen. ὄντος, οὔσης, ὄντος, etc.

古いアッティカ方言形 ἦ は，加音を施された ἐσ- すなわち ἠσ- に副時称の人称語尾 m̥ が付せられた形が原形．この m̥ は子音の後では α に変わる：ἠσm̥ > ἦα > ἦ．

未来形は中動相である：ἔσομαι, ἔσῃ (ἔσει), ἔσται, ἐσόμεθα, ἔσεσθε^ον, ἔσονται,

opt. ἐσοίμην, inf. ἔσεσθαι, part. ἐσόμενος, -η, -ον.
注．複合形では ὤν はアクセントを保持する：ἀπών, ἀποῦσα, ἀπόντος, etc.；ἔσται も同様：ἀπέσται.

主要な前接語一覧：
a. εἰμί および φημί「主張する」の直説法現在形（ただし 2 人称単数形 εἶ と φής を除く）．
b. 人称代名詞 μοῦ, μοί, μέ；σοῦ, σοί, σέ；οὗ, οἷ, ἕ および（韻文で）σφίσι．
c. 不定代名詞 τὶς, τὶ のすべての曲用形（τινός, τινί の別形 τοῦ, τῷ を含む．ただし中性複数主・対格形 τινά の別形 ἄττα は除く）；不定副詞 πού (poet. ποθί), πή, ποί, ποθέν, ποτέ, πώ, πώς. 疑問詞として用いられる場合は，これらは前接語ではない（τίς; τί; ποῦ; etc.）．
d. 小辞 γέ, τέ, τοί, πέρ；ὅδε, τοσόσδε などにおける非分離辞の -δέ.

前接語は以下の場合にアクセントを保持する：
a. 他と対比されたり文頭に置かれたりして強調される場合：ἢ σοὶ ἢ τῷ πατρί σου「あなたかあなたの父上かどちらかに」；φημὶ γάρ「じっさい私の主張はこうだ」．
b. ἐστί は次のような場合には ἔστι と綴られる：文頭に置かれる場合；存在ないし可能性を意味する場合；οὐκ, μή, εἰ, ὡς, καί, ἀλλά (ἀλλ'), τοῦτο (τοῦτ') の後に置かれる場合；ἔστιν οἵ「何人かの」，ἔστιν ὅτε「時々」などの表現において．
c. 対句 ποτὲ μὲν ... ποτὲ δέ「ある時は…，ある時は…」, τινὲς μὲν ... τινὲς δέ「…人もいれば，…人もいる」において．
d. 語末の母音が省略された語の後で：πολλοὶ δ' εἰσίν (= δέ εἰσιν), ταῦτ' ἐστί.
e. 2 音節からなる前接語が paroxytonon の後に続く場合（➔ 1§5.6）．
f. アッティカ方言の散文において間接再帰代名詞として用いられる場合，3 人称の人称代名詞 οὗ と σφίσι は常に，ἕ も大体においてアクセントを保持する (οἷ は概して前接語のままである)．
g. oxytonon である前置詞と ἕνεκα「～のゆえに，～のために」の後では，前接語の代名詞は（τὶς を例外として）通常，アクセントを保持する（ἐπί σοι ではなく ἐπὶ σοί；ἕνεκά σου ではなく ἕνεκα σοῦ. ただし，ἕνεκα τοῦ ではなく ἕνεκά του）．1 人称の人称代名詞の単数斜格は，前置詞の後では前接語でない強調形 ἐμοῦ, ἐμοί, ἐμέ が用いられる（例外は πρός με；また劇においては ἀμφί μοι）．

2. εἶμι (ἰ-, εἰ-)「行くだろう，行こうとしている」には現在幹しかない：

直説法	接続法	希求法	命令法	未完了過去
εἶμι	ἴω	ἴοιμι / ἰοίην		ᾖα / ᾔειν
εἶ	ἴῃς	ἴοις	ἴθι	ᾔεισθα / ᾔεις
εἶσι$_ν$	ἴῃ	ἴοι	ἴτω	ᾔειν / ᾔει$_ν$
ἴμεν	ἴωμεν	ἴοιμεν		ᾖμεν
ἴτε^{ον}	ἴητε^{ον}	ἴοιτε^{ην}	ἴτε^{ων}	ᾖτε^{ην}
ἴᾱσι$_ν$	ἴωσι$_ν$	ἴοιεν	ἰόντων	ᾖσαν / ᾔεσαν

不定詞：ἰέναι．分詞：ἰών, ἰοῦσα, ἰόν, gen. ἰόντος, ἰούσης, ἰόντος, etc.
動形容詞：ἰτέον, ἰτητέον.

「行く」という意味は時称によって様々な形で表される：

	現在	未来
直説法	ἔρχομαι 行く	εἶμι 行くだろう
接続法	ἴω	—
希求法	ἴοιμι	ἐλευσοίμην
命令法	ἴθι	—
不定詞	ἰέναι	ἐλεύσεσθαι
分詞	ἰών, ἰοῦσα, ἰόν	ἐλευσόμενος, -η, -ον

未完了過去「行こうとしていた」：ᾖα または ᾔειν.
強変化アオリスト：ἦλθον (subj. ἔλθω, opt. ἔλθοιμι), imp. ἐλθέ, inf. ἐλθεῖν, part. ἐλθών, -οῦσα, -όν.
完了「来ている，行ってしまった」：ἐλήλυθα または ἥκω の現在形.
過去完了「来ていた，行ってしまっていた」：ἐληλύθη または ἥκω の未完了過去形 ἧκον.

これを表にまとめると以下のようになる：

ἔρχομαι 行く，来る（直説法以外：ἴω, ἴοιμι, ἴθι, ἰέναι, ἰών）impf. ᾖα / ᾔειν	εἶμι (ἐλευσοίμην, ἐλεύσεσθαι, ἐλευσόμενος) ἀφίξομαι, ἥξω	ἦλθον (imp. ἐλθέ, ただし複合動詞では ἔξελθε, inf. ἐλθεῖν)	ἐλήλυθα / ἥκω (plpf. ἐληλύθη / ἧκον)

分詞 ἰών のアクセントは第二アオリスト形のそれと同様である．分詞と不定詞の単純形のアクセントは複合形においても保持される：e.g. παριών, παριοῦσα, ἀπιέναι.

3. φημί (φα-, φη-)「主張する，肯定する，同意する」の現在時称の活用は以下の通りである：

直説法	接続法	希求法	命令法	未完了過去
φημί	φῶ	φαίην		ἔφην
φῄς	φῇς	φαίης	φαθί / φάθι	ἔφησθα / ἔφης
φησί$_ν$	φῇ	φαίη	φάτω	ἔφη
φαμέν	φῶμεν	φαῖμεν (稀に φαίημεν)		ἔφαμεν
φατέ^{όν}	φῆτε^{ον}	φαίητε	φάτε^{ων}	ἔφατε^{ην}
φᾶσί$_ν$	φῶσι$_ν$	φαῖεν (稀に φαίησαν)	φάντων	ἔφασαν

不定詞：φάναι．分詞：poet. φάς, φᾶσα, φάν（アッティカ方言の散文では φάσκω の分詞が用いられる：φάσκων）．動形容詞：φατέον.
未来：φήσω, φήσειν, φήσων.
第一アオリスト：ἔφησα, φήσω, φήσαιμι, ―, φῆσαι, φήσας.
命令法完了受動相：πεφάσθω「言われたものとせよ，その話は済んだことにしよう」．

注 1. 直説法現在の活用形は φῄς を除いてすべて前接語である．
注 2. 希求法現在の 2 人称複数形 φαῖτε の用例は見られないが，これはあるいは偶然かもしれない．φαῖμεν, φαῖεν はアッティカ方言で通常用いられる形であり，φαίημεν, φαίησαν は稀である．
注 3. οὔ φημι はラテン語の nego と同じく「否定する」を意味する．直説法以外では「断言する，主張する」の意味を表すのに通常 φάσκω が用いられる．φάσκω は直説法では「繰り返し言う」の意味で用いられる．ἔφησα と φήσω は「肯定する，同意する」を意味するアオリスト形と未来形である．ἔφην, ἔφη（および φάναι）はしばしばラテン語の inquam, inquit に対応する．
注 4. ἔφην と φῶ, φαίην はアオリストの意味を表すこともある．ἔφην と poet. ἐφάμην は未完了過去形でもあり，第二アオリスト形でもある．

4. κάθ-ημαι「坐る」は完了の意味を表すことがある（「坐っている」「着席している」）．動詞幹 ἡσ- の末尾の σ は -το の前以外では現れない．

直説法	接続法	希求法	命令法	未完了過去	
κάθημαι	καθῶμαι	καθοίμην		ἐκαθήμην または	καθήμην
κάθησαι	καθῇ	καθοῖο	κάθησο / κάθου	ἐκάθησο	καθῆσο
κάθηται	καθῆται	καθοῖτο	καθήσθω	ἐκάθητο	καθῆ(σ)το
καθήμεθα	καθώμεθα	καθοίμεθα		ἐκαθήμεθα	καθήμεθα
κάθησθε^{ον}	καθῆσθε^{ον}	καθοῖσθε^{πν}	κάθησθε^{ων}	ἐκάθησθε^{πν}	καθῆσθε^{πν}
κάθηνται	καθῶνται	καθοῖντο	καθήσθων	ἐκάθηντο	καθῆντο

不定詞：καθῆσθαι．分詞：καθήμενος．
命令法現在2人称単数には喜劇において κάθησο の代わりに用いられる κάθου という形がある．
現在と未完了過去以外の時称の活用形は καθέζομαι, καθίζω, καθίζομαι によって補われる．

5. κεῖμαι (κει-)「横たわっている，置かれている」の現在形と未完了過去形は，通例 τίθημι「置く」の受動相完了形と過去完了形の代わりに用いられる．

直説法	接続法	希求法	命令法	未完了過去
κεῖμαι				ἐκείμην
κεῖσαι			κεῖσο	ἔκεισο
κεῖται	κέηται	κέοιτο	κείσθω	ἔκειτο
κείμεθα				ἐκείμεθα
κεῖσθε^{ον}	(δια)κέησθε		κεῖσθε^{ων}	ἔκεισθε^{πν}
κεῖνται	(κατα)κέωνται	(προσ)κέοιντο	κείσθων	ἔκειντο

不定詞：κεῖσθαι．分詞：κείμενος．
未来：κείσομαι, κείσῃ (κείσει), κείσεται, etc.
接続法と希求法では κει- が母音の前で κε- となる．
複合動詞の直説法および命令法現在におけるアクセントは後退的である：παράκειμαι, παράκεισο．しかし，不定詞においては単純形と変わらない：παρακεῖσθαι．

6. ἠ-μί (cp. Lat. a-io)「言う」には現在と未完了過去の1人称および3人称単数形の用例しかない：

ἠμί 私は言う, ἠσί 彼（女）は言う；ἦν 私は言った, ἦ 彼（女）は言った．
ἦν δ᾽ ἐγώ「…と私は言った」と ἦ δ᾽ ὅς「…と彼は言った」は，ラテン語の inquam, inquit と同様に挿入句的に用いられる．

7. χρή「…することが必要である」の実体は「必要性」を意味する不変化の名詞であり，直説法現在では動詞 ἐστί が省略される．他の法や時称では奇妙な現象が起こる．すなわち，動詞 εἰμί の活用形が χρή と融合して新たな動詞の活用形が生み出される：
χρὴ + subj. ᾖ > χρῇ
χρὴ + opt. εἴη > χρείη
χρὴ + inf. εἶναι > χρῆναι
χρὴ + part. ὄν > χρεών
χρὴ + impf. ἦν > χρῆν（比較的稀ではあるが，この形にさらに加音が施されることもある：ἐχρῆν）．
χρὴ + fut. ἔσται > χρῆσται．
ἀπόχρη「十分である」には次のような形もある：pl. ἀποχρῶσι, part. ἀποχρῶν, -χρῶσα, -χρῶν, impf. ἀπέχρη．未来形 ἀποχρήσει とアオリスト形 ἀπέχρησε は，あたかもこの動詞が -έω で終わるタイプ 2 の動詞として意識されていたかのような様相を呈している．

8. οἶδα (ϝιδ-, ϝειδ-, ϝοιδ-)「知っている」は現在の意味を持つ第二完了形であり，畳音なしに形作られている．第二完了および第二過去完了の活用は以下の通り：

直説法	接続法	希求法	命令法	過去完了
οἶδα	εἰδῶ	εἰδείην		ᾔδη / ᾔδειν
οἶσθα	εἰδῇς	εἰδείης	ἴσθι	ᾔδησθα / ᾔδεις
οἶδε$_v$	εἰδῇ	εἰδείη	ἴστω	ᾔδειν / ᾔδει$_v$
ἴσμεν	εἰδῶμεν	εἰδεῖμεν / εἰδείημεν		ᾖσμεν / ᾔδεμεν
ἴστε^{ov}	εἰδῆτε^{ov}	εἰδεῖτε^{ην} / εἰδείητε^{ην}	ἴστε^{ην}	ᾖστε^{ην} / ᾔδετε^{ην}
ἴσᾱσι$_v$	εἰδῶσι$_v$	εἰδεῖεν / εἰδείησαν	ἴστων	ᾖσαν / ᾔδεσαν

不定詞：εἰδέναι．分詞：εἰδώς, εἰδυῖα, εἰδός．動形容詞：ἰστέον．未来：εἴσομαι．
複合動詞 σύνοιδα「自覚している」．
ὁράω「見る」の第二アオリスト形 εἶδον が ϝιδ- という語根から作られていることを覚えておられるだろうか．上に掲げたのは，これと同じ語根および母音交替によるその変形から作られた完了時称の活用形であり，その意味するところは，「見る」とい

う知覚行為の結果として何かを知っているという状態である．未来におけるそのような状態を表す形は，現在の状態を表す完了形を基にして作られる．これと同様に完了形が現在の意味を表し，その完了形から未来形が作られる動詞は他にもある：e.g. ἕστηκα「立っている」+ σω > ἑστήξω「立っているだろう」; τέθνηκα「死んでいる」+ σω > τεθνήξω 死んでいるだろう．

第8章 文章論（Syntax）

A. 文章にとって不可欠な二つの要素

§1. 我々が話をするという場合，ある主題（主語）についてある事柄が話されている（述語部）が，その場合，主語と述語が関係しあっていることが基本である．すなわち，語尾変化を有する言語においては，主語と述語の間に文法的一致がなければならない．

述語	主語
1. 動詞	
γράμματα μανθάνουσιν	οἱ μαθηταί
文字を学ぶ (3.pl.)	生徒は (3.pl.)
προσέρχεται	μεθύοντα μειράκια
やって来る (3.sg.)	酔った若者たちが (n.pl.)
2. 名詞（連結詞有り／なし）	
τῆς Ἀφροδίτης ἀκόλουθος καὶ θεράπων γέγονεν	ὁ Ἔρως
アプロディーテーのお伴にして侍者となった	エロースは
μία κόνις	πάντα
一つの塵 (**sg.**)	すべては (**pl.**)
κακόν ἐστιν	ἡ γαστήρ
悪いものである	胃袋は
3. 形容詞（連結詞有り／なし）	
κακή ἐστιν	ἡ γαστήρ
悪い	胃袋は
λευκοί	οἱ ἄνδρες καὶ αἱ γυναῖκες
白い	男たちと女たちは
ῥᾴδιον	τὸ κελεῦσαι
より易い	命令することは

1. 動詞は数と人称において主語と一致する．
一見，例外のように見える現象が二つある：
中性名詞複数は一つの集合体と見なされるから，動詞は単数となる．
（μεθύοντα は μειράκια と一致して複数である）．

παρὰ τοῦ βασιλέως γράμμαθ' ἥκει σοι. 国王からあなたに手紙が来ています。
Phil. 132

　主語が双数である場合，動詞は双数でも複数でもよい。ただし，1人称双数の動詞変化はないので，1人称双数が主語になった場合は動詞は複数を用いる。
νὼ καταβάντε ἐς τὸ...μουσεῖον ἠκούσαμεν λόγων.
我々二人はムーセイオンへ降りて行って(1.du.)，演説に耳を傾けた(1.pl.).

2. 動詞の代わりに，やや意味の弱い動詞（連結詞，copula）が主語と述語を結びつけることがある。
「エロースはアプロディーテーのお伴にして侍者（ἐστί である），(γίγνεται となる)，(ὀνομάζεται と呼ばれる)，(νομίζεται と見なされる)」等々。
　その場合，格は一致していなければならないが，数は必ずしも一致していなくてもよい。この種の連結詞は情報力が弱いので，しばしば省略される。
　主語は冠詞を伴うことが多いのに対して，述語は冠詞を持たないことが多い。ギリシア語は語順が自由であるから，名詞が主語であるか述語であるかは冠詞の有無で判断しなければならない場合が多い。
　名詞「すべては」と名詞「塵」は格が一致していなければならないが，数は一致していなくてもよい。
　「胃袋は悪いものである」(2)と「胃袋は悪い」(3)の区別が重要である。2の κακόν は τὸ κακὸν πρᾶγμα/χρῆμα の意で名詞であるから，主語と格だけ一致していればよい。それに対して3の κακή は形容詞であるから，主語と性および数で一致していなければならない。
χαλεπόν γ' ἀκροατὴς ἀσύνετος καθήμενος·
ὑπὸ γὰρ ἀνοίας οὐχ ἑαυτὸν μέμφεται.
愚かな聞き手が坐っているのは耐え難いことだ。
愚昧さゆえに自分の欠点にも気づかないのだから。　Phil. 131

3. 形容詞は性・数・格，すべてにおいて主語と一致する。連結詞は省かれることが多い。2の名詞と3の形容詞は，主語に何かを加えて完結させる(complete)ところから，補語(complements)と呼ばれる。
　男性・女性・中性名詞が混在する場合は，m ＞ f ＞ n の原則を思い出していただきたい。人（人類）を表す場合に ἄνθρωπος, -οι を用いるように，男性名詞はいわば総称的であるから，男性名詞・女性名詞・中性名詞が混在している場合には，すべてを男性名詞扱いして，述語との一致をはかればよい。女性名詞と中性名詞のみがある場合は，それに対応する形容詞は女性形を用いる。
κοιναὶ δὲ καὶ γυναῖκες καὶ τέκνα.　女たちも (f.pl.) 子供たちも (n.pl.)，(部族にとって) 共有のもの (f.pl.).

形容詞や動詞は，a) 最も重要な主語に一致する場合と，b) 意味で一致する場合と，c) 最も近い名詞に性・数を合わせる場合とがある.
a) Βρασίδας μὲν οὖν καὶ τὸ πλῆθος εὐθὺς ἄνω καὶ ἐπὶ τὰ μετέωρα τῆς πόλεως ἐτράπετο.　ブラーシダースと軍勢はただちに上方, 市の山手の方へと転じた.（ブラーシダースが軍勢より重要ゆえ, 動詞は単数）
b) καὶ τὸ πλῆθος ἐψηφίσαντο πολεμεῖν.　大多数の人々が開戦に賛成投票した.（πλῆθος は意味上複数だから, 動詞も複数となる）
λίθοι (masc.) τε καὶ πλίνθοι (fem.) καὶ ξύλα (neut.) χρήσιμά ἐστιν (sc. πράγματα). 石も煉瓦も材木も有用だ.（すべての主語を「有用な物」で受ける）
c) πολλῶν δὲ λόγων καὶ θορύβου γιγνομένου, 議論百出, 喧騒が起こり，（γιγνομένου は θορύβου に一致）
πολλῶν δὲ λόγων γιγνομένων καὶ πολλοῦ θορύβου,（分詞を λόγων に一致させてこう書くのも可能）
　不定詞は中性名詞として扱われる.
χαλεπὸν τὸ ποιεῖν, τὸ δὲ κελεῦσαι ῥᾴδιον.　行うことは難く, 命令を出すことはより易い.　Phil. 27

主語と述語についての詳細
§2. 主語となりうるのは名詞もしくはそれに相当するものである.
名詞：ὁ διδάσκαλος γράφει.　教師が書く.
代名詞：σὺ γράφεις.　あなたは書く.　γράφεις だけでも σύ が了解されている.
数詞：διακόσιοι ἀπέθανον.　200 人が死んだ.
関係節も名詞の代用となりうる：οἳ ἀπέθανον ἄριστοι ἦσαν.　死んだ人たちは勇敢であった.

ギリシア語ではこの他にも, あらゆるものが容易に名詞となる. 冠詞があらゆる要素を名詞化するからである.
冠詞 + 形容詞　οἱ παλαιοί　古い人々（世代）
冠詞 + 不定詞　τὸ τίκτειν　生むこと, 出産
冠詞 + 分詞　ὁ κλαύσας　泣いた人
冠詞 + 副詞　οἱ πάλαι, οἱ νῦν　昔の人々, 今の人々
冠詞 + 章句　οὐ καλῶς εἰρημένον τὸ «γνῶθι σαυτόν»· χρησιμώτερον γὰρ ἦν τὸ «γνῶθι τοὺς ἄλλους».　「汝自身を知れ」は名言ではない,「他人を知れ」の方がより有益だろうから.

冠詞の有無・位置によって句の意味が変わる場合
§3. アッティカ方言の冠詞はほぼ英語の the に対応するので, 詳しくは述べない.
（ただし, 英語では抽象名詞に冠詞が付かないのに対して, ギリシア語では付く

ことが多い，等の違いはある）．アッティカ方言の文学は初期叙事詩の言語を模倣する場合が多い．叙事詩では ὁ, ἡ, τό は指示代名詞であったが，後にそれが冠詞となった．指示代名詞が必要でない時には，叙事詩を初めとする詩は概して ὁ, ἡ, τό を避ける傾向があり，アッティカ悲劇もそれを模倣することがある．

注．アッティカ方言の冠詞にもこの指示代名詞用法が僅かながら残っている．
特に小辞 μέν, δέ と共に使われる場合：
ὁ μέν ... ὁ δέ   一方は…他方は…，こちらは…あちらはしかし…
τοὺς μὲν ἀπέκτεινε, τοὺς δ' ἐξέβαλεν.   彼はある者らを殺したが，ある者らは追放した．
χαλεπή τοι γυναικῶν ἔξοδος.
ἡ μὲν γὰρ ἡμῶν περὶ τὸν ἄνδρ' ἐκύπτασεν,
ἡ δ' οἰκέτην ἤγειρεν, ἡ δὲ παιδίον
κατέκλῑνεν, ἡ δ' ἔλουσεν, ἡ δ' ἐψώμισεν.
女が外出するのは本当に難しい．夫の世話にかかりっきりになる人もいれば，召使いを起こす人，子供を寝かしつける人，風呂に入れる人，ご飯を噛み噛みして食べさせる人もいるのだから．   Ar. *Lys.* 16

副詞的な表現にも注意：
τὸ (τὰ) μέν ... τὸ (τὰ) δέ   一方は…他方は…，一部では…他の部分では…

前半の μέν 節なしに ὁ δέ, ἡ δέ, τὸ δέ 節がある場合，「だが／そして彼（彼女，それ）は」の意味になることが多く，その主語は先行節の主語とは異なるのが普通である．
Κῦρος δὲ τούτοις ἀπορῶν μετεπέμπετο τὸν Κλέαρχον· ὁ δὲ ἰέναι μὲν οὐκ ἤθελε,   キュロスはこの情況に困り果てクレアルコスを呼び寄せた．こちらは行くことを望まなかったが，

散文において冠詞がどこで使われているかを観察することによって学ぶのが最良である．ここでは，冠詞の有無・冠詞の位置が句の意味を変えている場合を概観する．

§4. 述語的位置と属性的位置
§4.1. 冠詞の後に形容詞・分詞・副詞・前置詞句がある場合，それらは属性的位置にある．「賢明な将軍」を表すには三つの言い方がある：
ὁ σοφὸς στρατηγός   この言い方が最も普通であり，
ὁ στρατηγὸς ὁ σοφός   次いでこの言い方が多く使われ，
στρατηγὸς ὁ σοφός   この言い方はそれほど多くない．
οἱ ἐκεῖ ἄνθρωποι   あそこにいる人々．

§4.2. 形容詞の左側に冠詞がない場合は述語的位置ということになり，形容詞は述語となる．
σοφὸς ὁ στρατηγός または ὁ στρατηγὸς σοφός   将軍は賢明である．

述語形容詞は冠詞＋名詞の前に来るか後に続くかであり，連結詞があっても意味は同じである．
σοφός ἐστι ὁ στρατηγός = ὁ στρατηγὸς σοφός ἐστιν.

§5. 述語的位置をとるのは次のような語である：
a) οὗτος, ὅδε, ἐκεῖνος（指示代名詞），ἄμφω, ἀμφότερος（両方の），ἑκάτερος（両者の各々の），ἕκαστος（各々の）など．οὗτος ὁ στρατηγός　その将軍．

b) 人称代名詞・関係代名詞・αὐτός の所有の属格．
ὁ φίλος μου, σου, αὐτοῦ　私の／あなたの／彼の友人
ἐκεῖνος, οὗ ὁ φίλος σοφός　賢い友人を持つ彼
　しかし，指示代名詞や再帰代名詞の属格は属性的位置をとる．
ὁ ἐκείνου/τούτου/ἑαυτοῦ φίλος．かの人の／その人の／彼自身の友人．

c)「自身，そのもの」を表す αὐτός．
αὐτὸς ὁ φίλος, ὁ φίλος αὐτός　友人自身，友人その人が
αὐτοῦ τοῦ φίλου, τοῦ φίλου αὐτοῦ　友人自身の
　しかし，αὐτός が属性的位置にあると「同じ」の意味になる．
ὁ αὐτὸς φίλος　その同じ友人

d) 部分属格を表す語．
οἱ ἄδικοι τῶν φίλων　友人の中の不正な連中
注．ὁ δῆμος τῶν Ἀθηναίων については後述（➡ §7, 9§3.3.2）．

§6. いくつかの形容詞では述語的位置か属性的位置かによって意味が異なる：

属性的位置	述語的位置
οἱ πάντες πολῖται　（例外なしに）全市民（= ἡ ὅλη πόλις「市全体」と同じ意味になる）	πάντες οἱ πολῖται，（強調して）οἱ πολῖται πάντες　市民は誰もみな（個々人に焦点）
τὸ ἄκρον ὄρος　高い山	ἄκρον τὸ ὄρος / τὸ ὄρος ἄκρον　山の頂き
ἡ μέση πόλις　（多数の町の）真ん中の町	μέση ἡ πόλις　町の真ん中
ἡ ἐσχάτη νῆσος　一番端の島	ἐσχάτη ἡ νῆσος　島の先端

　翻訳に際して特に問題になりやすいのは述語的位置の場合である．
ἐπ' ἄκρῳ τῷ ὄρει　山の頂きで
ἐν μέσῃ τῇ πόλει　町の真ん中で
διὰ μέσης τῆς ἀγορᾶς　アゴラーの真ん中を通って
ἐν ἐσχάτῃ τῇ νήσῳ　島の最先端で／最果てで

§7. 他にも冠詞の有無・位置によって意味が異なる場合がある：

ἄλλοι　他人（*Lat.* alii）	οἱ ἄλλοι　その他の人たち，残りの人たち（*Lat.* ceteri）
ὀλίγοι　僅かの人々	οἱ ὀλίγοι　寡頭政の支配者たち
πολλοί　多くの人々	οἱ πολλοί　多数派（庶民，平民）
πᾶσα πόλις　どのポリスも	ἡ πᾶσα πόλις　ポリス全体
ὁ δῆμος τῶν Ἀθηναίων　アテーナイ人の中の民衆（貴族に対して）	ὁ δῆμος ὁ Ἀθηναίων　アテーナイ人という人々
ὁ πολίτης ἐστὶ δεσπότης.　市民が主人である．	πολίτης ἐστὶ ὁ δεσπότης.　主人は市民である．
ὁ μόνος παῖς　唯一の子供	μόνος ὁ παῖς (ὁ παῖς μόνος) παίζει.　少年だけが遊ぶ／少年は一人で遊ぶ．

注．英語でなら場所・時・方法の副詞で表現するところをギリシア語では形容詞で表す．その際，補語は主語と文法的に一致する．
ἀπῆλθον σκοταῖοι, τριταῖοι（➡ 6§4.6), ἄπρᾱκτοι.（➡ 7§51b）　彼らは闇の中を／三日目に／何ら成果なく／立ち去った．
　指示代名詞でそれを表すことさえできる．
καὶ μὴν Ἐτεοκλῆς ὅδε χωρεῖ.　エテオクレースがここへやって来る．

§8. 述語となるのは定動詞または連結詞＋名詞／形容詞である．
述語には目的語あるいは副詞的表現が後に続く．近代語の他動詞・自動詞と同日には論じられないが，ごく一般的に言えば動詞は次の3種である．
他動詞：対格の目的語を持つ．
πρὸς πόλιν εἰσβάλλειν τὴν στρατιάν　ポリスに軍隊を投入する，ポリスを攻撃する．
　しかし，目的語が分かりきっている場合は省いて，πρὸς πόλιν εἰσβάλλειν と言うのがむしろ普通で，その場合，動詞は自動詞のように見える．辞書ではこういう使い方を abs.（= used absolutely）という記号で記す．
他の例　τελευτάω（±τὸν βίον）　（生を）終える，死ぬ
ἐλαύνω　（馬，戦車，船等を）走らせる，駆り立てる，動かす，進み行く
ἄγω（±στρατιάν, ναῦς）　（軍を，船を）導く，進軍する
καταλύω（±ἵππους）　（馬の軛を）解く，宿泊する，泊まる
自動詞：目的語を必要としない．
非人称動詞：主語は誰か（何か）が言い難い場合．
ὀψὲ ἦν.（時間が）遅かった．χρή　必要である

B. 意味を完結させるために必要不可欠な情報を付け加える必要のある動詞

§9. 不完全動詞：ある種の動詞は文章を作るに際して追加の情報を必要とする．それがなければ意味が不完全となる．たとえば「私は命じる」と言う場合，「何が」「誰に対して」命じられるのか，特定しなければならない．その後で，副詞的表現を付け加えて文を展開してゆくことができる（私は彼に来ることを命じる，アゴラーへと，翌日に，等々）．

まず，必要不可欠の情報をどのように文に組み込むか，それを述語とどう結びつけるか，を見てゆこう．

ここにまとめる動詞の大部分は，付加される情報についての何らかの精神活動を記述する．情報を得る，持っている，伝達する，それに反応する，等．次の表はこのタイプの動詞を意味のグループで分類し，情報を動詞に結びつけるために，どのような文法的手段が用いられるかを示している：

1	putandi	decl. inf.		
2	dicendi	decl. inf.	ὅτι	
2/3	iurandi promittendi	(μή + 未来形) decl. inf.		
3	imperandi voluntatis impersonalia	dyn. inf.		
4	eveniendi efficiendi	(ὥστε +) dyn. inf.		
5	impediendi	dyn. inf.		
6	sentiendi cognoscendi declarandi	分詞	ὅτι	
7	affectuum	分詞	ὅτι	εἰ, τίς
8	interrogandi			εἰ, τίς
9	timendi	μή + 接続法		
9/10	cavendi	μή, ὅπως		
10	curandi	ὅπως + 直説法未来		

Declarative infinitive と dynamic infinitive については後述する（➡ §15）．

説明の過程で明らかになるが，同一の動詞が二つ以上のグループに属すことがあるので，それぞれのグループに意味に応じた呼び名をつけておくのが至当である．英語や日本語では不十分，もしくは誤解の惧れがあるので，ラテン語で命名する．
　たとえば，διδακτόν ἐστιν ἡ ἀρετή．（徳は教えることのできるものである）というのを付加される情報とした場合，次のような文章がありうる：
私は「徳は教えることのできるものである」とは思わない／かどうかいぶかしむ．
私は「徳は教えることのできないものではないか」と怖れる．
　このように情報が付加されなければ主文の動詞は不完全である．主文の動詞の意味が（必ずしも形が，ではなく）後続の情報の形態をどう変えるか，を学ぶ必要がある．この「不完全動詞」は 10 のグループに分けられる．

B.1. Verba putandi（puto：考える）
§10. 思考を表す動詞（情報を知的に処理する動詞）：
例　νομίζω, οἶμαι, ἡγέομαι　思う，考える
　　φημί　主張する，～という意見である
　　οὔ φημι　否定する，～でないと言う

「徳は教えることのできるものである」という情報をこの動詞にどう結びつけるか．

	ἡ ἀρετή	διδακτόν	ἐστιν
	主格	補語（同じく主格）	連結詞
	主語	述語	
φῇς	τὴν ἀρετὴν	διδακτόν	εἶναι
	対格	（同じく対格）	不定詞
述語	目的語		

　思考を表す動詞や φημί（単なる「言う」以上の意味を持つので，発話の動詞には分類しない）の後では，情報は不定詞で表される．その情報が独自の主語（ἡ ἀρετή）を持つ場合は，それは対格に変わる．（**不定詞の主語は対格，の規則**）．補語がある場合，それが意味を完結させるものと同格でなければならないから，補語も主格から対格に変わる．
注．「徳は教えることのできないものである」という場合，主文の動詞を否定する．φῇς τὴν ἀρετὴν οὐ διδακτόν εἶναι．でなく，οὐ φῇς τὴν ἀρετὴν διδακτόν εἶναι．πέμψειν βασιλέα φησὶν ὑμῖν χρυσίον．　ペルシア大王があなた方に黄金を送るだろう，と彼は言っているのです．Ar. *Ach.* 102

B.2. Verba dicendi（dico：言う）
§11. 発話の動詞（情報を伝える動詞）:
例　λέγω　言う　γράφω　書く　ὁμολογέω　同意する

　思考を表す動詞と同じく，発話の動詞も不定詞と共に用いることができる．ここでも，不定詞に変わる動詞が主語を持つ場合，それは対格に変わる．

	οἱ Ἀθηναῖοι	ἄδικοι	γεγενημένοι εἰσίν, ἐγένοντο, γίγνονται, γενήσονται
	主格	(同格)	連結詞
(σὺ) ὁμολογεῖς	τοὺς Ἀθηναίους	ἀδίκους	γεγενῆσθαι, γενέσθαι, γίγνεσθαι, γενήσεσθαι
主語：σύ	対格	(同格)	不定詞

あなたは同意する，アテーナイ人が不正の徒となってしまった／なった／なりつつある／なりそうである／ことに．

　思考を表す動詞および発話の動詞に関して，情報部分の主語（οἱ Ἀθηναῖοι）と主文の動詞の主語（σύ）が異なる場合は，格だけが問題になった．

§12. もし，情報部分の主語が主文の動詞の主語と同一なら（あなたは同意する，あなたが不正の徒となってしまったと），自明の情報（σύ という主語）をもう一度対格で繰り返すのは無駄である．むしろ，主文の主語にすべての補語を一致させる．対格は必要でなく，補語はすべて主文の主語と同じく主格になる．

	(σὺ)	ἄδικος	γεγένησαι
(σὺ) ὁμολογεῖς	σε	ἄδικον	γεγενῆσθαι
	↓		
(σὺ) ὁμολογεῖς		ἄδικος	γεγενῆσθαι
(σὺ 主格)		σὺ と同じ主格	

たとえば λέγεται のように動詞が受動相だと興味深いことが起こる．ギリシア人はこのような受動相の主語は情報部分の主語と同じと見なすので，大抵の場合，英語 'The army is reported to have arrived.' と同様，「主格と不定詞」の構文となる．しかし，the army ではなく「漠然とした噂」のようなものが主語となる場合もありうる（'It is reported (Rumour has it) that the army has arrived.'）．その場合には，主文の動詞 λέγεται の主語（rumour）は情報部分の主語と異なるので，「対格と不定詞」の構文が用いられる．

「軍隊が到着した」という例で示すと，

	ὁ στρατὸς	ἀφίκετο
同じ主語 (ὁ στρατὸς)：λέγεται	ὁ στρατὸς	ἀφικέσθαι
異なる主語 (λόγος 噂)：λέγεται	τὸν στρατὸν	ἀφικέσθαι

αὐτοὶ γὰρ οἱ ἄνθρωποι τυγχάνουσι νομίζοντες τὸν Δία τῶν θεῶν ἄριστον καὶ δικαιότατον, καὶ τοῦτον **ὁμολογοῦσι** τὸν αὑτοῦ πατέρα **δῆσαι** ὅτι τοὺς ὑεῖς κατέπῑνεν οὐκ ἐν δίκῃ, κἀκεῖνόν (=καὶ ἐκεῖνόν) γε αὖ τὸν αὑτοῦ πατέρα **ἐκτεμεῖν** δι᾽ ἕτερα τοιαῦτα· ἐμοὶ δὲ χαλεπαίνουσιν ὅτι τῷ πατρὶ ἐπεξέρχομαι ἀδικοῦντι, καὶ οὕτως αὐτοὶ αὑτοῖς τὰ ἐναντία λέγουσι περί τε τῶν θεῶν καὶ περὶ ἐμοῦ. 世の人々は自ら，ゼウスが神々の中で至高至正であると認めており，しかもこの神が，息子たちを不正にも呑み込んでいったという理由で自分の父親を縛りつけたことを是認し，さらには，その父神は父神で，よく似た別の理由から我が父親を去勢したことをも是認しています．ところがこの人々が私に対しては，不正を犯した父親を告訴するからといって憤慨しているのです．人々は神々についてと私についてとで，こんなに矛盾したことを言うのです．Pl. *Euthyph.* 6a

§13. 思考を表す動詞と異なり，発話の動詞は ὅτι（または ὡς）節（英語 that）を従える場合もある：
ὁμολογεῖς ὅτι οἱ Ἀθηναῖοι ἄδικοι γεγενημένοι εἰσίν.
ὁμολογεῖς ὅτι ἄδικος γεγένησαι.

　時の経過とともに，不定詞より ὅτι（または ὡς）節が選ばれることがより多くなった．たとえば，ピンダロスでは不定詞を使うことが100%，トゥーキューディデースではなお60%であったのが，プラトーンでは35%，イーソクラテースに至っては僅かに5%である．

§14. もし，主文の動詞が過去時称なら，情報部分はいわゆる oblique optative（間接話法の希求法）に変えることがあるが，必ずそうしなければならないわけではない．

| ἔλεγες ὅτι ὁ στρατὸς | ἀφίκετο | ἀφῖκται / ἀφῖκτο | ἀφικνεῖται / ἀφῖκνεῖτο | ἀφίξεται |
| ἔλεγες ὅτι ὁ στρατὸς | ἀφίκοιτο | ἀφῑγμένος εἴη | ἀφικνοῖτο | ἀφίξοιτο |

注．Prolepsis（先取り表現）について．話者は自分の言わんとすることに先回りして，副文章の主語を先に出してしまうことがある．その場合，副文章から主語を取り出し，それを目的語（対格）として主文章の中に入れる．
σιωπῶ, ὡς θέρος καὶ χειμὼν οὐδὲν διαφέρει.　敢えて言わないでおく，夏と冬とはなんら違わないと．（忍耐強い話者ならこう言うであろう．）
σιωπῶ θέρος καὶ χειμῶνα, ὡς οὐδὲν διαφέρει.　夏と冬のことは言わない，なんら違わないと．（せっかちな人ならこう言うであろう．）
νῦν δ᾿ οἶδ᾿ ἀκρῑβῶς τὴν τύχην ὡς οὐ μία,
οὐδ᾿ ἔστι πρότερον, ἀλλὰ μετὰ τῶν σωμάτων
ἡμῶν, ὅταν γιγνώμεθ᾿, εὐθὺς χἠ (=καὶ ἡ) τύχη
προσγίγνεθ᾿ ἡμῖν συγγενὴς τῷ σώματι.
今ははっきりと分かった，運は一つではないのだと．それに，未生以前からあるのではなく，我々が生まれる時に，我々の肉体と一緒に，ただちに運も生まれて来て，我々の体の一部になるのだ．Phil. 9 (=νῦν δ᾿ οἶδ᾿ ἀκρῑβῶς ὡς ἡ τύχη...)

§15. Declarative infinitive と dynamic infinitive
動詞のグループ1, 2だけでなく3, 4, 5も後に不定詞を従える．話を進める前に，2種類の不定詞の違いを理解しておく必要がある．分かりやすい例として，(a)「子供が友達を〈連れて来た／来る／来るだろう〉と私は思う（οἴομαι τὸν παῖδα ἀγαγεῖν / ἄγειν / ἄξειν τοὺς φίλους.）」と(b)「子供に友達を〈連れて来るよう〉命じる（κελεύω τὸν παῖδα ἄγειν τοὺς φίλους.）」を比べてみる．(a)の場合，不定詞は主文の主語が思っていることを表し，現実に起こること，起こりうることを述べるのに対して，(b)の不定詞は主文の主語の命令の内容を示すけれども，それが実行されるかどうかは分からない．

　(a)のように，主文の主語の思考や発言を表す（declare）不定詞を **declarative infinitive**（内容記述の不定詞）と呼び，完了およびアオリスト不定詞は主文の動詞より前のこと，現在不定詞は主文の動詞と同時のこと，未来不定詞は主文の動詞より後のことを述べる．
οἱ Ἀθηναῖοι ἄδικοι γεγενημένοι εἰσίν / ἐγένοντο / γίγνονται / γενήσονται >
(σὺ) ὁμολογεῖς τοὺς Ἀθηναίους ἀδίκους γεγενῆσθαι (pf.) / γενέσθαι (aor.) /

γίγνεσθαι (pres.) / γενήσεσθαι (fut.).

これに対して (b) のように，主文の主語の意志・願望・命令等の内容を示す不定詞を **dynamic infinitive** (可能性の不定詞) と呼ぶ．意志・願望・命令等の内容は可能性 (dynamis) として提示されるにすぎず，それがもし実現する (実行される) としたら主文の動詞より後のことになるのは自明であるから，未来不定詞は用いられない．この不定詞の否定には μή を用いる．

念のために ἔγραψε を使った文章で (a) declarative infinitive と (2) dynamic infinitive の違いを確かめてみよう．
(a) ὁ φίλος μου ἔγραψε πάσας τὰς ἐν τῇ Ἑλλάδι πόλεις αὐτονόμους (οὐκ) εἶναι．　私の友が手紙で書いて来た，ギリシアにあるポリスはすべて独立している（いない）と．
(b) ὁ βασιλεὺς ἔγραψε πάσας τὰς ἐν τῇ Ἑλλάδι πόλεις αὐτονόμους (μή) εἶναι．　王が布告を発した，ギリシアにあるポリスはすべて独立すべきである（すべきでない）と．
　　(a) では不定詞を未来 ἔσεσθαι にすることも可能だが（ポリスはすべて独立するであろう），上述の如く (b) ではできない．
　発話の動詞であっても，単に「言う／書く」ではなく「…するべきである，と言う／書く」を意味する場合には，declarative infinitive でなく dynamic infinitive を導くことに注意．発話の動詞が使われていても，それが命令の動詞（後述）の働きをしているからである．

B.2/3 Verba iurandi, promittendi（iuro：誓う．promitto：約束する）
§16. 誓約の動詞 (ὄμνῡμι, ὀμνύω) と約束の動詞 (ὑπισχνέομαι) は，未来の行動についての情報と意志の要素を併せ持つから，グループ 2 とグループ 3 の境界線上にある．

ὑμῖν γὰρ ἔστιν ὅρκος, ὃν ὀμνύουσι πάντες οἱ πολῖται, μήτε τὰ ἱερὰ ὅπλα καταισχυνεῖν μήτε τὴν τάξιν λείψειν．　すべての市民が誓う誓約にあなた方は縛られている，神聖な武器を辱めもせず，持ち場を離れもせぬと．Lycurgus より．
ὄμνῡμι σεμνὴν Ἄρτεμιν, Διὸς κόρην,
μηδὲν κακῶν σῶν ἐς φάος δείξειν ποτέ.
ゼウスの娘，尊いアルテミスにかけて誓います．あなたの不幸は決して白日の下に顕しません，と．Eur. *Hipp.* 713-4

　何かをする（あるいは，しない）と約束する場合，未来の行為に関する情報（約束の中身）は未来不定詞を用いて表現される（それゆえ，それは declarative infinitive である）．しかし，同時に意志とか単なる想定の要素も強いから，否定は οὐ でなく μή を用いるわけである．

注．欲望や意志の要素を強くほのめかす強意的な文脈では，発話の動詞や思考を表す動詞でも μή を伴うことがある．もう一つ，高次の権威者の意志を示す強意的な動詞として，託宣や法廷の決議を述べる一群の動詞がある．
ἀνεῖλεν ἡ Πῡθίᾱ μηδένα σοφώτερον εἶναι． ピューティアーの巫女は答えた，より賢い人はいないと．

B.3. Verba imperandi, voluntatis, impersonalia
　　（impero：命じる．voluntas：意志．impersonalis：非人称の）
§17. **命令を表す動詞**：実行されることを期待して，他人に対して自分の望みを明示するすべての動詞．
κελεύω, προστάττω, παραγγέλλω　命じる
ἀναγκάζω　強いる
ἀπαγορεύω　禁じる
συμβουλεύω　忠告する
παρακελεύομαι, προτρέπω, παραινέω　示唆する，促す，勧める

意志の動詞：自分（もしくは他人）がすべきであると望む（ためらう）ことを明示する動詞．
βούλομαι　したいと思う（自分の選択で）
ἐθέλω　同意する（自分の選択ではなく）
δέομαι + gen.　人に（属格）頼む
αἰτέω + acc.　人に（対格）求める
σπουδάζω, πειράομαι　努力する，試みる
ἐπιθῡμέω + gen.　物を（属格）欲する
ποθέω　切望する
ἀξιόω　値すると思う，ふさわしいと思う，要求する
ὀκνέω　ためらう

非人称表現．良いこと（価値評価を表す動詞），なすべきこと（義務を表す動詞）を示す非人称動詞．verba eveniendi（出来事を表す動詞）も非人称で，ここで扱うこともできるが，グループ4に分類する方がよい．
δεῖ, χρή　ねばならない
πρέπει, προσήκει　ふさわしい，適当である
ἔξεστι, ἔστι　できる，可能である
συμβαίνει　生じる，起きる
ἀναγκαῖόν / δίκαιόν ἐστι　必須である，正当である
ὥρᾱ / καιρός ἐστι　好機である，すべき時である
καλόν / αἰσχρόν ἐστι　よい，悪い（醜悪である）

第8章 文章論（Syntax）　　237

οὐ γάρ σε βουλόμεθα οὐδὲν ἄχαρι πρὸς Ἀθηναίων παθεῖν.　我々はあなたがア
テーナイ人から不愉快な目に遭われないことを望む.　Hdt. 8.143

ὤνθρωπε (=ὦ ἄνθρωπε), βούλει μὴ προσαγορεύειν ἐμέ;　おい，そこの人，わしに
話しかけるのは止めてくれないか.　Ar. Ach. 1113

ἀλλ' ἡ βία γὰρ ταῦτ' ἀναγκάζει με δρᾶν.　だが，暴力が私にそれをせよと無理強
いする.　Soph. El. 256

καλέσαντες ὅ τε Κριτίας καὶ ὁ Χαρικλῆς τὸν Σωκράτην τόν τε νόμον ἐδεικνύτην
αὐτῷ καὶ τοῖς νέοις **ἀπειπέτην μὴ** (§20) **διαλέγεσθαι**.　クリティアースとカリク
レースはソークラテースを召喚すると，彼に法律を示して，若者たちと対話すること
を禁じようとした.　Xen. Mem. 1.2.33

ταῦτα δ' ἀκούοντες **ἐδέοντό μου** πάντες **παρακελεύεσθαί σοι καὶ προτρέπειν** ἐπὶ
τῶν αὐτῶν τούτων **μένειν**.　これを聞くと誰もが，あなたにこの同じ決意を守り抜
くよう励まし説き勧めてくださいと，私に頼んできたのです.　Is. Philip. 3.10

αἴτιος ὃς **ἐκέλευσε πιεῖν** τὸν παῖδα τὸ φάρμακον ἢ **ἠνάγκασεν** ἢ ἔδωκεν.　少
年に毒を飲むよう命じるか，強制するか，与えるかした者に責任がある.　Antiphon
Choreut. 17.2

οὐ δεῖ σ' ἔχειν τὰ μὴ σά. お前のものでないものを，お前は持つべきでない.　Men.
Epitr. 219

ἀκούετον δή· δεῖ γάρ, ὡς ἔοικέ, με
λέγειν ἃ κρύπτειν ἦν παρεσκευασμένος.
ではお二方，聞きなされ．私は隠しておくつもりであったことを話さねばならぬよう
だから.　Ar. Plut. 76

ἒ ἔ. πάρα (=πάρεστι) νῷν στενάζειν.　ああ，あ，我々にできるのは嘆くことだけ.
Ar. Vesp. 315

οὐκ ἂν δύναιο μὴ καμὼν εὐδαιμονεῖν,
αἰσχρόν τε μοχθεῖν μὴ θέλειν νεανίαν.
働かずして仕合わせにはなれない．若者が苦労を厭うのは恥ずべきことだ.　Eur. fr. 461

B.4. Verba eveniendi, efficiendi (evenio：起こる. efficio：する)

§18. **Verba efficiendi** (行為・働きかけの動詞. πράττω, ποιέω, διαπράττομαι,
なす，させる，果たす) と **verba eveniendi** (出来事を表す動詞. συμβαίνει,

συμπίπτει, γίγνεται, 生じる）の後では，単なる dynamic infinitive の代わりに ὥστε + dynamic infinitive を使ってもよい．
Verba eveniendi は ὥστε を必要としないので，非人称表現と考えてもよい．あるいは verba efficiendi（ὥστε を伴うことがより多い）と共に別個のグループとしてもよい．

ἀνωνύμους τοὺς ἄλλους εἶναι ποιεῖ．　彼は他の者たちを名無しにしてしまう．

ἀφ' οὗ γὰρ ὁ θεὸς οὗτος ἤρξατο βλέπειν,
ἀβίωτον εἶναί μοι πεποίηκε τὸν βίον．
その神様は目が見えるようになってからというもの，私の生活を生きにくいものにしてしまった．Ar. *Plut.* 968

πότερον ἀληθῆ φῶμεν ἀεὶ τοὺς ἀνθρώπους δοξάζειν, ἢ τοτὲ μὲν ἀληθῆ, τοτὲ δὲ ψευδῆ; ἐξ ἀμφοτέρων γάρ που συμβαίνει μὴ ἀεὶ ἀληθῆ ἀλλ' ἀμφότερα αὐτοὺς δοξάζειν．　人間がいだく意見は常に真だと我々は言うべきか，それとも，真の時もあれば偽の時もあると言うべきか．どちらから出発しても，人間がいだく意見はいつも真というわけではなく，真であるか偽であるかという結果になるのだ．Pl. *Theaet.* 170c

οὐκοῦν οὗτος τυγχάνει ὢν (§21) ὃς ἂν τὰ μέγιστα ἀδικῶν καὶ χρώμενος μεγίστῃ ἀδικίᾳ διαπράξηται ὥστε μήτε νουθετεῖσθαι μήτε κολάζεσθαι μήτε δίκην διδόναι;　それでは，最大の悪事をなし最大の不正に手を染めながら，戒告も受けず，懲らしめもされず，罰も受けないように立ち回るような人がそれではないのか．Pl. *Gorg.* 478e7

ὁ δ' ἀναγκάζων ἐστὶ τίς αὐτάς – οὐχ ὁ Ζεύς; – ὥστε φέρεσθαι;　でも，彼女たち（雲）を必然の力で漂わせているのは誰ですか．ゼウスではないのですか．Ar. *Nub.* 379

注 1．分詞と共に使われる ποιέω は，「誰かが何かをする」のを描写する．（例は §23 にある．不定詞を伴うか分詞を伴うかで意味の異なる動詞については 補説 2 を見よ）．
注 2．Verba efficiendi は verba curandi（配慮の動詞）の構文をとってもよい．
ποίει ὅπως ἐκείνην θεάσῃ γυμνήν．　彼女が裸でいるところを見るように努めよ／心づもりせよ．

B.5. Verba impediendi（impedio：妨げる）
§19. 許可・妨げの動詞：
ἐάω + acc.　人に（対格）何かをさせる，許す

κωλύω + acc., εἴργω + acc.　妨げる

εἴργει με	(τὸ) μή¹ γράφειν	彼は私が書くことを妨げる
οὐκ εἴργει με	(τὸ) μὴ **οὐ** γράφειν	彼は私が書くことを妨げない

注1. 虚辞の μή は εἴργει または οὐ κωλύει の後では必須ではない．μή がない場合，不定詞は動詞の目的語のようになる．οὐκ εἴργει の後では μή はあるのが普通である．

ταῦτ' ἢν ποῇς, οὐδέν σε κωλύσει σεαυτὸν ἐμβαλεῖν εἰς τὸ βάραθρον μετὰ Σωκράτους.　もしお前がそんなこと（母親を殴ること）をするなら，ソークラテースと一緒にお前が処刑坑に飛びこむのを妨げるものは何もないだろう．　Ar. Nub. 1447

οὐκ ἔστι θνητῶν ὅστις ἔστ' ἐλεύθερος·
ἢ χρημάτων γὰρ δοῦλός ἐστιν ἢ τύχης
ἢ πλῆθος αὐτὸν πόλεος ἢ νόμων γραφαὶ
εἴργουσι χρῆσθαι μὴ κατὰ γνώμην τρόποις.
死すべき人にして自由な人はいない．金の奴隷か，さもなくば運の奴隷，あるいは町の人たちや法文に邪魔されて，思うがままの生き方ができないのだ．　Eur Hec. 864ff. (sc. γραφαὶ εἴργουσι αὐτὸν μὴ χρῆσθαι...)

§20.「虚辞の μή」

§20.1. この妨げの動詞だけでなく，verba cavendi（9/10, 用心の動詞）も，さらには発話の動詞でさえも，否定的な意味を持つ動詞はいわゆる「虚辞の μή」を従えることがある．それは論理的には余計なもので翻訳されない．主文の動詞に含まれる否定的な意味合いを持ち続け強めるだけである．否定的な意味を持つ主文の動詞が否定されると (οὐκ εἴργει)，μή も否定されて μὴ οὐ となる．

ἀμφισβητῶ μὴ σὲ εἶναι σοφώτερον ἢ ἐμέ　＞
οὐκ ἀμφισβητῶ μὴ οὐχὶ σὲ εἶναι σοφώτερον ἢ ἐμέ　私は異議を唱えない，あなたが私より賢いということに．

§20.2. 虚辞 μή + οὐ は可能性または正当性を否定する表現の後でも見られる．例：οὐ δύναμαι, οὐ δυνατόν, οὐχ οἷόν τε（できない），οὐ δίκαιον（正しくない）．αἰσχρόν ἐστι（醜悪である）の後でも見られるのは，これが οὐ καλόν ἐστι（よくない）と解釈できるからである．

οὐ δίκαιόν ἐστι μὴ οὐ τοῦτο ποιεῖν．それをしないのは正しくない（するのが正しい）．

§21. 補説1：不定詞のその他の用法

以上で，必ず不定詞を従える場合の動詞を尽くしたが，ここで不定詞のその他の用法（必須でなく任意の用法）を示して，不定詞についての議論を仕上げておくのが至当である．

A. あることについての能力・ふさわしさを表す形容詞を限定する不定詞：
δεινὸς λέγειν, κακὸς βιῶναι　語ることに巧みな，生きてゆく上に悪い
φοβερὸς ὁρᾶν　見るからに恐ろしい
ἄξιος ἐπαινέσαι　賞讃に値する
δίκαιος, ἕτοιμος, ἀγαθός　正当な，用意がある，良い（堪能な）

B. 目的の不定詞：与える，選ぶ，定める，等の動詞の後では，不定詞は与格の名詞の働きをする（不定詞は本来与格であったと思われる）．「私はあなたにこの本をあげる，読むために」．そのような動詞とは，たとえば：
δίδωμι　与える
ἐπιτρέπω　託す
αἱρέομαι（中動相）選ぶ
παρέχω　提供する
καθίστημι　定める，据える，人を何かに任命する
πέφῡκα, ἔφῡν　生まれつき…である

Ἀριστάρχῳ ἔδοτε ἡμέρᾱν ἀπολογήσασθαι.　あなた方はアリスタルコスに弁明のために一日を与えた．
παρέχω ἐμαυτὸν ἐρωτᾶν.　私は質問を受けるべく私自身を差し出す．
οὔτοι συνέχθειν, ἀλλὰ συμφιλεῖν ἔφῡν.　私は憎しみを共にするのではなく，愛を共にするよう生まれついているのです．Soph. An. 523

C. 文章論的には文と結びつかない不定詞：
1. 感嘆文の中での不定詞，否定はμή：
ἐμὲ παθεῖν τάδε, φεῦ.　ああ，私がこんな目に遭うなんて．（不定詞の主語は対格）
τὸ δὲ μηδὲ κυνῆν οἴκοθεν ἐλθεῖν ἐμὲ τὸν κακοδαίμον᾽ ἔχοντα.　犬皮帽子も持たずに家を出てきたとは，俺も不運なことよ．Ar. Nub. 268

2. 命令文の中での不定詞：
ἀκούετε λεῴ· κατὰ τὰ πάτρια τοὺς χόας πίνειν.　さあ皆さん，よく聞いて．父祖伝来のやり方で酒瓶を飲み干すこと！ Ar. Ach. 1000

3. 願望文の中での不定詞（散文では稀な用法）：
θεοὶ πολῖται, μή με δουλείᾱς τυχεῖν.　わが町の神々よ，私が奴隷の境遇に陥りま

せぬように. Aesch. *Sept.* 253

4. 不定詞の独立的用法：
いくつかの慣用的な不定詞は挿入句の中で独立的に用いられて，単独の表現または文全体を限定する．
ὡς ἔπος εἰπεῖν, ὡς εἰπεῖν　　いわば，ほとんど
πάντες ὡς ἔπος εἰπεῖν, οὐδεὶς ὡς ἔπος εἰπεῖν　　ほとんど皆が．ほとんど誰一人…ない．

ἑκὼν εἶναι　　わざと，自発的に
οὐδὲ ξένοις ἑκὼν εἶναι γέλωτα παρέχεις.　　あなたはわざと異国人の笑い者にもならない．

(ὡς) ἐμοὶ δοκεῖν　　私の思うに，私の意見では
(ὡς) εἰκάσαι　　推測するに
(ὡς) συμβάλλειν　　比較してみるに
(ὡς) ἀκοῦσαι　　聞くところ
ὅσον γέ μ᾽ εἰδέναι　　私の知る限り
ὀλίγου δεῖν, μῑκροῦ δεῖν　　ほとんど (δεῖν を省いてもよい)
μῑκροῦ δεῖν τρία τάλαντα　　ほとんど 3 タラントン (文字通りには「僅かに欠けるべく 3 タラントン」であろう)

　不定詞には本来目的や結果の意味が潜んでいたと思われるので，独立的不定詞のあるものは目的や結果と関連づけて説明できそうである．

5. 冠詞を付けた不定詞：
不定詞の前に冠詞を付加することで名詞化できる．殊に前置詞の後では冠詞は必須である．
μετὰ τὸ μάχεσθαι　　戦いの後で

πολὺ μεῖζόν ἐστι τοῦ κακῶς ἔχειν κακὸν
τὸ καθ᾽ ἕνα πᾶσι τοῖς ἐπισκοπουμένοις
δεῖν τὸν κακῶς ἔχοντα πῶς ἔχει λέγειν.
病人が，見舞いに来てくれる人すべてに，病状を逐一話さねばならぬのは，病気であること以上に不幸なことだ． Phil. 47 (sc. τὸ δεῖν λέγειν πᾶσι πῶς ἔχει ἐστὶ πολὺ μεῖζον κακὸν τοῦ κακῶς ἔχειν)

　主語を明示しなければならない場合は対格にする．その結果，動詞が対格の目的語を持っている場合，時として曖昧さが生じる．
τὸ τοὺς Ἀθηναίους νῑκᾶν は，(1) アテーナイ人が勝者であるということ (= οἱ Ἀθηναῖοι νῑκῶσιν)，(2) 彼らがアテーナイ人に勝つということ (= νῑκῶσι τοὺς

Ἀθηναίους), のどちらにも解し得る.

B.6. Verba sentiendi, cognoscendi, declarandi
（sentio：感じる．cognosco：知る．declaro：明示する）

§22. 感覚による把握の動詞：
ὁράω　見る
ἀκούω　聞く

知性による把握の動詞（情報の獲得に関わる）：
πυνθάνομαι　聞いて知る
εὑρίσκω　見出す
μανθάνω　学ぶ
αἰσθάνομαι　知覚する
οἶδα, ἐπίσταμαι　知っている
μέμνημαι　覚えている，思い出す
γιγνώσκω　知る，認める
ἐπιλανθάνομαι　忘れる

表明の動詞（情報の明示に関わる）：
ἀγγέλλω　伝える
δείκνῡμι　示す，証明する
δηλόω　明らかにする
ἀποφαίνω　あらわにする
ποιέω　記述する
ἐξελέγχω　論駁する
φαίνομαι　…ように見える

　これらの動詞の後では ὅτι 節と分詞構文の両方が可能である．ὅτι は文を導くので，その主語は常に主格である（οἶσθα ὅτι σοφός εἰμι, οἶδα ὅτι σοφός εἰμι. 君は／私は知っている，私が賢いことを）．

§23. 分詞構文で注意しなければならないのは，情報部分の主語が主文の主語と同一の場合と異なる場合とでは構文が異なることである．

	(ἐγώ)	σοφός	εἰμι
(σὺ) οἶσθά	με	σοφὸν	ὄντα
	対格	補語	分詞
		(με に合わせて対格)	
(ἐγώ) οἶδα		σοφὸς	ὤν
		(ἐγώ に合わせて主格)	

注．上でも述べたように（§12），情報部分と主文の主語が同一なら，同じ主語を二度繰り返すのは無駄である．主語が何であるかは主文の動詞が間違いなく示すので，主語をもう一度対格で繰り返す必要はまったくない．主格の構文が用いられるのはそういう理由からである．しかしながら，中間的な場合もあって，情報部分と主文の主語が同一であっても，「他の主語にとってはそうではない」ことを強調しようとして，οἶδα οὐ σὲ ἀλλ᾽ ἐμαυτὸν σοφὸν ὄντα. 私はあなたでなく私が賢いことを知っている．とする場合には，対格が現れる．発音で強調するだけで同じことを表現できるので，οὐ σέ を省いて，οἶδα **ἐμαυτὸν** σοφὸν ὄντα. とすることもある．ここでは，主語は同一であるけれども，他の主語との対比によって ἐγώ が強調されているのである．もう一つ例を挙げると：

(σὺ) δεῖξον οὐ **πεποιηκότα** ταῦτα **σεαυτόν**. あなたがそれをしたのでないことを証明しなさい．（したのが「あなた」でないことを強調する）

μέμνημαι τοιαῦτα **ἀκούσας** σου. = μέμνημαι ὅτι τοιαῦτα ἤκουσά σου. 私は覚えている，そのようなことをあなたから聞いたことを．

Ὅμηρος ἄκλητον **ἐποίησεν ἐλθόντα** τὸν Μενέλεων ἐπὶ τὴν θοίνην. メネラーオスが呼ばれもせぬのに食宴にやって来たように，ホメーロスは描いた．

... τοὺς ἰατροὺς **οἶδ᾽** ἐγὼ
ὑπὲρ ἐγκρατείας τοῖς νοσοῦσιν εὖ σφόδρα
πάντας **λαλοῦντας**, εἶτ᾽ ἐὰν πταίσωσί τι,
αὐτοὺς **ποοῦντας** πάνθ᾽ ὅσ᾽ οὐκ εἴων τότε.

私は知っている，医者たる者はすべて，病人に対しては口を酸っぱくして摂生を説くのに，自分が病気になった時には，あの時禁じたことばかりをするのを．Phil. 78
(ποοῦντας = ποιοῦντας, πάνθ᾽ ὅσ᾽ = πάντα ὅσα)

ὁρῶ γὰρ ὥσπερ τῶν ἐν μέτρῳ πεποιημένων ἐπῶν **τοὺς μὴ μελετῶντας ἐπιλανθανομένους**, οὕτω καὶ τῶν διδασκαλικῶν λόγων τοῖς ἀμελοῦσι **λήθην ἐγγιγνομένην**. 韻律を整えて作られた詩でも，常に暗誦に努めない人は忘れてしま

うように，教訓の言葉も，なおざりにする人には忘れられてしまう，ということを私は見ている．Xen. Mem. 1.2.21.
(sc. ὥσπερ οἱ μὴ μελετῶντες ἐπιλανθάνονται τῶν ἐπῶν, οὕτω καὶ τῶν διδασκαλικῶν λόγων τοῖς ἀμελοῦσι λήθη ἐγγίγνεται)

ἤδη οὖν ποτε **ᾔσθου ἐμὲ** ἢ διὰ ψῦχος μᾶλλόν του ἔνδον **μένοντα**, ἢ διὰ θάλπος **μαχόμενόν** τῳ περὶ σκιᾶς, ἢ διὰ τὸ ἀλγεῖν τοὺς πόδας **οὐ βαδίζοντα** ὅπου ἂν βούλωμαι;　私が寒さのために人より永く室内に留まっていたり，熱暑のために誰かと日陰を奪い合ったり，足が痛いからと言って行きたい所へも出かけなかったりするのを，君はこれまで見たことがあるかね．Xen. Mem. 1.6.6

　　　　　　　ἔχ᾽ ἥσυχος.
ἐγὼ γὰρ ἀποδείξω σε τοῦ Διὸς πολὺ
μεῖζον δυνάμενον :: ἐμὲ σύ;
「お静かに．あなたの方がゼウスよりずっと力があることを証明してあげます」．「あなたが，それを？」Ar. Plut. 128

§24. 'σύνοιδα + 与格' のような動詞

σύνοιδα や συγγιγνώσκω のような動詞は前置詞が示すように，単に「知る」ではなく「誰かと経験を共にした，誰かについての知識を得る」を意味する．「私は意識している」ということを表現するには，ギリシア人は実際的には「私は私自身と経験を共にして，その結果今，私について知っている」と言っていたことになる—συγγιγνώσκω ἐμαυτῷ, σύνοιδα ἐμαυτῷ.

　しかしこのような場合，分詞は主格の「私」か与格の ἐμαυτῷ か，どちらに一致するのであろうか．答えは，両方正解である．「私は意識する／気づいている／私自身と経験を共にした，私が賢いことを」を例にすると：

	(ἐγώ)	σοφός	εἰμι
(ἐγὼ) σύνοιδα	ἐμαυτῷ σύν に支配 されて与格	σοφός (ἐγώ と同じ主格)	ὤν
(ἐγὼ) σύνοιδα	ἐμαυτῷ	σοφῷ (ἐμαυτῷ と同じ与格)	ὄντι

　情報部分と主文の主語が異なる場合は，分詞は主文の動詞が要求する格に一致する（この場合は与格）．しかし，分詞が対格になることも可能である（それほど頻繁ではない）．対格は二つの主語が異なる場合によく使われる格であ

るからで，その場合は，主文の動詞の後に文法が要求する格を無視していることになる．

	(ἐγώ)	σοφός	εἰμι
(σὺ) σύνοισθα + dat.	ἐμοί σύν に支配 されて与格	σοφῷ (ἐμοί と同じ与格)	ὄντι
(σὺ) σύνοισθα + dat.	ἐμοί	σοφὸν (με があるかのように対格．稀)	ὄντα

σύνοιδα γὰρ τῷ μειρακίῳ, νὴ τοὺς θεούς,
καὶ κοσμίῳ τὸν πρότερον ὄντι χρόνον ἀεὶ
καὶ περὶ ἔμ' ὡς ἔνεστιν εὐσεβεστάτῳ.
神々に誓って，あの若造のことはよく知っていますからね．これまでずっと，素行もよかったし，私に関しても，この上なく親孝行だということを． Men. Sam. 272

B.7. Verba affectuum (affectus：感情)
§25. 感情を表す動詞：
χαίρω, ἥδομαι, εὐφραίνομαι 喜ぶ
αἰσχύνομαι, αἰδέομαι 恥じる
μεταμέλομαι 後悔する
λῡπέομαι 苦痛を感じる
ἄχθομαι, ἀγανακτέω 怒る
βαρέως, χαλεπῶς, κακῶς, ῥᾳδίως φέρω 堪え難く思う，容易に耐える
θαυμάζω 驚く

ἥδομαι μέν, ὦ Κλέαρχε, ἀκούων σου φρονίμους λόγους. クレアルコスよ，あなたから分別ある言葉を聞いて嬉しく思う．

σύ τε καλῶς ἐρωτᾷς, ἔφη [sc. ὁ Πρωταγόρας], ὦ Σώκρατες, καὶ ἐγὼ τοῖς καλῶς ἐρωτῶσι χαίρω ἀποκρῑνόμενος. 「君はよい質問をするね，ソークラテース」とプロータゴラースは言った．「それに私も，よい質問をする人には喜んで答える」Pl. *Protag.* 318d7

ἐγὼ δὲ τούτου τοῦ τρόπου πώς εἰμ' ἀεί.
χαίρω τε γὰρ φειδόμενος ὡς οὐδεὶς ἀνὴρ
πάλιν τ' ἀνᾱλῶν, ἡνίκ' ἂν τούτου δέῃ.
私は常日頃からそういう性格の人間なのです．倹約を喜ぶことでも，また必要とあれ

ば，散財を惜しまぬことでも，誰にも負けないのですよ． Ar. *Plut.* 247

§26. 分詞は不定詞より強いということ

グループ6,7の動詞のうちあるものは，不定詞を従えることも可能である．しかし，§9の表に不定詞を書き込まなかったのは，それが分詞構文やὅτι節よりも弱いものを表すからである．ここで使われる不定詞は仮想の情報，噂でしか知られない情報を表す．したがってそのような不定詞は，δηλόω（明らかにする），ἀγγέλλω（伝える）など，明瞭鮮明な情報を表す動詞と共には使えないのである．

ἀπετραπόμην ... οὔτοι πυνθανόμενος ὑμᾶς εὖ πράττειν, ἀλλὰ μᾶλλον ἀκούων ἐν ἀπόροις εἶναι. 私が引き返して来たのは…諸君がうまくいっていると知ったからではなく，むしろ苦境にあると聞いたからだ．（二つの不定詞は話し手が噂でしか知らない情報について使われている）．

αἰσχυνοῦνται αἰσχρόν τι ποιεῖν. 彼らは醜悪なことをするのを恥じるだろう．（恥じるゆえにしない）

αἰσχυνοῦνται αἰσχρόν τι ποιοῦντες. 彼らは醜悪なことをしていることを恥じるだろう．（実際にしていることを恥じる）

§27. 特によく使われる以下のような動詞について，意味の違いに注意するのが肝要である：

1. αἰσχύνομαι と αἰδέομαι
分詞と共に = しているのを恥じる
不定詞と共に = することを恥じる（これまでもしなかったし今後もしない）
τοῦτο μὲν οὐκ αἰσχύνομαι λέγων, τὸ δὲ αἰσχυνοίμην ἂν λέγειν. 私はこれを語りながら恥ずかしいとは思わない，だが次のことを語るのは恥ずかしく思うだろう．

2. ὑπομένω
分詞と共に = 耐える，甘んじる（過去・現在のこと）
不定詞と共に = 敢えてする，勇を鼓してする（未来のこと）
οὐχ ὑπομένει ὠφελούμενος. 彼は助けてもらうことに耐えられない．
καὶ τὴν χώραν καὶ τὴν πόλιν ἐκλιπεῖν ὑπέμειναν. 彼らは国土とポリスを立ち去る勇気を持っていた．

3. φαίνομαι
分詞と共に = 明白に…である
不定詞と共に = …のように見える（本当はそうでなさそう）
φαίνεται τἀληθῆ λέγων. 彼は間違いなく真実を語っている．

φαίνεται τἀληθῆ λέγειν． 彼は真実を語っているように見える（しかし，嘘をついているだろう）

4. ἔοικα
分詞の与格と共に = ～に似ている
不定詞と共に = ～らしい，のようだ
ἔοικας δεδιότι τοὺς πολλούς． あなたは大衆を怖れる人のようだ（はっきり怖れているように見える）
οὐκ ἔοικεν εἰδέναι． 彼は知らないらしい．

§28. ἀκούω という動詞についてはもっと複雑なことが起こる（1 と 2 は αἰσθάνομαι にも当てはまる）．構文によって信頼性が次第に減じてゆくことに注意．
1. ἀκούω / αἰσθάνομαι + 属格 + 分詞
ἀκούω σου λέγοντος． 私はあなたが話すのをこの耳で聞く．

2. ἀκούω / αἰσθάνομαι + 対格 + 分詞
ἀκούω σε λέγοντα． あなたが話すという噂を私は聞く．（あなたが話すところを直に聞くわけではないが，情報源は分かっており信頼できる）

3. ἀκούω ὅτι 節
ἀκούω ὅτι τέθνηκεν 彼が死んだということを，私は聞く．（情報源は不明で，それが信頼できるかどうかも分からない）

4. ἀκούω + 対格 + 不定詞
ἀκούω αὐτὸν τεθνηκέναι． 彼が死んだそうだ．（情報源は漠然として，その噂も不確かである）

補説 2：分詞のその他の用法
§29. 分詞が不定詞より強い意味を帯びる例を見てきたが，不定詞を使うか分詞を使うかで意味が異なる動詞が他にもある．

οἶδα / ἐπίσταμαι ὀρθῶς διδάσκων． 私が正しく教えていることを，私は知っている．
οἶδα / ἐπίσταμαι ὀρθῶς διδάσκειν． 正しく教える術を，私は知っている．
μανθάνω + 分詞　～であることを知らされている，学び知っている
μανθάνω + 不定詞　～する術を学び知っている
δείκνῡμι + 分詞　～であることを示す
δείκνῡμι (ἀποδείκνῡμι) + 不定詞　～する仕方を示す，教える
ἐπιλανθάνομαι + 分詞　～であることを忘れる

ἐπιλανθάνομαι + 不定詞　～することを忘れる，仕方を忘れる

κἀπιστήσει μῑσεῖν ἀγορὰν καὶ βαλανείων ἀπέχεσθαι,
καὶ τοῖς αἰσχροῖς αἰσχύνεσθαι κἂν σκώπτῃ τίς σε φλέγεσθαι,
καὶ τῶν θάκων τοῖς πρεσβυτέροις ὑπανίστασθαι προσιοῦσιν,
καὶ μὴ περὶ τοὺς σαυτοῦ γονέας σκαιουργεῖν,
そうすればお前も，アゴラーを憎み，浴場を避けることを，醜行を恥じ，人にからかわれたら憤慨することを，年長者が近づいてきたらさりげなく立ち上がることを，そして，自身の両親に対して横道な振る舞いをせぬことを，学ぶだろう．Ar. *Nub.* 991

次の場合は，不定詞が主語の意思を可能性として示す dynamic infinitive であるところが異なっている．
μέμνημαι + 分詞　～であることを思い出す
μέμνημαι + 不定詞　～することを覚えている，忘れない
γιγνώσκω + 分詞　～であることを知っている
γιγνώσκω + 不定詞　～することを決定する，すべきだと判断する
δηλόω + 分詞　～であることを示す
δηλόω + 不定詞　命ずる，告知する
μέμνησο πλουτῶν τοὺς πένητας ὠφελεῖν.　富める時は貧しい人を助けることを忘れるな．Men. *monostich.* 348

§30. Periphrastic な用法に似た構文 (参考：keep smiling)

在り方 (being) のいろいろな段階 (「在りはじめる」「在りおえる」等) を表す動詞を使う時は分詞が必須で，動詞と分詞で新しい意味の単位を形成する．そこでは定動詞の意味は小さく，中心的な意味を担うのは分詞である (それらの動詞が不定詞と共に使われると，異なった意味になるので，両方の構文を注記する)．

1. ある行為を始める，続ける，やり抜く，止める，倦む，等を表す動詞 + 現在分詞：
ἄρχομαι + (通常，現在) 分詞　あることからし始める (内容が変わってゆく)
ἄρχομαι + (通常，現在) 不定詞　あることをし始める (ずっと続ける)
ἄρξομαι ἀπὸ τῆς ῑ̓ατρικῆς λέγων.　まず医術のことから話を始めよう．(テーマが移ってゆく)
ἤρξαντο δὲ καὶ τὰ μακρὰ τείχη ἐς θάλασσαν οἰκοδομεῖν.　彼らは海に向かって長城壁を建設し始めた．(建設は続く)

διάγω, διαγίγνομαι, διατελέω, διαμένω　～し続ける
διατελεῖ μῑσῶν.　彼は憎み続ける．

καρτερέω　我慢する
ἀνὴρ δίκαιός ἐστιν οὐχ ὁ μὴ ἀδικῶν,
ἀλλ' ὅστις ἀδικεῖν δυνάμενος μὴ βούλεται·
οὐδ' ὃς τὰ μικρὰ λαμβάνειν ἀπέσχετο,
ἀλλ' ὃς τὰ μεγάλα **καρτερεῖ μὴ λαμβάνων**,
正義の人とは悪いことをしない人ではなく，悪いことができるのにしようとしない人である．僅かな利益の獲得を手控えた人というより，巨利を手にするのを我慢する人のことである．Phil. 97

ἀνέχομαι + 分詞　～することに耐える
ἀνέχομαι + 不定詞　敢えてする，勇を鼓してする
εὖ ἴσθι, ἔφη, ὦ πάτερ, ἐγὼ οὐ μόνον ποιητὴν ἕτερον, ἀλλ' οὐδὲ μέτρον ἄλλο ἢ τὸ Ὁμήρου ἡρῷον ἀκούων ἀνέχομαι.「父上, ご承知おきください」と彼は言った，「他の詩人は固より，ホメーロスの英雄詩以外のものは，私には聞くに堪えないのです」Dio Chrys. 2.7.3
ἀνέσχοντο τὸν ἐπιόντα ἐπὶ τὴν χώραν δέξασθαι.　彼らは国土への侵入者を敢然と迎え撃った．

κάμνω　倦む，疲れる
ἀπαγορεύω + 分詞　諦める，～するのに疲れ果てる
ἀπαγορεύω + dynamic inf.　～することを禁じる

ἀπολείπω, διαλείπω, ἐπιλείπω　～するのを止める

παύω + 分詞　現に起きていることを止めさせる
παύω + 不定詞　何かが起きるのを阻止する
ἔπαυσαν φοβουμένους πλῆθος νεῶν.　人々が艦船の夥しさに恐怖を覚えるのを，彼らは止めさせた．
παύσαντες τὸ μὴ προσελθεῖν ἐγγὺς τὴν ὁλκάδα,　商船が近づいて来るのを阻止して，(虚辞の μὴ に注意)

παύομαι, λήγω　～するのを止める
ὡς ἐγὼ μισῶν γυναῖκας οὐδέποτε παύσομαι.　俺は決して女を憎むことを止めないぞ．Ar. Lys.1018
μεθίημι（行かせる）, ἀνίημι（緩める）+ 分詞　～するのを止める
μεθίημι, ἀνίημι + 不定詞　怠る，放っておく，許す
ὕων οὐκ ἀνίει [ὁ θεός].　(神は) 雨を降り止ませない．
μεθιᾶσι τὰ δέοντα πράττειν.　彼らは義務を果たすことを怠る．
μεθεῖσά μοι λέγειν,　私に発言を許しながら，

2. 在り方 (being) のいろいろな形 (「たまたま在る」「知られずに在る」等) を表す動詞と分詞で新しい意味の単位を形成する場合も, 中心となる考えは分詞に含まれ, 定動詞は分詞の意味内容を修飾する副詞のように訳されることが多い.

τυγχάνω　たまたま~する
ἔτυχον καθήμενος ἐνταῦθα.　私はたまたまそこに坐っていた.
注. τυγχάνω は「たまたま」の意味を失って, 単に時が一致すること (ちょうど今, その時), あるいはただその事実を表すだけのことも多い.

λανθάνω + 対格　人に気づかれない, 人 (対格) に知られずにする
ἔλαθον ἐμαυτὸν οὐδὲν εἰπών.　私は自分でも気づかずに無意味なことを語った.
ἔλαθεν (τὸν δεσπότην) ἀποδράς.　彼は (主人に) 気づかれずに逃走した.
οὐκ ἔλαθες ἀποδιδράσκων.　あなたは逃げようとして見つかった.
λήσετε πάνθ᾽ ὑπομείναντες.　あなた方は気づかぬうちに, ありとあらゆる禍いに屈することになるだろう.
注. アオリスト分詞 ἀποδράς になったり現在分詞 ἀποδιδράσκων になったりするのは何故か？ λανθάνω, φθάνω, τυγχάνω はこのような構文をとる.

1. 現在／未完了過去 λανθάνω / ἐλάνθανον ἐμαυτὸν	a) 主動詞と同時：οὐδὲν λέγων b) 主動詞より先 (稀)：οὐδὲν εἰπών
2. それ以外の時制 (歴史的現在を含む) ἔλαθον, λήσομαι, etc. ἐμαυτὸν	a) 主動詞と同時：οὐδὲν εἰπών (アオリストの後, 時々：οὐδὲν λέγων) b) 主動詞より先 (稀)：οὐδὲν εἰπών

補注 1. οὐκ ἔλαθες は意味上,「ずっと見張られていた」という未完了過去のようになるから, 現在分詞を使ってもよい.
補注 2. 主文の動詞が現在または未完了過去以外の時制 (頻出する歴史的現在もここに含めるべきである) の場合, アオリストの分詞は主動詞と同時の行為を表し, 主動詞に先立つ行為・状態を表すことはごく稀である. 主動詞がアオリストの場合, 現在分詞を従えることも時としてあるが, それはその行為・状態が続いていることを特記する必要がある場合である.

φθάνω + 対格　人 (対格) に先んじてする
φθάνουσιν ἐπὶ τῷ ἄκρῳ γενόμενοι τοὺς πολεμίους.　彼らは敵に先んじて頂きに達した. (φθάνουσιν は歴史的現在)
注. οὐκ ἂν φθάνοις (φθάνοιτε) + 分詞は, 丁寧に急かせる勧告を表す慣用句.

οὐκ ἂν φθάνοις λέγων.　早く話してくださるほど結構（直ぐに話してください．直訳：もし話されても，早すぎることはないでしょう）

οἴχομαι　行ってしまう
οἴχονται διώκοντες.　彼らは追跡して行ってしまった．

§31. 必須でなく任意の分詞（これがなくても主文は成り立つ）

1. 文と結びついた分詞（connected participle, participium coniunctum）．この分詞は独自の主語を持たず，文のどこかの部分に結びついている．任意に付加される節（時の，条件の，譲歩の，等）について学んだ後で，以下に挙げる例文に戻って来ると，いっそう分かりやすいであろう．
μαχόμενοι ταῦτα ἐποίουν.
この例文における分詞は文脈によって幾通りにも解釈できる：

a) 時を表す節 (§57) の代用：彼らは戦っている時にこれをしていた．μεταξύ（最中に），ἅμα（同時に），εὐθύς（直ちに）などを用いると意味がより明確になる．否定は οὐ．

b) 原因を表す節 (§49) の代用：彼らは戦っていたのでこれをしていた．ἅτε, οἷα, οἷον（話者はその理由に同意している），あるいは ὡς（文の主語の主観的な理由を示す）を前に付けると意味がより明確になる．否定は οὐ．
ἅτε μαχόμενοι ταῦτα ἐποίουν.　彼らは戦っていたので（多数の兵士を失ったので，等の客観的な事実）
ὡς μαχόμενοι ταῦτα ἐποίουν.　彼らは戦っていたので（帰国できなかった，等．この場合，筆者は自分以外の人が考える理由を記しており（兵士たち自身の視点かもしれない），筆者がその理由に同意している場合もあるが，同意していない場合もある）．
οἱ Τρῶες εὐωχοῦνται ὡς νενῑκηκότες τοὺς Ἕλληνας.　トロイア人はギリシア軍を打ち負かしたと思いこんで，宴を開いていた．（作者は，ギリシア軍が木馬を残して撤退したのは詭計だと知っている）
οἱ Ἕλληνες εὐωχοῦνται (ἅτε) νενῑκηκότες τοὺς Τρῶας.　ギリシア軍はトロイア人を打ち負かしたので，宴を開いていた．（ギリシア軍が勝ったのは事実）

c) 条件を表す節 (§52) の代用：彼らは戦うならばこれをしていた．否定は μή．

d) 譲歩を表す節 (§54) の代用：彼らは戦っていてもこれをしていた．καίπερ（であるけれども），καί を付けると意味が明確になる．否定は οὐ．

e) 様態・付帯的状況を表す：戦いながらこれをしていた（全員が死んだ，等）．
γελῶν ἀπῆλθεν.　彼は笑いながら立ち去った．

οὗτος, σὺ τολμᾷς πτωχὸς ὢν λέγειν τάδε;　そこな奴，物乞いの分際でそのような不遜なことを申すか．Ar. *Ach.* 577a

f) 目的を表す：未来分詞を用いるのが普通．ὡς を付けても付けなくてもよい．
ὡς μαχούμενοι　彼らは戦うために（町の近くに到着した，等．　➡ §42.5）

　分詞のこの用法は便利さゆえに濫用され，その結果，いくつかの分詞は意味が極めて弱くなった．ἔχων, φέρων, λαβών + 対格，χρώμενος + 与格などは，単に「と共に，をもって」と訳されることが多い．

2. 独立的に用いられる分詞（absolute participle）．この分詞は独自の主語を持ち，文と文章論的に結びつかない．特に属格をとることが多い．

a) 独立属格（genitive absolute）
句の主語（文の主語とは異なっていなければならない）となる名詞または代名詞が属格に置かれ，分詞もそれに合わせて属格となる．
τελευτήσαντος δὲ Πεισιστράτου, κατεῖχον οἱ υἱεῖς τὴν ἀρχήν.　ペイシストラトスが死んだ後，息子たちが支配権を握った．
　文と結びついた分詞の場合と同様，独立属格の分詞も文脈に応じて「a. 時，b. 原因，c. 条件，d. 譲歩，e. 様態」を表すものと解釈でき，意味を明確にするための接続詞も同じものを使えるが，「f. 目的」を表すことはない．
ἡττηθέντων δὲ αὐτῶν οὐδεὶς ἂν λειφθείη.　もし彼らが敗北したなら，一人も生きて残されないであろう．（この独立属格は可能的未来の条件文における条件部分の代用となる．　➡ §52.3）
καίπερ εὐθὺς ὄντος καταφανοῦς ὅτι...　…ということは直ちに明らかになったけれども．
αὕτη μέν [sc. ἡ θάλαττα]... οὐδὲν γίγνεται ἐπιρρεόντων τῶν ποταμῶν πλείων, 川が流れこんでいるのに（d. 譲歩），それ（海）はちっとも大きくならない．　Ar. *Nub.* 1293

ἐγὼ δὲ λέξω δεινὰ μέν, δίκαια δέ.
οὐ γάρ με νῦν γε διαβαλεῖ Κλέων ὅτι
ξένων παρόντων τὴν πόλιν κακῶς λέγω.
αὐτοὶ γάρ ἐσμεν οὑπὶ Ληναίῳ τ' ἀγών,
κοὔπω ξένοι πάρεισιν.
これからお話しするのはショッキングなことだが正しいことだ．今度はクレオーンも私のことを，外国人のいるところで，ポリスの悪口を言うと非難はできまい．ここにいるのは我々だけだし，レーナイア祭なので，まだ外国人は来ていないからだ．Ar. *Ach.* 502

第 8 章　文章論（Syntax）　253

ζητοῦντος αὐτοῦ τῆς σελήνης τὰς ὁδοὺς
καὶ τὰς περιφοράς, εἶτ' ἄνω κεχηνότος
ἀπὸ τῆς ὀροφῆς νύκτωρ γαλεώτης κατέχεσεν.
あの方が月の道筋と回転を探求しようとして，大口を開けておられたところ，夜陰に紛れて屋根から守宮が糞をひった．Ar. Nub. 171

b) 独立対格 (accusative absolute)
非人称動詞の場合，または不定詞を主語に持つ場合，分詞の中性単数は（属格でなく）対格に置かれる．
δῆλον γὰρ ὅτι οἶσθα μέλον γέ σοι. なぜなら，それが君の関心事である時には/のだから/のならば，君が知っていることは明らかだから．
παρέχον δὲ τῆς Ἀσίης πάσης ἄρχειν εὐπετέως, ἄλλο τι αἱρήσεσθε; アジア全土を易々と支配できるというのに，あなた方は他のことを選ぶつもりか．

他にこのようなものがある：
δέον, χρεών ねばならない（ならなかった/ならないであろう）時に/ので/けれども，等．
ἐξόν, παρόν, ὄν …が可能である時に，等．元の表現は ἔξεστι, πάρεστι, ἔστι（それは可能である）
παρέχον, παρασχόν = ἐξόν, παρόν. 元の表現は παρέχει τινί（誰それに許されている，する力がある）
μετόν 資格がある．元の表現は μέτεστί μοί τινος（私は～の分け前を持つ，権利がある）
προσῆκον, πρέπον 適当である，ふさわしい時に，ので，等
μεταμέλον 後悔している時に，ので，等
μέλον 関心事である時に，ので，等
ταῦτα μέντοι σὺ ξυνιεὶς εἶτα πολεμεῖς ἐμοί,
ἐξόν, ὦ πόνηρέ, σοι βέβαιον ἔμ' ἔχειν φίλην;
それを知っていながら，あんた，私と戦うつもり？ 磔でなし，私を確かな友にしておけるというのに．Ar. Lys. 1017

受動分詞が非人称的に用いられることもある：
γεγραμμένον（書かれているので，等），δεδογμένον（決定されている以上，等），εἰρημένον（言われている以上，等），προσταχθέν, προστεταγμένον（命じられているので，等）

τυχόν たまたまそうなって．元の表現は非人称の ἔτυχε（たまたま～）
δόξαν = δεδογμένον 決定されたので，等．元の表現は非人称の ἔδοξε（良いと思われた）．複数対格 δόξαντα ταῦτα（これらが決定されたので，等）や独立属格 δόξαντος τούτου（これが決定された時に，等）も可能．

εἰρημένον δ' αὐταῖς ἀπαντᾶν ἐνθάδε
βουλευσομέναισιν οὐ περὶ φαύλου πράγματος,
εὕδουσι κοὐχ ἥκουσιν.
あの人たちには，疎かならぬ要件で相談をするためここで会うよう言ってあるのに，眠りこけてやって来ない．Ar. *Lys.* 13

γενόμενον ἐπ' ἐμοί　私の力の及ぶところだったので．

c) ὡς / ὥσπερ の後に名詞の対格・分詞の対格を並べて人称構文にもできる．これは独立属格に似たものとなる．
καὶ ηὔχετο δὲ πρὸς τοὺς θεοὺς ἁπλῶς τἀγαθὰ διδόναι, **ὡς τοὺς θεοὺς** κάλλιστα **εἰδότας** ὁποῖα ἀγαθά ἐστι. 　ソークラテースは神々に対して常々，善きものを与えたまえとだけ祈った，善きものとはいかなるものであるかを，神々が最もよく知っていると考えて．Xen. *Mem.* 1.3.2

B.8. Verba interrogandi（interrogo：尋ねる）
§32. 質問の動詞
ギリシア語ではどのようにして疑問文を作るのかを見てみよう．それと並行して，どのような語が間接疑問文を導くかをも見よう．

直接疑問	間接疑問
	(ἐρωτᾷ +)
1. k^w- 疑問文	
τίς;　　誰が？	τίς / ὅστις
ποῖος;　いかなる種類の？	ποῖος / ὁποῖος
ποῖ;　　どこへ？	ποῖ / ὅποι
2. yes/no 疑問文	
a. 中立的な答えを期待：	
ἆρα...;　一体…か？	εἰ ...
b. その通りという答えを期待：	
(ἆρ᾽) οὐ...;	
οὔκουν...;	εἰ οὐ ...
ἄλλο τι (ἤ)...;	
c. 違うという答えを期待：	
(ἆρα) μή...;	εἰ μή ...
μῶν...;　まさか…なかろうね	
3. 熟慮の疑問文（熟慮の接続法と）	
a. k^w- 疑問文の特殊型	
πῶς σε θάπτω;	πῶς με θάπτῃ / θάπτοι
b. yes/no 疑問文の特殊型	
στρατεύωμαι ἐπὶ τοὺς Πέρσας;	εἰ στρατεύηται / στρατεύοιτο
4. 選択疑問文	
(πότερον) A, ἢ B;	πότερον/-ρα A, ἢ B.
(πότερα) A, ἢ B;	πότερον/-ρα A, ἢ οὐ = ἢ μή.
(πότερον/-ρα) A, ἢ οὐ.	εἰ A, ἢ B.
	εἴ(τε) A, εἴτε B.

who, which, what, where 等の疑問代名詞・疑問副詞を伴う文を英語圏の学生は wh- 疑問文として理解するが，ここでは k^w- 疑問文という用語を使う．疑問代名詞や疑問副詞の語頭音はラテン語では qu- (quis, quid, quo, etc.)，ギリシア語では π- (πῶς, πῇ, πότε, etc.) であるが，それらは印欧祖語の k^w- に遡るからである．アッティカ方言の τίς; 系統の語は別である．

動詞の法も否定の小辞もすべて同じまま．質問の動詞が過去時称の時は，副文章で間接話法の希求法（oblique optative）を使ってもよい．

1. πότε πράξετε ἃ δεῖ;　必要なことを君たちはいつするのか？
ἐρωτῶ (ὁ)πότε πράξετε ἃ δεῖ.　私は尋ねる，必要なことを君たちはいつするのかと．
ἀνήρετ' ἄρτι Χαιρεφῶντα Σωκράτης
ψύλλαν ὁπόσους ἅλλοιτο τοὺς αὑτῆς πόδας.
先ほどソークラテースがカイレポーンに尋ねた，蚤は自分の脚の何倍を跳べるかと．
Ar. *Nub.* 145（副文章の主語 ψύλλα を主文章の目的語として先に出してしまう，➡
§14 注 prolepsis）

2a. ἆρα ληψόμεθα Ἀθήνας;　我々はアテーナイを占領するだろうか．
οἱ Λακεδαιμόνιοι τὸν θεὸν ἠρώτων εἰ λήψονται (oblique optative:λήψοιντο)
Ἀθήνας.　スパルタ人は神に尋ねた，アテーナイを占領するかどうかを．
2b. ἆρ' οὐχ ὕβρις τάδε;　これは思い上がりではないのか？（yes の答えを強く期待）
οὐ δεινὰ μὴ 'ξεῖναί με μηδ' ἑορτάσαι;　わしが祭りにも参加できないとはひどい
ことではないか．Ar. *Ach.* 1079（ἔξεστι の不定詞 ἐξεῖναι の語頭の ἐ が μὴ の後で脱
落していることに注意．）
2c. μή τι νεώτερον ἀγγέλλεις;　良くない知らせを持って来たのではないだろうね．
（no の答えを期待している感じ）

3a. πῶς σε θάπτω;　あなたをどのように埋葬しようか？（熟慮の接続法）．
ἐρωτᾷ πῶς με θάπτῃ.　私をどのように埋葬しようか，と彼は尋ねる
ἠρώτων πῶς με θάπτοιεν.　私をどのように埋葬しようか，と彼らは尋ねていた．
3b. στρατεύωμαι ἐπὶ τοὺς Πέρσας;　私はペルシアに遠征すべきであろうか．
ἐρωτᾷ εἰ στρατεύηται ἐπὶ τοὺς Πέρσας.　ペルシアに遠征すべきかどうか，彼は尋
ねる．

4. πότερον κάλλιστον ἐν γραμματιστοῦ τὰ ὅμοια γράμματα γράφειν ταχὺ ἢ ἡσυχῇ;　読み書きの先生の所では，同じ文字を速く書くのと落ち着いて書くのと，どちらが最善だろうか．Pl. *Charm.* 159c

οὐκοῦν ἐκ τῶν ὁμολογουμένων τοῦτο σκεπτέον, πότερον δίκαιον ἐμὲ ἐνθένδε πειρᾶσθαι ἐξιέναι μὴ ἀφιέντων Ἀθηναίων ἢ οὐ δίκαιον.　それなら，同意された
ことに基づいて（同意されたことから出発して）これを検討しなければならない．ア
テーナイ人が許さないのに，私がここから逃げ出そうと試みることが正しいか正しく
ないかを．Pl. *Crito.* 48b
注 1. ἢ οὐ δίκαιον の代わりに ἢ ἄδικον としてもよいし，単に ἢ οὔ（または ἢ μή）だ
けでもよい．
注 2. οὐκοῦν = οὖν（それでは／それゆえ．結果の意味）と οὔκουν = οὐ（否定の意味）
の区別に注意．

(A) 疑問文と (B) 感嘆文を対比せよ.		
A. πόσοι ἄνθρωποι ἦλθον; いかなる人たちが来たのか？	A.ἐρωτῶ / θαυμάζω	(ὁ)πόσοι ἄνθρ. ἦλθον
B. ὅσοι ἄνθρωποι ἦλθον! 何たる人たちが来たことか！	B.θαυμάζω (+ ὅσος, ὡς, οἷος)	ὅσοι ἄνθρ. ἦλθον
B. ὡς καλὰ τὰ δένδρα! 何と美しい木々か！	B.θαυμάζω	ὡς καλὰ τὰ δένδρα

A. θαυμάζω = 不思議に思う，知らないことを驚き尋ねる．
B. θαυμάζω = 見聞きしたことに驚嘆する．

B.9. Verba timendi (timeo：怖れる)
§33. 怖れを表す動詞：
φοβοῦμαι, δέδοικα / δέδια　憂慮する，怖れる
δέος ἐστί, φοβερόν ἐστι　怖れがある
κίνδῡνός ἐστι　危険がある

注．怖れを表す動詞の他に，懸念・不安・疑念を表す動詞もある．それは 9. verba timendi（怖れを表す動詞）と 10. verba curandi（努力を表す動詞）の中間あたりに位置づけられるものとして，9/10 verba cavendi（用心の動詞）に分類し，10. verba curandi の後で説明することにする．（➡ §39）

§34. まだ起こっていない状況についての怖れ
何かが起こるかもしれないという怖れは，それが起こって欲しくないという願望と結びつく．μή + 願望・欲求を表す接続法で，起こって欲しくないという願望を表す．元来二つであった文章が一つになったのである．

	μὴ ἔλθῃ (subj.)!	彼が来ないように！
ὡς φοβοῦμαι!	μὴ ἔλθῃ!	どれほど私は怖れるか！彼が来ないように！
↓	↓	
φοβοῦμαι	μὴ ἔλθῃ	私は怖れる，彼が来るのではないかと（私の望みは，彼が来ないこと）

注．怖れを表す動詞は declarative infinitive（未来不定詞も用いられうることに注意）を従えることもあるが，それほど多くない．
οὐ φοβούμεθα ἐλᾱττώσεσθαι．　我々は怖れていない，損害を蒙るだろうとは／力を殺がれるであろうとは．
οὐκ ἐδέδισαν βασανισθῆναι．　彼らは怖れなかった，拷問にかけられるであろうとは．

否定文では οὐ が加えられる：

	μὴ οὐκ ἔλθῃ (subj.)!	彼が来ないなんてことがないように！（つまり，来て欲しい）
ὡς φοβοῦμαι!	μὴ οὐκ ἔλθῃ!	どれほど私は怖れるか！彼が来ないなんてことのないように！
↓	↓	
φοβοῦμαι	μὴ οὐκ ἔλθῃ	私は怖れる，彼が来ないのではないかと（私の望みは，彼が来ること）

主文の動詞が過去の場合，副文では間接話法の希求法 (oblique optative) が使われるのが普通だが，接続法のままでもよい．
ἐφοβούμην μὴ (οὐκ) ἔλθοι / ἔλθῃ．　私は怖れた，彼が来るのでは（来ないのでは）ないかと．

μείναντες δὲ ταύτην τὴν ἡμέρᾱν τῇ ἄλλῃ ἐπορεύοντο πρῳαίτερον ἀναστάντες· χαράδρᾱν γὰρ ἔδει αὐτοὺς διαβῆναι ἐφ' ᾗ ἐφοβοῦντο μὴ ἐπιθοῖντο αὐτοῖς διαβαίνουσιν οἱ πολέμιοι．　彼らはその日はそこに留まり，翌日，常より早く起床して進発した．渓流を渡らねばならず，渡っているところを敵が襲って来ぬかと怖れたからである．　Xen. Anab. 3.4.1

οὐ τοῦτο δέδοικα, μὴ οὐκ ἔχω ὅ τι δῶ ἑκάστῳ τῶν φίλων ... ἀλλὰ μὴ οὐκ ἔχω ἱκανοὺς οἷς δῶ．　私が怖れるのは，味方の一人一人に与えるべきものを持たぬことではなく，与えるべき人を十分に持たぬことなのだ．　Xen. Anab. 1.7.7

§35. 軽度の心配や怖れを表す場合，φοβοῦμαι が省かれることがよくあるこ

に注意.

μή

μὴ ἀγροικότερον ᾖ τὸ ἀληθὲς εἰπεῖν.　本当のことを語るのは，むしろ無作法にならないだろうか（恐らく無作法になるのだろう）．

　これに対応する否定文には μὴ οὐ を用いる：
ἀλλὰ μὴ οὐ τοῦτ' ᾖ χαλεπόν, ὦ ἄνδρες, θάνατον ἐκφυγεῖν.　しかし皆さん，死を逃れることが難しいのではないでしょう．
(μὴ τοῦτ' ᾖ χαλεπόν. それが難しくあっては欲しくない，恐らくそれは難しいのだろう．否定：μὴ οὐ τοῦτ' ᾖ χαλεπόν. それが難しくあって欲しいのだが，恐らくそれは難しくないのだろう)．

　従って οὐ μή は οὐ φοβοῦμαι μή の省略形ということになる．
οὐ (i.e. φοβοῦμαι) μὴ παύσωμαι φιλοσοφῶν.　私が哲学をやめるかもしれない（恐らくやめるだろう）という怖れはない．(止めることは決してない，という意味合いである)
κοὐ μή ποθ' ἁλῶ περὶ (10§14.1.3b) τὴν πόλιν ὢν ὥσπερ ἐκεῖνος δειλός,　国事に関して私があの男みたいに卑怯なところを見とがめられることは決してないだろう．
Ar. Ach. 662

§36. 怖れがすでに起こってしまった事柄に関わる場合．「私は怖れる，我々が負けてしまったと」では正確に言えば「我々が負ける」ことを怖れるのではなく，それを知らされ，我々の心配や疑念が確かなものになることを怖れるのである．我々の怖れと心配が本当だったと分かる／示されることへの怖れである．そのような場合は次の表現を用いる．

μή + 直説法（完了，現在または未来）
μή + 希求法 + ἄν

　直説法（特に完了時称）は，現実に基づいた確信，ほとんど間違いないという思いを，一抹の怖れを込めて表す．
νῦν δὲ φοβούμεθα μὴ ἀμφοτέρων ἅμα ἡμαρτήκαμεν.　両方のことを同時に間違ったのではないかと，今我々は怖れている．
δέδοικα μὴ τοὐναντίον οὗ βούλομαι ποιῶ.　私は望むところと反対のことをするのではないかと怖れる．Dem. De falsa leg. 329
δέδοικά σ', ὦ πρεσβῦτα, μὴ πληγῶν δέῃ.　年寄りよ，お前には鞭が必要かと怖れるぞ．Ar. Nub. 493

φοβοῦμαι δὲ μή τινας ἡδονὰς ἡδοναῖς εὑρήσομεν ἐναντίας. ある種の快楽が別の快楽と対立することを，我々が（ほとんど間違いなく）発見するのではないかと，私は怖れる．Pl. *Phileb*. 13a

そうなることを我々はほとんど100％確信しているので，直説法が用いられる．不可避のことを述べているのとほとんど変わらず，不可避のことが確証されるのを我々は怖れるのである．

δέδοικα γὰρ
μὴ πρῴ λέγοις ἂν τὸν πόθον τὸν ἐξ ἐμοῦ,
πρὶν εἰδέναι τἀκεῖθεν εἰ ποθούμεθα.
私が怖れているのは，あの方に私が想われているかどうかが分かるより前に，私の恋いこがれをお前が先に言ってしまわないかということ．Soph. *Trach*. 630（可能性の希求法により，確信に仮定の気味が加わる．）

単純化し過ぎることを承知で確信の度合いを示すと：
δέδοικα μὴ ἐρεῖς．お前が言うと怖れる．100％確信して，不可避のことを言うのにほぼ同じ．
δέδοικα μὴ λέγοις ἄν．お前が言わないかと怖れる．75％確信しているが，不確かさが増す．
δέδοικα μὴ λέγῃς．お前は言うのではなかろうか．50％くらいの確信で，そうならないよう望むが，どちらとも言えない．

B.10. Verba curandi（curo：注意を払う）
§37. 目標を達成するための**努力を表す動詞**：
ἐπιμέλομαι / ἐπιμελέομαι, φροντίζω　気遣う，配慮する
μέλει μοι　私の関心事である
παρασκευάζομαι　準備する
σκοπέω, σκοπέομαι　〜するよう計らう
σπεύδω　努力する，頑張ってする
μηχανάομαι　工夫する，企む
σπουδάζω, πράττω　熱心にやる
πάντα ποιέω　あらゆる手を尽くしてする

このタイプの文は「あなたはどのようにして善き人間になるつもりだ」のような疑問文を起源として出来た.

	πῶς ἀγαθὸς γενήσῃ (ind. fut.);	あなたはどのようにして善き人間になるつもりだ？
ὅρᾱ	ὅπως ἀγαθὸς γενήσῃ.	見よ（考えよ），どのようにすれば善き人間になるかを.
↓	↓	
ὅρᾱ	ὅπως ἀγαθὸς γενήσῃ. ὅπως μὴ κακὸς γενήσῃ.	善き人間になるよう努力しなさい. 悪い人間にならないようにしなさい.

最終段階の文で ὅρᾱ を省いてもよいので，ὅπως ἀγαθὸς γενήσῃ だけで同じ意味になる.
νῦν οὖν ὅπως σώσεις μ', ἐπεὶ κἀπώλεσας. 今度はわしを助けるのだぞ，前には破滅させたのだから. Ar. *Nub.* 1177
εἰρήνη δ' ὅπως
ἔσται προτῑμῶσ' οὐδέν· ὦ πόλις πόλις.
どうしたら平和が実現するか，連中は一向に気にかけない. ああ，ポリスよ，ポリスよ. Ar. *Ach.* 26

§38. 副文章の動詞を未来にする代わりに，接続法や希求法にすることもある.
ὁ πατὴρ ὁ ἐπιμελούμενος ὅπως ἀνὴρ ἀγαθὸς γενοίμην ἠνάγκασέ με πάντα τὰ Ὁμήρου ἔπη μαθεῖν. 父は私が立派な人間になるよう心を砕いて，ホメーロスの詩を全部覚えることを私に義務づけたのです. Xen. *Symp.* 3.5.6

目的を表す文章については後述するが（§40），たとえば「私は善き人間になるためにそれをする」という場合：
ταῦτα ποιῶ ἵνα ἀγαθὸς γένωμαι.   接続法
ταῦτα ἐποίουν ἵνα ἀγαθὸς γενοίμην.   希求法（主文の動詞が過去の時）

努力を表す動詞にはすでに目的の意味合いが含まれているので，たとえば μηχανάομαι ならばこのように訳せる：

私はどのようにして (how) 善き人間になろうかと，ある計画を企てる.
私は善き人間になるために (in order to)，ある計画を企てる.

それゆえ，直説法未来の代わりに，接続法（主文の動詞が過去ならば，希求法）も使えるのである.

構文をすべて記すとこうなる．

本時称の後で	ὅπως +	1. 直説法未来
		2. 接続法
副時称の後で	ὅπως +	1. 直説法未来
		2. 接続法
		3. 間接話法の希求法：
		a) 希求法未来（直説法未来の代わり）
		b) 希求法（接続法の代わり）

注1. 繰り返すが，ὅρᾱ は省いてもよいので，単に ὅπως (+ fut. ind.) ἀγαθὸς γενήσῃ. だけで「善き人間になるよう努力せよ」の意味になる．そこで接続法（現在またはアオリスト）も使えるわけである．その文は普通否定文で，警告または怖れを表す．
ὅπως γε μή, ὁ σοφιστὴς ἐπαινῶν ἃ πωλεῖ ἐξαπατήσῃ ἡμᾶς. 　ソフィストが売り物を褒めることにより我々を騙すことがないよう，気をつけよ．Pl. *Protag.* 313c
　μή + subj. という構文も意味も怖れを表す動詞に近いが，それを避けようとする積極的な努力の要素が ὅπως により表されている．

注2. 努力を表す動詞は不定詞を従えることもある．
αἰεί τινα ἐπεμέλοντο σφῶν αὐτῶν ἐν ταῖς ἀρχαῖς εἶναι. 　自分たちのうち誰かが権力の座にあるように，彼らは常に配慮していた．Th. 6. 54

B.9/10 Verba cavendi (caveo：用心する)
§39. 用心を表す動詞
本書ではこのグループの動詞を，**怖れを表す動詞**と**努力を表す動詞**の中間あたりに位置づける．
ὀκνέω（ためらう），ἀθῡμέω（する元気がない），ἀπιστέω, ἀπιστίᾱν ἔχω（信じない），ὑποπτεύω（疑う），ἐνθῡμέομαι（心にかける），κίνδῡνός ἐστι（危険がある），等．ὁράω, σκοπέω（見る，計らう），ἐννοέω（心にいだく），εὐλαβέομαι（用心する），φροντίζω（配慮する），φυλάττω / -ομαι（気をつける）なども類推によってこの用法をとる．

このグループの動詞は何か望ましくないことについての懸念と同時に，望ましくない結果を避けるための積極的な努力をも表す．グループ9と10の意味合いを兼ね備えているから，構文も両グループに典型的なものを用いる．

χρῆν ὑμᾶς εὐλαβεῖσθαι	μὴ ὑπ' ἐμοῦ ἐξαπατηθῆτε μὴ + subj. 怖れの動詞と同じ	君たちは用心しなければならなかった 私に騙されないように
εὐλαβούμενοι	ὅπως μὴ ἐγὼ ... οἰχήσομαι. ὅπως μὴ + ind. fut. 努力の動詞と同じ	私が（君たちを騙して）行ってしまわないように，用心しながら

εὐλαβοῦ δὲ μὴ 'κφύγῃ σε． あいつがお前から逃げないよう，気をつけろ．Ar. *Eq.* 253
ἀλλ' ἄθρει κατὰ τῆς πυέλου τὸ τρῆμ' ὅπως μὴ 'κδύσεται．流しの穴からあいつが抜け出さないよう見張っておけ．Ar. *Vesp.* 140

ἐὰν μέν τι ὑμῖν δοκῶ ἀληθὲς λέγειν, συνομολογήσατε, εἰ δὲ μή, παντὶ λόγῳ ἀντιτείνετε, εὐλαβούμενοι ὅπως μὴ ἐγὼ ὑπὸ προθυμίας ἅμα ἐμαυτόν τε καὶ ὑμᾶς ἐξαπατήσας, ὥσπερ μέλιττα τὸ κέντρον ἐγκαταλιπὼν οἰχήσομαι．もし私が何か真実を語っていると君たちに思われるなら，同意してくれたまえ．もしそうでないなら，あらゆる議論で抵抗してくれたまえ．私が熱心さのあまり，私自身をも君たちをもすっかり騙して，蜜蜂のように針を残して行ってしまわないよう用心しながらね．Pl. *Phaedo* 91c

注 1．用心の動詞は否定の意味合いを持つ動詞と同様，虚辞の μή + 不定詞を従えることもできる．
εὐλαβήσασθε μὴ πολλῶν ἐναντίον λέγειν．大勢の人の前では語らないように用心しなさい．
注 2．用心の動詞はまた (+ὡς) (+μή) + inf. を用いることもできる．
φυλαττόμεθα δὲ εἰς τὸν μετέπειτα χρόνον μηδὲν ἐξαμαρτεῖν．今後とも何一つ過ちを犯さぬよう，私たちは気をつけている．
この場合，努力の動詞 + 不定詞のように扱われるのかもしれない．
注 3．Verba imperandi（命令を表す動詞）は dynamic infinitive を伴うのが普通だが，それに代わって努力を表す動詞の構文をとることもある．すなわち，ὅπως + ind. fut. / opt. / subj.

διακελεύονται ὅπως τῑμωρήσεται πάντας.　全員に仕返しをしてやれ，と彼らは彼に説き勧める.

ここで努力を表す動詞の構文が用いられているのは，「仕返しをする努力をするように」というニュアンスを出すためである.

οἱ Μεγαρῆς … Λακεδαιμονίων ἐδέοντο τὸ ψήφισμ᾽ ὅπως μεταστραφείη.　メガラ人はスパルタ人に決議が覆るようにと頼んだ.

ここでも同様に，その努力を求めている.

C. 任意に付加される節

これまで解説してきたのは主語と述語，そして必ず述語に付け加えなければならない必須の要素ばかりであった．しかし，どの述語も必須ではないこまごまとした要素，副詞や形容詞その他の要素によって拡大することができる．ここからは，ギリシア語の文章における必須でない部分について解説してゆこう.

C.1. 目的節

§40. 目的（活動の目標）を表す文章は次のように作る.

本時称の後で 副時称の後で	ἵνα (μή) ὅπως (μή) ὡς (μή)	＋接続法 ＋間接話法の希求法 　（時に接続法もある）

注．以下の構文も稀ながらある.
本時称の後で：ὅπως (μή) ＋直説法未来（努力を表す動詞の場合と同じ）
　　　　　　ὡς / ὅπως (μή) ＋期待を表す接続法 ＋ ἄν
副時称の後で：ὡς / ὅπως (μή) ＋可能性の希求法 ＋ ἄν

σοὶ δ᾽ ὡς ἂν εἰδῇς ὅσα, παρ᾽ ἡμῖν ἦν μένῃς,
γενήσετ᾽ ἀγαθά, πρόσεχε τὸν νοῦν ἵνα πύθῃ.
私たちの所に留まってくれたならあなたにどんな良いことがあるか，それを知るために，注意を傾けなさい，教えて貰うためにね. Ar. Plut. 113

λέγε δὴ ταχέως, ἵνα μὴ κλάῃς.　泣かないためには，さっさと言え. Ar. Lys. 503

　　　　　　ὁ δέ μ᾽ ἐποίησεν τυφλόν,
ἵνα μὴ διαγιγνώσκοιμι τούτων μηδένα.
あの方（ゼウス）が私を盲目にしなさった，私がそのような人々（善人）を一人も見分けられないようにと. Ar. Plut. 90

　　　　　　ἅπτε παῖ λύχνον,
κἄκφερε τὸ γραμματεῖον, ἵν᾽ ἀναγνῶ λαβών

ὁπόσοις ὀφείλω καὶ λογίσωμαι τοὺς τόκους.
おい子供（召使い奴隷への呼びかけ），灯りをつけろ，そして家計簿を出して来い．手にとって，何人に借金があるかを読み上げ，利子を計算するためだ．Ar. Nub. 19

πολλά με διδάσκεις ἀφθόνως διὰ φθόνον,
ὅπως ἀκούων πολλὰ μηδὲ ἓν μάθω.
君が惜しげもなく私に沢山のことを教えてくれるのは嫉妬ゆえで，私が沢山のことを聞きながら，一つも覚えられないようにするためだ．Phil. 141

§41. 法 (modus) の同化

上に述べた規則はほとんどの場合に当てはまるが，主文が特別な気分（動詞の法によって表現される願望・可能性・不可能性）を表している場合は，その気分が副文章にまで持ち越されることがある．その場合はこういう規則になる：

主文	副文章
願望・可能性（希求法 + ἄν）	ἄν のない希求法
願望・不可能性（副時称 + ἄν）	ἄν のない副時称

ἆρ' οὐκ ἂν ἐπὶ πᾶν ἔλθοι **ὡς** ... πᾶσιν ἀνθρώποις φόβον **παράσχοι** τοῦ στρατεῦσαί ποτε ἐπ' αὐτόν; 彼（ペルシア大王）はどんなことでもするのではなかろうか（可能性），大王に戦いを仕掛けることの恐ろしさ（可能性の気分がここに出ている）を万人に思い知らせるためには．Xen. Anab. 3.1.18

可能性の希求法 ἔλθοι + ἄν がいかにもありそうだという気分を作り出し，その気分が副文章まで持ち越されるので，普通に予想される接続法 παράσχῃ に代わって，希求法 παράσχοι（ἄν を伴わない）が用いられているわけである．

εἰ γὰρ **ὤφελον**, ὦ Κρίτων, **οἷοί τ' εἶναι** οἱ πολλοὶ τὰ μέγιστα κακὰ ἐργάζεσθαι, **ἵνα** οἷοί τ' **ἦσαν** καὶ ἀγαθὰ τὰ μέγιστα. なあクリトーン，大衆が最大の善をもなすことができるために，最大の悪をなすことができたらよかったのに．Pl. Crito 44d

εἰ ὤφελον οἷοί τ' εἶναι は副時称で実現しない願望を表し，その気分が副文章 ἵνα οἷοί τ' ἦσαν まで持ち越されて，普通の希求法 εἶεν の代わりに直説法未完了過去が用いられる．（未完了過去が非現実を表すことは，➡ §52.4）

非現実を表す直説法未完了過去はまた ἐχρῆν, ἔδει と共に用いられる（直訳すれば「必要性があった，ねばならなかった」）．動詞が未完了過去であることが，今のところそれが実現していないことを表し，それゆえ法の同化を起こすことがある．
οὔκουν ἐχρῆν σε Πηγάσου ζεῦξαι πτερόν,

ὅπως ἐφαίνου τοῖς θεοῖς τραγικώτερος;
神々の目にもっと悲劇風に見えるように，ペーガソスの翼を取り付けるべきではなかったの？ Ar. Pax 135

希求法ではなく未完了過去 ἐφαίνου となっている．

§42. 目的を表すその他の方法
1. 与格の働きを留める不定詞
πιεῖν τις ἡμῖν ἐγχεάτω．誰か私たちが飲むべく（ワインを）注いでくれ．
καὶ πλουσίῳ καὶ πένητι παρέχω ἐμαυτὸν ἐρωτᾶν．金持ちにも貧乏人にも質問されるよう，私自身を差し出している．
εἰ δ᾽ ἐπὶ τελευτῇ τοῦ βίου γενόμενοι βουλοίμεθά τῳ ἐπιτρέψαι ἢ παῖδας ἄρρενας παιδεῦσαι ἢ θυγατέρας παρθένους διαφυλάξαι ἢ χρήματα διασῶσαι, ἆρ᾽ ἀξιόπιστον εἰς ταῦθ᾽ ἡγησόμεθα τὸν ἀκρατῆ; もし我々が命の終わりに臨んで，男の子の養育とか，未婚の娘の保護とか，財産の保全とかを誰かに託そうと思ったら，その仕事を託すのに，自制心のない人を十分に信頼できると考えるだろうか．
Xen. Mem. 1.5.2

与える，送る，選ぶ，等の動詞の後では，不定詞は目的を表すことができる（§21.B）．不定詞は元来与格であったので，これらの動詞の後では目的の与格の働きを保持している（cf.…のため<u>に</u>）．

2. 不定詞を伴った前置詞：ἕνεκα τοῦ, πρὸς / εἰς τὸ, ἐπὶ τῷ + (μή) inf.
冠詞を伴った不定詞は名詞の代用となる．
οὐ γὰρ ἄνευ λόγου καὶ δικαίας αἰτίας οὔτε τόθ᾽ οὕτως εἶχον ἑτοίμως πρὸς ἐλευθερίᾱν οἱ Ἕλληνες οὔτε νῦν πρὸς τὸ δουλεύειν．ギリシア人がかつてはあれほど熱心に自由を求めたように，今は隷属することに熱心であるのには，しかるべき理由と正当な原因があるのです．Dem. Philip. 3.36

πρὸς ἐλευθερίᾱν と πρὸς τὸ δουλεύειν が対になっていることに注意．

3. 不定詞を伴った目標の属格：τοῦ + (μή) inf.
「目標の属格」については ➡ 9§3.2.2e.
λαμβάνει δισχῑλίᾱς δραχμὰς παρὰ τῶν Ἀμφισσέων, **τοῦ** μηδεμίαν μνείᾱν περὶ αὐτῶν **ποιήσασθαι**．彼はアンピッサの人たちについて何一つ言及しないように，アンピッサの人たちから2000ドラクメーを受け取る．

4. 結果を表す構文：ὡς / ὥστε + (μή) inf.
これについては次節で詳述するので，ここでは概要のみを記す．

φέρονται δὲ οἴκοθεν ... κώθωνα, ὡς ἀπὸ τοῦ ποταμοῦ ἀρύσασθαι.　彼らは家から水筒を携行している，その結果，川から水を汲めるように．Xen. *Cyr.* 1.2.8

これは結果を示す文であるが，この結果はたいてい意図したものであるので（喉が渇いてはいけないので水筒を用意し，水を汲むという結果を意図している），この文は目的文とも理解できる．

εἰ ταῖς ἀληθείαισιν οἱ τεθνηκότες
αἴσθησιν εἶχον, ἄνδρες, ὥς φασίν τινες,
ἀπηγξάμην ἂν ὥστ' ἰδεῖν Εὐρῑπίδην.
一部で言われているように，もしも本当に，死んだ人も感覚を持つのなら，ねえ皆さん，エウリーピデースに会うために，私は首を括っていたでしょう．Phil. 118 (§53.4)

5. ὡς (οὐ) + 未来分詞：
παρεσκευάζοντο ὡς πολεμήσοντες.　彼らは戦うための準備をしていた．

　ὡς は行為の理由または動機を示すが，動きを表す動詞の後では省かれるのが普通である．
εἰς βαλανεῖον ἦλθε λουσόμενος.　彼は体を洗うために風呂にやって来た．
ἐκεῖνον πέμπω εἰς ἄστυ, πευσόμενον περὶ τοῦ ἀδελφοῦ.　私は彼を町へと送り出す，兄弟についての情報を得させるために．

　未来分詞に冠詞が付くと，「～できる人（もの），～するための人（もの）」を表すことが多い．
τὸν γράψονθ' ἃ πάντες ἴσθ' ὅτι συμφέρει ζητεῖτε.　あなた方全員が有益だと知っていることを提案するための人を（提案できる人）を探し出しなさい．

ἄγε δὴ σὺ βασιλεὺς ἅττα σ' ἀπέπεμψεν φράσον
λέξοντ' Ἀθηναίοισιν,
さあ，ペルシア大王がアテーナイ人に対して何を言わそうとしてあなたを送り出したのか，言ってください．Ar. *Ach.* 98

6. 直説法未来を伴った関係節
ἔδοξε τῷ δήμῳ τριάκοντα ἄνδρας ἑλέσθαι, **οἳ** τοὺς πατρίους νόμους **συγγράψουσι**, καθ' **οὓς πολῑτεύσουσι**.　民会は祖国にふさわしい法律を起草するための30人を選出することに決定し，その法律に従って政治を行うことにした．Xen. *Hell.* 2.3.2

C.2. 結果を表す節 (Consecutive (or result) clauses)
§43.「それほど～なので，その結果」を表す公式：

οὕτως	ὥστε ὡς（稀に）	1. (οὐ) 定動詞	はっきりした，または客観的な結果
τοιοῦτος, τοσοῦτος ...	οἷος (τε), ὅσος 関係代名詞	2. (μή) 不定詞	はっきりせぬ，または主観的な結果

「それほど多いので，大きいので」等の程度を強める語はなくてもよい.

1. ὥστε（クセノポーンでは ὡς も）の後で定動詞が使えるのは，独立文の場合と同じである.
a) 直説法は実際に生じた結果の場合に用いる.
b) 可能性の希求法 + ἄν はありうる結果を表す.
c) 副時称 + ἄν は不可能性を表す.

a) ἐπιπίπτει χιὼν ἄπλετος, ὥστε ἀπέκρυψε καὶ τὰ ὅπλα καὶ τοὺς ἀνθρώπους κατακειμένους.　途方もない大雪が降って，（その結果）武器をも横になった人々をも覆い隠した. Xen. *Anab*. 4.4.11

σὺ δ' εἰς τοσοῦτον τῶν μανιῶν ἐλήλυθας
ὥστ' ἀνδράσιν πείθει χολῶσιν;
あなたはそれほどまでの狂気の域に達した結果，胆汁質の連中を信じるのか. Ar. *Nub*. 832

b) ταύτην δὲ ἐχθίστην ἔγωγε ἡγοῦμαι καὶ μιαρωτάτην, ὥστε ἥδιστα ἂν αὐτὴν ὤσαιμι κατὰ τούτου τοῦ σκοπέλου καὶ ἀφανίσαιμι.　私はこちらの女は実に忌わしく嫌らしく思うので，この高みから突き落とし抹殺してやれたら嬉しかろうに. Dio Chrys. 1.83

c) κατεφαίνετο πάντα αὐτόθεν, ὥστε οὐκ ἂν ἔλαθεν αὐτὸν ὁρμώμενος ὁ Κλέων τῷ στρατῷ.　そこからはすべてが見渡せたので，クレオーンが軍隊と共に出撃すれば，彼（ブラーシダース）に気づかれずには済まないはずだった. Th. 5.6.3

2. ὥστε + (μή) 不定詞が使われるのは，単に理論的に想定される結果を示す場合である. ὥστε + (μή) 不定詞と ὥστε + 定動詞の違いは次の二つのフランス語文の違いに似ている，とフランスの学者 Duhoux は説明する：
c'était triste à pleurer.　それは涙が出るほど悲しいことだった.（本当に泣いたかどうかは問わない）
c'était si triste que j'ai pleuré.　たいそう悲しかったので私は泣いた.（実際に泣いた）
　次にギリシア語の例文で比べていただきたい.
δυσπρόσοδόν τε αὐτὸν παρεῖχε καὶ τῇ ὀργῇ οὕτω χαλεπῇ ἐχρῆτο ἐς πάντας

ὁμοίως ὥστε μηδένα δύνασθαι προσιέναι. 彼（パウサニアース）は自分を近寄り難い人間にし，誰一人近づけないほど，誰彼なしに激しく怒り散らした. Th. 1.130.2
πολλάκις ἔχων τις οὐδὲ τἀναγκαῖα (= τὰ ἀναγκαῖα) νῦν
αὔριον ἐπλούτησ᾽, ὥστε χἀτέρους (= καὶ ἑτέρους) τρέφειν.
今さし迫って必要なものさえ持たぬ者が，明日には他人を養えるほどの金持ちになる，こんなことがよくある. Phil. 112 (ἐπλούτησε は gnomic aorist. ➜ §66 注)

οἴει τοσαύτην τοὺς θεοὺς ἄγειν σχολήν,
ὥστε τὸ κακὸν καὶ τἀγαθὸν καθ᾽ ἡμέραν
νέμειν ἑκάστῳ, Σμῑκρίνη;
スミークリネースさん，日ごと一人一人に善と悪を振り分けるほど，神々が暇を持て余しておられるとお考えですか. Men. Epitr. 1084

οὕτω σκαιὸς εἶ καὶ ἀναίσθητος, Αἰσχίνη, ὥστ᾽ οὐ δύνασαι λογίσασθαι ὅτι ... アイスキネースよ，君はかくも愚かで無神経ゆえ，…ということも考えに入れられないのか？ Dem. De cor. 120
καὶ δῆτα φιλαθήναιος ἦν ὑπερφυῶς
ὑμῶν τ᾽ ἐραστὴς ὡς ἀληθῶς, ὥστε καὶ
ἐν τοῖσι τοίχοις ἔγραφ᾽· «Ἀθηναῖοι καλοί».
まったくのところ，彼は途方もないアテーナイ贔屓で，本当に諸君を愛していたので，「アテーナイ人，可愛い」と壁に落書きしまくるほどだった. Ar. Ach.143

§44. ὥστε の代わりに関係代名詞を用いる場合

τοιοῦτος ὁ Στάσιππος ἦν οἷος μὴ βούλεσθαι πολλοὺς ἀποκτεινύναι τῶν πολῑτῶν.　スターシッポスはそのような人物だったので，市民の多くを殺そうとはしなかった. Xen. Hell. 6.5.7
ἡνίκα δ᾽ ἐλείπετο τῆς νυκτὸς (sc. τοσοῦτον) ὅσον (= ὥστε) σκοταίους διελθεῖν τὸ πεδίον... 夜のそれほどが残っていたので，彼らは闇にまぎれて平野を横断することができた. Xen. Anab. 4.1.5

　他の関係代名詞は直説法を従えることに注意. 特に次のタイプの句の場合：
οὐδεὶς οὕτω + 形容詞 + ἐστιν, ὅστις / ὅς...
τίς οὕτω + 動詞, ὅστις...
τίς οὕτω μαίνεται ὅστις οὐ βούλεται σοὶ φίλος εἶναι; あなたの友でありたいと思わぬ程，それほど心狂える人がいるだろうか. Xen. Anab. 2.5.12

§45. 単なる dynamic infinitive でなく，その前に ὥστε を付ける場合がある.
1. Dynamic infinitive を要求する動詞の後で，時として ὥστε + 不定詞の形が見られる.

ἐν τῷ θέρει τούτῳ ἔπεισαν τοὺς Ἀθηναίους **ὥστε ἐξαγαγεῖν** ἐκ Πύλου Μεσσηνίους.　その夏，彼らはアテーナイ人を説得して，メッセーニアー人をピュロスから連れ出させた．Th. 5.35.7

2. Verba efficiendi（行為・働きかけの動詞．πράττω, ποιέω, διαπράττομαι 等）と verba eveniendi（出来事を表す動詞．συμβαίνει, συμπίπτει, γίγνεται 等）の後では，必須の追加情報として ὥστε + dynamic infinitive が使われる（§18）．

σὺ τοῦτο πράξεις, ὥστε με σθένειν τόσον;　あなたはそれをしてくださるのですか，私がそれほど力強いものとなることを．Aesch. *Eum.* 896

§46. 比較級 + ἤ + (ὡς / ὥστε) 不定詞の構文
比較級は何かが大きすぎる／小さすぎるということを表せるが，この「過ぎる」ということから，意図した結果が達成されないということになる．
τὸ νόσημα μεῖζον ἢ (ὡς / ὥστε) φέρειν.　耐えるには大きすぎる病気．

　形容詞の原級でも，ほとんど「過ぎる」と同じ意味合いになることがある．その場合は，比較級の後の ἤ は省かれる．
ἡμεῖς γὰρ ἔτι νέοι ὥστε τοσοῦτον πρᾶγμα διελέσθαι.　我々はこれほどの事柄を決定するには，まだ若い．Pl. *Protag.* 314b．ここでの「若い」は「若すぎる」の意．

§47.「〜の条件で」という限定的な意味をもつ場合の ὥστε
(ἐπὶ τούτῳ / ἐπὶ τοῖσδε) ὥστε (μή) + 現在不定詞の形をとるが，ἐφ' ᾧ(τε) (μή) + 現在不定詞の方が一般的である．
　この場合の ὥστε の意味は限定的で，未来のことに関わる条件であっても不定詞は現在．
καὶ ἐς τὸν ἔπειτα χρόνον σπονδὰς καὶ ξυμμαχίαν ἐποιήσαντο ἑκατὸν ἔτη Ἀκαρνᾶνες καὶ Ἀμφίλοχοι πρὸς Ἀμπρακιώτᾱς **ἐπὶ τοῖσδε**, **ὥστε μήτε** Ἀμπρᾱκιώτᾱς μετὰ Ἀκαρνάνων **στρατεύειν** ἐπὶ Πελοποννησίους μήτε Ἀκαρνᾶνας μετὰ Ἀμπρᾱκιωτῶν ἐπ' Ἀθηναίους, **βοηθεῖν** δὲ τῇ ἀλλήλων ... **καὶ ἀποδοῦναι** ... καὶ **μὴ βοηθεῖν** πολέμιον.　アカルナーニアー人とアンピロキアー人はアンプラーキアー人に対して，向う百年間の休戦条約と同盟協定を次のような条件で結んだ，すなわち，アンプラーキアー人はアカルナーニアー人と組んでペロポンネーソスに向けて出征せず，アカルナーニアー人もアンプラーキアー人と組んでアテーナイに向けて出征せぬこと，お互いの国土のために救援しあうこと，…返還すること，…敵を援助しないこと．Th. 3.114.3

οἱ δὲ ἔφασαν ἀποδώσειν **ἐφ' ᾧ μὴ καίειν** τὰς οἰκίας.　彼ら（現地人たち）は，家々を焼かないという条件で（戦死者を）引き渡す，と言った．Xen. *Anab.* 4.2.19

第 8 章　文章論（Syntax）　　271

ἄμητα προσαπέπεμψεν ἡμῖν τουτονί,
ἐφ' ᾧ τ' ἐκεῖσε μηδέποτέ μ' ἐλθεῖν ἔτι,
あの子はおまけにこのチーズケーキまで突っ返してきました．私がもう二度とあの子の所へ行かないという条件で． Ar. Plut. 999

§48. 結果の副詞「それゆえ」のように働く ὥστε (*Eng.* whence, therefore, consequently, *Ger.* weshalb, *Lat.* igitur, quare)
θνητοῦ πέφυκας πατρός, Ἠλέκτρᾱ, φρόνει·
θνητὸς δ' Ὀρέστης· ὥστε μὴ λίᾱν στένε·
πᾶσιν γὰρ ἡμῖν τοῦτ' ὀφείλεται παθεῖν.
エーレクトラー，父上も死すべき身であったことを考えるのよ．オレステースもそう，だから嘆き過ぎてはなりません．私たちは皆，それを身に受けなければならないのです． Soph. *El.* 1171

C.3. 原因を表す節
§49. ある行為の原因または理由を表す．

接続詞としては ὅτι（であるから），διόπερ（であるから．文と文を結びつける時は「そしてそれゆえ」の意）がある．

頻度は落ちるが，διότι, οὕνεκα (*poet.*), ὁθούνεκα (*trag.*) も使われる．

時の接続詞とも原因の接続詞とも解釈できるものに ἐπεί, ἐπειδή, ὡς（である以上，を考慮すれば，時，なので）などがある．(cf. §50)
頻度は落ちるが，ὅτε, ὁπότε（である時には）も使われる．

否定詞は οὐ で，独立文の場合と同じ動詞の形が用いられる．

ὅτι は必須の内容を表す場合にも用いられるが（たとえば verba dicendi（発話の動詞）の後など），ここでの ὅτι 節は必須ではなく，どんな動詞の後に来てもよい．Verba affectuum（感情を表す動詞）の後に来た場合には，ὅτι 節は必須なのかなくてもよい原因節なのか，決めにくいことがある．
ἔπεμψεν αὐτοὺς ἐπ' Ἐφέσου διὰ τῶν Ἑλληνίδων πόλεων, ἡδόμενος ὅτι ἔμελλον ὄψεσθαι τὰς πόλεις ἐν εἰρήνῃ εὐδαιμονικῶς διαγούσᾱς. 彼（デルキュリダース）は彼ら（使節）をギリシア系諸ポリスを経由してエペソスへ向かうよう送り出した，諸ポリスが平和で繁栄しているのを彼らが目にすることになることが／なるので好都合だと思って． Xen. *Hell.* 3.2.9

原因を表すことを強調するためには，ὅτι の前に διὰ τοῦτο, διὰ τόδε, ἐκ τούτου, τούτῳ を置くこともある（「ὅτι 以下のことによって」の意を明確にす

る）．

§50. 原因を表す節には特別のグループがある．

1. 推論の節（直接話法で）：
ἐπεί + 既知の事実 + 動詞は直説法未来／命令法／ねばならない等，の構文で，「こうなった以上（*Eng.* now that, *Fr.* puisque），あなたはするだろう／せよ／しなければならない」を表す．
ἐπεὶ τοίνυν οὐ δύναμαί σε πείθειν μὴ ἐκθεῖναι, σὺ δὲ ὧδε ποίησον...　（赤ん坊を）棄てないようあなたを説得できない以上／できないので，このようにしてくださいな．
Hdt. 1.112

2. ἐπεί / ὡς が γάρ の意味になる．
ἀλλ᾽, ὦ γεραιέ, φράζ᾽, ἐπεὶ πρέπων ἔφῡς
πρὸ τῶνδε φωνεῖν.
さあ老人よ，言ってくれ，あなたはこの人たちに代わって発言するのにふさわしい人だから．Soph. *OT* 9
ἐπεί は「老人よ，言ってくれ」という促しの動機となっている．

τί ποτε λέγεις, ὦ τέκνον; ὡς οὐ μανθάνω.　何を言っているのだ，若者よ，わしには分からないぞ．Soph. *Philoct.* 914
ὡς は問いただしの動機となっている．

これらの文は先行する文における行為の原因を表すのではなく，先行する文が語られた理由を説明して（ないし動機付けして）いるので，典型的な原因文ではない．

3. 状況説明の節（「いつ？」にも「なぜ？」にも答える）
ἐπεί, ἐπειδή, ὡς, 稀に ὅτε + 直説法アオリストまたは未完了過去で時の節を表せるが，単に時間的な関係を表すだけでなく，因果関係をも表すことが多い．実際このタイプの文は，主文の動詞が描く活動を実現させるためのあらゆる状況を含んでいる．そしてほとんどの場合否定文で，ἐπεί は δέ（そして／だが）を伴うことが多い．

ἐπεὶ δὲ ἄλλως οὐκ ἐδύνατο ἑλεῖν, φρεατίᾱν τεμόμενος ὑπόνομον ὤρυττεν.　だが他の方法では攻略できなかったので，井戸を掘り下げてから地下道を掘り始めた．
Xen. *Hell.* 3.1.7

ὅτε τοίνυν τοῦθ᾽ οὕτως ἔχει, προσήκει προθύμως ἐθέλειν ἀκούειν τῶν βουλομένων συμβουλεύειν.　さて，事情かくの如くである時には／あるので，忠告

したいと思っている人たちの言葉に進んで耳傾けようとするのがふさわしいことなのです．Dem. *Olynth*.1.1

§51. 原因を表すその他の方法
1. 分詞で表す．客観的な理由の場合は ἅτε, οἷα, οἷον を，主観的な理由の場合は ὡς を添えることで，原因の意味合いを明確にすることが多い．

ἐγὼ δ᾽ ἀνόσιός εἰμι μητέρα κτανών． 僕は母親を殺めたから，罪に穢れている．Eur. *Or*. 546

ὡς ἔγνω ὁ Κῦρος τὸν Ἀστυάγην, εὐθὺς **οἷα** δὴ παῖς φύσει φιλόστοργος ὢν ἠσπάζετό τε αὐτόν… キューロスはアステュアゲースを認めるやいなや，生まれつき情のこもった子供であったから，すぐに彼を抱擁し，Xen. *Cyr*. 1.3.2（筆者の考える理由）

ταύτην τὴν χώραν ἐπέτρεψε διαρπάσαι τοῖς Ἕλλησιν **ὡς** πολεμίαν οὖσαν． キューロスはこの地域をギリシア人の掠奪に任せた，敵地だというので．Xen. *Anab*. 1.2.19（キューロスの考える理由）

2. τῷ + 不定詞，διὰ τό + 不定詞，ἐκ τοῦ + 不定詞，などで表す．
οὐ πλεονεξίας ἕνεκα ταῦτ᾽ ἔπραξεν, ἀλλὰ **τῷ** δικαιότερα τοὺς Θηβαίους ἢ ὑμᾶς ἀξιοῦν．ピリッポスがあのようなことをしたのは征服欲のためではなく，テーバイ人の要求の方が諸君の要求より正当であったからだ．Dem. *Philip*.2.13

3. 独立属格については ➡ §31.2a
4. 独立対格については ➡ §31.2b
5. 関係節については ➡ §58

C.4. 条件文
§52. 条件文には六つの形式がある．条件文は二つの部分からなり，前に差し出される部分を protasis（条件部）といい，εἰ または ἐάν（もしも～）で始まる．否定は μή を用いる．条件部が提示した仮定に対する返答（対応）を apodosis（帰結部）といい，否定には οὐ を用いる．

1. 中立的条件文
その条件の事態が実際に生じるかどうかは問わないままに仮定するもので，次の形式をとる：

protasis	apodosis
εἰ (μή) + 直説法の全時称	(οὐ) 直説法の全時称，命令法

εἰ πάντες ἀποθανούμεθ᾽ οἷς μὴ γίγνεται

ἃ βουλόμεσθα, πάντες ἀποθανούμεθα.
望むことが起こってくれない，そのような人は皆死ぬのだとしたら，我々は皆死ぬのだ．Phil. 72
εἰ μή μ᾽ ἐάσεθ᾽ ἥσυχον, μαχούμεθα．　わしをそっとしておかないと，戦いになるぞ．
Ar. *Vesp*. 190

εἰ δείν᾽ ἔδρᾱσας, δεινὰ καὶ παθεῖν σε δεῖ．　もしあなたが恐ろしいことをしたのなら，あなたもまた恐ろしいことをされなければならない．(δείν᾽ = δεινὰ ➡ 1§5.5 注1)
εἰ + 直説法未来の代わりに ἐάν + 接続法（予想的条件）を用いる方が多い．

2. 予想的条件文

条件の事態が実現しそうだと予想して仮定するもので，次の形式をとる．
Protasis は未来のことに関わる：

protasis	apodosis
ἐάν + 予想の接続法（現在，アオリスト）	直説法未来，命令法，etc.

古いアッティカ方言では ἐάν の代わりにイオーニアー方言形の ἤν を使うこともある．後代には ἄν も使われるが，形式 3, 4 の apodosis で使われる ἄν（α は短い）と混同しないように注意．接続法の現在とアオリストは時の違いではなく，アスペクト（➡ 7§15）の違いを表す．

ἐάν μοι πεισθῆτε, τῶν ἄλλων πλέον προτῑμήσεσθε στρατιωτῶν．　もし諸君が私の言うところに従うならば，他の兵士以上に尊重してもらえるだろう．

形式 1（εἴ μοι πεισθήσεσθε（直説法未来）... προτῑμήσεσθε）と形式 2（ἐάν μοι πεισθῆτε（接続法）... προτῑμήσεσθε）ではどのような違いがあるか．直説法の場合は，条件の事態が実現するかどうかを未定にしておく（兵士が自分の言に従いそうかどうか，話者は意見を表明しない）のに対して，接続法を用いる形式 2 では，兵士が自分の言に従いそうだと話者は考えている．

このことの説明にうってつけの例がヘーロドトスにある．賢者サンダニスはクロイソス王にペルシア遠征を思いとどまらせようとするが，敵が敗北するかどうかについては自分の意見を述べず，クロイソスが敗北することは大いにありそうだとの考えを表明する：
τοῦτο μὲν δή, εἰ νῑκήσεις, τί σφεας ἀπαιρήσεαι (*Att.*: τί αὐτοὺς ἀφαιρήσῃ), τοῖσί (*Att.*: οἷς) γε μὴ ἔστι μηδέν; τοῦτο δέ, ἢν νῑκηθῇς, μάθε ὅσα ἀγαθὰ ἀποβαλέεις (*Att.*: ἀποβαλεῖς).
もしあなたが勝った場合には（直説法未来：中立的），何一つ持たぬ彼らから何を奪

うのでしょうか．もしまた，あなたが敗れた場合には（接続法：予想されること）どれほどの善きものを失うことになるかをお考えください． Hdt.1.71

ἂν μὲν πλέωμεν（形式5）ἡμερῶν πλοῦν τεττάρων,
σκεπτόμεθα τἀναγκαῖ' ἑκάστης ἡμέρας·
ἂν ᾖ δὲ φείσασθαί τι τοῦ γήρως χάριν,
οὐ φεισόμεσθ' ἐφόδια περιποιούμενοι;
我々は4日間の航海に船出する時には，その日その日に必要なものを準備する．老後のための節約ということになれば，生活資金を温存して節約をしないであろうか． Phil. 111

3. 可能的条件文
条件の事態が生じる可能性を漠然と仮定するもので，次の形式をとる．Protasis は未来のことに関わる：

protasis	apodosis
εἰ + 希求法（現在，アオリスト）	希求法（現在，アオリスト）+ ἄν

ここでも，現在とアオリストの違いはアスペクトの違いである．
σὺ ἄρα βούλοιο ἂν ἀδικεῖσθαι μᾶλλον ἢ ἀδικεῖν; :: Βουλοίμην μὲν ἂν ἔγωγε οὐδέτερα· εἰ δ' ἀναγκαῖον εἴη ἀδικεῖν ἢ ἀδικεῖσθαι, ἑλοίμην ἂν μᾶλλον ἀδικεῖσθαι ἢ ἀδικεῖν.
ポーロス　ではあなたは，不正を行うより不正をされる方を望むのですか．
ソークラテース　私としてはどちらも望みたくないところだ．だが，もし不正をするかされるかが避け難いのならば，不正をするよりむしろされる方を選ぶだろう． Pl. Gorg. 469b-c （➡ 7§8.3）

εἰ τὰ παρὰ τοῖς ἄλλοισιν εἰδείης κακά,
ἄσμενος ἔχοις ἄν, Νῑκόφων, ἃ νῦν ἔχεις.
他人の所にある不幸を知ったなら，ニーコポーンよ，お前は今ある不幸を喜んで持ち続けるだろう． Phil. 39

4. 非現実的条件文
現在または過去の現実に反することを仮定するもので，次の形式をとる：

protasis	apodosis
εἰ + 直説法副時称（未完了過去，アオリスト）	直説法副時称（未完了過去，アオリスト）+ ἄν

話者はその仮定が実現することを期待していない．他の言語（ラテン語，英語

等）と違ってギリシア語は，現在の非現実的な条件と過去の非現実的な条件を区別しない．アオリストと未完了過去の違いは，ここでもまたアスペクトの違いでしかない．

ὡς ἡδέως μοι γέγονε τὰ πρότερον κακά·
εἰ μὴ τότ' ἐπόνουν, νῦν ἂν οὐκ εὐφραινόμην.
過ぎし日の不幸は何と甘美なのであろう．あの時苦しむことがなかったなら，今の仕合わせはないだろう．Phil. 140

εἰ τὰ δάκρυ' ἡμῖν τῶν κακῶν ἦν φάρμακον,
ἀεί θ' ὁ κλαύσας τοῦ πονεῖν ἐπαύετο,
ἠλλαττόμεσθ' ἂν δάκρυα δόντες χρῡσίον.
もしも涙が私たちの不幸の薬になるのなら，そして，泣けば必ず苦労が終わるのなら，私たちはお金を払ってでも涙と取り換えるでしょう．Phil. 77

εἰ μὲν ἠπιστάμεθα σαφῶς ὅτι ἥξει πλοῖα Χειρίσοφος ἄγων ἱκανά, οὐδὲν ἂν ἔδει ὧν μέλλω λέγειν· νῦν δ' ἐπεὶ τοῦτο ἄδηλον... もしケイリソポスが十分な船を持って帰って来ることを我々がはっきりと知っているのなら，これから私が言おうとするようなことはまったく必要ないだろう．しかし今，それがはっきりしないので… Xen. *Anab.* 5.1.10

非現実的な条件から現実への移行は，νῦν δέ（だが今は）で強調されることが多い．

直説法についての注意：
「可能である，必要である，結構だ」等の判断を表す ἐξῆν, ἔδει, καλὸν ἦν は直説法のままである（ἐξῆν ἄν, ἔδει ἄν, καλὸν ἂν ἦν のように ἄν を付けない）．そこに現われている意見が現実のもので，「現実にその可能性が，必要性が，適合性がある／あった」からである．「何が実現していないのか」を詳しく示すのは，後続の不定詞である．定動詞（未完了過去であることに注意）と後続の不定詞とで，現在あるいは過去における非現実を示すわけである．

τούσδε ζῆν οὐκ ἔδει. この連中は生きるべきでなかった．（だが生きている）
Ἀχιλλεῖ ἐξῆν σωθῆναι. アキッレウスは助かることも可能だった．（だが助からなかった）

ἔδει παρεῖναι αὐλητρίδα (νῦν / χθές). 笛吹き女が今ここにいるべきだ（should be here now）．/ 昨日ここにいるべきであった（should have been here yesterday）．

第8章 文章論 (Syntax)

κρεῖττον εὐθὺς ἦν τότε
ἀπερυθριᾶσαι μᾶλλον ἢ σχεῖν πράγματα,
こんな厄介ごとを抱えるより，あの時，心を鬼にして断る方がよかった．Ar. *Nub.* 1215（過去における非現実）

σοῦ, σοῦ, πάλιν, σοῦ. νὴ Δί' ἦ μοι κρεῖττον ἦν
τηρεῖν Σκιώνην ἀντὶ τούτου τοῦ πατρός.
シイ，シイ，引っこめ．まったく，こんな親父を見張るより，スキオーネーを見張る方がましだ．Ar. *Vesp.* 209（現在における非現実）

それならばなぜ，クセノポーンの文章は οὐδὲν ἂν ἔδει ὧν μέλλω λέγειν となっていたのか？
この場合は ἔδει は補語の不定詞を従えず，それ自体で必要性を示す本動詞として働いており，その ἔδει が非現実のものとして提示されているから，未完了過去 + ἄν が用いられるのである．

5. 一般的真理の条件文
ある条件が満たされれば，同じ結果が反復して生じることを表すもので，次の形式をとる：

protasis	apodosis
ἐάν + 反復の接続法（現在，アオリスト）	直説法現在

ἢν δ' ἐγγὺς ἔλθῃ θάνατος, οὐδεὶς βούλεται θνήσκειν.　死が近づいて来ると，誰も死ぬことを望まない．Eur. *Alc.* 671

6. 過去における反復
5. と対をなす条件文であるが，過去に関わる．形式は次の通り：

protasis	apodosis
εἰ + 希求法（現在，アオリスト）	直説法副時称

Protasis は反復される事態を表す．この形式は，反復的行為を表すだけで仮定の意味合いを持たない時を表す節 (cf. whenever) に近くなる場合が多い．
καὶ εἰ μὲν ἐπίοιεν οἱ Ἀθηναῖοι, ὑπεχώρουν, εἰ δ' ἀναχωροῖεν, ἐπέκειντο. そしてアテーナイ軍が攻めかかれば／攻めかかる度に（シュラークーサイ軍は）後退し，引き下がれば襲いかかる，ということを繰り返した．Th. 7.79.5

形式1以外では，protasis を見ただけではどの形式の条件文になるのか知ることができない．理論的にはどの形式の protasis がどの形式の apodosis と結びつ

いてもよい．それゆえ，ニュアンスを訳し分けるのは不可能と言える．

§53. 条件を表す慣用句
εἰ μή（〜以外には，*Lat.* nisi）
νῦν, ὡς σὺ ὁρᾷς, ἡμῖν οὐδὲν ἔστιν ἀγαθὸν ἄλλο **εἰ μὴ** ὅπλα καὶ ἀρετή． 君も見る通り，今我々の役に立つものといって武器と勇気以外にはないのだ．Xen. *Anab.* 2.1.12

εἰ δὲ μή（さもなければ）
μὴ ποιήσῃς ταῦτα· εἰ δὲ μή, ἔφη, αἰτίαν ἕξεις. 「そんなことはするな．さもないと君は非難を蒙るだろう」と彼は言った．

εἰ μὴ ἄρα + 直説法（勿論〜でないならばだが，皮肉をこめて．*Lat.* nisi vero）
πῶς ἂν οὖν ὁ τοιοῦτος ἀνὴρ διαφθείροι τοὺς νέους; εἰ μὴ ἄρα ἡ τῆς ἀρετῆς ἐπιμέλεια διαφθορά ἐστιν． それなら，どうしてこのような人が若者を堕落させることがありえようか．もし徳への配慮が堕落だというのでないならば．Xen. *Mem.* 1.2.8

εἴτε ... εἴτε, ἐάν τε ... ἐάν τε（〜にせよ〜にせよ）
ἴσοι δὲ ἡμεῖς ὄντες μαχούμεθα, **ἤν τε** ἐνθάδε ἐπιόντας αὐτοὺς δεχώμεθα **ἤν τε** ἐπ' ἐκείνους ἰόντες τὴν μάχην συνάπτωμεν． 攻め来る敵をここで待ち受けようが，こちらから打って出て一戦交えようが，同じ我々が戦うのです．Xen. *Cyr.* 3.3.17

条件文を作るその他の方法
分詞を用いる．
独立属格（§31.2a に例）
関係節（§58）
parataxis（並立構文）

σμῑκρὸν λαβὲ παράδειγμα, καὶ πάντα εἴσῃ ἃ βούλομαι． 小さな例を取り上げてくれたまえ．そうすれば僕の言いたいことがすっかり分かるだろう．Pl. *Theaet.* 154c

これを予想的条件文で表現すると（ἐὰν σμῑκρὸν λάβῃς παράδειγμα, πάντα εἴσῃ ἃ βούλομαι.）となり，protasis が apodosis に従属することになるが，parataxis の文では各節が対等である．

C.5. 譲歩文
§54. 譲歩文を理解するためにこのような文章で考えてみよう．
Because I am younger, one would expect that I shouldn't advise you, but I do advise you.（私は年少なので，私が君に忠告しないよう人は期待するだろうが，しかし私は君に忠告する．）

第 8 章　文章論（Syntax）　　279

because に導かれた節と but 以下の節のどちらを強調したいかによって，譲歩文は次のようになる：
(1a) 私は年少だけれども，君に忠告する（原因の要素（つまり 'because I am younger' の部分）が強調されている）．
(1b) 私は年少だ，しかしそれでも君に忠告する（反意の but 以下の部分が強調されている）．
(2) 条件節の一種が「条件・譲歩文」を作ることがある．(Even **if** I am younger, I advise you.)

§55.1. 1a, 1b の譲歩節は分詞（καίπερ が先立つことが多い）を用いて表される．否定の時は οὐ + 分詞，または οὐδέ (μηδέ) + 分詞とする（οὐδέ (μηδέ) は καίπερ の否定に相当）．
συμβουλεύω σοι καίπερ νεώτερος ὤν． 私は年少だけれども君に忠告する．
ἐγὼ μὲν οὐδὲ πεπονθὼς κακῶς ἐχθρὸν εἶναί μοι τοῦτον ὁμολογῶ， 私はひどい目に遭わされましたが，この男が私の敵だとは認めません．Dem. 21.205
γυναικὶ πείθου μηδὲ τἀληθῆ κλύων． (= γυναικὶ μηδὲ τἀληθῆ κλύων πείθου．)
真実を聞いても，女の言うことは信じるな．

§55.2. 分詞を独立属格に置いてもよい（§31.2a）：
τίνος δ᾽ ἐκποδὼν γενομένου μᾶλλον ἥσθησαν οἱ πολέμιοι ἢ Ἀγησιλάου καίπερ γηραιοῦ τελευτήσαντος； アーゲーシラーオスは高齢に達して死んだとはいえ，一体誰の退場が彼の退場ほど敵たちを喜ばせたであろうか．Xen. Ag. 11.15

§55.3. 分詞はさらに独立対格に置いてもよい（§31.2b）：
πρὸς ταῖς ἐμαυτοῦ νῦν θύραις ἕστηκ᾽ ἐγώ，
περιπατῶ τ᾽ ἄνω κάτω...
ἐξὸν καθεύδειν τήν τ᾽ ἐρωμένην ἔχειν．
俺はこんな時間に我が家の戸口の外につっ立ったり，あちこち歩き回ったりしている，恋人を抱いて眠ることもできるのに．Men. *Mis.* A6 (ἐξόν は ἔξεστι の現在分詞対格形)

§55.4. 譲歩文を作るもう一つの方法は，καίτοι + 定動詞という単純なもの．
ἀλλὰ ἴτωσαν, εἰδότες ὅτι κακίους (= κακίονες) εἰσὶ περὶ ἡμᾶς ἢ ἡμεῖς περὶ ἐκείνους． **καίτοι ἔχω** γε αὐτῶν καὶ τέκνα καὶ γυναῖκας ἐν Τράλλεσι φρουρούμενα· 彼らの我々に対する態度は彼らに対する我々の態度に劣ることを心得たうえで，彼らは行くがよい，とはいえ，私は彼らの妻子をトラッレイスの町で監視下においているのだぞ．Xen. *Anab.*1.4.8
注．後のギリシア語では καίτοι が καίπερ と混同されて，καίτοι + 分詞の用法も見られる．

§56.「条件・譲歩文」は条件文とまったく同じだが，ただ次のように始まる：
εἰ καί または ἐὰν καί（意味に違いはない）．さらに強調するために語順を入れ替えて，καὶ εἰ (= κεἰ), καὶ ἐάν (= κἄν) で始めてもよい．apodosis には ὅμως（ではあるけれども）を添えることが多い．
γελᾷ δ' ὁ μῶρος, κἄν τι μὴ γελοῖον ᾖ.　愚か者はおかしなことがなくても笑う．
Men. *monostich*. 165（形式 5「一般的真理の条件文」に似る）

τὸν μὴ λέγοντα τῶν δεόντων μηδὲ ἓν
μακρὸν νόμιζε, κἂν δύ' εἴπῃ συλλαβάς,
τὸν δ' εὖ λέγοντα μὴ νόμιζ' εἶναι μακρόν,
μηδ' ἂν σφόδρ' εἴπῃ πολλὰ καὶ πολὺν χρόνον.
たとえ 2 シラブルしか喋っていなくても，何一つ必要なことを話さぬ人は，長話だと見なすべし．たとえ随分沢山のことを長時間喋っても，上手に話す人は，長話と見なさざるべし．Phil. 99

εἰ καὶ τὸν ἄλλον χρόνον εἴθιστο σῡκοφαντεῖν, τότ' ἂν ἐπαύσατο.（ニーキアースは）他の時には誣告の常習者であったとしても，この時には控えたであろう．Is. *Euth*. 11（形式 4「非現実的条件文」に似る）

C.6. 時を表す節

§57. 時を表す節の作り方は複雑ではないが，図表を使うと細かい要点がはっきりする．その前に，'I waited until he would come.'（彼が来るまで私は待った）という文を例にして考えてみよう．これをギリシア語にするためには，三つの要点を覚えておかねばならない．
要点 1：副文（彼が来るまで）で表される動作は主文で述べられる動作（私は待った）と何らかの時間的関係にある．つまり，同時か先か後か，という関係．特別な時称を用いるラテン語と違ってギリシア語では，副文と主文の時間的関係を明示するにはアスペクト（➡ 7§15）だけで十分である．副文における未完了的なアスペクト（普通は未完了過去を用いる）は動作が未だ完了せず継続していることを示すから，同時のことを引き出す．副文における完了的なアスペクト（アオリストを用いる）は，その動作が主文の動作に先立つか，主文の動作の後に起こることを表す．

　下の図表では，副文における動作が継続的な場合は ⟶ の印を，非継続的な場合は ⬆ の印を付けることにする．言い換えれば，水平の矢印 ⟶ は未完了過去を使うべきことを，垂直の矢印 ⬆ はアオリストを使うべきことを意味している．主文の動作には別の種類の矢印，⟹ または ⇧ を付けることにする．'I waited until he would come.' の例文ならば ⟹⬆ と表されるわけである．
要点 2：副文章で表される出来事が特別なものか漠然としたものかによって，

選ばれる法が決まってくる．副文章で，過去／現在に実際に起こった特別の出来事を表す場合は，直説法を用いる（否定の場合は οὐ）．特別の出来事ではないものを表す場合は，漠然と一般化する構文，ἄν + (μή) + 接続法を用いなければならない．接続法現在か接続法アオリストか，正しいアスペクトを選ぶに際しては，時間的関係が同時か先かを考える（要点 1）．副文章における動作が未来の出来事に関わる場合でも，ἄν + 接続法が用いられる．未来の出来事は事実というより，もっと漠然としたことだと見なされるからである．習慣的・反復的な出来事を述べる場合にも，同じく漠然とした構文を用いるのは，やはりそれほど特別の出来事を述べているわけではないからである．ἄν + 接続法の代わりに希求法が用いられる場合があるが，それについては要点 3 の規則で示す．

要点 3：主文の動詞に関係するのはここで述べる規則だけである．主文の動詞が副時称の時（つまり加音を伴う時称の時）は，副文章の ἄν + (μή) + 接続法は「間接話法の希求法」に変えてもよい．たとえば，μενῶ ἕως ἂν ἔλθῃ. (I'll wait until he comes. 図表の B3) の例文で，主文の動詞が副時称 ἔμενον になると，副文は間接話法の希求法を用いた，ἔμενον ἕως ἔλθοι. となる（この際, (1) 希求法未来は使わないこと．(2) ἄν がつかないのは，間接話法の希求法は決して ἄν を伴わないからである）．B 列と C 列では，主文に副時称があれば（間接話法の場合など），ἄν + (μή) + 接続法は常に (μή) + 間接話法の希求法に変えることができることに注意．D 列では，主文の副時称で一般的な過去の出来事を表しているので，副文で希求法が用いられる（ἄν はなし）．

	A. 一回きりの過去	B. 一回きりの未来	C. 習慣的, 過去以外	D. 習慣的な過去
	主文：過去時称 副文：直説法過去時称	主文：未来または命令法 副文：ἄν + 接続法（または間接話法の希求法）	主文：現在（格言的アオリスト） 副文：ἄν + 接続法（または間接話法の希求法）	主文：未完了過去 副文：希求法
1 副文と主文は同時 ⇒	ὅτε, ἡνίκα 〜する時 ἐν ᾧ 〜する間 ἕως¹ 〜する限り **+ 直説法未完了過去**	ὅταν 〜する時 ἐν ᾧ ἄν, ἕως¹ ἄν **+ 接続法現在**	ὅταν, ὁ(πο)σάκις 〜の時はいつも ἕως¹ ἄν, ἐν ᾧ ἄν 〜の間いつも **+ 接続法現在**	ὁπότε 〜の時はいつも [最も普通] ἐν ᾧ, ἕως¹ 〜の間いつも **+ 希求法現在**
2 副文が先 ↑⇒	ἐπεί (πρῶτον/τάχιστα), ἐπειδή (τάχιστα) 〜の後で (するや否や) ἐξ οὗ, ἐξ ὅτου, ἀφ' οὗ 〜以来 ὡς (τάχιστα) 〜するや否や [ὡς は A 列の状況の時のみ使う] **+ 直説法アオリスト**	ἐπειδάν 〜の後で **+ 接続法アオリスト** [ἐπάν, ἐπήν アッティカ方言で稀]	ἐπειδάν 〜の後いつも **+ 接続法アオリスト**	ἐπειδή 〜の後いつも **+ 希求法アオリスト**
3 副文が後 ⇒↑	ἕως², μέχρι (οὗ), ἄχρι (οὗ), ἔστε (οὐ πρότερον/πρόσθεν) πρίν² 〜まで **+ 直説法アオリスト** πρίν¹ 〜の前に **+ （アオリスト）不定詞**	ἕως² ἄν 〜まで οὐ...πρίν² **+ 接続法アオリスト** πρίν¹ + (アオリスト) 不定詞	ἕως² ἄν 〜までいつも οὐ...πρίν² ἄν **+ 接続法アオリスト** πρίν¹ + (アオリスト) 不定詞	ἕως² 〜までいつも **+ 希求法アオリスト** πρίν¹ + (アオリスト) 不定詞 [οὐ.... πρίν² + 希求法は見出されない]

A. 一回きりの過去の出来事

過去において実際に起こったことを表す時には，直説法を用いる．主文においては，継続する動作，または完了した動作を表現するのに適したどんな時称・アスペクトを使ってもよい．副文では，同時性を示すためには未完了的なアスペクトを用い (A1)，副文の方が時間的に前 (A2) または後 (A3) であることを示すためには，完了的なアスペクト（つまりアオリスト）を用いる．

図表では接続詞の最も普通の用法を掲げてあるが，ἐπεί, ἐπειδή, ὅτε, ὡς はそれぞれ同時性をも先時性をも示すことができる．

ἐν ᾧ と ἕως¹ のニュアンスの違い

ἐν ᾧ の場合は，同じ時間の間に，副文の動作と主文の動作が一部重なって起こるに過ぎないのに対して，ἕως¹ の場合は，副文の動作と主文の動作が完全に同時的である．二つの動作が完全に重なって起こるので，ἕως¹ という接続詞は条件の意味合いを帯びる場合が多い．また，副文の動作は主文の動作と同じだけの時間続くという意味で，主文の動作は副文の動作に依存していると言える．

・A1

ἐμίσουν δ', **ἡνίκ' ἦν** μῑσεῖν καλόν.　私は憎むのがよい時には憎んでいた．Soph. *Aj.* 1347

ἐν ᾧ δὲ οὗτοι ταῦτα **ἐβουλεύοντο**, ἐγίγνετο κατὰ συντυχίᾱν τάδε.　彼らがそのような相談をしている間に，はからずも次のようなことが起こった．Hdt. 3.74

ἐπεὶ δὲ **ὑπελέλειπτο** ὁ βουκόλος μοῦνος μουνόθεν, τάδε αὐτὸν εἴρετο ὁ Ἀστυάγης.　牛飼がたった独り残ると，アステュアゲースは彼に次のように尋ねた．Hdt.1.116 （注：ここの過去完了は動作の完了を表すだけでなく，その結果生じて主文の動作と共に続いている出来事を表している．）

καὶ **ἕως** μὲν **ἐτῑμᾶτο**, πιστὸν ἑαυτὸν [τῇ πόλει] παρεῖχεν· **ἐπειδὴ** δὲ Πείσανδρον μὲν καὶ Κάλλαισχρον καὶ ἑτέρους **ἑώρᾱ** προτέρους ᾱὑτοῦ γιγνομένους, τὸ δὲ ὑμέτερον πλῆθος οὐκέτι βουλόμενον τούτων ἀκροᾶσθαι, τότ' ἤδη διά τε τὸν πρὸς ἐκείνους φθόνον καὶ τὸ παρ' ὑμῶν δέος μετέσχε τῶν Ἀριστοκράτους ἔργων.　彼（テーラメネース）は尊重されている間はポリスに忠実な態度をとっていた．しかし，ペイサンドロスやカッライスクロスその他の人々が自分より有力になるのを見，かつは諸君ら民衆がもはやこの人たちの言うことを聞こうとしないのを見ると，直ちに彼は，この人たちに対する嫉妬と，諸君から感じる恐怖とのゆえに，アリストクラテースの活動に加担しようとしたのである．Lys. 12.66
（時を表す節が原因のニュアンスを帯びていることに注意．「見ると／見た時」が「見たので」のニュアンスを帯びて，主文は副文の動作への反応となっている．）

・A2
ἐπεὶ δὲ ἐτελεύτησε Δᾱρεῖος καὶ **κατέστη** εἰς τὴν βασιλείᾱν Ἀρταξέρξης, Τισσαφέρνης διαβάλλει τὸν Κῦρον πρὸς τὸν ἀδελφόν.　ダーレイオスが薨じ，アルタクセルクセースが王位に即くと，ティッサペルネースは兄王に対してキューロスを讒訴した．Xen. *Anab.* 1.1.3

ἕως² と πρίν²
副文の動作が起こるまである動作が進行する場合に（未完了的アスペクト），ἕως²/πρίν² + アオリストが用いられる．両者の違いは，主文が肯定文の時にはἕως²が使われるのに対して（「～するまで～する」），主文が否定文の時にはπρίν²を使うのが普通だ（「～するまで～しない」），ということ．πρίν²を用いた副文の前では，主文は余分の πρότερον か πρόσθεν を添えることもある．つまり，οὐ πρότερον... πρίν となる．πρότερον... πρίν の代わりに πρότερον ἤ も時に見られる．

・A3
αὕτη... ἐφύλαττεν **ἕως ἐξηῦρεν** ὅ τι εἴη τὸ αἴτιον.　この女は，何が原因かを突き止めるまで（相手の男を）見張っていた．Lys. 1.15
καὶ ταῦτα ἐποίουν **μέχρι σκότος ἐγένετο**.　そして，彼らは暗くなるまでそうしていた．Xen. *Anab.* 4.2.4
οὔτε τότε Κύρῳ ἰέναι ἤθελε, **πρὶν** ἡ γυνὴ αὐτὸν **ἔπεισε** καὶ πίστεις **ἔλαβε**.　この時も，妻が彼（シュエンネシス）を説得し，彼も保証を得るまでは，彼はキューロスの所へ行こうとしなかった．Xen. *Anab.*1.2.26

πρίν¹ (+ 対格／主格) + (アオリスト) 不定詞
主文が肯定文の時は，πρίν¹ + （普通は）アオリスト不定詞というもう一つの構文が可能である．
「我々が副文の動作をする（できる）より前に，主文の動作がまず起こった」のような場合．
主文の動詞は未完了過去でなくてもよい．副文の動作は主文の動作より後に起こったか，主文の動作によって起こらなくさせられてしまったかであるが，どちらの解釈が正しいかは文脈からしか分からない．不定詞が主語をとる場合，それが主文の主語と異なる場合は対格にし，主文の主語と同じ場合は，不定詞の主語も同化させて主格にする．

ὀλίγον δὲ **πρὶν ἡμᾶς ἀπιέναι** μάχη ἐγεγόνει ἐν τῇ Ποτειδαίᾳ.　我々がそこを立ち去る少し前に，ポテイダイアでは戦いがあったのだ．Pl. *Charm*. 153b
Βρᾱσίδᾱς Θεσσαλίᾱν φθάσᾱς διέδραμε **πρίν τινα κωλύειν παρασκευάσασθαι**.

誰かが彼を阻止する準備を整えるよりも前に，ブラーシダースは先んじてテッサリアー地方を駆け抜けた．Th. 4.79.1

πρὶν ἔκπυστος γενέσθαι, προσῆλθε τῇ τῶν Μεγαρέων πόλει.　知られてしまうより前に，彼（ブラーシダース）はメガラ人のポリスに到着した．Th. 4.70.2

ἐπεὶ τοίνυν οὐ δύναμαί σε πείθειν... σὺ δὲ ὧδε ποίησον.　あなたを説得できないとなっては／できないので…じゃあこのようにしてくださいな．Hdt.1.112

「一回きりの現在」を図表に入れなかったのは，その場合は何ら難しい問題が起きないからである．ただし注意していただきたいのは，直接話法の ἐπεί, ἐπειδή, ὅτε（稀に ὡς）+ 直説法完了（または直説法アオリスト，直説法完了）で原因を表す文になりうることである．話者は副文の事態から何らかの結論を引き出し，要望や命令の形で表明するのである．

B. 一回きりの未来の出来事

主文は未来または未来を指し示す時称（命令法など）になる．副文の出来事は特定されないので，ἄν + 予想の接続法という漠然とした構文を用いる．接続詞の最後の母音と ἄν とが融音を起こして ὅτε + ἄν > ὅταν, ἐπειδή + ἄν > ἐπειδάν, ἐπεί + ἄν > ἐπάν, ἐπήν（ただし，これらの形はアッティカ方言では稀）となることに注意．アスペクトによって動作が同時であるか（接続法現在，つまり未完了的なアスペクト），先／後であるか（完了的アスペクト，つまり接続法アオリスト）を示すのは，ここでも同様である．主文の副時称の後では，ἄν + 接続法の代わりに間接話法の希求法を用いてもよい．

・B1

ἕωσπερ ἂν ἐμπνέω καὶ οἷός τε ὦ, οὐ μὴ παύσωμαι φιλοσοφῶν.　私は息をしている限り，可能な限り，知を愛することを止めないだろう．Pl. Apol. 29d（οὐ μὴ + 接続法については ➡ §35：「止めるかもしれないという怖れはない，決してやめないだろう」）

λέξω δ' ὅ τι ἂν πρῶτον ἀκούειν βουλομένοις ὑμῖν ᾖ, τοῦτο πρῶτον, εἶθ' ἕτερον, καὶ τἆλλα τὸν αὐτὸν τρόπον, ἕως ἂν ἀκούειν βούλησθε.　君たちが一番聞きたいと思っていることを最初に語り，次に二番目のことを，そして他のことも同様にして，君たちが聞きたいと思う限り，語りましょう．Dem. 21.130

・B2

τάφος δὲ ποῖος δέξεταί μ', ὅταν θάνω;　どのような墓が僕を容れてくれるのだろう，僕が死んだ時には．Eur. IT 625

ἐπειδὰν ἅπαντ' ἀκούσητε κρίνατε,　全部聞いてから判断してください．Dem. Philip.1.14

・B3

ἔδοξεν οὖν αὐτοῖς συσκευασαμένοις ἃ εἶχον καὶ ἐξοπλισαμένοις προϊέναι εἰς τὸ πρόσθεν, **ἕως Κύρῳ συμμείξειαν**. そこで彼らは持ち物を取りまとめ武装した上で, キュロスと合流するまで前進することに決定した. Xen. *Anab.* 2.1.2 (ἂν συμμείξωσιν の代わりに間接話法の希求法になっている)

ἀπόμνῦσι μηδὲν τούτων πράξειν, **πρὶν ἂν** τὴν τοῦ Ἕκτορος κεφαλὴν ἐπὶ τὸν τοῦ Πατρόκλου τάφον **ἐνέγκῃ**. ヘクトールの首をパトロクロスの塚に載せるまでは, そんなことは何一つしないと彼は誓う. Aeschin. *Tim.* 145

...οὐ πρότερον κακῶν παύσονται αἱ πόλεις, **πρὶν ἂν** ἐν αὐταῖς οἱ φιλόσοφοι **ἄρξωσιν**. 諸ポリスにおいて哲学者が支配者となるまでは, 諸ポリスは禍いから解放されないだろう. Pl. *Resp.* 487e

οὐ τοίνυν μὰ Δία ἀποκρινοῦμαι, ἦν δ᾽ ἐγώ, πρότερον **πρὶν ἂν πύθωμαι**. 「それじゃあ断じて答えません, 聞いて分かるまでは」, と私は言った. Pl. *Euthyd.* 295c

περιμένετε **ἔστ᾽ ἂν** ἐγὼ **ἔλθω**· ἥξω δὲ ταχέως. 私が帰るまで待ってくれ, 急いで戻って来る. Xen. *Anab.* 5.1.4 (ἔστε = ἕως)

ἐν ᾧ ἂν προσίωμεν πολλοὶ ἔσονται· μὴ οὖν ἀναμείνωμεν **ἕως ἂν πλείους** ἡμῶν **γένωνται**. 我々が前進する間に敵は大軍になるだろう. それゆえ, 敵が我々より多勢になるまで待たないでおこう. Xen. *Cyr.* 3.3.46

ἀπηγόρευε μηδένα βάλλειν, **πρὶν Κῦρος ἐμπλησθείη θηρῶν**. キュロスが心ゆくまで狩りを楽しむまで誰も槍を投げてはならぬ, と彼(アステュアゲース)は禁じた. Xen. *Cyr.* 1.4.14 (間接話法の希求法になっている. 直接話法ではこうなる：μηδεὶς βαλλέτω πρὶν ἂν Κῦρος ἐμπλησθῇ θηρῶν.)

C. D. 習慣的な出来事

副文において, 現在または未来の一般的・習慣的な出来事は ἄν + 反復の接続法 (iterative subjunctive ➡ 7§6.4) で表す. 主文は現在時称, または格言的アオリスト (gnomic aorist) となる. 過去における一般的な出来事は, 副文では繰り返しの希求法で表し, 主文では未完了過去を用いる.

繰り返しを表す希求法と共に最もよく用いられる接続詞は ὁπότε である. πρίν² + 繰り返しを表す希求法の用例は見られない. 間接話法で πρίν² + (間接話法の) 希求法を使ってよいことは, 先ほど挙げた例, ἀπηγόρευε μηδένα βάλλειν, **πρὶν Κῦρος ἐμπλησθείη θηρῶν**. から思い出していただきたい (πρὶν ἂν ἐμπλησθῇ の代わりに希求法になっているだけである). しかし,

　*οὐκ ἔβαλλον πρὶν Κῦρος ἐμπλησθείη θηρῶν. (キュロスが心ゆくまで狩りを楽しむまで, 彼らは (いかなる時も) 槍を投げなかった) のような文章は見られない.

• C1

τότε γὰρ πλεῖστα κερδαίνουσιν, **ὅταν** κακοῦ τινος ἀπαγγελθέντος τῇ πόλει τίμιον τὸν σῖτον **πωλῶσιν**.　なぜなら，災難の知らせがポリスにもたらされ，穀物を高値で売りさばくたびに，彼らは最大の利益を上げるからである． Lys. 22.13

ἕως ἂν σῴζηται τὸ σκάφος (C1)... τότε χρὴ καὶ ναύτην καὶ κυβερνήτην καὶ πάντ᾽ ἄνδρ᾽ ἑξῆς προθύμους εἶναι... **ἐπειδὰν** δ᾽ ἡ θάλαττα **ὑπέρσχῃ** (C2), μάταιος ἡ σπουδή.　船が無事な間は…水夫も舵取りもすべての男が一丸となって熱心にならねばならないが…ひとたび海が圧倒してしまうと，努力も空しくなるのです． Dem. 9.69

μαινόμεθα πάντες, **ὁπόταν ὀργιζώμεθα**.　我々は皆，怒っている時はいつも狂っている． Phil. 156

• C2

ὁσάκις δ᾽ ἂν μιχθῇ γυναικὶ τῇ ἑωυτοῦ [ἑαυτοῦ] ἀνὴρ Βαβυλώνιος, περὶ θυμίημα [θυμίαμα] καταγιζόμενον [καθαγιζόμενον] ἵζει.　バビロニアの男は自分の妻と交わった時はいつも，香を捧げてその側に坐る． Hdt.1.198 （μιχθῇ は接続法アオリスト）

• C3

ἡμεῖς ποοῦμεν ταῦθ᾽ ἑκάστοθ᾽, ...
ἕως ἂν αὐτὸν **ἐμβάλωμεν** εἰς κακόν,
我々はいつもそうするのだ…そいつを禍いの中に投げ込んでやるまで． Ar. Nub. 1458

• D

περιεμένομεν οὖν ἑκάστοτε **ἕως ἀνοιχθείη** τὸ δεσμωτήριον, ... **ἐπειδὴ** δὲ **ἀνοιχθείη**, εἰσῇμεν παρὰ τὸν Σωκράτη.　我々はいつも，牢屋が開くまで待っていたものです…開くと，我々はソークラテースの所へと入って行くのが常でした． Pl. Phaed. 59d

ὁπότε γοῦν **αἴσθοιτό** τι αὐτοὺς παρὰ καιρὸν ὕβρει θαρσοῦντας, λέγων κατέπλησσεν ἐπὶ τὸ φοβεῖσθαι，民衆が時宜を得ずに思い上がって勇み立っているのに気づくたびに，彼（ペリクレース）は言葉で嚇しつけて怖れさせ． Th. 2.65

ἅ (= θηρία) ἐκεῖνος ἐθήρευεν ἀπὸ ἵππου, **ὁπότε** γυμνάσαι **βούλοιτο** ἑαυτόν τε καὶ τοὺς ἵππους.　彼（キュロス）は自分と馬の鍛錬がしたくなると，いつも馬上からその野獣を狩るのだった． Xen. Anab.1.2.7

καὶ **ὁπότε** δὲ ὥρα **εἴη** ἀρίστου, ἀνέμενεν αὐτοὺς **ἔστ᾽ ἐμφάγοιέν** τι, ὡς μὴ βουλῖμιῷεν．朝食の時にはいつも，彼ら（奴隷たち）がひもじい思いをせぬよう，何か口にするまで彼（キュロス）は待ってやるのが常だった． Xen. Cyr. 8.1.44

最後に次のことにも注意していただきたい：

1. 主文の中に希求法がある時には，法の同化 (§41) によって副文でも希求法が用いられる．
τεθναίην, ὅτε μοι μηκέτι ταῦτα μέλοι. そんな快楽がもはや俺の関心事でなくなるのなら，いっそ死んでしまいたい．Mimn. fr. 1.2 (τεθναίην は未来に関わる願望)
2. 主文が反事実（実現されていない状態）を表している場合，ἕως（～まで）その他の接続詞で始まる副文は，直説法の副時称を用いる（漠然と一般化する構文は使わない）．

ἡσυχίαν ἂν ἦγον, ἕως γνώμην ἀπεφήναντο. 彼らが意見を表明するまでは，私は黙っているべきであった．（実際はそうしなかった）

D. 関係節

§58. 関係節が他の節と異なるのは，その内容というよりむしろ形式である．関係節を導入するのは接続詞ではなく，関係副詞 (οὗ / ἵνα / ᾗ Eng. where, οἷ whither) や関係代名詞 (ὅς who, ὅστις whoever)，それに関係形容詞 (οἷος / ὁποῖος which, ὅσος / ὁπόσος how big, etc.) で，これらは先行するもの／後続するものに応じて形を変える．

関係節の構成要素は次の表のように概観できる．

先行名詞	関係節	主節
1 リーダーたちが	我々の擁する	他の道はないと言う
οἱ ἡγεμόνες	οὓς ἔχομεν	οὔ φᾱσιν εἶναι ἄλλην ὁδόν
2 ゼウスは	万物を見そなわし支配する	偉大である
Ζεύς	ὃς ἐφορᾷ πάντα καὶ κρατύνει	ἐστὶ μέγας
	自立的な関係節 （先行名詞なし）	
3 (男は [省略])	これを行った	悪辣である
(ὁ ἀνήρ)	ὃς ταῦτα ἐποίησε	πονηρός ἐστιν

例文 1 と 2 には先行詞（'head noun' 先行名詞と呼ばれることが多い）があり，関係節が先行名詞を修飾し限定している場合には（例文 1)，その関係節は規定的（限定的）関係節 (determinative relative clauses) と呼ばれる．これがなければ文章の意味が変わるかもしれず，また，これによって先行名詞が詳しく限定されるので，なくてはならない関係節である．

一方，先行詞が一つしかないもので容易に特定できる場合（太陽，ゼウス，アキッレウス，等），後続するのは余談的関係節 (digressive relative clauses) と

呼ばれるが（例文2），先行名詞をより詳しく限定するのには役立っていない．それゆえ，この関係節は必須のものではなく，英語では，Zeus, who surveys all things and rules over all, is great. と，節の前後にコンマが置かれる．

例文3が示すように，先行名詞はなくてもよい．その際，関係節は，冠詞を付けることによって名詞化される分詞のような働きをする：
ὃς ταῦτα ἐποίησε = ὁ ταῦτα ποιήσας　それを行った人．

指示代名詞は読者に関係節を予想させたり，関係節の内容をもう一度後で繰り返したりするが，省かれることが極めて多い．

(τοιαῦτα) λέγεις	ἃ οὐδεὶς ἂν φήσειεν ἀνθρώπων	
	ἃ δ' ἐγὼ πέπονθα,	(ταῦτα) λέξαι βούλομαι

人間なら誰一人言いそうにないことを，（そのようなことを）あなたは言う．
私が蒙ったことを，（そのことを）語りたいと思う．

§59. 関係代名詞の一致

οἱ ἡγεμόνες ⟹	οὓς ⟸	ἔχομεν
性・数　同じ	動詞が要求する格に同じ	

ステップ1：関係代名詞は先行詞と性（男性）・数（複数）で一致し，関係節の動詞とは格で一致する（ἔχομεν は対格をとる）．
ステップ2：しかし，もし先行詞が属格か与格で，関係節の動詞が対格を要求する場合には，両者の食い違いをどうするか．この場合は，先行詞の格に一致させるのである．
「彼はこの者たちをその国の支配者にした・その国を彼は服属させた」の例で説明すると：

τούτους ἄρχοντας ἐποίει	τῆς χώρας	1 ἥν	対格 ✗	κατεστρέψατο
	属格・与格			対格支配の動詞
		⬇		
τούτους ἄρχοντας ἐποίει	τῆς χώρας	2 ἧς	κατεστρέψατο	

290

		ἧς	κατεστρέψατο	3 χώρᾱς
τούτους ἄρχοντας ἐποίει				

ステップ 3：先行詞は関係節の中へ移してもよい．その際，先行詞は冠詞を失う．

下のような慣用語法にも注意．関係詞 οἷος / ὅσος と主語がセットになって先行詞の格（対格，属格，与格）に一致し（ステップ 2），さらに，先行詞が関係節に潜り込む（ステップ 3）．
「お前のような男を，私は軽蔑する／信用する／愛する」を例にして示すと：

καταφρονέω ἀνδρός, οἷος σύ (εἶ)	→	ἀνδρὸς οἵου σοῦ	→	οἵου σοῦ ἀνδρός
πιστεύω ἀνδρί, οἷος σύ (εἶ)		ἀνδρὶ οἵῳ σοί		οἵῳ σοὶ ἀνδρί
φιλέω ἄνδρα, οἷος σύ (εἶ)		ἄνδρα οἷον σέ		οἷον σὲ ἄνδρα

πρὸς ἄνδρας τολμηρούς, οἵους καὶ Ἀθηναίους = οἷοι Ἀθηναῖοί εἰσιν　アテーナイ人のような果敢な人々に対して．

§60. 逆の同化，すなわち主格／対格の先行詞が関係代名詞の格に一致することは，あまり多くない．
ἀνεῖλεν αὐτῷ ὁ Ἀπόλλων θεοῖς οἷς ἔδει θύειν.　アポッローンは彼に対して，犠牲を捧げるべき神々を神託で示した．（θεοὺς が οἷς に同化した）

逆の同化が起こり先行詞が関係節に移動した結果，こんな極端な文も現れる．
ἡ κώμη εἰς ἣν ἀφίκοντο, μεγάλη ἦν.　彼らが到着した村は大きかった．
(ἡ κώμη が εἰς ἥν に同化して) τὴν κώμην εἰς ἣν ἀφίκοντο, μεγάλη ἦν.
(κώμην が関係節に移動して) εἰς ἣν ἀφίκοντο κώμην, μεγάλη ἦν.

§61. 注意すべき諸点
1. §41 で示したのと同じ要領で，法の同化も起きる．
ἔρδοι τις ἣν ἕκαστος εἰδείη τέχνην.　人それぞれ，自分の知っている技をするがよい．Ar. *Vesp.* 1431（元の文は ἔρδοι τις τὴν τέχνην ἣν ἕκαστος οἶδε. 願望の気分が関係節の動詞にまで持ち込まれて，οἶδε が希求法に同化する）

2. 関係節がたくさん現れる場合には，二つの書き方が可能である．2 番目以降の関係節で，(1) 関係代名詞を省いてもよいし，(2) 関係代名詞を指示代名詞／人称代名詞に置き換えて，その節を主節に格上げしてもよい．

Ἀριαῖος δέ, ὃν ἡμεῖς ἠθέλομεν βασιλέᾱ καθιστάναι, καὶ ἐδώκαμεν καὶ ἐλάβομεν πιστὰ μὴ προδώσειν ἀλλήλους... ἡμᾶς... κακῶς ποιεῖν πειρᾶται.　我々

が王位に即けたいと思っていた，そして互いに裏切らぬという信義を取り交わしたアリアイオスが…我々に仇をなそうとしている．Xen. *Anab.* 3.2.5 (ἐδώκαμεν の前で ᾧ が，ἐλάβομεν の前で παρ' οὗ が省かれている)

ποῦ δὴ ἐκεῖνός ἐστιν ὁ ἀνὴρ ὃς συνεθήρα ἡμῖν καὶ σύ μοι μάλα ἐδόκεις θαυμάζειν αὐτόν． あの男はどこにいるのだ，我々と一緒によく狩りをした，そしてお前が彼を激賞していたようにわしには思えた，あの男は．Xen. *Cyr.* 3.1.38 (καὶ ὃν σύ… の代わりに αὐτόν)

3. ὅς と ὅστις の相違について
ὅς はじめ単純な関係詞 (οἷος, ὅσος, οὗ, ὅτε, ὡς) は，具体的なあるものにかかり，それを個別化し，正確に特定する．
ὅστις および ὁπ- で始まる複合語の関係詞は，同類のものを指し示し一般化する（英語の whoever)．

εἶδε τὰς σκηνὰς οὗ οἱ Κίλικες ἐφύλαττον． キリキア一人が警備にあたっていた，その幕屋を彼は見た．(その幕屋を特定する)
ἐννοησάτω ὅτι ὅπου πολιτεῖαι μεθίστανται πανταχοῦ ταῦτα γίγνεται． 国政が変わる所ではどこでもそのようなことが起こる，と考えよ．Xen. *Hell.* 2.3.24
καὶ γὰρ οἱ ἔμποροι διὰ τὸ σφόδρα φιλεῖν τὸν σῖτον, ὅπου ἂν ἀκούσωσι πλεῖστον εἶναι, ἐκεῖσε πλέουσιν ἐπ' αὐτὸν καὶ Αἰγαῖον καὶ Εὔξεινον καὶ Σικελικὸν πόντον περῶντες． だって商人たちときたら穀物が好きでたまらないので，どこであれ豊富にあると聞いた所へ，それを手に入れようと航海するのだから．エーゲ海であろうが黒海であろうがシケリアー海であろうが渡って行ってね．Xen. *Oec.* 20.27.4
ἅπας δὲ τραχὺς ὅστις ἂν νέον κρατῇ． 新しく権力を握った者は皆苛烈だ．Aesch. *PV* 35

4. πᾶς ὅστις の複数は πάντες ὅσοι となる．
　　　　　ὁρῶ … περιστεφῆ κύκλῳ
πάντων ὅσ' ἔστιν ἀνθέων θήκην πατρός.
見ると，父上のお墓がありとあらゆる花でぐるりと取り巻かれているのです．Soph. *El.* 896 (直訳：ある限りのすべての花で)

ὡς ἕτοιμος ὅδ' ἐστὶν ἅπαντα δρᾶν ὅσ' ἂν κελεύῃς． この男はお前の命じることは何でもするつもりだから．Ar. *Nub.* 806

§62. 関係節の隠れた意味
先行詞の特徴を記述するというより，意味を広げて叙述を押し進める関係文がある．そこに隠れた意味合いは，文脈に応じていろいろである．

1. 原因の意味を帯びる場合.
ὅς / ὅστις = ὅτι, οἷος = ὅτι τοιοῦτος, ὡς = ὅτι οὕτως. 否定は οὐ.
θαυμαστὸν ποιεῖς, ὃς (1) ἡμῖν μὲν ταῖς καὶ ἔριά σοι καὶ ἄρνας καὶ τῦρὸν παρεχούσαις οὐδὲν δίδως ὅ τι ἂν μὴ ἐκ τῆς γῆς λάβωμεν, τῷ δὲ κυνί, ὃς (2) οὐδὲν τοιοῦτόν σοι παρέχει, μεταδίδως οὗπερ αὐτὸς ἔχεις σίτου.　あなたは不思議なことをなさる．羊毛や仔羊やチーズをあなたに差し上げる私たちには，地面から自分で得るもの以外は何も下さらない一方，そうしたものを何一つあなたに差し上げることもしない犬には，あなたが食べる食べ物を分け与えておられるのですから．
Xen. *Mem*. 2.7.13
(1)「～するあなた」が「あなたは～するのだから」と理由の意味になる．
(2)「～ する犬」は「犬は～なのに」と譲歩の意味になる．

2. 目的の意味を帯びる場合.
関係節で直説法未来になることが最も多い（主文の動詞が副時称の時でさえ）．否定は μή.　(§42.6)

3. 結果の意味を帯びる場合.
主節には οὕτως, τοιοῦτος, τοσοῦτος があり，否定は οὐ.
οὐδεὶς γὰρ οὕτω ἀνόητός ἐστι ὅστις πόλεμον πρὸ εἰρήνης αἱρέεται (= αἱρεῖται).　誰ひとり平和より戦争を選ぶほど愚かではない．Hdt.1.87

4. 条件の意味を帯びる場合.
ὅς / ὅστις = εἴ τις （または ἐάν τις）. 否定は μή.
ἐγὼ γὰρ ὀκνοίην μὲν ἂν εἰς τὰ πλοῖα ἐμβαίνειν ἃ (= εἴ τινα) ἡμῖν δοίη,　彼（キューロス）が我々に与えるような船に乗りこむのを，私はためらうだろう．Xen. *Anab*. 1.3.17（与えるのが彼ならば危ない）

5. 繰り返しの意味を帯びる場合.
条件節や時を表す節とまったく同じで，関係節も習慣的な行動を見慣れた語法で表すことができる．
現在：副文は接続法 + ἄν, 主文は直説法現在
過去：副文は希求法，主文は直説法副時称
πᾶς ποιητὴς γίγνεται, οὗ ἂν Ἔρως ἅψηται.　エロースが触れた者は皆，詩人になる．Pl. *Symp*. 196e（ἅπτομαι は属格支配）
関係節を条件節または時を表す節に書き換えることもできる：
ἐὰν / ὅταν αὐτοῦ Ἔρως ἅψηται.
ἐκέλευε δὲ καίειν ἅπαντα ὅτῳ ἐντυγχάνοιεν καυσίμῳ.　燃えやすいものに出会ったら何であれ火をつけよ，と彼は命令した．Xen. *Anab*. 6.3.15

第 8 章　文章論（Syntax）

これを条件節または時を表す節に書き換えると，
ἐάν τινι / ὅταν τινὶ ἐντύχητε καυσίμῳ, ἅπαντα κάετε． 燃えやすいものに出会ったら，何であれ火をつけよ．
εἴ τινι / ὁπότε τινὶ ἐντυγχάνοιεν καυσίμῳ, ἔκαον ἂν ἅπαντα． 彼らは燃えやすいものに出会ったなら／出会った時には，何であれ火をつけたものだった．

ἀλλ' ὅ τι μάθοιμ' ἑκάστοτε
ἐπελανθανόμην ἂν εὐθὺς ὑπὸ πλήθους ἐτῶν．
わしは覚えたことをその都度すぐに忘れてしまったのだ，寄る年波のせいでな．Ar. Nub. 854（ここでは直説法未完了過去 + ἄν が過去における反復的事象を表している）

E. 間接話法（oratio obliqua = O.O.）

§63. ギリシア語の間接話法の規則はラテン語ほど複雑ではなく，間接話法 oratio obliqua から直接話法 oratio recta（= O.R.）に戻すのも，ラテン語よりはるかに分かりやすい．

直接話法，単文：δίδωμι．
直接話法，複文：εἴ τι ἔχω δίδωμι．
間接話法：λέγει ὅτι εἴ τι ἔχει δίδωσι．
この例を念頭に置いておくと分かりやすい．λέγει を主動詞，εἴ τι ἔχει を副文章，δίδωσι を主文章と呼んで説明を進める．
間接話法のための規則は二つの部分に分けて考える．

1. 直接話法では自立している文章（従属節でない文章）のための規則．
   a) 自立した単文の場合．
   b) 複文の主文章であったものの場合（δίδωμι の部分）．
2. 直接話法ですでに副文章であった文章のための規則（εἴ τι ἔχω の部分）．

1. 自立した文章（1a と 1b）は，主動詞の意味（そのグループ分けについては §10~39 で解説した）に応じて常に形を変える．すなわち，不定詞，分詞，あるいは従属節に変わる．下の図表で例示した発話の動詞（λέγει, ἔλεγεν）は ὅτι 節を従え，思考を表す動詞 ἔφη は不定詞を，表明の動詞 ἐπέδειξα は τοῦτον + 分詞を従える．
2. 直接話法ですでに副文章である部分は変える必要がないが，主動詞が副時称の場合は変えてもよく，その時は間接話法の希求法を用いる．ただしそれは，副文章が接続法（ἄν があってもなくてもよい）または直説法本時称の場合だけである．これに対して，元々可能性を表す ἄν + 希求法や，ἄν + 反事実の直説法副時称（ἔδει, ἐχρῆν 等には ἄν が付かない．➡ §52.4 への注意）であっ

たものは，間接話法の希求法に変わらない．これはつまり，単純化が行き過ぎて混乱が生じそうな時には間接話法の希求法が避けられる，ということである（図表の下半分に例がある）．

§64. では，主動詞を加えて間接話法にした文章がどのように変化するかを見てみよう．条件文（§52）を例文に用い，条件文のタイプ番号を左欄に記したが，時を表す節（§57）や関係節（§58）も条件文と同じ規則で作られるので，関係節にしたい時は図表の εἴ τι を ὅ τι に，または ἐάν τι を ὅ τι ἄν に，時を表す節にしたい時は εἴ τι を ὅτε τι に，または ἐάν τι を ὅταν τι に変えればよい．
εἴ τι / ὅτε τι / ὅ τι ἔχω, δίδωμι. 私は与える，もし持っているなら／持っている時には／持っている物を．
ἐάν τι / ὅταν τι / ὅ τι ἄν ἔχω δώσω. 私は与えるだろう，もし持っているようなら／持つような時には／持つことになる物を．

	O.R.			λέγει ὅτι			ἔλεγεν ὅτι		ἔφη	ἐπέδειξα τοῦτον
1	εἴ τι	ἔχω	δίδωμι	εἴ τι	ἔχει	δίδωσι	εἴ τι ἔχοι[注1]	+διδοίη[1]	+διδόναι	+διδόντα
1	εἴ τι	ἕξω	δώσω	εἴ τι	ἕξει	δώσει	εἴ τι ἕξοι	+δώσοι[2]	+δώσειν	+δώσοντα
2	ἐάν τι	ἔχω	δώσω	ἐάν τι	ἔχῃ	δώσει	εἴ τι ἔχοι	+δώσοι[3]	+δώσειν	+δώσοντα
5	ἐάν τι	ἔχω	δίδωμι	ἐάν τι	ἔχῃ	δίδωσι	εἴ τι ἔχοι	+διδοίη[4]	+διδόναι	+διδόντα
1	εἴ τι	εἶχον	ἐδίδουν	εἴ τι	εἶχεν	ἐδίδου	εἴ τι εἶχεν	+ἐδίδου (διδοίη[注2])	+διδόναι	+διδόντα
1	εἴ τι	ἔσχον	ἔδωκα	εἴ τι	ἔσχεν	ἔδωκε	εἴ τι ἔσχεν[注3]	+δοίη[5][注3]	+δοῦναι	+δόντα
3	εἴ τι	ἔχοιμι	διδοίην ἄν	εἴ τι	ἔχοι	διδοίη ἄν	εἴ τι ἔχοι	+διδοίη ἄν[6]	+διδόναι ἄν	+ἄν διδόντα
4	εἴ τι	εἶχον	ἐδίδουν ἄν	εἴ τι	εἶχεν	ἐδίδου ἄν	εἴ τι εἶχεν	+ἐδίδου ἄν[7]	+διδόναι ἄν	+ἄν διδόντα
4	εἴ τι	ἔσχον	ἔδωκα ἄν	εἴ τι	ἔσχεν	ἔδωκεν ἄν	εἴ τι ἔσχεν[注3]	+ἔδωκεν ἄν[7]	+δοῦναι ἄν	+ἄν δόντα[8]
6	εἴ τι	ἔχοιμι	ἐδίδουν	εἴ τι	ἔχοι	ἐδίδου	εἴ τι ἔχοι	+ἐδίδου[注2]	+διδόναι	+διδόντα

1~8 の参考のために例文を掲げておく．

¹ ἀπεκρίνατο ὅτι μανθάνοιεν οἱ μανθάνοντες ἃ οὐκ ἐπίσταιντο. 彼は答えた，学ぶ人は知らないことを学ぶのだ，と．Pl. *Euthyd.* 267e（直接話法：μανθάνουσι οἱ μανθάνοντες ἃ οὐκ ἐπίστανται. ἃ οὐκ ἐπίσταιντο を ἃ μὴ ἐπίσταιντο とすると予想的条件文（形式2）になる．下の εἰ μὴ σιωπήσειεν 参照）

² εἰ δέ τινα φεύγοντα λήψοιτο, προηγόρευεν ὅτι ὡς πολεμίῳ χρήσοιτο. 彼は宣言した，もし逃げる者を捕まえたなら敵として扱うであろう，と．Xen. *Cyr.* 3.1.3（直接話法：εἴ τινα λήψομαι, ὡς πολεμίῳ χρήσομαι.）

³ εἶπεν ὅτι οἰμώξοιτο, εἰ μὴ σιωπήσειεν. 彼は言った，もし静かにしないなら痛い目に遭うぞ，と．Xen. *Hell.* 2.3.56（直接話法：οἰμώξει, ἐὰν μὴ σιωπήσῃς.）

οὐκ ἔφασαν ἰέναι, ἐὰν μή τις αὐτοῖς χρήματα διδῷ. 誰も彼らに金をくれないのなら行くのは嫌だ，と彼らは言った．Xen. *Anab.*1.4.12（直接話法：οὐκ ἴμεν ἐὰν μή τις ἡμῖν χρήματα διδῷ.）

ὤμοσεν Ἀγησιλάῳ, εἰ σπείσαιτο ἕως ἔλθοιεν οὓς πέμψειε πρὸς βασιλέα ἀγγέλους, διαπράξεσθαι... 彼はアーゲーシラーオスに誓った，ペルシア大王の許へ送る使者が戻って来るまで休戦条約を結んでくれるなら，努力しようと．Xen. *Ag.* 1.10（直接話法：ἐὰν σπείσῃς ἕως ἂν ἔλθωσιν οὓς ἂν πέμψω, διαπράξομαι.）

⁴ ἔτι δὲ γιγνώσκειν ἔφασαν φθονοῦντας μὲν αὐτοὺς εἴ τι σφίσιν ἀγαθὸν γίγνοιτο, ἐφηδομένους δ' εἴ τις συμφορὰ προσπίπτοι. さらに，自分たちに幸運が訪れたら彼ら（マンティネイア人）が妬み，禍いが襲ったなら大喜びすることも知っている，とスパルタ人は言った．Xen. *Hell.* 5.2.2（直接話法：φθονεῖτε μὲν ἐάν τι ἡμῖν ἀγαθὸν γίγνηται, ἐφήδεσθε δ' ἐάν τις συμφορὰ προσπίπτῃ.）

主文章の主語を代名詞で受ける場合，再帰代名詞（οὗ, οἷ, ἕ, σφῶν, σφίσι, σφᾶς, 強調の ἑαυτοῦ, ἑαυτῷ 等）で間接的に受けることに注意（間接的にというのは，その再帰代名詞が現れる節の主語を直接に指示するのではなく，より上層の主文章の主語を指示するからである）．

⁵ 直説法アオリストと希求法アオリストの組み合わせは異例である．

⁶ εἶπεν ὅτι ἔλθοι ἂν εἰς λόγους, εἰ ὁμήρους λάβοι. 彼は言った，もし人質をくれるなら協議に入ってもよい，と．Xen. *Hell.* 3.1.20（直接話法：ἔλθοιμ' ἄν, εἰ λάβοιμι.）

⁷ ἀπελογοῦντο ὡς οὐκ ἄν ποτε οὕτω μῶροι ἦσαν ... εἰ ᾔδεσαν. 彼らは言い訳をした，もし知っていたら，決してそれほど愚かではなかったであろうにと．Xen. *Hell.* 5.4.22（直接話法：οὐκ ἂν ἦμεν, εἰ ᾖσμεν.）

(ἔλεγεν) ὅτι κρεῖττον ἦν αὐτῷ τότε ἀποθανεῖν. （彼は言った），あの時死んだ方がましであったと．Lys. *Theomn.* 1.25（直接話法：κρεῖττον ἦν μοι.）

⁸ εὖ δ' ἴσθι μηδὲν ἄν με τούτων ἐπιχειρήσαντά σε πείθειν, εἰ δυναστείαν μόνον ἢ πλοῦτον ἑώρων ἐξ αὐτῶν γενησόμενον. よく承知していただきたい，そこから生じるのが権力とか富だけだと私が見ていたなら，何一つそんなことをあなたに説得

しようとはしなかったであろうと．Is. *Philip*. 133（直接話法：οὐδὲν ἂν τούτων ἐπεχείρησά σε πείθειν, εἰ δυναστείαν μόνον ἢ πλοῦτον ἑώρων ἐξ αὐτῶν γενησόμενον.）

注 1．εἰ の後の直説法が希求法に変わることは，未来の場合以外は稀である．間接話法の希求法が曖昧になり，元の直接話法が希求法を含んでいなかったのか，形式 3 や 6 の条件文のように希求法を含んでいたのか，知りようがないからである．

注 2．単文中の未完了過去および過去完了は，副時称の後でも変えずに残し，曖昧さを回避するのが普通である．しかし，直接話法で過去時称であったことが疑いない時は，未完了過去は希求法現在に，過去完了は希求法完了に変わる．副文章では両時称とも変わらず保持される．

τὰ πεπραγμένα διηγοῦντο, ὅτι αὐτοὶ μὲν ἐπὶ τοὺς πολεμίους πλέοιεν, τὴν δὲ ἀναίρεσιν τῶν ναυαγῶν προστάξαιεν... 彼らはしたことを説明した，自分たちは敵に向かって船を進めたし，難破船の回収を命じた，と．Xen. *Hell.* 1.7.5（直接話法では ἐπλέομεν, προσετάξαμεν．προσετάξαμεν が注 3 の規則によって προστάξαιεν となる）．

注 3．単文中または主文章中の ἄν のない直説法アオリストは，副時称の後で希求法アオリストに変えてもよい．しかし，原因を示す副文章（注 4 参照）以外の副文章中では変えずにおいて，希求法アオリスト（接続法アオリストの書き換え）との混同を避ける．

τοῖς ἰδίοις χρήσεσθαι ἔφη, ἃ ὁ πατὴρ αὐτῷ ἔδωκεν． 彼は言った，父から与えられた自分の金を使うつもりだ，と．Xen. *Hell.* 1.5.3（直説法では χρήσομαι, ἔδωκεν）．

副文章で直説法アオリストを保持することは，主文章または単文との違いを示す重要な点である．実例で説明してみよう．ἃ ἂν εὕρω δώσω（何であれ見つけるものは差し上げよう．もし見つけたならば，何であれ差し上げよう）と ἃ εὗρον δώσω（見つけたものを差し上げよう）は二つの別の文章であるが，もし接続法アオリスト (εὕρω) と直説法アオリスト (εὗρον) の両方を希求法アオリストに変えてしまうと，二つの文章の違いが分からなくなってしまう．これが両方を希求法アオリストにできない明瞭な理由である．二つの文章を間接話法にすると：(1) ἔφη ἃ εὕροι δώσειν. (2) ἔφη ἃ εὗρε δώσειν. (2) は混乱を避けるために直説法アオリストを保持している．

注 4．ὅτι または ὡς で始まる原因を表す節では，曖昧さが生じないので直説法アオリストを希求法アオリストに変えてもよい．

εἶχε γὰρ λέγειν ... ὡς Λακεδαιμόνιοι διὰ τοῦτο πολεμήσειαν αὐτοῖς, ὅτι οὐκ ἐθελήσαιεν μετ' Ἀγησιλάου ἐλθεῖν ἐπ' αὐτόν... 彼（テーバイの将軍ペロピダース）はこう主張することができた，自分たちがアーゲーシラーオスに与して彼（ペルシア大王）を攻めようとはしなかったという理由で，ラケダイモーン人が自分たちに戦争を仕掛けた，と．Xen. *Hell.* 7.1.34（直接話法では ἐπολέμησαν ἡμῖν, ὅτι οὐκ ἠθελήσαμεν.）

第 8 章　文章論（Syntax）

§65. 翻訳で間違わないための要諦

O.O.	O.R.（独立した文章）	O.R.（従属した文章）
希求法現在	直説法現在[1] 熟慮の接続法現在	直説法現在 接続法現在 ± ἄν
希求法アオリスト	直説法アオリスト 熟慮の接続法アオリスト	（直説法アオリスト，原因を表す文でのみ：➡ §64 注 4） 接続法アオリスト ± ἄν
希求法完了	直説法完了，過去完了 熟慮の接続法完了	直説法完了 接続法完了 ± ἄν
希求法未来	直説法未来	直説法未来
現在不定詞	直説法現在[1]，命令法[2]，修辞疑問文[2]，熟慮の接続法	直説法[3]
現在分詞	直説法[1]	
アオリスト不定詞または分詞	直説法アオリスト	直説法[3]
直説法完了または完了分詞	直説法完了，過去完了	直説法[3]
直説法未来または未来分詞	直説法未来	(? 直説法[3])
不定詞 + ἄν 分詞 + ἄν	希求法 + ἄν または 直説法副時称 + ἄν	
現在不定詞 + ἄν 現在分詞 + ἄν	希求法現在 + ἄν または 直説法未完了過去 + ἄν	
アオリスト不定詞 + ἄν アオリスト分詞 + ἄν	希求法アオリスト + ἄν または 直説法アオリスト + ἄν	
εἰ + 希求法		形式 1,2,3,5,6 の protasis（非現実的条件文の protasis 以外のすべて）

注 1．ただし，直説法現在が未完了過去の代用をするのは稀である．その場合には，間接話法の希求法（または分詞）が直説法現在の代わりなのか未完了過去の代わりなのかを決めなければならず，不確実で困ることがままある．

注 2．疑問文は間接疑問文に変えられるが，修辞疑問文は不定詞に置き換える．命令法は間接話法では dynamic infinitive（§15）に変えられ，否定は μή である．

ἀπηγόρευε μηδένα βάλλειν, πρὶν Κῦρος ἐμπλησθείη θηρῶν．キュロスが心ゆくまで狩りを楽しむまで誰も槍を投げてはならぬ，と彼（アステュアゲース）は禁じた．Xen. *Cyr.* 1.4.14（直接話法：μηδεὶς βαλλέτω πρὶν ἂν Κῦρος ἐμπλησθῇ θηρῶν．）

注3．従属節における不定詞．ὥστε で始まる結果を表す節は，間接話法では不定詞になるのが普通であり，直接話法では定動詞の形が使われるような場合でもそうである．この不定詞が直説法を言い換えていることは，否定が μή でなく οὐ であることからも分かる．

καὶ οὕτω καταφρονεῖς τῶνδε καὶ **οἴει** αὐτοὺς ἀπείρους γραμμάτων εἶναι **ὥστε οὐκ εἰδέναι** ὅτι τὰ Ἀναξαγόρου βιβλία τοῦ Κλαζομενίου γέμει τούτων τῶν λόγων；　君はこの場にいる人たちをたいそう見くびり，彼らが字も読めないので，クラゾメナイ出身のアナクサゴラースの書物がそういった言説に満ちていることを知らない，と思っているのか．Pl. *Apol.* 26d（直接話法では ἄπειροι γραμμάτων εἰσὶν ὥστε οὐκ ἴσᾱσιν...）

§66. 本時称（primary tenses）とは，直説法の現在，未来，完了，未来完了，そして接続法，命令法，可能性の希求法，願望の希求法，をいう．格言的アオリスト（gnomic aorist）も本時称と見なされる．

注．格言的アオリストはアオリストを用いながら，一度起こったことがいつかなる時にも起こりうることを示唆することで，一般的真理を表す用法である．

οἱ τύραννοι πλούσιον ὃν ἂν βούλωνται παραχρῆμ' ἐποίησαν．僭主というものは欲する人をたちまち富者にするものである．（僭主が過去においてある人を富者にした，同じことが起こることが予想される．）

副時称（secondary / historical tenses）とは，直説法の未完了過去，アオリスト，過去完了，歴史的現在，それに繰り返しの希求法，過去における可能性を表す希求法，間接話法の希求法，をいう．主動詞が副時称になる場合のみならず，不定詞や分詞も間接話法の希求法を選ばせることがある．

οἶδά σε λέγοντα ἀεὶ ὡς οὐδὲ θέμις εἴη αἰτεῖσθαι παρὰ τῶν θεῶν...　神々から（そんなことを）要求するのは許されない，とあなたが常々言っていたのを私は知っている．（λέγοντα は現在分詞であるが，過去の常態を表しているので (= οἶδα ὅτι ἔλεγες)，間接話法の希求法 εἴη が選ばれる．）

λέγεται εἰπεῖν ὅτι ἀπιέναι βούλοιτο．彼は帰りたいと言った，と言われている．（アオリスト不定詞 εἰπεῖν が希求法 βούλοιτο を選ばせる．）

第9章　格の意味の概観

§1. 主格（nominative）と呼格（vocative）

主格は主語・主題・書物のタイトル等を示す．主格は時に呼格の代用をする．呼びかけには指示代名詞 οὗτος を用いるのが普通である．

οὗτος, τί πάσχεις, ὦ Ξανθία;　おい，クサンティアースよ，どうしたのだ．

呼格は人々に呼びかけるのに用いられるが，呼格を持たない名詞もあるので，その際は主格を用いなければならない．たとえば，ギリシア人は θεός の呼格を必要としなかった．神々に呼びかけて祈りを聞き届けてもらうためには，神々の固有名を発音しなければならなかった（後代になると事情が変わる）．主格と呼格は難しくないので，文章の構造を把握するために意味・用法の理解が実際に必要になる三つの格の解説に移ろう．

§2. 対格（accusative）

§2.1. 内的目的語（internal object）

κόπτω δένδρα（木を切り倒す）と κόπτω νόμισμα（硬貨を鋳造する）は同じでない．「切り倒す」という動作の対象である δένδρα を外的目的語 (external object) と呼ぶのに対して，νόμισμα は「鋳造」という動作のさなかにあってまだ硬貨になっていない．このようなものを内的目的語 (internal object) と呼ぶ．目的語は動詞の作用によって初めてそのものとなるのである．内的目的語で最も多いのはいわゆる同族目的語の対格 (cognate accusative) で，日本語では稀であるし（「歌を歌う」等），中国語では誤った語法とさえされるが，ギリシア語ではごく普通に見られる．

φιλοσοφίαν καινὴν γὰρ οὗτος φιλοσοφεῖ·
πεινῆν διδάσκει καὶ μαθητὰς λαμβάνει.
εἷς ἄρτος, ὄψον ἰσχάς, ἐπιπιεῖν ὕδωρ.
この男は新しい哲学を哲学し，飢えることを教えて弟子を集めている．一切れのパン，おかずは干し無花果，飲むのは水．Phil. 88

τὴν ἐν Σαλαμῖνι ναυμαχίαν ναυμαχήσαντες...（サラミースにおける海戦を戦って），πόλεμον πολεμεῖν（戦争を戦う），δουλείαν δουλεύειν（奴隷として隷属する），ὕμνον ὑμνεῖν（讃歌を歌う），αἰσχροὺς φόβους φοβεῖσθαι（恥ずかしい怖れ方をする），ἡδονὰς ἥδεσθαι（快楽を喜ぶ），βοὴν βοᾶν（叫び声をあげる），ἀπειλὰς ἀπειλεῖν（脅迫する），δραμεῖν δρόμον（走路を走る），εὐχὰς εὔχομαι τοῖς θεοῖς（神々に祈る），συμβουλεύω συμβουλάς（忠告する），θάνατον ἀποθνήσκω（死

ぬ), νόσον νοσεῖν（病いを病む）, γάμον γαμεῖν（結婚する）等々．対格の名詞と動詞が同じ語源の場合は分かりやすいが，次の例のように意味が似ているだけの場合もある．
ἠσθένησε ταύτην τὴν νόσον ἐξ ἧσπερ ἀπέθανεν.　彼はそれが原因で死ぬことになった，その病いを病んだ．

付記3点：
1. ὁδός が同族目的語の対格として用いられる時は省略されることが多い．
πολλὴν καὶ τραχεῖαν ἀπιέναι (sc. ὁδόν)　遠く険しい道を行く
2. δραμεῖν δρόμον の同族目的語をさらに変えて δραμεῖν ἀγῶνα（競走して走る）という表現も可能．
τιτρώσκω τραῦμα（傷を負わせる）の目的語 τραῦμα を大胆に φόνον に変えると，τρῶσαι φόνον（致命傷を与える）となる．
3. μεγάλα ἁμαρτήματα ἁμαρτάνειν（大きな過ちを過つ）と言う代わりに μεγάλ' ἁμαρτάνειν とだけ言ってもよいが，その結果，形容詞・代名詞・代名詞的形容詞等が中性名詞扱いされて副詞のようになる．
δεινὰ ὑβρίζειν　恐ろしい暴行を加えること
同様に，ἀπειλὰς ἀπειλῶ に代えて ἀπειλῶ πολλά, ἀπειλῶ ταῦτα（ひどく脅す，そんなふうに脅す）とし，εὐχὰς εὔχομαι τοῖς θεοῖς の代わりに πολλὰ εὔχομαι τοῖς θεοῖς（神々にしきりに祈る）とすることも可能である．

§2.2. 内的目的語の対格が発展した用法

1. 広がりの対格（accusative of extent）
・この対格は空間と時間の広がりを示す．ある動作が広がってゆく空間ないし道の例：
ἀπέχει ἡ Πλάταια τῶν Θηβῶν σταδίους ἑβδομήκοντα.　プラタイアはテーバイから70スタディオン隔たっている．（アッティカ単位で1スタディオンは約185メートル）
・時間の広がりの例：
ἔμεινεν ἡμέρας ἑπτά.　彼は7日間留まった．
ἔτη γεγονὼς ἑβδομήκοντα　年齢が70歳になって（70年間生まれている，同族目的の対格に似る）

ある状況がどれだけの期間続いているか，あることからどれほどの時間が経過したか，を示すには序数詞を使い，冠詞は付けないが，οὑτοσί（指示代名詞の強意形）を添えることが多い．
ἐπιδεδήμηκε τρίτην ἤδη ἡμέραν.　彼はすでに3日間，ここに滞在している．Pl.

Protag. 309d（一昨日＝二日前から滞在している）
ἀπηγγέλθη Φίλιππος τρίτον ἢ τέταρτον ἔτος τουτὶ Ἡραῖον τεῖχος πολιορκῶν.
ピリッポスがヘーライオンの砦を包囲しているとの通報が届いて今年で3年か4年になる.

2. 限定の対格（観点の対格）(accusative of respect)
この対格は動詞または形容詞がどの点に関係しているかを限定する.
a. 身体の部分を限定する.
καλὸς τὸ σῶμα　身体（対格）の点で美しい
ὁ ἄνθρωπος τὸν δάκτυλον ἀλγεῖ.　その人は指が痛い.
τυφλὸς τά τ' ὦτα τόν τε νοῦν τά τ' ὄμματ' εἶ.　お前は耳も心も目も盲である.
b. 性質, 形, 大きさ, 名前, 生まれ, 数等を限定する.
διαφέρει γυνὴ ἀνδρὸς τὴν φύσιν.　女は本性において男と違っている.
ποταμός, Κύδνος ὄνομα, εὖρος δύο πλέθρων　名前はキュドノス, 幅は2プレトロンの川（プレトロンは約30メートル）
同様にして, ὕψος（高さにおいて）, βάθος（深さについては）, μέγεθος（大きさは）.
πλῆθος ὡς δισχίλιοι　約2000人の群衆（その数およそ2000の人々）
λέξον ὅστις εἶ γένος.　あなたは生まれにおいて何者か, 言ってください.

3. 副詞的対格 (adverbial accusative)
τέλος δὲ εἶπε（遂に／最後に彼は言った）という文章の場合, τέλος（最後）は動詞 εἶπε の語られざる目的語と同格だと見なされる.「彼は言葉を（同族目的の対格）言った, その言葉が最後であった」から「彼は最後を／最後に言った」となるわけである. このような, 語られざる目的語（同族目的語の対格）と同格に立つものから多くの副詞的対格が作られる.

a. 方法・流儀の関連. τίνα τρόπον（どんな方法で）, τόνδε (τοῦτον) τὸν τρόπον（このやり方で）, τὴν ταχίστην (ὁδόν)（できるだけ速やかに）, πρόφασιν（口実で）, χάριν（〜のために）.
οἳ οὐ τὴν Ἀθηναίων χάριν ἐστρατεύοντο ἀλλὰ τὴν αὐτῶν Μιλησίων.　彼らはアテーナイ人のためではなく, 他ならぬミーレートス人のために（への好意のゆえに）遠征に加わった.

b. 尺度・程度の関連. μέγα, μεγάλα（大いに）, πολύ, πολλά（大いに, しばしば）, τὸ πολύ, τὰ πολλά（たいてい）, οὐδέν, μηδέν（まったく〜ない）, τι（幾分, ちょっと）

c. 動機の関連. τί（なぜ？）, τοῦτο, ταῦτα（その故に）.
τί ἦλθες;　君はなぜ来たのか.
αὐτὰ ταῦτα ἥκω.　まさにそのために私は来た.

d. 時間の関連. τὸ νῦν（今は），τὸ πάλαι（かつては），πρότερον（先に），τὸ πρότερον（以前は），πρῶτον（真っ先に），τὸ πρῶτον（まず初めに），τὸ τελευταῖον（最後に），τὸ λοιπόν（その後は，その他は，それから）．順序の2番目（τὸ δεύτερον）には ἔπειτα または ἔπειτα δέ（次いで）を使う．

§2.3. 外的目的語 (external / affected object)
1. 目的語をとる他動詞は無数にあるが，ここでは次のものにだけ触れておく．

人に何かをする，人について何かを言う場合の動詞：
a. εὖ / καλῶς / κακῶς ποιεῖν τὸν διδάσκαλον（先生に善いことを／ひどいことをする），βλάπτειν（害する），ἀδικεῖν（不正をなす），ὑβρίζειν（暴行する）．
受動は：εὖ (κακῶς) πάσχει ὁ διδάσκαλος．
b. εὖ / καλῶς / κακῶς λέγειν τὸν διδάσκαλον（先生を褒める／の悪口を言う）．
受動は：εὖ (κακῶς) ἀκούει ὁ διδάσκαλος．

神かけて誓う場合の動詞：
τὸ ὀμνύναι τοὺς θεούς（神々にかけて誓う）の形を取るが，誓言の副詞と共に対格が用いられる．
μὰ (τὸν) Δία, οὐ μὰ (τὸν) Δία． ゼウスにかけて否．
ναὶ μὰ (τὸν) Δία, νὴ (τὸν) Δία． ゼウスにかけて然り．

2. 外的目的語とその述語となる対格
任命する，呼ぶ，選ぶ，見なす，〜にする，名付ける，示すというような意味の動詞は，直接目的語の述語となる二つ目の対格をとる場合がある．
στρατηγὸν αὐτὸν ἀπέδειξε． 彼（ダーレイオス）は彼（キューロス）を将軍に任命した．（αὐτόν は外的対格，στρατηγόν はそれと同格の述語）
τὴν ἀδελφὴν τὴν ἐμὴν δίδωμί σοι γυναῖκα． 僕の妹を君の妻に与えます．Men. *Dysc.* 827
πατέρα ἐμὲ ἐκαλεῖτε． お前たちは私を父と呼んでいたものだ．
ἑαυτὸν δεσπότην πεποίηκεν． 彼は自らを主人にしてしまった．
述語となる名詞には冠詞をつけないことで，目的語か述語かを区別するのが普通である．

3. 尋ねる，要求する等を意味する動詞と二重目的語
尋ねる，着せる，脱がせる，隠す，要求する，奪う，説得する，思い出させる，教える，等の意味を持つ動詞は対格の二重目的語をとる．一つは人を，一つは物を指す．
οὐ τοῦτ' ἐρωτῶ σε． 君に尋ねているのはそのことではない．（σε は外的対格，τοῦτ' は内的対格）．

χιτῶνα τὸν ἑαυτοῦ ἐκεῖνον ἠμφίεσε.　彼は自分の服をその子に着せた.
τὴν θυγατέρα ἔκρυπτε τὸν θάνατον τοῦ ἀνδρός.　彼は彼の娘にその夫の死を隠した.
Κῦρον αἰτεῖν πλοῖα　キューロスに船を要求すること
οὐδεὶς ἐδίδαξέ με ταύτην τὴν τέχνην.　誰も私にその技術を教えてくれなかった.

§3. 属格 (genitive)
属格は名詞を全体の中のある部分に限定したり，特殊な種類 (γένος) や記述に関連づけることによって，その名詞の範囲を限定する．属格は本来の属格 (genitive.「～の」を表す) と元は奪格であったもの (ablative.「～より, から」を表す) が合体したものである．

§3.1. 所有・帰属を示す属格 (genitive of possession or belonging)
1. 持ち主や所有・帰属関係を示す属格
ἡ οἰκίᾱ ἡ Σίμωνος　シモーンの家
οἱ Σόλωνος νόμοι　ソローンの法律（起源を表す）
子供と親，妻と夫，目下と目上等の関係を表す属格もある．
Θουκῡδίδης ὁ Ὀλόρου　オロロスの子トゥーキューディデース
「息子」の語は省略されることが多いが，家を表す語も ἐν, εἰς, (時に) ἐξ の後では省かれる．
εἰς διδασκάλου (οἰκίᾱν) φοιτᾶν　師匠の家に通う（学校へ行く）こと

2. 属格 + εἰμί について
ἐγὼ δ᾽, ὃ θεοῦ ᾽στιν ἔργον, εἰμὶ πανταχοῦ,　私 (Ἀήρ, 空気) は神の働きであるからして，どこにでも存在する．Phil. 95.5

誰それの義務・働き・習慣等を示す ἔργον は省くのが普通で（上の例では省かれていない），属格 + εἰμί だけで「～の性質・義務・習慣等を帯びた人」を表すことができる．
πενίᾱν φέρειν οὐ παντός, ἀλλ᾽ ἀνδρὸς σοφοῦ.　貧乏を耐えるのは賢者の持ち前．万人のよくするところではない．Men. monostich. 633
ἀγαθῆς γυναικός ἐστιν, ὦ Νῑκοστράτη,
μὴ κρεῖττον᾽ εἶναι τἀνδρός, ἀλλ᾽ ὑπήκοον.
ニーコストラテーよ，夫の上に立つのではなく，服従するのが良き妻のしるしだ．Phil. 120

属格は以下のように名前をつけられることもある．名称は覚えなくてもよいが，このような用法があることだけ理解していただきたい．

3. 罪状・責任の属格
裁判関係の動詞の場合，属格が罪状を，対格が告発される人を表す．
(sc. γραφὴν) ὕβρεως καὶ (sc. δίκην) κακηγορίας φεύξεται.　彼は侮辱罪で公的に起訴され，誹謗の罪で私的にも訴えられるだろう．
(　) で括った言葉から明らかなように，属格は省略された言葉にかかっている．以下の4種類の属格も似たもので，属格がかかる語が省かれることが多い（4種類の相互の区別はつけにくいこともある）．

4. 性質の属格
この属格は主に述語として使われる．
ὢν τρόπου ἡσυχίου,　平穏な性質の人であって，

5. 材料・内容の属格
σωροὶ σίτου, ξύλων, λίθων　穀物，木材，石の山

6. 尺度の属格
この属格は場所，時間，程度などの尺度を表す．
ὀκτὼ σταδίων τεῖχος　長さ8スタディオンの城壁
πέντε ἡμερῶν σῑτία　5日分の糧食

7. 価値・価格の属格
ἱερὰ τριῶν ταλάντων　3タラントンの値打ちの捧げもの
売り買い，費用，価値，交換などの意味の動詞と共に属格が用いられ，物やサービスの対価は属格で表される．
ἀργυρίου πρίασθαι ἢ ἀποδόσθαι ἵππον　馬を金で買う／金と引き換えに売る
πόσου διδάσκει; πέντε μνῶν.　「彼はいくらで教えるか？」「5ムナーで」

法廷関係の語と共に用いられる罰の属格は価値の属格とも見なせる．
τῑμᾶν τινι θανάτου　人に死罪を宣告する（死の罰を見積もる）（利害のない裁判人について言う）
τῑμᾶσθαί τινι θανάτου　人に死刑を求刑する（利害のある告発者について言う）
τῑμᾶσθαί τινος　自分に～の量刑を申し出る（被告について言う）

8. 主語的属格（subjective genitive）と目的語的属格（objective genitive）
同じ形であっても属格のかかる語によって意味が異なる場合があるので，注意を要する．
主語的属格は能動の意味で，τῶν βαρβάρων φόβος は「バルバロイ（異族）が抱く怖れ (οἱ βάρβαροι φοβοῦνται)」，目的語的属格は受動の意味で，心持ちや感情を表す名詞と共に使われることが多く，φόβος τῶν βαρβάρων は「バルバ

ロイへの怖れ (φοβοῦνται τοὺς βαρβάρους)」となる.

§3.2. 部分の属格 (partitive genitive)
1. 部分を表す語の前か後に全体を表す属格が立つ.「人々の中の不正な連中」を言うには, οἱ ἄδικοι τῶν ἀνθρώπων でも τῶν ἀνθρώπων οἱ ἄδικοι（述語的位置に注意）でもよい. しかし,「死すべき人間たち」と言う場合は, 必ず οἱ θνητοὶ ἄνθρωποι としなければならない. οἱ θνητοὶ τῶν ἀνθρώπων とは言わないのは, 人類を死ぬ者と死なない者のグループに分けることができないからである.

グループの中から最上級の人を取り出す場合がある.
οἱ πρεσβύτατοι τῶν στρατηγῶν　将軍たちの中の最高齢者

「ある国のある町へ」を表す場合の語順に注意. この場合, 国が全体で, 述語的位置に立つ属格となる.「アッティカ地方のオイノエー町へ」と言うには, τῆς Ἀττικῆς ἐς Οἰνόην でも ἐς Οἰνόην τῆς Ἀττικῆς でもよいが, ἐς τῆς Ἀττικῆς Οἰνόην とは言わない（よく知られた国には冠詞がつくが, 町などにはつかないのが普通）.

2. 部分の属格と共に使われる動詞の例
a. 目的語の一部に働きかけるだけの動詞は部分の属格をとる. 同じ動詞が目的語の全体に働きかける時には対格をとる.
τῆς γῆς ἔτεμον.　彼らは国土の一部を荒らしていた.（τέμνειν は樹木や穀物を切り倒して国土を荒廃させること）
τὴν γῆν πᾶσαν ἔτεμον.　彼らは国全体を荒らし回った.

b. 共有・分与の動詞は属格をとる.
σίτου κοινωνεῖν　食物を共有すること

c. 開始を表す動詞は属格をとる. 始まりは全体の部分だからである.
τοῦ λόγου ἤρχετο ὧδε.　彼は次のようにスピーチを始めた.
出発点は ἀπό か ἐξ を添えて示すのが普通である.
ἀρξάμενοι ἀπὸ σοῦ,　あなたのことから始めて,（奪格起源の属格）

d. 触る,（体の一部を）摑む, の意味の動詞は属格をとる.
μοῦ λαβόμενος τῆς χειρός,　私の腕を摑んで,

e. 目指す, 努める, 欲する等を意味する動詞は属格をとる（目標の属格）.
πάντες τῶν ἀγαθῶν ἐπιθῡμοῦσιν.　万人が善福を欲する.
τὸ ἐρᾶν τῶν καλῶν　美しいものを恋い求めること

到達，獲得を意味する動詞も属格をとる（達成の属格）
σπονδῶν ἔτυχε. 彼は休戦を手に入れた．（ただし，ἐν, ἐπί, παρά, περί, σύν などを添えて合成語となった τυγχάνειν は与格をとる．）
達成とは反対の，失う，失敗する，などの意味の動詞も属格をとる．
οὐδεὶς ἡμάρτανεν ἀνδρός. 誰一人として敵の男を射損じる者はなかった．

f. 楽しむ，味わう，（一部を）食べる，飲む，を表す動詞は属格をとる．
ἀπολαύομεν πάντων τῶν ἀγαθῶν. 我々はあらゆる善きものを享受する．
πίνειν οἴνου. 幾ばくかのワインを飲む．
πίνειν οἶνον と言う場合は，量は問題でなく，単に飲むことを言う．

g. 思い出す，想起させる，忘れる，心配する，無視する，を表す動詞は属格をとる．
τῶν ἀπόντων φίλων μέμνησο. この場にいない友を思い出せ．
思い出す，忘れる，の動詞が「記憶している／していない」を意味する場合には対格をとるのが普通である．目的語が物の場合も対格になる．

h. 聞く，感知する，を表す動詞は属格をとる．
ἀκούειν（聞く），ἀκροᾶσθαι（傾聴する），αἰσθάνεσθαι（感知する），πυνθάνεσθαι（聞き知る），ὀσφραίνεσθαι（匂いを嗅ぐ）．感覚によって感知されるものは対格，それを発する主体（人）は属格に置かれるのが普通である．
τινὸς ἤκουσ' εἰπόντος. 私は誰かが言うのを聞いた．

i. 満たす，満ちている，を表す動詞・形容詞は属格をとる．
οὐκ ἐμπλήσετε τὴν θάλατταν τριήρων; 諸君は海を三段櫂船で満たす気はないのか．（満たされるものは対格にする）
μεστὴν ὁρῶντα τὴν πόλιν νεωτέρων, 町に若者が溢れるのを見て，

j. 支配する，命令する，導く，を表す動詞は属格をとる．
Ἔρως τῶν θεῶν βασιλεύει. エロースは神々の王である．

3. 時と場所の属格

a. 属格はある行為が行われる瞬間，またはその前後の時間を表す．時間の延長を示す対格と比べると，属格は時間のある部分を指している．それゆえ，時の属格は部分の属格と言える．
ἡμέρας（昼間に．昼の間のある時に），νυκτός（夜の間に），μεσημβρίας（真昼に）．
οὐκοῦν ἡδὺ μὲν θέρους ψυχεινὴν ἔχειν, ἡδὺ δὲ χειμῶνος ἀλεεινήν; 夏は涼しく冬には暖かい（家を）持つのが快適なのではないかね．
καὶ τοῦ θέρους μὲν εἶχεν ἱμάτιον δασύ,

ἵν' ἐγκρατὴς ᾖ, τοῦ δὲ χειμῶνος ῥάκος.
彼は克己心の人となるべく，夏には毛の厚い外套を，冬にはぼろ着を纏っていた．
Phil. 134

b. 冠詞を付けると配分の意味になる．
δραχμὴν ἐλάμβανε τῆς ἡμέρας.　彼は 1 日あたり 1 ドラクメー受け取っていた．

c. 属格はある行為が起こってからの時間，ある行為が起こるまでの時間を表すこともある．
οὐδείς μέ πω ἠρώτηκε καινὸν οὐδὲν πολλῶν ἐτῶν.　長年月の間に，誰一人私に新しい質問をした人はなかった．
[sc. τυραννίς] ἧς ἐγὼ οὐκ ἤκουσα τοὔνομ' (= τὸ ὄνομα) οὐδὲ πεντήκοντ' ἐτῶν.
そんな（専制政治という）言葉は 50 年間耳にしたこともない．Ar.Vesp. 490

βασιλεὺς οὐ μαχεῖται δέκα ἡμερῶν.　ペルシア大王は 10 日の間，戦いをせぬであろう．

§3.3. 奪格由来の属格と共に使われる動詞
1. 起源の属格
この属格は「～から」と起源を表す．
Δαρείου καὶ Παρυσάτιδος γίγνονται παῖδες δύο,　ダーレイオスとパリュサティスから二人の子が生まれた．Xen. Anab. 1.1.1
μάθε μου καὶ τάδε.　次のこともまた私から学べ．

「～から聞く」という類いの動詞と共に使われるのは，部分の属格というより奪格的属格であろう．
ἐμοῦ ἀκούσεσθε πᾶσαν τὴν ἀλήθειαν.　君は私から真実を余すところなく聞くだろう．

2. 分離の属格
a. 止める，解放する，移動させる，制止する，断念する，し損なう，離れる，などの意味の動詞と共に使われる属格は分離を表す．
παύσαντες αὐτὸν τῆς στρατηγίας,　彼を将軍職から罷免して，
εἴργεσθαι τῆς ἀγορᾶς　アゴラーから閉め出されること
σῶσαι κακοῦ　災いから救うこと

b. 欠乏，空っぽ，などを意味する動詞と共に使われる属格も分離の属格に分類できる．
τῶν ἐπιτηδείων οὐκ ἀπορήσομεν.　我々が食料に事欠くことはないだろう．

δέω（〜を欠く．人称的用法）は量の属格をとるのが普通である．
οὓς ἐγὼ τοσούτου δέω ζηλοῦν，　私はそんな連中と張り合うことからたいそう欠けている（まったくその気がない）．
δεῖ（欠けている．非人称用法）は量の属格と共に使われることが多い．
πολλοῦ δεῖ οὕτως ἔχειν．　そうであるとはとても言えない．（そうであるとするには多くを欠く）
δεῖ μοί τινος．　私には何かが欠けている，必要である．

c. δέομαι（私は欲する，要求する）は属格をとる．あるいは，対格（求められる物．代名詞・形容詞の中性が普通．つまり内的対格である）＋属格（人から）の構文をとる．
τοῦτο ὑμῶν δέομαι．　私はあなた方にそれを求める．

3. 区別の属格と比較の属格
a. σοφώτερος τούτων（その連中より賢い），これは比較の属格であるが，その連中から離れてより賢い方向へ進むわけである．

b. 相違を表す動詞と共に使われる属格．
ἄρχων ἀγαθὸς οὐδὲν διαφέρει πατρὸς ἀγαθοῦ．　善き支配者は善き父親といささかも異ならない．Xen. *Cyr.* 8.1.1

c. 超える，劣る，を意味する動詞と共に使われる属格は比較の対象を表す．
ὑμεῖς καὶ χρήμασι καὶ τῑμαῖς τούτων ἐπλεονεκτεῖτε．　君たちは給料においても名誉においても，彼らより多くのものを得ていた．Xen. *Anab.* 3.1.37

4. 原因の属格
感情の動詞と共に用いられる場合，属格は原因を表す．これこれの刺激「から」ある感情を抱くゆえである．驚く，感嘆する，羨む，褒める，非難する，憎む，哀れむ，悼む，怒る，復讐する，などの動詞がこれにあたる．
ἐθαύμασα τῆς τόλμης τῶν λεγόντων ὑπὲρ αὐτοῦ．　私は彼のために弁じる人たちの大胆さゆえに驚いた．
εὐδαίμων τοῦ τρόπου　その性格ゆえに幸福である（この属格が形容詞と共に使われる例）

原因の属格は感嘆文でも用いられ，その際，間投詞が前に立つことが多い．
φεῦ τοῦ ἀνδρός．　可哀想に，あの男も．
τῆς τύχης．　この不運よ！
οἴμοι κακοδαίμων τῆς κεφαλῆς καὶ γνάθου．　ああ，なんと不幸な，頭をやられ顎をやられて．Ar. *Nub.* 1324

§4. 与格 (dative)

ギリシア語の与格は，ギリシア語の先祖となる言語では三つの別個の格であったものが結合してできたものである．その三つとは本来の与格 (dative. ～に)，具格 (instrumental. ～と共に，～によって)，所格 (locative. ～にて) で，英語ではそれぞれ 'to', 'with, by', 'at' に相当すると考えると分かりやすい．

§4.1. 本来の与格 (～に)

本来の与格は，そのために何かがある，なされる，の「に，ために」を表す．属格と動詞の，または対格と動詞の結びつきと比べると，与格と動詞の結びつきはさほど緊密ではない．与格と結びつく動詞の代表的なものを挙げると：

1. 裨益する，助ける，傷つける，喜ばせる，不快にさせる，親しくある，敵対する，咎める，怒る，脅す，嫉妬する，などを意味する動詞
βοηθεῖν τοῖσιν ἠδικημένοις　害を受けた人を助けること
τῷ Θηραμένει ἠπείλουν.　彼らはテーラメネースを脅迫した．
ただし，裨益する，傷つける，を意味する動詞の中にも，ὠφελεῖν (益する)，βλάπτειν (害する) のように対格をとるものもある．
よく似た意味の形容詞も与格をとる．
βασιλεῖ φίλοι　王に対して友好的な
注．φίλος, ἐχθρός のような形容詞は名詞扱いされることがあり，その場合は属格をとる：καὶ φίλοι βασιλέων καὶ πόλεων ἄρχοντες (王たちの友人にしてポリスの支配者)．

2. 会う，近づく，譲る，などを意味する動詞
ἀπαντάω Φιλοκράτει.　私はピロクラテースに会う．

3. 従う，仕える，許す，信頼する，忠告する，命令する，などを意味する動詞
τοῖς νόμοις πείθου.　法に従え．

4. 似る，似ない，比べる，適する，などを意味する動詞
πῶς οὐ μέλλει ὁ τοιοῦτος ὢν καὶ ἐοικέναι τοῖς τοιούτοις;　そのような者である以上，そのような連中にどうして似ないはずがあろうか．Pl. *Resp.* 349d
τί οὖν πρέπει ἀνδρὶ πένητι;　では，貧しい男にふさわしいのは何か．

5. 多くの動詞は直接目的語の対格に併せて間接目的語としての与格をとる．
Κῦρος δίδωσιν αὐτῷ ἓξ μηνῶν μισθόν.　キュロスは彼に6カ月分の報酬を与える．
πέμπων αὐτῷ ἄγγελον,　彼に使者を送りつつ，
ὑπισχνοῦμαί σοι δέκα τάλαντα.　私はあなたに10タラントンを約束する．

注 1. the same の意味の ὁ αὐτός も与格をとる：τὴν αὐτὴν γνώμην ἐμοὶ ἔχειν　私と同

じ意見を持つこと.
注 2. 類似を表す形容詞や副詞の後で，与格の代わりに καί, ὅσπερ (ὥσπερ) が使われることもある.
παθεῖν ταὐτὸν ὅπερ πολλάκις πρότερον πεπόνθατε　あなた方が以前によく陥った，それと同じ目に遭うこと
οὐχ ὁμοίως πεποιήκασι καὶ Ὅμηρος.　彼らはホメーロスと同じような詩は作らなかった.

本来の与格が拡張された用法として以下のようなものがある.
6. 所有者の与格
εἶναι, γίγνεσθαι, ὑπάρχειν ＋与格で「その人のためにある」を表す.
ἄλλοις μὲν χρήματά ἐστι, ἡμῖν δὲ ξύμμαχοι ἀγαθοί.　他の者たちには資金が，我々には良き同盟者がある.

7. 利益・不利益の与格
ἄλλῳ ὁ τοιοῦτος πλουτεῖ, καὶ οὐχ ἑαυτῷ.　そのような男は他人のために富んでいるのであって，自分のためではない. Pl. *Menex.* 246e

8. 行為者の与格
動詞の完了および過去完了受動相，-τός および –τέος に終わる動形容詞と共に，行為者を与格で表す.
πάντα τἀναντί᾽ ἐμοὶ καὶ τούτοις πέπρακται.　万事反対のことが私と彼らによってなされた.
τοῖς οἴκοι ζηλωτός,　故郷の人々に羨まれて,

9. 関係の与格
述語の内容が関係している人を与格で表す.
φεύγειν αὐτοῖς ἀσφαλέστερόν ἐστιν ἢ ἡμῖν.　我々以上に彼らにとって逃げることは安全.

10. 判断者の与格
πολλοῖσιν οἰκτρός　多くの人にとって（から見て）哀れな

11. 感情の与格
人称代名詞の 1 人称（話し手）および 2 人称（話し相手）の与格を用いて，話の内容がその人たちの関心・感情に訴えるものであることを表す. 感情 (ἦθος) が動いているところから ethical dative と呼ばれる.
τοιοῦτο ὑμῖν ἐστι ἡ τυραννίς.　君たち，いいですか，そういったものが独裁制なのです.

感情の与格は驚きをも表す.
ὦ μῆτερ, ὡς καλός μοι ὁ πάππος.　母上, お祖父様はなんとおしゃれなんでしょう. (μοι は口語表現で, 私には驚きだが, 言わせてもらえば, 等, 情動に関わるニュアンスを表す.)

§4.2. 具格由来の与格 （〜と共に, 〜によって）
1. 道具, 手段, 方法, 原因などを表す与格
ἔβαλλέ με λίθοις.　彼は私を石でもって打とうとした（石を投げた）.
τῷδε δῆλον ἦν.　次のことによって明らかであった.

2. 差異の程度を示す与格
この与格は形容詞の比較級その他の比較の表現と共に用いられ, 比較される両者がどれだけ違っているかを示す.
πολλῷ μείζων ἐγίγνετο ἡ βοὴ ὅσῳ δὴ πλείους ἐγίγνοντο.　人々の数が増すにつれて, 叫び声は格段に大きくなった.　Xen. *Anab.* 4.7.23

πολλῷ（大きな差で）, ὀλίγῳ（わずかの差で）, τῷ παντί（あらゆる点で, はるかに）. ただし, 比較級と共に使われるのは πολλῷ, ὀλίγῳ より πολύ, ὀλίγον（内的対格）の方が普通である.

3. 観点の与格
方法の与格に近いものとして, その発言が立脚する観点を表す与格がある.
ἀνὴρ ἡλικίᾳ ἔτι νέος　年齢の点でまだ若い男
ἀσθενὴς τῷ σώματι　体が弱い（この与格は観点の対格にほぼ等しい.）

4. 原因の与格
特に感情を表す動詞と共に用いられる与格は状況（外的な原因）を表す.
τούτοις ἥσθη.　彼はそのことに（それが原因で）喜んだ.
φιλίᾳ καὶ εὐνοίᾳ ἑπόμενοι,　友情と好意から後に従って,
ὕβρει καὶ οὐκ οἴνῳ τοῦτο ποιῶν,　酒ゆえでなく傲慢からそんなことをして,

5. 随伴の与格
これも具格由来の与格の一種で, 行為を共にする人や物を表す.

a) 友好関係・敵対関係その他, 相手との関係性を表す言葉と共に用いる. 相互行為を表す中動相の動詞と共に, 複数形で用いられることが多い.
ἀλλήλοις διειλέγμεθα.　我々は互いに語り合った,
πολλοῖς ὀλίγοι μαχόμενοι　多勢と戦う少数の人々
b) お供をする, 従う, などの意味の動詞と共に用いる.

ἕπεσθαι ὑμῖν βούλομαι.　私はあなた方について行きたいと思う.
注. 与格（冠詞はないのが普通）に αὐτός を添えることで，随伴の意味合いを表現することが多い.
εἶπεν ἥκειν εἰς τὰς τάξεις αὐτοῖς στεφάνοις.　冠をかぶったまま持ち場に来るように，と彼は言った.

c) 軍事行動の記述では，この与格は指揮者に付き従う軍隊や船団などを表す.
ἐξελαύνει τῷ στρατεύματι παντί.　彼は全軍を従えて行軍した.

6. 付帯状況の与格
抽象名詞の場合が多いが，この与格で付帯状況や仕方を表す.
πολλῇ βοῇ προσέκειντο.　彼らは大声で叫びながら攻め寄せた.
παντὶ (οὐδενὶ, ἄλλῳ, τούτῳ τῷ) τρόπῳ　あらゆる方法で，どの方法でも～ない，他の方法で，その方法で

以上のことから，多くの与格が副詞的に用いられることが理解される.
θεῖν δρόμῳ（走りをもって走る，疾走する），βίᾳ（力ずくで），δίκῃ（正当に），δόλῳ（策略で），(τῷ) ἔργῳ（実際に），ἡσυχῇ（静かに），κομιδῇ（まったく. 原義「注意をもって」），κόσμῳ（整然と），κύκλῳ（ぐるりと取り巻いて），(τῷ) λόγῳ（名目上），προφάσει（口実として），σῑγῇ（黙って），σιωπῇ（黙って），σπουδῇ（急いで，懸命に），τῇ ἀληθείᾳ（真実のところ），τῷ ὄντι（本当に），ὀργῇ（怒って），φυγῇ（遁走して）.
ὁδῷ 等の名詞を省略した形容詞の女性与格形も同じく副詞となる.
ταύτῃ（その方法で，ここで），ἄλλῃ（他のやり方で，他の場所で），πῇ, ᾗ（どのやり方で，～のやり方で）．他に，δημοσίᾳ（公費で），ἰδίᾳ（私人として），κοινῇ（共同で），πεζῇ（徒歩で）．

§4.3 所格由来の与格（～にて）

1. 場所の与格
散文では，場所の与格は固有名詞でしか用いられない.
Πῡθοῖ（ピュートー（デルポイ）にて），Ἰσθμοῖ（イストモスで），Σαλαμῑνι（サラミースで），Ὀλυμπίᾱσι（オリュンピアーで），Ἀθήνησι（アテーナイで）．アッティカ地方のデーモス（区）名にこの用法がまま見られる：Φαληροῖ（パレーロンで），Θορικοῖ（トリコスで），Μαραθῶνι（マラトーンで）等．しかし，ἐν Μαραθῶνι（マラトーンで），ἐν Πλαταιαῖς（プラタイアイで）のように前置詞をつけることもある.

多くの副詞は本来は名詞（代名詞）の所格で，消失した所格の語尾を持っている．たとえば，

οἴκοι（家で），πάλαι（かつて），πανδημεί（国を挙げて），Φαληροῖ, Ἀθήνησι, Πλαταιᾶσι. その他は κύκλῳ, Πλαταιαῖς のように与格の形である.

2. 時の与格

冠詞のない与格は普通，ある行為が生じた特定の時を表すのに用いられる（日，夜，月，年，季節の場合が多い）．この与格はその時と別の時との対照を際立たせるので，形容詞等を伴うのが普通である．

ταύτην μὲν τὴν ἡμέρᾱν αὐτοῦ ἔμειναν, τῇ δὲ ὑστεραίᾳ... 彼らはその日はそこに留まったが，次の日には…

τῇ προτεραίᾳ（前日に），τῇ δευτέρᾳ（二日目に）．もしこれを属格にすれば，「その日のある時点」を意味し，対格にすると「その日ずっと」と広がりを表す．

第10章　前置詞

対格 (whither, wohin)	与格 (where, wo)	属格 (where from, woher)
1. εἰς へ, 中へ	2. ἐν 中に	3. ἐξ, ἐκ から, 中から
ὡς (＋人) の所へ		4. ἀπό から離れて
5. *ἀνά 上方へ に亘って, ～じゅう	6. *σύν と共に	7. ἀντί *面前で, 対面して の代わりに
		8. πρό 前に のために, 守って, むしろ もっと先に
9. διά のお陰で		διά 通過して, によって
10. κατά *に沿って下方へ ～じゅうに従って		κατά の上へ降下して (稀) から下へ
11. ὑπέρ を越えて		ὑπέρ 上方に (接しない), のために
12. μετά の後で		μετά と共に
13. παρά の側へ	παρά の側で	παρά の側から
に沿って, に反して		
14. περί を巡って, およそ	περί 身の周りに	περί について
15. ἀμφί 両側に	*ἀμφί 両側に	*ἀμφί の周りに
16. πρός の方へ	πρός の側に, 加えて	πρός から, の側に
17. ὑπό 下へ	ὑπό の下に	ὑπό の下から, によって
18. ἐπί 上に (垂直状態と接触は必須ではない)	ἐπί 上に (接触)	ἐπί 上に (垂直状態, 接触)
(広い表面) の上	(垂直でなくてよい) :	
の側へ	の側へ	

図表の見方：図表には主に場所に関わる基本的な意味を掲げ，それ以外の意味がどう拡張して行ったかは以下に解説する．

アッティカ方言ではほとんど使われず，詩語・雅語にしか見られない前置詞（その訳語）には * を付した．

ὡς はアッティカ方言で人の対格と共に用いられるのみで（「の許へ」），以下の解説では省く．例：ὡς ἐκεῖνον πλέομεν ὥσπερ πρὸς δεσπότην. 我々はまるで主人の所へ行くみたいに 彼の許へ航海する．Is.

§1.1 はじめに

どの言語においても，前置詞は予想のつかない難しい文法領域であるが，それは言語（それを使う民族）ごとに世界の見方が異なり，その違いが前置詞に反映しているからである．ギリシア人は食事に出かける時は ἐπὶ δεῖπνον と言ったが，飲み会へ行く時には εἰς (τὸ) συμπόσιον と言った．この使い分けの理由はおそらく，シュンポシオンが単に飲み食いを意味するのではなく，特定の空間における行事であったからであろう．それ故ギリシア人は，空間を強調する前置詞 (εἰς) を用い，金持ちの家とか特別の会場を思い描きながらシュンポシオンと言ったのである．彼らは飲み食いのために (ἐπί) 行くのではない，誰かの家へ，シュンポシオン会場へと (εἰς) 出かけたのである．前置詞はしばしば，特有の世界の見方について多くのことを教えてくれるのである．一方，ギリシア語の前置詞はまた多くの近代語の中にも残っており，現代の意味から類推を働かせることもできるので，とりつきやすい領域とも言える．たとえば，encyclopedia（すべての παιδεία 教育・知識を，κύκλος 環の ἐν 中へ），ecstasy（στάσις 常の状態，ἐκ から外れる），symposion/symposium（σύν 一緒に，πόσις 飲むこと），antipathy（ἀντί 反対の，πάθος 感情），diameter（διά 端から端までの，μέτρον 尺度，直径），catastrophe（κατά 下へと，στροφή ひっくり返すこと，破局），hyperemia（ὑπέρ 越えて，αἷμα 血，充血），metabolic（μετά 別の状態へと βολή 投げる，変更する，新陳代謝の），parasite（παρά 側で，σῖτος 食べ物，食客・寄生虫），perimeter（περί 周りの，μέτρον 尺度，周囲），amphibian（ἀμφί 両側で，βίος 生命，両生類），hypothesis（ὑπό 下に，θέσις 置くこと，前提），epidemic（δῆμος 地域，ἐπί に，流行病）．

上の図表では最も基本的な空間に関わる意味を要約してあるので，まずそれを注視していただきたい．その後で例文を読めば，基本的な意味がどのように比喩的に拡張していったかが理解しやすい．もちろん，前置詞の用法が比喩的に拡張していったといっても，そのすべてをここで論じるのが眼目ではない．前置詞の命は具体的な物と物との具体的な関係を記述することに始まり，抽象的

な思考が発達するに伴い，空間関係の記述が次第に抽象的な思想に応用されるようになった．多くの言語において，このような意味拡張の最も早いものの一つは，時を空間のように語ることであった．たとえば，副詞 ἐνθένδε は「そこから」という場所の意味から「その場合，その時から」と時の意味に展開していった．前置詞についても，ἐκ Σπάρτης（スパルタから）＞ ἐκ παλαιοῦ (sc. χρόνου 昔から)，ἐξ ἀρχῆς（最初から）のように意味・機能を拡張してゆくことを以下の例で学んでいただきたい．

前置詞の用法はすべてを覚える必要はない．その代わり，前置詞がなぜ，どのようにして，特別な比喩的な意味を拡張していったかを感受する力を養っていただきたい．

§1.2 εἰς ＋ 対格（英語 to）

εἰς または ἐς と綴られることについて．前5世紀のアッティカ地方で主に用いられた古アッティカ式アルファベットでは ΕΣ と書かれたが（小文字はまだ発明されていない），これは εἰς または ἐς を表した．前4世紀には ΕΙΣ と書かれるのが普通であった．

1. 場所に関して．空間におけるある目標に向けての運動を表す．英語 to
ἐξ Αἰγύπτου εἰς Ἀθήνας　エジプトからアテーナイへと　Dem.
εἰς τὸ πανδοκεῖον εἰσελθών，宿屋に入って，Ar.
εἰσελθόντα δ' εἰς τὸ δικαστήριον ἐβούλεσθε μὲν θανάτῳ κολάσαι．法廷に入って来た彼を，君たちは死でもって罰しようとした．Dem.
その人の国とか家，居座る場所などを言う時は εἰς ＋ 人物も可能である．
εἰς ὑμᾶς εἰσιέναι　あなた方の中に入る（この場合，εἰς τὸ δικαστήριον 法廷に）Pl.
εἰς Φωκέας ὡς πρὸς συμμάχους ἐπορεύετο．彼は同盟国に向かうかのようにしてポーキス人（の領土）へと進軍した．Dem.

2. 人物と共に使う εἰς はまた抽象的な運動を述べ，「面と向かって」のように敵対のニュアンスを伴うことが多い．これに対して，人の所へ実際に向かってゆく場合は παρά や πρός で表す．
ἀσελγαίνω / ὑβρίζω εἴς τινα．人に対してほしいままに振る舞う，無礼な振る舞いをする．
ἐὰν ἐπιδείξω Μειδίαν τουτονὶ μὴ μόνον εἰς ἐμὲ ἀλλὰ καὶ εἰς ὑμᾶς καὶ εἰς τοὺς νόμους καὶ εἰς τοὺς ἄλλους ἅπαντας ὑβρικότα，ここなるメイディアースが私に対してのみならず，君たちに対しても，法律に対しても，他のすべての人たちに対しても侮辱的であった，と私が証明するならば，Dem.

λέγειν εἴς τινα　誰かに（反応を待たずに）一方的に語る

ギリシア人は我々より強く運動を意識したから，我々が「ある場所に集まる」というところをギリシア人は「ある場所へと集められる」（συλλέγεσθαι, ἀθροίζεσθαι εἰς）と言った．我々が「集会の場で話す」というところを，ギリシア人は「集会に向かって話す」（εἰς τὸ κοινὸν λέγειν, λόγους ποιεῖσθαι εἰς τὸν δῆμον）と言うことが多かった．「名前がすべて同じ文字で終わる」というのも，「同じ文字へと終わる」（τὰ ὀνόματα πάντα τελευτῶσι εἰς ταὐτὸ γράμμα．）であった．

3. 時に関して．時間的な目標を表す．英語 up to, until
ἐς ἐμέ　私の時代に至るまで　Hdt.
εἰς τὴν ὑστεραίαν ἀναβαλέσθαι　次の日まで延期する　Dem.

ある刻限を表すには単純な与格を用いるが，特定の日に「来る」とか「召喚する」などの動詞と共に未来の刻限を表す時には εἰς を用いるのが普通である．
ἥκετε εἰς τριᾱκοστὴν ἡμέρᾱν.　30日目に来なさい．Xen.

未来までの広がりは，εἰς τὸν λοιπὸν χρόνον（将来にわたって）Lys.

4. εἰς の意味が拡張された用法
a. おおよその数や量が目標となる時，εἰς は限度・広がりを表す．
εἰς χῑλίους　千という数に至るまで

頻出するので注意したい慣用句がある．
εἰς τοσοῦτον ἐλθεῖν + gen. (e.g. ὕβρεως) ὥστε ...　ὥστε 以下（結果を表す節）するほど，それほどの（傲慢，侮辱）の域に達する．
οὐδένα πώποτ᾽ οὔτ᾽ ἀκήκοα οὔθ᾽ ἑόρᾱκα ὅστις εἰς τοσοῦτον ἐλήλυθεν ὕβρεως ὥστε τοιοῦτόν τι ποιεῖν.　私はいまだかつて一人として聞いたことも見たこともない，そんなことをするほどの傲慢さに達した人物を．Dem.

b. 目標が抽象的な場合は，εἰς は目的・意図を表す．
παιδεύειν εἰς ἀρετήν　徳へと教育する　Pl.
ἀλλ᾽ ἀργυρίου δραχμὰς ἂν ᾔτησ᾽ εἴκοσιν εἰς ἱμάτιον, ὀκτὼ δ᾽ ἂν εἰς ὑποδήματα.　ただ，あの子は上着のためには20ドラクメー，靴のためには8ドラクメーのお金をよくおねだりしたものです．Ar.
κατερρήγνυεν τὰ παρασκευαζόμεν᾽ ἱμάτι᾽ εἰς τὴν ἑορτήν.　お祭りのために準備された上着を彼は引き裂いた．Dem.
ἄνευ μάχης καὶ τῆς κατοξείας βοῆς ἐς λόγους ἐλθεῖν ἀλλήλοισι καὶ διαλλαγάς

掴み合いや喚き合いなしに，話し合いに入り和解に至る　Ar.

注 1. 見つめることも運動と見なされたので，「見る」を意味する動詞は εἰς と共に用いられることが多い．
βλέπειν εἰς τὸν Κρίτωνα　クリトーンを見つめる　Pl.
「見つめる」ことが，ひいては特別な期待や目的を示すことも多い．
ἡ σὴ πατρὶς εἰς σὲ ἀποβλέπει.　君の祖国は君に注視している（助けを期待している）．Xen.
そこから更に，「～に頼る」の意味に近づくこともある．

注 2. εἰς で意図を表す慣用句が副詞の意味に近づく場合もある．
εἰς καιρὸν / καλὸν / δέον ἥκεις.　君はちょうどよい時にやってきた．Xen.
εἰς δύναμιν（力の限り）Pl.　εἰς τὸ δυνατόν（可能な限り）Ar.

5. εἰς は数々の複合語を作る．εἰσβαίνειν（入る）．

§2. ἐν + 所格由来の与格（英語 in）

ἐν（中で）は εἰς（中へと）と対立する一方, ἐξ（から）とも対立する．ἐν は元々所格と共に使われていたので，ギリシア語において所格の機能を引き継ぐ与格をとる．

1. 場所に関して．英語の in, at, near, by, on, among 等を意味する．

ἐν Σπάρτῃ　スパルタにて
τοῖς ἐν ἄστει Διονῡσίοις　都市におけるディオニューシア祭の間に　Dem.
ἐν ῡ̔μῖν ἐδημηγόρησεν.　彼は諸君の間で演説を行った．Dem.

2. 状況，従事していることを表す．
οἱ ἐν τοῖς πράγμασιν　事に当たる人たち，当局者　Dem.
ἐν φιλοσοφίᾳ ζῆν　哲学しながら生きる
ἐν φόβῳ εἶναι　怖れの中にある，怖れている

3. 時に関して．英語の in, within, during 等を意味する．
μῡριάκις γ' ἐν τῷ βίῳ　生涯で千回も　Ar.
ὥσπερ εἶπον ἐν ἀρχῇ τοῦ λόγου，　スピーチの冒頭で語ったように，Dem.
ἐν τούτῳ (sc. τῷ χρόνῳ)　その間に

4. ἐν の意味が拡張された用法
a. たいていは体の部分と共に，比喩的な意味になる．（手の中にある > 力の範囲内である）

ἐν τῷ θεῷ τὸ τέλος ἦν, οὐκ ἐμοί. 結果は私ではなく，神の中にあった．Dem.
ἃ δ᾽ ἐν ὑμῖν μετὰ ταῦτ᾽ ἔσθ᾽ ὑπόλοιπα, その後になすべく君たちに残されたことについては，Dem.

b. やり方を示す．
ἐν τάχει = ταχέως（素速く，迅速に），ἐν βραχεῖ = βραχέως（短時間で）

5. ἐν も多くの複合語を作る．ἐμπίπτειν（落ちかかる，襲う），ἐντυγχάνειν（出会う），ἐγγελᾶν（笑いかける，あざ笑う），ἐνάπτειν（結びつける）．

§3. ἐξ, ἐκ + 奪格由来の属格（英語 out of）

ἐξ（子音の前では ἐκ となる）は「〜から」（英語の out, out of, from, from within）を意味し，ἐν および εἰς とは意味的に対立する．ἀπό（〜から離れて．英語 away from）との対照で言えば，ἐξ は「〜の中から（from within）」を意味するが，アッティカ方言では両者の意味は近づいてゆく．

1. 場所に関して．町・国・人々について使える．
ἐκ τῆς πόλεως ἀπῆλθεν. 彼は町から立ち去った．

ἀπό が遠く離れた源を意味するのに対して，**ἐκ** はすぐ近くの源を意味する．
αὐτοί τε ἀγαθοὶ καὶ ἐξ ἀγαθῶν 自身気高くもあり，気高い親から生まれて Pl.

2. 直接何かに由来するということは，そのものに従っているということであるから，ἐκ τῶν νόμων, ἐκ τοῦ νόμου は「法に従って」の意味になる．Dem.

3. 時に関して，および意味が拡張された用法
ἐξ ἀρχῆς εἰπεῖν 最初から話す Dem.
ἐκ τοῦ ἀρίστου 朝食が終わってから Xen.
ἐκ παίδων 子供時代から（次の例文と対比せよ）
ἐτριηράρχουν εὐθὺς ἐκ παίδων ἐξελθών. 私は子供時代から抜け出すとすぐに，三段櫂船を艤装する公共奉仕を始めた．Dem.
ἐκ πτωχῶν πλούσιοι γίγνονται. 彼らは物乞いの身から金持ちになる．Dem.

4. ἐκ は時間的に「後，結果」を意味するところから，原因を表すようになる．
ἐκ λόγων καλῶν κακῶς ἔπραξα. 美辞麗句のおかげで私はひどい目に遭った．Soph.

5. 副詞的な意味について
κραιπάλη は「酒宴」だが，その後に来る二日酔いの意味にもなる．そこで，

ἐκ κραιπάλης は「酒宴のあとで」と時間を表すばかりでなく，その結果としての「二日酔いで」という様態を表すこともできる．このような意味の移行はよく起こり，ἐκ + 名詞・形容詞で副詞の言い換えとなるものが多い．
οὐκ ἐξ ἴσου γάρ ἐστιν ἀγὼν νῷν.　我々にとってこの競技は公平でない．Ar.
同様に διά + 対格も原因を表すことができるが，その場合には時間の前後関係がないので，διά は常に真実である一般的な原因を表す．

6. ἐξ, ἐκ が複合語を作る際の注意
ἐξ, ἐκ は ἐξελαύνειν（追い出す，追放する）では「から，外へ」を意味するが，別に遂行・完成・徹底的等の意味合いを帯びることが多い．ἐκπέρθειν（破壊しつくす），ἐκδιδάσκειν（徹底的に教える）．
ἐκβαίνειν は「出て行く」，ἀποβαίνειν は「去り行く」であるが，ἐκ- と ἀπο- が事実上同じ意味になる場合もあって，ἐκλείπειν / ἀπολείπειν（残す，去る，見捨てる，省く）などは，作家によってどちらをより多く使うかしか差異がない．

§4. ἀπό + 奪格由来の属格 (英語 away from)
英語の from, off, away from などに相当する ἀπό は，元は分離・出発を表したが，必ずしも何かの中から，あるいは何かと接触するところから動き始めなくてもよい．動き始めの位置が決まっていないところから，これは融通の利く前置詞と言える．ἐκ（の中から），παρά（の側から．接するところから，ではない），と対比されたい．

1. 場所に関して
φεύγειν ἀπὸ τοῦ δεσπότου　主人から逃げる　Pl.
これは，ἐκ ταύτης τῆς θεραπείας ἀπιέναι（それほどの世話から離れる），ἐκ τῆς μάχης φυγεῖν（戦場から逃げる）の例における「中から」ほど起点がはっきりしない．
ἡ τῆς ψῡχῆς ἀπὸ τοῦ σώματος ἀπαλλαγή　（死は）魂が肉体から離れ去ること　Pl.
οὐκ ἄπιτ' ἀπὸ τῆς θύρᾱς;　おまえたち，戸口から立ち去らないのか．Ar.
ἀφ' ἵππων　馬上から（戦う，狩りをする，等）Pl.
ἀπὸ δείπνου βαδίζειν ἑσπέρᾱς　夕方に（時の属格）食事から歩いて帰ること　Ar.
ἀπιὼν ἀπὸ γυμνασίου λελουμένος　風呂に入って，体育場から帰るとき　Ar.

2. 時に関して
ἀφ' ἑσπέρᾱς　夕刻後に（すぐ後に．夜の始めに）
ἀπὸ δορπηστοῦ　夕食（時）直後に
ἀπὸ μέσων νυκτῶν　真夜中過ぎに　Ar.

3. ἀπό の意味が拡張された用法

a. ἀπό ＋抽象概念で起源・淵源を表す.

εἰ ... τοῦτον εἱλόμην τὸν ἀγῶν᾽ ἀφ᾽ οὗ μηδὲν ἔστι λῆμμα λαβεῖν ἐμοί,　私にはそこから何の利益も得られない，そんな訴訟を選ぶなら，Dem.

καί τις ἀήθης κρᾶσις ἀπό τε τῆς ἡδονῆς συγκεκραμένη ὁμοῦ καὶ ἀπὸ τῆς λύπης　喜ばしさと悲しみとがない交ぜになった，何か常ならぬ気分　Pl.

τοὺς μὲν ἀπὸ θεῶν, τοὺς δ᾽ ἐξ αὐτῶν τῶν θεῶν γεγονότας.　ある者は神々の末裔，ある者は神々そのものから生まれた者　Is.（散文では，ἀπό は遠い先祖，ἐξ は直接の親に用いられるのが普通である）

以下 (b.) に見る ἀπό と名詞との様々な関係も源で説明できる.

ἐκ との違い. ἐκ はそれ以上遡れない究極の淵源について用いる. ἀπό は直接の源，そして知恵・技術などの抽象名詞を記述する.

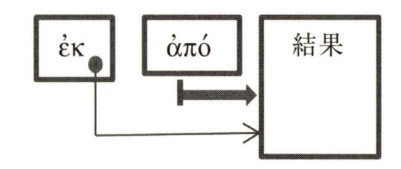

```
┌─────┬─────┬─────┐
│ ἐκ  │ ἀπό │結果 │
│  │──┼──→  │     │
│  └──┼──→  │     │
└─────┴─────┴─────┘
```

b. 遠い原因（根源的な原因ではない）

κακὸν τὸ πίνειν. ἀπὸ γὰρ οἴνου γίγνεται καὶ θυροκοπῆσαι καὶ πατάξαι καὶ βαλεῖν.　飲酒はよくない．戸を破る，殴り合う，物を投げる，みな酒が因で起こるのだ．Ar.

ἀπὸ τοῦ (= τίνος) δὲ τουτὶ τὸ κακὸν ὑμῖν ἐνέπεσεν; ἀπὸ Πανός;　誰のせいでこの禍いがお前たちを襲ったのか．パーンゆえか？

4. 複合語になった時の ἀπό の意味

「から離れて」ἀπιέναι（立ち去る），「返報・返戻」ἀποδιδόναι（返す），ἀπαιτεῖν（返却を求める）．分離が「すっかり」の意味合いを含むことから，ἀπαναλίσκειν（使い尽くす），ἀποθύειν（願かけの生贄を捧げる）．分離は「剝奪・否定」に通じるので，ἀπαγορεύειν（禁じる），ἀποτυγχάνειν（失う）．ἀπό が動詞の意味を強める場合も多い．ἀποφάναι（明言する），ἀποδεικνύναι（はっきり示す），ἀποτολμᾶν（敢行する）．

§5. ἀνά ＋ 対格（上方へ，～に亘って）

1. ἀνά は上方へ向かっての運動を意味する．場所を表す場合でも，そこに至る運動を含意している．

ἀνὰ τὸν ποταμόν　川を上流へと　Hdt.（反対は κατὰ τὸν ποταμόν）

2. ἀνά はあまねく覆う状態を記述する．単一の地点ではなく，地域の表面全体に行き渡ることを表し，英語の over に似る．
ἀνὰ στρατόν　陣営じゅうに　Hom.
ἀνὰ τὴν Ἑλλάδα　ギリシアじゅうに　Hdt.
ἀνά があまねく覆うことを表すのに対して，κατά は地域内のいくつかの地点に関わるだけである．ἀνά と κατά の違いについては Ebeling の説明が最も分かりやすい．それによると，**ἀνὰ ἄστυ**（町じゅうで）物乞いする男は，家を一軒一軒回って物乞いするが，**κατὰ ἄστυ**（町で）物乞いする男は，戸を叩く家もあれば行き過ぎる家もある，という．

3. クセノポーンは例外として，アッティカ方言では ἀνά の使用は激減し，いくつかの慣用的表現で生き残るのみとなる．
ἀνὰ κράτος（力の限り，力強く）．これはクセノポーンに頻出するが，アッティカ方言としては κατὰ κράτος の方がよい．ἀνὰ πᾶν ἔτος（毎年），ἀνὰ πᾶσαν ἡμέρᾱν（毎日），ἀνὰ ἑκατὸν ἄνδρας（配分的に，百人ずつ．どの百人も省かない），ἀνὰ μέρος（順番に），ἀνὰ τὸν αὐτὸν λόγον, ἀνὰ λόγον（同じ比率で，比例して）．

4. 複合語になった時の ἀνά の意味
「上へ」ἀναβαίνειν（内陸へ／都へ上る），ἀνίστασθαι（立ち上がる），ἀναστρέφειν（覆す）．
ἀνά の意味が拡張して，「起動 (inchoative)」を表す例は，ἀναφαίνεσθαι（現れる）．「繰り返し」を表すのは，ἀναπνεῖν（一息つく），ἀναπειρᾶσθαι（試す，練習する）．「後戻り」を表すのは，ἀναχωρεῖν（撤退する），ἀναμιμνήσκειν（思い出させる）．

§6. σύν + 具格由来の与格（と共に）
アッティカ方言の古い形は ξύν．σύν はアッティカ方言の話し言葉では使われなかったし，標準的な散文においても，μετά + 属格に駆逐されてほとんど使われなくなっていた．トゥーキューディデースの σύν と μετά の使用頻度は 1：11 である．σύν が使われたのは次の場合である：

1. 古い定型表現．σὺν (τοῖς) θεοῖς（神々と共に，神々の助けをもって），σὺν (τοῖς) ὅπλοις（武具をつけたまま．「武具を用いて」の意ではない）．σὺν νῷ（心と共に，賢明に）．

2. 合計の表現（〜を含んで）
ἀνήλωσα σὺν τῇ τοῦ τρίποδος ἀναθέσει πεντακισχῑλίᾱς δραχμάς．私は鼎の奉納費用も含めて 5000 ドラクメー消費しました．Lys.

3. σύν は詩語と感じられており，散文でこれを用いるのは，イオーニアー方言も排除しなかったクセノポーンくらいである．

a. 同伴を表す．
σὺν τῇ γυναικὶ δειπνεῖν　妻と一緒に食事する　Xen.
b. σύν + 抽象名詞で様態，付帯状況を表す．
σὺν γέλωτι ἦλθον.　彼らは笑いながらやって来た．　Xen.

4. 複合語になった時の σύν の意味
「と共に」συμβιοῦν（一緒に暮らす），συμπορεύεσθαι（一緒に行く）．「合わせる」συμβάλλειν（投げ合わせる→比べる，推測する）．「完全に」συμπληροῦν（一杯に満たす）．「縮小する」συντέμνειν（切り詰める）．この他，「結合・連結」を表す複合語は多く，συν- の複合語は標準的散文で自由に使われる．

§7. ἀντί + 属格（の代わりに）
1. ἀντί の本来の意味は「に向かい合って，に対して」であったが，クセノポーンを例外としてアッティカ方言では「の代わりに，に等価で」の意味になる．
ἀντὶ πολέμου εἰρήνη　戦争の代わりに平和　Th.
ἀντὶ γὰρ τυφλοῦ ἐξωμμάτωται.　目の見えぬ人の代わりによく見える人になった．Ar.
πέμπειν ἐκεῖνον ἀντὶ σαυτοῦ.　お前の代わりに彼を送ってよこせ．Ar.
εἶναι ἀντὶ δούλων δεσπότας　奴隷の代わりに主人になる
ἀνθ᾽ ἱματίου μὲν ἔχειν ῥάκος· ἀντὶ δὲ κλίνης στιβάδα σχοίνων κόρεων μεστήν.　外套の代わりにぼろを着て，寝台の代わりに南京虫だらけの藺草のマットレスを持つ．Ar.

2. 「返報」の意味で
ἀντὶ τούτου τοῦ διδάγματος μόνου διαλφιτώσω σου κύκλῳ τὴν κάρδοπον.　その教え一つへの返礼として，あなたの捏ね桶を大麦で一面いっぱいにしてあげましょう．Ar.
ἀντὶ τούτων τῶν ἀγαθῶν εἰς ἑσπέραν μεγάλην ἀποδώσω καὶ παχεῖάν σοι χάριν.　この善行のお礼に，今夜はあなたにたっぷりと厚い感謝をお返ししますよ．Ar.

3. 複合語になった時の ἀντί の意味は，「代わりに」，「お返しに」ἀντιδιδόναι（お返しとして与える），「反対して」ἀντιλέγειν（抗弁する），などである．

§8. πρό + 属格（の前に）
ἀντί が ▷◁ こうだとすると，πρό は ▷▷ のようにイメージされる（濃い色が前置詞である）．

1. πρό は場所および時に関して「の前に」を表す．
Ἑκαταῖον πανταχοῦ πρὸ τῶν θυρῶν. 至る所の戸口の前にヘカテーの祠．Ar.
πρὸ τῆς μάχης 戦闘の前に
νόμους ἔθεσθε πρὸ τῶν ἀδικημάτων. 君たちは不正行為に先立って法律を定めている．Dem.

次の例では興味深い意味が見て取れる：
πρὸ ὁδοῦ ἐγένοντο. 彼らはさらに道を進んだ．Hom. Il.（この πρό は何かの前にある場所というより，軌道を進んだ先を指している．）

2. πρό の意味が拡張された用法
a. πρό は空間的・時間的な意味を基本にしながら，比喩的な意味を大きく広げる．
βασιλεὺς οὐδεὶς ἄλλος πρὸ σέο (Att. σοῦ) ἔσται. あなたの前には（あなたをおいては），他の誰も王にならないであろう．Hdt.
先に来るものは他の可能性を排除するわけだから，πρό は「の代わりに，を差し置いて，むしろ」の意味になることが多い．
πόλεμον πρὸ εἰρήνης αἱρεῖσθαι 平和の前に（よりむしろ）戦争を選ぶ Hdt.
πολλὰ γὰρ πρὸ τοῦ μὴ τὸ σῶμ' ἕκαστον ὑβρίζεσθαι πεποιήκασιν οἱ νόμοι. 法律は各人が身体に暴行を加えられるより前に（加えられないように），多くの予防策を講じている．Dem.（ここでは「より前に」が「防ぐために」に変わる．なお，μή は阻止・妨害など否定の表現で付加される虚辞である➡ 8§20.）
慣用句にも注意．πρὸ πολλοῦ ποιεῖσθαι（多くのものの前に→）高く評価する

b. ταῦτα προὐβαλόμην ἐγὼ πρὸ τῆς Ἀττικῆς. これらを私はアッティカの前に置いた（これらを私はアッティカを守る砦として築いた）．Dem.（デーモステネースの弁論・政策は物理的にアッティカの前に置かれたわけではなく，比喩的にアッティカを守るための砦として提示された．）

φωνεῖν πρὸ τῶνδε この人たちの前で（を代表して）発言する Soph.
参考：ἀντὶ τῶνδε（この人たちの代理として），ὑπὲρ τῶνδε（この人たちの利害のために）

3. 複合語になった時の πρό の意味
「前に，前へ」προβάλλειν（前に置く），「のために」，「を守って」，「公に」προαγορεύειν（公に宣言する），「前もって」πρόδηλος（あらかじめ明白な），「に優先して」προαιρεῖσθαι（選ぶ）．

§9. διά には対格支配と属格支配の用法がある．

§9.1. διά + 対格（のゆえに）
1. 場所および時に関して．ホメーロス以後，διά + 対格で空間を表す用法は廃れた．「を通って，通過して」の意味は叙事詩，抒情詩，悲劇のコロスの歌の部分でしか見られない．

διὰ δώματα　広間を通って　　　διὰ νύκτα　夜を徹して

2. そこから「のゆえに」という意味が派生した．
「に起因して，のお陰で，のせいで，の結果として」といった原因を表すが，抽象名詞，具体的な物，人々，いずれの場合でも使える．
ἄρχει διὰ τί ὁ Ζεὺς τῶν θεῶν; — διὰ τἀργύριον· πλεῖστον γάρ ἐστ' αὐτῷ. 「何によってゼウスは神々の支配者となっているのか」．「お金のゆえです．何しろ，あの方は一番のお金持ちですから」．Ar.
さらに，εἰ μὴ διά τινα (τι) は「～がなかったならば」の意となる．
ὃς ἔμ' οὐδ' ἂν ζῶντ' ᾔδειν, εἰ μὴ διὰ τὴν προτέραν ἀπόφυξιν.　その者は，以前に無罪放免になったことがなければ，私が生きていることさえ知らなかっただろう．Ar.

διά + 対格で行為の理由を表す代わりに，与格を用いることもある．
ἀσθενείᾳ σωμάτων διὰ τὴν σῑτοδείᾱν ὑπεχώρουν.　食糧不足ゆえに体力も弱っていたので，彼らは退却することにした．Th.
与格は διά + 対格より理由を特定する力が弱い．同じ文章の中で用いられた場合，与格は直接の原因を，διά + 対格は遠い原因を表す．これは διά という前置詞の本来の意味とよく合っている．διά は本来，対象を突き抜けることを表したので，「を通じて」という原因の意味を生じ，さらにそこから派生する二次的原因がある場合には，与格で表す．

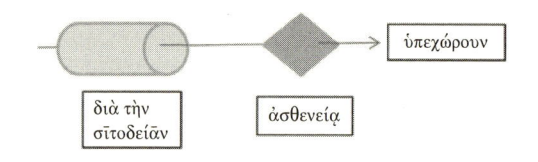

διά + 対格と ὑπό + 属格が同一の文章の中にある場合にも同じことが言える．（διά が遠い原因を，ὑπό が直接の動作主を示す）．
διὰ σὲ τύπτομαι ὑπὸ τουτουῒ καὶ τῶν νεᾱνίσκων.　あなたのせいで，私はこの男やその若造たちに殴られているのだ．Ar.

§9.2. διά + 属格 （を通って，通過して）

διά + 属格も διά + 対格も共に進路を示すが，進み方が異なる．前者は，一方向にまっすぐ進み，その場を突き抜けてしまう様子を描くのに対して，後者は，その場で自在に方向を変え，（アッティカ方言では普通）その場から外へ出ない動きを描く．アッティカ方言では，具体的に空間的な意味を示すのは διά + 属格のみである．

1. 場所に関して （を通過して）

διὰ τῆς ἀγορᾶς τρέχων, アゴラーを走り抜けて，Ar.

πάλαι διὰ τῆς ὀπῆς ὑμῶν ὑπακούων. 先ほどから，この穴を突き抜けて来る皆さんの声を聞いている（穴を通して皆さんに耳を傾けている）．Ar.

κἂν με χρῇ, διὰ τοῦ πυρὸς ἐθέλω βαδίζειν. 必要とあれば，火の中だって通り抜けるつもりです．Ar.

2. διά + 属格 + εἶναι, γίγνεσθαι, ἔχειν 等で状態・感覚を表す（抽象的なものの中を通って行くイメージ）

διὰ φόβου εἰσί. 彼らは怖れている．Th.

δι' ἡσυχίας εἶχεν. 彼は静かにしていた．Th.

ἐλθεῖν ἡμῖν διὰ μάχης 我々と戦いを交える Th.

αὐτοῖς διὰ φιλίας ἰέναι 彼らと友情関係に入る Xen.

δι' ὄχλου τοῦτ' ἐστὶ τοῖς θεωμένοις. それは見物衆には迷惑なこと．Ar.

3. 時に関して （の間じゅう）

始めから終わりまで途切れなく続くことを表す．

διὰ νυκτός（夜どおし），δι' ἡμέρας（終日）

4. διά + 属格の意味が拡張された用法

a. 空間の隔たり，時間の間隔を表す．日本語の「一日おきに」のように，A 点と B 点の間を飛び飛びに繋いでゆく．

διὰ πολλοῦ 遠く離れて Th.

δι' ἡμέρας ὅλης 丸一日じゅう Ar.（A 点（朝）と B 点（夕）の間をずっと）

διὰ (πολλοῦ) χρόνου 長い時間的隔たりの後で

ἔοικε διὰ πολλοῦ χρόνου σ' ἑορακέναι. 彼は長い間，あなたに会っていないようだ．Ar.

δι' ὀλίγου すぐに（僅かな時間の後に）

οὐ διὰ μακροῦ 遠からずして，ほどなく

διὰ τρίτης ἡμέρας 3 日ごとに＝1 日おきに＝2 日に 1 度（inclusive に数える）．

δι' ἔτους πέμπτου 5 年ごとに＝4 年に 1 度（オリンピック競技）．

b. 手段（無生物）・主語の道具となって働く仲立ち（生物）を表す.「を通じて」. ラテン語の per に相当する.
βουλόμενος φθόνον τιν' ἐμοὶ διὰ τούτων τῶν λόγων συνάγειν　それらの発言を通じて悪意のようなものが私に集中することを望んで　Dem.
διὰ τούτου γράμματα πέμψας　この男を通じて手紙を送って　Aeschin.
διά + 対格の場合は，対格（に置かれた人物, 事物）は動作主（主語）の道具として働いているわけではないのに対して，διά + 属格では，属格（に置かれた人物, 事物）は動作主（主語）の意を受けて働く．言い換えれば，動作主（主語）が誰か（何か）を手段として働かせる場合には，その誰か（何か）を属格に置く．動作主（主語）に働かされているわけではなく，何か（人の過ちや功績, 事物, 状況等）が独自に所期の目的を達成している場合には，その何かは対格に置かれる．

ἔπρᾱξαν ταῦτα δι' Εὐρυμάχου.　彼らはそれをエウリュマコスを使って（仲立ちとして）実行した. Th.
τὰ διὰ τούτους ἀπολωλότα　その連中（の過ち）によって失われたもの Dem.

次のような対比が見られるが，両者の違いはほとんどない場合もある.
νόμοι, δι' ὧν ἐλευθέριος ὁ βίος παρασκευασθήσεται　それを通じて自由な人生が用意されるような法律 Xen.
διὰ τοὺς νόμους βελτίους γιγνόμενοι ἄνθρωποι,　法律によって人間はより善いものとなり，Xen.

c. 様態を表す.
διὰ τάχους （または διὰ ταχέων） = ταχέως　素速く　Th.　διὰ σῑγῆς　黙って Pl.

5. 複合語になった時の διά の意味
「を通って, 横切って, 越えて」διαβαίνειν（渡る）．「分離」διακόπτειν（二つに切る），διακρίνειν（二つに分ける，区別する. *Lat.* **dis**cernere），διαφέρειν（二つに分かれる，相違する），διαζευγνύναι（結合を解く）．「ばらばらの」διαδιδόναι（分配する）．
διά は「二つ (δίς, δύο)」と語源を同じくするので，δια- の複合語には相互的な意味，あるいは競い合いの意味の中動相動詞が多い．διαλέγεσθαι（語り合う），οἱ διαπολῑτευόμενοι（政敵），διακοντίζεσθαι（槍投げで競う）等.
「困難な地形を通り抜ける」という意味から，δια- が強さ，持続性，完遂などを表すことも多い．διαμένειν（最後まで留まり続ける），διαφθείρειν（破壊し尽くす）．

§10. κατά には対格支配と属格支配の用法がある.

§10.1. κατά + 対格（に沿って下の方へ）

1. 場所に関して

ἔπλεον κατὰ ποταμόν. 彼らは川に沿って漕ぎ下った． Hdt.
このように「に沿って下の方へ」の意味で使われるのは限られていて，より普通には「至る所，〜じゅう」の意味で使われる（ただし，全域を覆うわけではない）．
κατὰ γῆν τε καὶ θάλατταν 陸でも海でも至る所 Ar.
ἕως ἔτ᾽ ἐστὶν ἄστρα κατὰ τὸν οὐρανόν, 空にまだ星がある間に，Ar.
κατὰ τὴν ἀγορὰν περιιὼν ἀσεβεῖς καὶ δεινοὺς λόγους ἐτόλμα περὶ ἐμοῦ λέγειν. 彼はアゴラーじゅうを歩き回って，私について罰当たりな恐ろしい話を臆面もなく語ったのだ． Dem.

2. 時間に関して

継続を表す．（時間の広がりに沿って動くイメージ）「〜の間に」
κατ᾽ ἐκεῖνον τὸν χρόνον その当時 Th.
κατ᾽ ἐκεῖνον ὑμέτεροι πρόγονοι 彼の時代のあなた方の先祖 Dem.
λέγεται τοίνυν ποτ᾽ ἐν τῇ πόλει κατὰ τὴν παλαιὰν ἐκείνην εὐδαιμονίαν Ἀλκιβιάδης γενέσθαι. さて，いにしえのかの幸福な時代に，この町にアルキビアデースという人物がいたと言われている． Dem.
κατ᾽ ἀρχάς 初めには

3. κατά + 対格の意味が拡張された用法

「に沿って動く」という基本的な意味から様々に拡張する．時間の広がりに沿った動きの「継続」，正しい道筋に沿って行くことから「（規則などに）従って」の意味が生じる．さらに，規則や根拠に従うことから，「二つずつ，都市ごとに」のように配分の仕方を表すようにもなる．

a. 遵守・一致

κατὰ τούτους τοὺς νόμους δίκην διδόναι それらの法律に従って罰せられる Dem.
κατὰ τὰ πάτρια 父祖の伝統に則って Dem.
κατὰ νοῦν πράξας, 思いどおりにうまくやって， Ar.
κατὰ δύναμιν できる限り． κατὰ τὸ καρτερόν 力いっぱい Ar.

b. 配分

κατ᾽ ἔθνη 国民ごとに Th. κατ᾽ ἐνιαυτὸν = ἑκάστου ἔτους 毎年 Pl.
κατὰ μῆνα τἀργύριον δανείζεται. 金は月極めで貸し出される． Ar.

κατὰ μῆνα καὶ καθ' ἡμέραν πλέον πλέον τἀργύριον αἰεὶ γίγνεται.　金は日ごとに月ごとにどんどん増えてゆく．Ar.
κατὰ μῑκρόν　少しずつ

c. 様態（κατά + 抽象名詞で副詞の代用）
καθ' ἡσυχίαν = ἡσύχως　静かに　Th.　　κατὰ τάχος = ταχέως　素速く

d. 比較（何かと何かの一致点を見る）
πολλοὺς ἐγᾦδα (ἐγὼ οἶδα) κοὔ (καὶ οὐ) κατὰ σὲ νεανίας φρουροῦντας ἀτεχνῶς κἂν σάμακι κοιμωμένους.　私はたくさんの若者を知っている．お前とは比較にならない，真面目に警備につき葦のマットに眠る若者たちだ．キオーニデース（喜劇詩人）
ὅπως φανήσει ... μὴ κατὰ τὸν νεανίαν τόνδε λέγειν.　こんな若造とは比較にならない弁論をするのを見せてやれ．Ar.
μείζων ἢ κατ' ἀνθρώπων φύσιν　自然な人間と思えぬほど大きな　Hdt.
κηδεῦσαι καθ' ἑαυτόν　身分相応の結婚をする　Aesch.

e. 目的． κατά が動作の場所を限定するところから，そこへの動きの意味が強く意識され，目的のニュアンスが出てくる．
κατ' Εὐρώπης ζήτησιν ἐκπλώσαντες,　エウローペーを探すために船出して．Hdt.
κατὰ θέαν ἧκεν.　見物するためにやって来た．Th.
ἦλθες δὲ κατὰ τί;　お前は何のために来たのか．Ar.

§10.2. κατά + 属格（あるものの上への降下）

1. 場所に関して（〜から下へ，下の方へ，ぶちまけて，等）
ἵεις σαυτὸν κατὰ τοῦ τείχους.　お前は城壁から飛び降りたな．Ar.
ὕδωρ κατὰ χειρός.　手に水をかけてくれ！（食事前に給仕が客に手を洗わせる習慣）
κατὰ τῆς τραπέζης καταπάσας λεπτὴν τέφραν,　テーブルの上に細かい灰を撒いて．Ar.
τὰ κατὰ γῆς　地下にあるもの　Ar.（詩語が慣用句になったものであろう．）

2. κατά + 属格の意味が拡張された用法
「あるものの上への降下」で敵を粉砕するところから「敵対して」（英語 against）の意味が生じる．
δικίδιον εἶπας εὖ κατὰ ξένου μετοίκου.　お前は在留外人相手のけちな訴訟をうまくしゃべった．Ar.
θεάσασθε τὴν ἀσέλγειαν καὶ τὴν ὠμότητα, ᾗ καθ' ἁπάντων χρῆται τῶν ἐντυγχανόντων.　手当たり次第誰に対しても彼が振るう横暴と野蛮行為をよく見てください．Dem.

3. 複合語になった時の κατά の意味

「上から下へ」καταπίπτειν（落ちかかる）.「後に」καταλείπειν（後に残す）.「敵対して」καταγιγνώσκειν（弾劾する, 有罪を宣告する）, καταφρονεῖν（見下げる）.「徹底的」καταπετροῦν（石打ちで殺す）, κατεσθίειν（食い尽くす）.

動詞の意味を強めるだけで訳には出しにくいものも多く, 自動詞が κατά を冠した複合語になると, 他動詞になることがある.

§11. ὑπέρ には対格支配と属格支配の用法がある.

§11.1. ὑπέρ + 対格（を越えて）

1. 空間的な「を越えて」の意味が拡張して, 時間的にも抽象的にも用いられる.
ὁ ὑπὲρ τὰ Μηδικὰ πόλεμος　ペルシア戦争より向こうの（以前の）戦争　Th.
καὶ ᾿Αγησίλαος μὲν λέγων ὅτι ὑπὲρ τετταράκοντα (sc. ἔτη) ἀφ' ἥβης εἴη, アーゲーシラーオスは青年（兵役年齢）に達してから40年以上になると言って, Xen.
μανία γὰρ ἴσως ἐστὶν ὑπὲρ δύναμίν τι ποιεῖν. 能力を越えることをするのは, おそらく狂気の沙汰であろうから. Dem.
ὑπὲρ ἄνθρωπον　人間の力を越えている　Pl.

§11.2. ὑπέρ + 属格（の上方に）

1. 場所に関して
ὑπέρ が場所の意味を持つのはほとんど属格支配の時に限られる.
ὑπὲρ τῆς κώμης γήλοφος ἦν. その村の上方に丘があった. Xen.

2. ὑπέρ + 属格の意味が拡張された用法
何かの上にあるところから「〜を守る, ためになることをする」の意味が生じる.
μαχόμενος ὑπὲρ ὑμῶν　君たちのために（君たちを守って）戦って　Pl.
αὐτὸς ὑπὲρ τοῦ δήμου θέμενος τὰ ὅπλα δὶς μὲν ἐν Σάμῳ, τρίτον δ' ἐν αὐτῇ τῇ πόλει. 彼自身, 民衆のために武具を身につけたが, 二度はサモス島で, 三度目は他ならぬこのアテーナイでだった. Dem.
λέξω δ' ὑπὲρ Λακεδαιμονίων ἅ 'μοὶ δοκεῖ. スパルタ人のために私のよしと思うところを語ろう. Ar.
ὁ πατὴρ ὑπὲρ αὐτῶν... ἀντιβολεῖ με. 父親が彼らのために私に哀願する. Ar.
ἀλλ' ὡς τάχιστ' ἐλθὼν ὑπὲρ ἐμοῦ μάνθανε. さあ, 大至急行って, わしに代わって勉強しろ. Ar.

「守って立つ, 心配してやる」から δέδοιχ' ὑπὲρ αὐτοῦ「彼のために怖れる」の意味が出るが,「〜のために」の意識が希薄になると,「〜について」の意となる.

καὶ πόλλ᾽ ὑπὲρ ἡμῶν τῶν γυναικῶν ἄχθομαι.　私たち女性のことで，私はたいそう胸を痛めている．Ar.

3. 複合語になった時の ὑπέρ の意味
「越えて，上に」ὑπερβάλλειν（山などを越える），ὑπερέχειν（他動詞：上に保つ．自動詞：上に出る，卓越する）．「～のために」ὑπερμαχεῖν（守って戦う．詩語）．「過度に」ὑπερφρονεῖν（思い上がる）．

§12. μετά には対格支配と属格支配の用法がある．

μετά の本来の意味は「の間で」であるから，当然これは名詞の複数形や集合名詞と共に用いられる．アッティカ方言でも μετά はそのような名詞と共に用いられる頻度が極めて高い．μετά はまたグループの一員として行動する「関与」を表す．

§12.1. μετά + 対格（の後で）
1. 時間または等級に関して
μετὰ τὰ Τρωϊκά　トロイア戦争の後で　Th.
μετὰ θεοὺς ψυχὴ θειότατον.　神々の後では（の次には），魂は最も神的なもの．Pl.
μεθ᾽ ἡμέραν εἰδὼς ὕβριζεν.　彼は白昼，（私だと）よく分かっていながら侮辱に及んだ．Dem.
μεθ᾽ ἡμέραν（昼に．νύκτωρ「夜に」の反対）は「昼になった後で」の略されたものであろう．

§12.2. μετά + 属格（と共に）
1. 属格の部分が人の場合，「～と共に」のように随伴を表し，事物の場合は付帯状況を表すのが普通である．

人に関して．の間で，と共に．
οἱ μετὰ Κύρου βάρβαροι　キューロスと共にいる（の陣営の）異国人　Xen.

2. μετά + 属格の意味が拡張された用法
付帯状況（同時に起こることを表す）
μετὰ τοῦ δικαίου πρὸς ὑμᾶς ἔρχονται.　彼らは正当な理由を持ってあなた方の所へ来る．Dem.
μετὰ πόνων ἐλευθέραν ἐποίησαν τὴν Ἑλλάδα.　彼らは苦労してギリシアを自由にした．Lys.
μετὰ τῶν νόμων　法律に従って

3. 複合語になった時の μετά の意味

「の間で」μεταδιδόναι（分け与える）．
「の後を追って，を探して」μεταπέμπεσθαι（呼び寄せる）．
「の間で」から「の後で」の意となり，継承・交代・変更の意味が生じる．μεθημερινός（昼間の）は μεθ' ἡμέραν の原義（夜明けの後で）より広い意味になっている．μεταγράφειν（代わりに書く，書き換える），μεταμέλειν（代わりに心掛ける，後で心配する，後悔する）．

§13. παρά は対格・与格・属格と共に用いられる．

παρά は 普通，人間（人格化された事物）についてしか用いられないが，対格支配の場合だけは別である．

§13.1. παρά + 対格（の側へ）

1. 場所に関して．誰かの側への運動を表す．
ἧκε παρ' ἐμέ．彼は私の側へやって来た．Xen.

2. 無生物の対格と共に使われる場合は，「に沿って，の側を，を過ぎて」動く意味にもなる．特に，イオーニアー方言の影響を受けた作家ではそうである．
παρὰ γῆν πλεῖν 沿岸航海する Th.
παρὰ τὴν ἐρυθρὰν θάλατταν 紅い海（アラビア海とペルシア湾を併せる）のほとりに Ar.

3. あるものに沿っての動きはそこを越える動きと見られることもあることから，παρά は「越えて，に反して」，あるいは「に加えて」の意味に拡張する．
παρὰ τοὺς νόμους ἢ κατ' αὐτούς 法律に反するか（法律を越えて行くか），それに従うか Dem.
ἔχω παρὰ ταῦτα ἄλλο τι λέγειν．それに加えて（それを越えて）私には他にも言うべきことがある．Pl.

4. 時間に関して．継続を表す．
παρὰ πάντα τὸν χρόνον 始終，常に Dem.
ἄλλα πολλὰ καὶ βίαια παθὼν παρὰ πᾶσαν τὴν χορηγίαν．私はコレーギアー（合唱隊の費用を負担する公共奉仕）を務めている期間中，他にもたくさん暴行を受けた．Dem.
παρὰ τὰ δεινὰ καὶ τοὺς κινδύνους 恐るべき事態と危機に際して Aeschin.
παρ' αὐτὰ τἀδικήματα τὴν τῑμωρίαν ποιεῖσθαι 不正行為がなされたまさにその時に（直後に．*Lat.* flagrante delicto）報復する Dem.

5. παρά + 対格の意味が拡張された用法

二つのものを側に並べると，比較したり違いを認めたりできるところから，比較や程度の意味が出てくる．

a. 比較

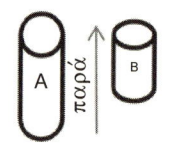

A παρά B

ἐξέτασον παρ' ἄλληλα.　お互いを対比して検討せよ．　Dem.
οὐκ ἔστι παρὰ ταῦτ' ἄλλα.　それ以外には他の道はない．　Ar.
χειμὼν μείζων παρὰ τὴν καθεστηκυῖαν ὥραν　この季節にしては大きな嵐が　Th.
παρ' ὀλίγον ἐποιοῦντο Κλέανδρον.　彼らはクレアンドロスを物の数でもないと考えた．　Xen.

b. 程度

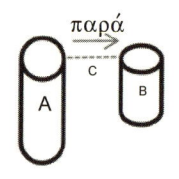

C: μῑκρόν / ὀλίγον / πολύ, etc.

παρὰ μῑκρὸν ἤλθομεν ἐξανδραποδισθῆναι.　我々はもう少しで奴隷に落とされるところまで来たのである．　Is.
αἰεὶ γὰρ παρ' ὀλίγον ἢ διέφευγον ἢ ἀπώλλυντο.　彼らはこの間ずっと，逃げ延びるか全滅するかの瀬戸際にあった．　Th.
παρὰ πολύ　大いに　Th.

c. 原因 = διά

οὐδὲ γὰρ οὗτος παρὰ τὴν αὑτοῦ ῥώμην τοσοῦτον ἐπηύξηται ὅσον παρὰ τὴν ἡμετέρᾱν ἀμέλειαν.　この男も自分の力によってというより，我々の怠慢によってこれほど強大になったのだから．　Dem.

§13.2. παρά + 与格（の側で）

1. 場所に関して
ἀεὶ εἶναι παρὰ τῷ αὑτοῦ βελτίονι　常に自分より優れた人の側にいること　Pl.
παρὰ σοὶ καθεύδειν　あなたと添い寝すること　Ar.

2. παρά + 与格の意味が拡張された用法
側にいる人が重要な，特別な意味を持った人物である場合：
a. 判定者を表す．
παρὰ μὲν τοῖς ἀνδράσιν νενομίσμεθα εἶναι πανοῦργοι．男たちに言わせると，私たち女は何でもできる悪党と思われているのです．Ar.
与格は「と一緒に」を意味するから，「一緒にいる人の目で」という意味が派生する．これは由来・源を表すπαρά+ 属格とは異なる．

b. 持ち主を表す．
τὸ μὲν χρῡσίον παρὰ τούτῳ, οἱ δὲ κίνδῡνοι παρ' ὑμῖν．金はこの男が持ち，危険は君たちが持つ．Aeschin.
持ち主ではなく上位のものを表すこともある．
οἱ παρὰ βασιλεῖ ὄντες　ペルシア大王の麾下の軍勢　Xen.

§13.3. παρά + 属格（の側から）
1. 場所に関して
οἱ αὐτομολοῦντες παρὰ βασιλέως　ペルシア大王の許からの脱走者たち　Xen.

2. παρά + 属格の意味が拡張された用法
a. 受け取る，尋ねる，学ぶ，送る，などの動詞と共に源・動作の主を表す．
παρὰ μὲν οὖν φίλου οὐ μάθοις ἂν τοῦτο．君は友からそれを学ぶことはできない．Ar.
παρὰ τῆς Ἑκάτης ἔξεστιν τοῦτο πυθέσθαι, εἴτε τὸ πλουτεῖν εἴτε τὸ πεινῆν βέλτῑον．金持でいるか貧乏でいるか，どちらが善いかはヘカテー（地下神，庶民の守り神）から教えてもらえるさ．Ar.
ἂν μὲν ἑκὼν παρ' ἑκόντος τις λάβῃ τάλαντον ἓν ἢ δύ' ἢ δέκα καὶ ταῦτ' ἀποστερήσῃ, οὐδὲν αὐτῷ πρὸς τὴν πόλιν ἐστίν．もし人が双方納得ずくで（嫌とは言わない人から）1タラントンとか2タラントンとか10タラントンとか借りて着服した場合，その人にはポリスとは何の関係もない．Dem.
μετρίᾱ γὰρ δίκη παρὰ τῶν φίλων ἐστίν．友人から受ける罰はほどほどのものである．Dem.
ἡ παρὰ τῶν θεῶν εὔνοια　神々からの好意　Dem.
このような場合，ἀπό が使われることが少ないのは，παρά が神々の積極的な

意志を強調するのに対して，ἀπό は「から」という方向を示すのみで，神々の積極的関与が感じられないからである．
ἀπ' ἐχθρῶν δῆτα πολλὰ μανθάνουσιν οἱ σοφοί.「賢者は敵からでも多くを学ぶ」(Ar.) では，賢者が主体的に学ぶ姿勢が認められる．
b. ὑπό + 行為者の属格の代わりに，他動詞の受動相や自動詞と共に用いられる．
τὰ παρὰ τῆς τύχης δωρηθέντα　テュケー（幸運の女神）からの贈り物 Is.
τοῦτο παρὰ πάντων ὁμολογεῖται．　それはすべての人たちから認められている．Lys.
ὅσα μὲν παρ' ἐμοῦ προσῆκε φυλαχθῆναι, πάντα δικαίως ὑμῖν τετήρηται．　私の側で守られるべきことはすべて，諸君のために正しく守ってきました．Dem.

3. 複合語になった時の παρά の意味
「に沿って，側を」παριέναι（沿って進む）．「越えて」παρελαύνειν（越えて走らせる）．「過ぎて」παρορᾶν（見過ごす）．「過誤」παρακούειν（漏れ聞く，聞き間違う）．

§14. περί は対格・与格・属格と共に用いられる．

§14.1. περί + 対格 （の周りに）
1. 場所に関して
περί が「の周りに」という場所の意味で使われ続けるのは対格支配の時だけである．
τὸ πῑλίδιον περὶ τὴν κεφαλὴν τὸ Μύσιον　頭に被せるミューシアー風のフェルト帽子　Ar.
ἐλάσαι ... περὶ τὸ χωρίον ἐλάδας ἅπαν ἐν κύκλῳ　畠全体の周りにぐるりとオリーブを植え並べる　Ar.
ἀπέστειλαν ναῦς περὶ Πελοπόννησον．　彼らはペロポンネーソス半島を回る船団を派遣した．Th.
ἀλλ' ἦν περὶ αὐτὸν ὄχλος ὑπερφυὴς ὅσος．　あの方（福の神）の周りには大変な人だかりでした．Ar.
περί で常に周りに集まっている人々を指すと，
οἱ περὶ αὐτὸν ἑταῖροι　彼を取り巻く人々（友人）Dem.
οἱ περὶ Πῡθαγόρᾱν　ピュータゴラース学派の人々 Plut.

2. 時間，数に関して（およそ，約）
περὶ ὄρθρον　夜明け頃　Th.
περὶ ἑβδομήκοντα　約 70　Th.
περὶ πρῶτον ὕπνον　夜の初め頃に　Ar.

3. περί + 対格の意味が拡張された用法

「の周りに」というのは，厳密には 360 度完全にひと回りすることであるが，現実には部分的に回るに過ぎないことが多い．そこから，περί に「の傍に，近くに」と，より漠然とした結びつきの意味が生じる．

a. 従事することを表す．
ἐκεῖ ὁ νοῦς πέτεται τὴν νύκτα περὶ τὴν κλεψύδρᾱν.　心は一晩中あそこ，水時計の周りを飛び回っている．
アリストパネース『蜂』の主人公ピロクレオーンは裁判人を務めるのが大好きで，眠っていても心は裁判所にあり，一晩中，水時計（弁論の時間を切るため）の周りを飛び回っている．このようなイメージから，さらに抽象的な用法まではもう一歩である．
οἱ περὶ τὴν μουσικὴν ὄντες　ムーシケー（音楽，文芸）に携わる人々　Is.

b. さらに一般的で漠然とした結びつきを表す．（について）
οἱ νόμοι οἱ περὶ τοὺς γάμους　結婚に関する法律　Pl.
ἀδικεῖν περὶ τὴν ἑορτήν　祭礼に関して不正をなす　Dem.
ἡ περὶ τὸν χορὸν πᾶσα ἐπήρεια　コロス（合唱隊）に関わる無礼行為のすべて　Dem.

ἀγαθός, πονηρός のような形容詞と共に使われる時にも，その意味になることが多い：
Τηλεφάνης ὁ αὐλητὴς ἀνδρῶν βέλτιστος περὶ ἐμέ　私にとって無二の良友，アウロス笛奏者のテーレパネース　Dem.
περὶ τὸν δῆμον τὸν Ἀθηναίων βέλτιστος μετὰ Λῡσικλέᾱ... アテーナイの民衆にとって，リューシクレースに次いで最も有益な人　Ar.
κρίνω σ' ὅσων ἔγῳδα περὶ τὸν δῆμον ἄνδρ' ἄριστον.　私の知る限りの人々のうち，お前こそ民衆にとって最良の人物だと私は判断する．　Ar.
περὶ θεοὺς ἀσεβέστατοι　神々の問題で最も不敬な連中　Xen.
κοὐ μή ποθ' ἁλῶ περὶ τὴν πόλιν ὢν ὥσπερ ἐκεῖνος δειλός.　国事に関して私があの男みたいに卑怯なところを見とがめられることは決してないだろう．　Ar.

§14.2. περί + 与格（の周りに接して）

1. 散文ではこの用法はほとんど体の部分に限定され，指輪・ブレスレット・衣服を着ける場合などの密着する状態を表す．
στρεπτοὶ περὶ τοῖς τραχήλοις　首の周りに着けた首飾り　Xen.
ἃ περὶ τοῖς σώμασιν ἔχουσιν　彼らが身の周りに着けているもの　Is.
περὶ ταῖσι καμπαῖς ἡνίοχοι πεπτωκότες　折り返しの標柱で落馬した手綱取り　Ar.
（標柱の側というより接触する感じ）

2. 配慮・不安・怖れを表す動詞と共に.
περὶ τῷ δέρματι δέδοικα τουτονὶ τὸν οἰωνόν. 皮についてはこの鳥占いの兆しが心配だ. Ar.

§14.3. περί + 属格（について）

アッティカ方言では περί + 属格は専ら抽象的な意味になる. 会話や精神活動の話題, 感情の原因, 喧嘩や戦いの目的を表す.

1.「について」何について考えたり行動したりしているかを表す.（*Lat.* de）
ἔσται δὲ βραχὺς περὶ αὐτῶν ὁ λόγος. そのことについての説明は長くならないでしょう. Dem.
καὶ χρηματίζειν πρῶτα περὶ Εὐρῑπίδου, ὅ τι χρὴ παθεῖν ἐκεῖνον. まずエウリーピデースについて, 彼がいかなる処罰を受けるべきかを審議する. Ar.
ἀφῖκται γὰρ περὶ σπονδῶν. 彼は休戦条約のために来ているからだ. Ar.
λέγειν περὶ τῆς εἰρήνης 平和について語ること Th.
μετὰ δὲ ταῦτα καὶ περὶ τῶν ἄλλων πειράσομαι διδάσκειν. その後で, 他のことについても説明を試みましょう. Dem.
εἰσὶν δὲ περὶ τοῦ (sc. οἱ χρησμοί); — περὶ Ἀθηνῶν, περὶ Πύλου, περὶ σοῦ, περὶ ἐμοῦ, περὶ ἁπάντων πρᾱγμάτων. 「その神託は何についてのものだ」「アテーナイのこと, ピュロスのこと, あなたのこと, 私のこと, ありとあらゆるものについてだ」Ar.
περὶ ὑγιείᾱς (gen.) θύειν καὶ εὔχεσθαι Διὶ ὑπάτῳ, Ἡρακλεῖ, Ἀπόλλωνι προστατηρίῳ· περὶ τύχᾱς ἀγαθᾶς Ἀπόλλωνι ἀγυιεῖ, Λᾱτοῖ (*Att.*=Λητοῖ), Ἀρτέμιδι. 健康については至高神ゼウス, ヘーラクレース, 守護神アポッローンに, 幸運については道の神アポッローン, レートー, アルテミスに生け贄を捧げて祈るべし. Dem. (τύχᾱς ἀγαθᾶς はドーリス方言形の属格で, アッティカ方言では τύχης ἀγαθῆς となる. Λᾱτοῖ もドーリス方言形で, アッティカ方言なら Λητοῖ).
καὶ οὐ μόνον περὶ τούτων οὕτω ταῦτ' ἔχει, ἀλλὰ καὶ περὶ πάντων οἷς ἂν ἡ πόλις τιν' ἄδειαν ἢ στεφανηφορίᾱν ἤ τινα τῑμὴν δῷ. そしてこのことは, その人たち (アルコーンたち) ばかりでなく, ポリスが何らかの免責特権, 冠をかぶる特権, あるいは何らかの栄誉を授けたすべての人にも当てはまるのです. Dem.

2. 努力, 感情の動詞と共に用いる.
ἐγὼ περὶ ταύτης οὐ μαχοῦμαί σοι. 私はこの女を巡ってあなたと争うつもりはない. Ar.
ὠστιοῦνται ἀλλήλοισι περὶ πρώτου ξύλου. 彼らは最前列のベンチを巡って互いに押し合いへし合いするだろう. Ar.
περὶ τῆς τέχνης διαγωνιεῖσθ' ἔφασκε πρός γ' Εὐρῑπίδην. 彼 (ソポクレース) は (悲

劇の）技を巡ってエウリーピデースに戦いを挑むと言っていた．Ar.
δείσας περὶ τοῦ υἱοῦ　息子のために怖れて　Xen.

3. 評価・価値判断の動詞と共によく使われる句がある．
περὶ παντὸς / πολλοῦ / οὐδενὸς ποιεῖσθαι　最重要と／とても重要だと／何でもないと／見なす

「について」を表す場合，περί＋属格でも περί＋対格でも微妙な違いしかない．それは，努力の動詞（属格支配）とより一般的な従事の動詞（対格支配）の違いがそれほど大きくないからである．
一般的に言って，（努力の動詞以外の）動作の動詞は περί＋対格を用いることが多く，知覚・感情・認識の動詞は περί＋属格と共に使われることが多い．たとえば，χρηματίζειν περὶ ἱερῶν （(民会で) 神聖な問題について審議する）は属格支配，αἱ περὶ τὸ σῶμα θεραπεῖαι （体についての世話．*Lat.* cultus corporis），καλλωπισμοὶ οἱ περὶ τὸ σῶμα （体についての装飾）は対格支配である．

4. 複合語になった時の περί の意味
「の周りを」περιέχειν （取り囲む）．「越えて，過ぎて」περιεῖναι （凌駕する），περιορᾶν （見落とす，許す）．「余る，残る」περιγίγνεσθαι （余る，結果として残る，卓越する）．「過度に」περιχαρής （大喜びの）．

§15. ἀμφί は対格・与格・属格と共に用いられる．

ἀμφί は元は「両側に」を意味した（*Lat.* ambo 'both'．英語 amphibian（両生類）は ἀμφί＋βίος（生命））．ἀμφί はアッティカ方言ではトゥーキューディデースやプラトーンの頃までに消滅していたと考えられ，イオーニアー方言の影響を受けたクセノポーンや詩でしか用いられなかった．標準的なアッティカ方言でこれが用いられるのは，οἱ ἀμφί τινα （人の従者，信奉者，従者を従えた本人）という表現においてのみであった．
οἱ ἀμφὶ Πρωταγόραν　プロータゴラース学派　Pl.（οἱ περὶ Πρωταγόραν としても同じ．）

この他の用法（ἀμφί＋与格・属格）では ἀμφί は περί と似ているが，περί より使われる場面が狭い．それは，ἀμφί が周り全体でなく「両側」しか表さないことが多いからである．

§15.1. ἀμφί + 対格 （の両側に）
τίς ἀμφὶ χαλκοφάλαρα δώματα κτυπεῖ;　青銅の饅頭金物を打ち付けた館を打ち響かすのは誰だ．Ar.
・時間に関して
ἀμφὶ δείλην　夕刻前に　Xen.
・数に関して
ἀμφὶ τοὺς δισχῑλίους　およそ2000　Xen.

§15.2. ἀμφί + 与格 （詩語での用法）
1. 両側から囲いこまれるところから，原因の意味が生じる．
φοβηθεὶς ἀμφὶ τῇ γυναικί　妻のことゆえに不安を抱いて　Hdt.
θανάτου γὰρ ἀμφὶ φόβῳ Τυνδαρὶς ἰάχησε τάλαινα.　テュンダレオースの娘御は，可哀想に，死の恐怖ゆえに（恐怖に囲まれて）叫び声を上げた．Eur.

2. 複合語になった時の ἀμφί の意味
「あたりに」ἀμφιβάλλειν（投げ散らす，両側に投げる），ἀμφιλέγειν（議論する，両側で論じる，論争する）．

§16. πρός は対格・与格・属格と共に用いられる．

§16.1. πρός + 対格 （の方へ，に対して）
1. 場所に関して．正確に対面して「へ，の方へ」
πρὸς νότον　南へ　Th.
ἐπειδὴ δὲ παρεῖδε πρὸς τὰ δίκαια Μειδίᾱν,　彼は正義を旨とし（正義を見据え），メイディアースを無視したので，Dem.
・対面して，の見える所で
ἡλιάσει πρὸς ἥλιον· ἐὰν δὲ νείφῃ, πρὸς τὸ πῦρ καθήμενος.　あなたは日なたぼっこをしながら裁きをするでしょう．もし雪になれば，坐って火にあたりながら．Ar.
πρὸς τὸν ἀέρα　外気にあたって　Ar.
πρὸς λύχνον　ランプをつけて，灯火の下で　Ar.

2. 時間に関して
πρὸς ἡμέρᾱν（明け方），πρὸς τὴν ἑσπέρᾱν（夕方近く），πρὸς τὴν σελήνην（夜に向かう頃，暗くなって月が見えてくる頃）のように漠然とした時間を表す．ただし，πρὸς τὴν σελήνην は上の πρὸς ἥλιον と同じように，「月明かりに照らして」の意味にもなる．

3. πρός + 対格の意味が拡張された用法
a. 友好または敵対関係を表す.
πρὸς ἐμὲ λέγετε.　私に対して言ってくれ．Xen.
φιλίᾱ, ἔχθρᾱ, ὕβρις πρὸς ῡ̔μᾶς　あなた方に対する友情，敵意，無礼
μέτριος πρὸς ἅπαντας　すべての人に対して節度ある　Dem.
μάχεσθαι / πολεμεῖν / (ἐπ)ιέναι πρὸς τοὺς πολεμίους　敵に対して戦う／戦争する／攻撃する

自分自身に向かい合う場合もある．
ἐνεθῡμήθην πρὸς ἐμαυτόν．　内心で考えた．Andocides.
憎しみ，非難およびその反対語と共に．
πειρᾱ́σω πιθανώτερον πρὸς ῡ̔μᾶς ἀπολογήσασθαι ἢ πρὸς τοὺς δικαστάς.　裁判人に対する時よりもっと納得がいくように，君たちに対して弁明を試みてみよう．Pl.
χρή με πρὸς ταῦτα ἀπολογήσασθαι ὥσπερ ἐν δικαστηρίῳ.　私はこれらのことに対して，法廷にいるかのように弁明しなければならない．Pl.

b.「の方に向かう」ところから関係一般の意味が出てくる．
ὡς θαυμασίως πέφῡκε [sc. τὸ ἡδύ] πρὸς τὸ δοκοῦν ἐναντίον εἶναι, τὸ λῡπηρόν.　(快美というものは) その反対物と思われているもの，苦痛に対してなんと不思議な関係にあるのだろう．Pl.（もしここで ἐπί を用いたら，目的・意図・適用を表すことになる．）
οὐδὲν αὐτῷ πρὸς τὴν πόλιν ἐστίν.　彼にはポリスとは何の関係もない．Dem.
πάντων τῶν Ἑλλήνων ἀνδρῶν ἀγαθῶν γενομένων πρὸς τὸν κίνδῡνον.　危機に直面してギリシア人すべてが勇気ある人々となって．Lycurgus.

c. 判断の基準を表し，そこからさらに比較の意味が出る．
χώρᾱ ὡς πρὸς τὸ πλῆθος τῶν πολῑτῶν ἐλαχίστη.　領土は，市民の数との割合で言えば限りなく狭い．Is.
φῶμεν ... εἶναι τῶν ἀρχαίων τοὺς περὶ τὴν σοφίᾱν φαύλους πρὸς ῡ̔μᾶς.　古人のうち知恵に関わりを持つ人たちは，あなた方に比べて劣っている，と我々は言うべきでしょうか．Pl.

d. 目的を表す．
πρὸς τί; 何に向けて，何のために　Xen.
πρὸς χάριν λέγειν　機嫌を取るために，喜ばせるために言う　Dem.

§16.2. πρός + 与格 （の側に，に加えて）

1. 場所に関して
近いことを表す．散文では町や建物について用い，人には使わないのが普通である．
πρὸς τῇ πόλει τὴν μάχην ποιεῖσθαι　町の近くで戦いを行う　Th.
τὰ δεξιὰ τοῦ κέρατος ἔχων πρὸς τῷ Εὐφράτῃ ποταμῷ，　エウフラテース河の近くに軍の右翼を担い，Xen.
ἐν（Lat. apud）のような意味になることもある．
πρὸς ἱεροῖς τοῖς κοινοῖς ἀνατεθῆναι　（戦利品が）共通の神殿に捧げられる　Th.

2. 従事を表す．（εἶναι, γίγνεσθαι πρός τινι の句で）
πρὸς τῷ εἰρημένῳ λόγῳ ἦν．　彼は語られた議論に心を傾けていた．Pl.
ἦν ὅλος πρὸς τῷ λήμματι．　彼は金儲けのことで頭がいっぱいだった．Dem.

3. （裁き手や役人の）「いる所で」を表す．
ὅσα γ' ἐν τῷ δήμῳ γέγον' ἢ πρὸς τοῖς κριταῖς ἐν τῷ θεάτρῳ　民会で起こったこと，あるいは劇場で審査員たちのいる所で起こったこと　Dem.
πρὸς τῷ διαιτητῇ λέγειν　調停人のいる所で語る　Dem.

4. 追加を表す．
πρὸς τούτῳ, πρὸς τούτοισι　それ（それら）に加えて

§16.3. πρός + 属格 （〜から＝〜の方に）

1. 場所に関して
たとえば，「インド人はギリシア人より南に住む」という場合，ギリシア人は我々とまったく同じ視点で πρὸς νότον（南の方に）と言うこともできた．しかし，視点を逆にして「インド人は南から住む」と表現することもあった．つまり，インド人からギリシア人を見た視点で言うのである．
οἰκοῦσι πρὸς νότου ἀνέμου．　彼らは南風から（南の方に）住んでいる．Hdt.
τὸ πρὸς ἑσπέρας τεῖχος．　西からの城壁（西の方に向かう城壁）Xen.

饗宴の場でギリシア人は同じ寝椅子に二人が並んで横臥（κατακείμενος）したから，頭の辺か足のあたりにもう一人がいたことになる．それを πρὸς κεφαλῆς, πρὸς ποδῶν（頭から＝頭の方に，足から＝足の方に）と表現した．
ὦ Κέκροψ ἥρως ἄναξ, τὰ πρὸς ποδῶν Δρακοντίδη,　ああ，英雄のケクロプス王よ，足から上はドラコンティデース（竜の子）よ．Ar.（ケクロプスはアッティカ地方の初代王．竜が象徴する大地から生まれた．τά は観点の対格．「足から腰までの部分については竜」．）

2. πρός + 属格の意味が拡張された用法
a. 血統・出自を表す．
λέγεται πρὸς πατρὸς μὲν Ἀλκμεωνιδῶν εἶναι... πρὸς δὲ μητρὸς Ἱππονίκου．（アルキビアデースは）父方を辿ればアルクメオーン一族の出身，母方ではヒッポニーコスの息子と言われている．Dem.
そこから，性格や特徴を表すことも多い．
οὐ γὰρ ἦν πρὸς τοῦ Κύρου τρόπου ἔχοντα μὴ ἀποδιδόναι．持っているのに払わないのはキューロスのやり方ではなかったから．Xen.

b. 受動相の動詞と共に動作主を表す．（ὑπό の代用）
ὁμολογεῖται πρὸς πάντων．すべての人から同意されている．

c. 誓約や嘆願の決まり文句として．
πρὸς (τῶν) θεῶν（神々にかけて），πρὸς (τοῦ) Διός（ゼウスにかけて）．これは「どうか」「して下さい」程度の意味しか持たない場合が多い．
σκέψασθε δὴ πρὸς Διὸς καὶ θεῶν, ὦ ἄνδρες Ἀθηναῖοι... ゼウスおよび神々にかけて，アテーナイの皆さん，どうか考えてください．Dem.
πρὸς τοῦ Διός, ἀντιβολῶ σε, φράσον, τίνες εἴσ', ὦ Σώκρατες, αὗται．ゼウスにかけて，あなたにお願いだ，言ってください，ソークラテース，あの女たちは何者なのかを．Ar.

3. 複合語になった時の πρός の意味
「の方へ」προσελαύνειν（の方へ走らせる），προστρέπειν（の方へ向く）．「に加えて」προσλαμβάνειν（追加で取る）．「対抗して」προσκρούειν（打ちつける．自動詞として，衝突する，怒る）．πρός が動詞ではなく文章全体に追加の意味を帯びさせる場合も多い．

§17. ὑπό は対格・与格・属格と共に用いられる．

§17.1. ὑπό + 対格（下への運動を表す）
1. 場所に関して
下への運動から「へ」「近くに」の意味も出る．高い所（大都市，高い壁，丘など）の下へと運動する場合，ほとんど「〜へ」というのに等しくなる．
οὐκ ἀνεβίβαζεν ἐπὶ τὸν λόφον, ἀλλ' ὑπ' αὐτὸν στήσας τὸ στράτευμα，彼は軍隊を丘へは登らせず，その麓に止まらせておいて，Xen.
ἀπῆλθον ὑπὸ τὰ δένδρα．彼らは木陰へと引き下がった．Xen.
地域的な近さを表す．
ὑποκειμένη ἡ Εὔβοια ὑπὸ τὴν Ἀττικήν　アッティカ地方の近くに横たわるエウボイア島　Is.（の足下に，のイメージ）

第10章 前置詞　343

2.「日の下に」とか「大熊座の下で」というと特定の空間的広がりを生き生きと表現できるところから，ὑπό は広がりや位置を表すようになる．
οἱ ὑπὸ τοῦτον τὸν ἥλιον ἄνθρωποι　この日の下にある人類　Dem.
τὰ ὑπὸ τὴν ἄρκτον ἀοίκητα δοκέει εἶναι διὰ τὰ ψύχεα．　大熊座の下に（極北の地に）人が住まないのは極寒のせいだと思われる．Hdt.（δοκέει と ψύχεα はイオーニアー方言形で，アッティカ方言では母音融合によって δοκεῖ, ψύχη となる）
αἱ ὑπὸ τὸ ὄρος κῶμαι　山の麓にある村々　Xen.

3. 時間に関して
差し迫った時間，進行中の時間を表す．
ὑπὸ νύκτα　夜の迫る頃，夜の初め
ὑπὸ τὴν εἰρήνην　平和時に　Is.
ὑπὸ τὸν αὐτὸν χρόνον　同じ時に　Th.

4. ὑπό + 対格の意味が拡張された用法
対格支配の ὑπό は与格支配・属格支配より用法が限られ，意味は ὑπό + 与格に近くなる．ὑπὸ σφᾶς ποιεῖσθαι（自分の支配下に置く）など，支配・被支配の用法は重要．

§17.2. ὑπό + 与格（の下に）
ὑπό + 与格の用法はホメーロス以後減少したが，空間的な意味が強く残り，その場合，ὑπό + 属格より ὑπό + 与格を用いるのが普通である．

1. 場所に関して（の下に）
ἑστάναι ὑπό τινι δένδρῳ　木の下に立つ　Pl.
ὑπὸ ταῖς μορίαις ἀποθρέξει．　オリーブの聖林の下で君は駆けっこをするだろう．Ar.
ὑπὸ ταῖς νεφέλαισιν ἐγκεκρυμμένοι ... ἐπιορκοῦσιν．　（男たちは）雲の下に隠れて偽りの誓いを誓っている．Ar.
ὑπὸ λίθῳ γὰρ παντί που χρὴ μὴ δάκῃ ῥήτωρ ἀθρεῖν．　どんな石でもその下を調べなければならない，政治屋に咬まれないように．（諺「石の下に潜むサソリ」を政治屋に転じる滑稽）Ar.

2. ὑπό + 与格の意味が拡張された用法
a. 動作主を表す．（詩語での用法．ただし，「教える」を意味する動詞の場合の ὑπό + 与格は，「によって教えられる」ではなく「の意向によって，の指導下で教えられる」の意味となる．）
ὑπὸ παιδοτρίβῃ ἀγαθῷ πεπαιδευμένος　良い体育教師の下で教えられた人　Pl.
b. 支配・被支配を表す．

οἱ ὑπὸ βασιλεῖ ὄντες　ペルシア大王の臣下　Xen.
ὑφ' αὑτῷ ποιεῖσθαι　自分の支配下に入れる

§17.3. ὑπό + 属格（動作主，～によって）

1. 場所に関して
アッティカ散文では稀だが，クセノポーンでは時に使われる．
λαβὼν βοῦν ὑπὸ ἁμάξης，　車の下から牛を持ってきて，Xen.
τὰ ὑπὸ γῆς ἅπαντα　地の下にあるすべて　Pl.（τὰ ὑπὸ γῆς は決まり文句）

2. ὑπό + 属格の意味が拡張された用法
a. 動作主または原因． 受動相および受動的な働きの動詞と共に用いられ，直接動作をする人（比喩的なものも含む）を表す．
διαβαλλόμενος ὑπὸ τῶν ἐχθρῶν，　敵どもによって悪口を言われ，Ar.
εὖ ἀκούειν ὑπὸ ἀνθρώπων　人々からよく言われる　Xen.
πληγὰς ὑπ' αὐτοῦ λαβών　彼に殴られて　Dem.

b. 外的な原因または内的な原因（作用を及ぼすもの）
ἀπώλετο ὑπὸ λῑμοῦ.　飢えのために死んだ．Xen.
ὑπὸ τοῦ δέους（恐怖から），ὑπὸ νόσου（病気のために），μανίας ὑπὸ δεινῆς（恐ろしい狂気から）．
χαλεπὸν γὰρ ὑπὸ τῆς ὀργῆς αὐτὰς (sc. τὰς χεῖρας) ἴσχειν.　腹立ちゆえに手を控えるのは難しい．Ar.
κοὐκέτι κατῆλθε πάλιν οἴκαδ' ὑπὸ μίσους.　（女への）憎しみゆえにもう二度と家に帰らなかった．Ar.
ὑπὸ τοῦ δεσμοῦ ἦν ἐν τῷ σκέλει τὸ ἀλγεινόν.　足枷に繋がれていたため，脚には痛みがあった．Pl.
ὅ τι μάθοιμ' ἑκάστοτε ἐπελανθανόμην ἂν εὐθὺς ὑπὸ πλήθους ἐτῶν.　わしは覚えたことをその都度すぐに忘れてしまったのだ，寄る年波のせいでな．Ar.

c. 圧迫感，音，光景など，外から付随するもの
ὑπὸ δὲ τῶν τοξευμάτων οὐκ ἦν ἰδεῖν τὸν οὐρανόν.　夥しい矢数に空も見えなかった．Ar.
ὑπὸ αὐλητῶν, ὑπ' αὐλοῦ　笛吹きの／笛の伴奏で（行進する）
エウリーピデース『アウリスのイーピゲネイア』ではこのことを表すのに三つの前置詞が使い分けられている：διὰ λωτοῦ Λίβυος（リビュアーの笛に合わせて），μετὰ κιθάρας（竪琴と共に），ὑπὸ σύριγγων（葦笛の伴奏で）．
ὑπὸ λαμπάδων　松明をかざして

注意：ὑπό が抽象名詞と共に用いられると，原因というよりむしろ，何らかの作用を他に及ぼす事物を表す．
原因ならば διά + 対格で表されるが，ὑπό + 属格は属格に置かれた事物を人格化する．人格化されるものは，(1) λόγοι のような人間の関与を暗に示す言葉，(2) συμφορά（災い），κίνδυνος（危険），νόμος（法，掟）のような外的な状況，(3) χειμών（嵐）のような自然現象，(4) φθόνος（嫉妬）のような感情，などである．ὑπό + 属格の代わりに前置詞なしの与格だけを用いることもある．

3. 複合語になった時の ὑπό の意味
「下に」ὑποτιθέναι（下に置く）．「後に」ὑπολείπειν（後に残す）．「密かに」ὑποπέμπειν（密かに送り込む．スパイを放つ）．「少しずつ」ὑποκαταβαίνειν（次第に下る）．「少し」ὑποφαίνειν（少しだけ見せる，夜が少しだけ明ける）．「伴奏」ὑπᾴδειν（伴奏付きで歌う）．「代理」ὑποκηρύττεσθαι（伝令に布告させる）．

§18. ἐπί は対格・与格・属格と共に用いられる．
(の上に，側に，に向けて，を求めて，等)

ἐπί は最も厄介な前置詞で，対格支配・与格支配・属格支配の場合の意味の違いを理解できないこともある．テクストを読む場合，どの前置詞にもまして ἐπί には注意が必要である．しかし，「て，に，を，は」の意味の境界が曖昧で入り組んでいることに慣れている日本人にとっては，ἐπί のような現象は決して理解しにくいものではない．
ἐπί は元来，何かの表面に横たわることを表したが，表面に接しているのか浮き上がっているのか，その区別はしない．

§18.1. ἐπί + 対格
1. 場所に関して

a. 目的地を表す．
καθῆκε τὰ σκέλη ἐπὶ τὴν γῆν.　脚を地面に下ろした．Pl.
τοὺς Ἕπτ' ἐπὶ Θήβας ὃ θεᾱσάμενος　『テーバイを攻める七将』の劇を観た人　Ar.
πρὸ τοῦ γ' ὁσημέραι... ἐπὶ τὴν θύρᾱν ἐβάδιζεν ἀεὶ τὴν ἐμήν.　以前は毎日のように，(若い燕が) 私の家にやって来たものです．Ar.（冠詞 τοῦ が指示代名詞の働きをして，「あの時以前」を表す．➡ 8§3 注）
νύκτωρ ἐλθὼν ἐπὶ τὴν οἰκίᾱν τὴν τοῦ χρῡσοχόου,　夜中に金細工師の家に侵入して，Dem.
σὺ τὴν ἐμὴν γυναῖκα κωλύεις ἐμέ ... ἐπὶ Σπάρτην ἄγειν;　私が我が妻をスパルタへと連れて行くのを，お前は邪魔するのか．Ar.
ἀναβὰς ἐπὶ τὸν πύργον τὸν ὑψηλόν,　あの高い塔の上まで登って，Ar.

ἐπὶ λίμνην μεγάλην ἥξεις πάνυ ἄβυσσον.　お前は大きな沼にやって来るだろう，まったくの底なしだ．Ar.
πρῶτον μὲν αὐτὸν ἐπὶ θάλατταν ἤγομεν, ἔπειτ' ἐλοῦμεν.　私たちはまずあの人を海辺へ連れて行って，それから水浴びさせました．Ar.
κάθιζε τοίνυν ἐπὶ τὸν ἱερὸν σκίμποδα.　それなら，この聖なる床几に坐りなさい．Ar.
τοῦτον γὰρ δὴ φανερῶς ὁ Ζεὺς ἵησ' ἐπὶ τοὺς ἐπιόρκους.　明らかにゼウスは偽りの誓いをする者たちにこれ（雷霆）を投げつけたのだから．Ar.

b. 目的地から広がりの意味に拡大する．
ἐπὶ πᾶσαν Ἀσίαν ἐλλόγιμοι　アジア全域で有名な　Pl.
ἐπὶ πολλὰς ἡμέρας　何日にも亘って　Dem.

2. ἐπί + 対格の意味が拡張された用法
a. 量と尺度
ἐπὶ μῑκρόν（少しばかり），ἐπὶ πλέον（さらに多く），ἐπὶ πᾶν（概して）.
πλάτος ἔχων πλεῖον ἢ ἐπὶ δύο στάδια　幅は2スタディオン（まで）以上ある　Xen.

b. 目的，目指すものを表す．
ἴτε δὴ χαίροντες ἐπὶ στρατιάν.　欣然として遠征に出でよ．Ar.
ἡνίκ' ἦλθες ἐπὶ τὸν Κέρβερον　お前がケルベロス（地獄の門の番犬）を捕まえに行った時　Ar.
ποῖ θεῖς; ἐπὶ καδίσκους.　「走ってどこへ行くのだ」「投票壺を取りにだ」Ar.
εἰς οἰκίαν ἐλθὼν ἐπὶ δεῖπνον,　食事をしにその家へ行って，Dem.
ἄγων μετ' ἐμαυτοῦ πανταχοῖ, ἐπὶ δεῖπνον, εἰς ξυμπόσιον, ἐπὶ θεωρίαν,　食事に，宴会に，観劇に，どこにでも連れて行ってあげます．Ar.
λαβὲ τὸν στέφανον. — ἐπὶ τί στέφανον;　「この花冠を受け取りなさい」「何のために花冠を？」Ar.
τὸν ὄχλον συνειλεγμένον εἶδον ἐπὶ τὸν ἀγῶνα,　彼らは群衆が競演を観るために集まったのを見ると，Dem.
ταῦτα ἐπὶ τὸ βέλτιον τρέπειν　それを福へと転じる　Ar.
ὦ πατρίδιον, ἐπὶ τὰ βελτίω τρέπου.　さあお父ちゃん，心を入れ替えてください（より良い方へ向きを変えてください）．Ar.

c. 敵意を表す
ἐθέλω δ' ἐπὶ πᾶν ἰέναι μετὰ τῶνδε.　この方たちと一緒なら，どんなことにも立ち向かうつもりです．Ar.
ἡ ὀργὴ ἐπὶ Μειδίαν　メイディアースに対する怒り　Dem.

§18.2. ἐπί + 与格

1. 場所に関して（の上に，の側に）
「近さ」を表す場合，ἐπί + 与格は ἐπί + 属格以上に頻繁に使われるが，「上にある」を意味する時には ἐπί + 属格ほどには使われない．
ἐπὶ ταῖς πύλαις ἀλλαντοπωλήσει．　彼はポリスの門の所で腸詰を売るだろう．　Ar.
ἐπὶ ταῖσι θύραις ἀεὶ καθῆσθαι　家の戸口でいつも座りこむ　Ar.
τὸ ἐπὶ θαλάσσῃ τεῖχος　海際の防壁　Th.
「上にある」を表す例
τοσοῦτον ἄχθος ἐπ' ἐμαυτῷ φέρων，　これほどの重荷を我が身に担ぎながら．Ar.
ὁρῶν λεοντῆν ἐπὶ κροκωτῷ κειμένην，　サフラン色（黄色）のガウンの上に重ねた獅子の毛皮を見て．Ar.

2. 時間に関して（純粋な時間の意味になることは稀）
ἦν ἥλιος ἐπὶ δυσμαῖς．　陽は日没に近かった．Xen.
πῖνε πῖν' ἐπὶ συμφοραῖς．　飲めや飲め，この仕合わせよき折りに．Ar.（シモーニデースを引用）
ここからは原因・理由・動機などの意味へと拡張してゆきやすい．
ἤδη μοι δοκεῖ ἐπὶ συμφοραῖς ἀγαθαῖσιν εἰσηγγελμέναις εὐαγγέλια θύειν ἑκατὸν βοῦς τῇ θεῷ．　良き仕合わせが報告された以上，朗報への感謝として，女神（アテーナー）に百頭の牛を生贄に捧げるべきだと思う．Ar.
κακοδαίμων ἐγώ，ὅστις ἐπὶ γήρᾳ χίμετλον οὐδὲν λήψομαι．　わしは何と不幸せなんだ，この年になって霜焼けひとつ作れないとは．Ar.（「老年における」より「老年ゆえの」霜焼け．それがないのを欠乏だと言ってのける滑稽）．
注．ἐπὶ γήρως（属格）だと時間の意味になるが（老年において），ἐπὶ γήρᾳ（与格）が純粋に時間の意味を表すのは稀で，霜焼けを引き起こす状況を表す．

3. ἐπί + 与格の意味が拡張された用法

a. 続き，追加を表す．
τὸ ἐπὶ τούτῳ γ' ἀπόκρῑναι．　それの次のことに答えてくれ．Pl.
ἐπὶ τῷ σίτῳ ὄψον　パンに加うるにおかず　Xen.

b. 管理・監督を表す．
ἄρχων ἐπὶ τούτοις ἦν．　彼らを統べる指揮者がいた．Xen.

c. 依存を表す．
καθ' ὅσον ἐστὶν ἐπ' ἐμοί，　私の力にかかっている限り，Is.

d. 合意や協定の条件を表す.

ἐπὶ τούτῳ この条件で (→ 8§47).
κἂν διαλλαττώμεθα ἐπὶ τοῖσδε, τοὺς πρέσβεις ἐπ' ἄριστον καλῶ. もしこの条件で我々が和解するなら，私は使節を昼食に招きましょう．Ar.
ἐφ' οἷς τὴν εἰρήνην ἐποιησάμεθα 我々が平和条約を結んだときの条件 Dem.
合意の条件は金額を含む場合がある．
ἐπὶ πόσῳ ἂν αὐτοῦ δέξαιο στέρεσθαι; いくらでならそれを奪われることを受け入れるかね？ Pl.
ἀλλ' ἔγωγ' Ὀπούντιος οὐκ ἂν γενοίμην ἐπὶ ταλάντῳ χρυσίου. 私としては，金1タラントンと引き換えにでもオプーンティオス（オプースの住民）にはなりたくない．Ar.

e. 原因・理由・動機・目標などを表す.

特に感情の動詞と共に用いる場合は，単独の与格でなく ἐπί + 与格とする．
γελᾶν, μέγα φρονεῖν, ἀγανακτεῖν ἐπί τινι 誰か／何かのことで笑う，誇る，怒る．
ἡσθεὶς ἐπὶ τοῖσιν ἑαυτοῦ παισί, 自分の子供たちに喜んで，Ar.
πάντα ταῦτα θαυμάζω ἐπὶ τῷ κάλλει. 美しさゆえにこれらすべてに驚嘆します．Xen.
ἐπὶ τῷ γελᾷς; お前は何に笑っているのだ．Ar.
ἐπὶ τῷ κομᾷς καὶ κομψὸς εἶναι προσποιεῖ; お前は何ゆえ気取ってもったいぶるのだ．Ar.

f. 目的を表す.

δεῦρ' ἀνῆλθεν ... ὡς τὰς γυναῖκας ἐπὶ κλοπῇ τοῦ χρυσίου. 彼は女たちのいるところへ，黄金を盗むために登って来た．Ar.
οὐδ' ἐφ' ὕβρει τοῦτ' ἐποίησεν. 彼は思い上がってそれをしたわけではない．Dem.（直訳「思い上がりとなるべく」）
ἐπὶ βλάβῃ τινὶ τῇ τῶν γυναικῶν, 女たちにちょっと害を与えようとして，Ar.

注．目的を表す場合，目的へと向かう実際の動きを伴う時には ἐπί + 対格を用いるのに対して，精神活動によって目的が達成される時には ἐπί + 与格を用いるのが普通である．
βούλομαί γε πάλαι μεθ' ὑμῶν ἐλθὼν ἐπὶ τοὺς καδίσκους κακόν τι ποιῆσαι. さっきからずっと，私は皆さんと一緒に投票壺の所へ行って，何か悪さをしてやりたいと思っている．Ar.
τοὺς ὑβρίζοντας ἅπαντας καὶ τοὺς ἀσελγεῖς οὐκ αὐτὸν ἀμύνεσθαι μετὰ τῆς ὀργῆς, ἀλλ' ἐφ' ὑμᾶς ἄγειν δεῖ. 侮辱的な連中や傲岸不遜な連中は，怒りにまかせて自分で防衛するのではなく，あなた方（裁判人）の所へ連れ出すべきです．Dem.

οὐκ ἐπὶ τέχνῃ ἔμαθες ἀλλ' ἐπὶ παιδείᾳ. あなたがそれを学んだのは，専門技術にするためではなく教養のためであった． Pl.

§18.3. ἐπί + 属格

1. 場所に関して（の上に）
(ἁμὶς) κρεμήσετ' ἐγγὺς ἐπὶ τοῦ παττάλου. （おまるは）近くの釘に懸けておかれるでしょう． Ar.
(οἱ τέττῑγες) ἐπὶ τῶν κραδῶν ᾄδουσιν. （蝉が）枝に止まって鳴いている． Ar.
ἐπὶ τῆς νεὼς ἀναγιγνώσκοντί μοι τὴν Ἀνδρομέδᾱν πρὸς ἐμαυτόν, 私が船の上で『アンドロメダー』を読んでいると， Ar.
οὔτ' ἐπὶ γῆς οὔθ' ὑπὸ γῆς 地の上でも地の下でも Pl.
ὅταν δ' ἐπὶ ταυτησὶ καθῆται τῆς πέτρας, 彼があの岩（プニュクスの丘）の上に坐る時には， Ar.
στένει ἢν μὴ 'πὶ τοῦ πρώτου καθίζηται ξύλου. （裁判所の）最前列のベンチに坐れなかったらうめき声を上げる． Ar.
乗り物や乗り物にたとえられるものについて．
ἐπὶ τῶν ἵππων ὀχεῖσθαι 馬に乗る
ἐπὶ τοῦ προσώπου τ' ἐστὶν Ἀττικὸν βλέπος. お前の顔にはアッティカ風の面構えがある． Ar.（アテーナイ人の厚かましさが顔に出ている．）
ἐπὶ κόρρης τύπτειν / πατάττειν 横っ面を張る

・ἐπί + 属格と ἐπί + 与格についての注意
単に「上にある」ことを表現する場合，上のものと下のもの（前置詞の後ろのもの）が近しい関係にある時は ἐπί + 属格が使われるのに対して，ἐπί + 与格は，場所を明確に指し示し，情景を詳しく描く．ἐπί + 属格は生彩ある描写というより，位置関係を特に重視せず，属格で表されたものの上で行われることとその主体，ないしそこに存在するものとその状態をもひっくるめて描こうとすることが多い．強調の意味ではない指示代名詞（たとえば αὐτοῦ）との組み合わせでは，ἐπί + 与格より ἐπί + 属格がはるかによく使われる．
与格を使うか属格を使うかはその時々の気分の問題であることが多く，決まり文句として固定してしまっているものもあるし，相互に交換可能な場合もある．プラトーンは『饗宴』の同じ箇所で，「リボンを頭につけて」というのを，ἐπὶ τῇ κεφαλῇ ἔχων τὰς ταινίᾱς とも ταινίᾱς ἔχοντα ἐπὶ τῆς κεφαλῆς とも表現しているのである．

2. 時間に関して

a. 通常，「〜の時代に」を表す．
ἐπὶ τῶν προγόνων　我々の先祖の時代　Aeschin., ἐπ' ἐμοῦ　私の時代に　Th.
ἐπὶ νεότητος ἔργον ἀνδρικώτατον　若い頃の一番勇ましい手柄　Ar.
ἐπὶ τοῦ Δεκελεικοῦ πολέμου　デケレイア戦争の頃　Dem.
ἐπὶ τῆς προτέρας ἀρχῆς γε ταῦτ' ἦν．　昔の体制ではそうだった．Ar.

b. しかしその他にも，広く様々な機会や状況を表す．「〜の折りに」
ἀσελγὴς καὶ βίαιος ἦν ἐπὶ τοῦ παρεληλυθότος βίου，　過ぎ去った人生において，彼は傲岸不遜で暴力的だった．Dem.
ἐπὶ γήρως, οὐ γὰρ ἐφ' ἥβης，　若い盛りではなく老年になると，Ar.

c. 特別な機会を表す．
τοὺς πατέρας οὐ ποθεῖτε τοὺς τῶν παιδίων ἐπὶ στρατιᾶς ἀπόντας;　お子さんたちのお父さんが恋しくはありませんか，遠征中で家にいない方たちが．Ar.
ἐπὶ τῆς ἀληθείας καὶ τοῦ πράγματος τῷ πάσχοντι καὶ τοῖς ὁρῶσιν ἐναργὴς ἡ ὕβρις φαίνεται．　実際ことが行われている時には，あの無礼さは被害者にも目撃者にもまざまざと見えるのです．Dem.
οὐκ ἐπὶ τούτου μόνον, ἀλλ' ἐπὶ πάντων φαίνεται προῃρημένος μ' ὑβρίζειν．　この時ばかりでなくあらゆる機会に，彼が私に無礼を働こうと企んでいたことは明らかです．Dem.
ἃ ἐπὶ τῶν ἄλλων ὁρᾶτε, ταῦτ' ἐφ' ὑμῶν αὐτῶν ἀγνοεῖτε．　あなた方は他人については見ていることを，自分自身については気付かずにいる．Is.
・行為を促す外的な状況を表す．
τὸ γὰρ ἐπ' ἐξουσίας καὶ πλούτου πονηρὸν εἶναι καὶ ὑβριστήν　何でもできることと富のお陰で　傲慢無礼なならず者になっている　Dem.

d. 心の内面を表す．
τὸν ἐπὶ ταύτης τῆς ὑπερηφανίας ὄντα　それほどまでに傲慢な男　Dem.
μενεῖν ἐπὶ τῆς ἀνοίας τῆς αὐτῆς ὥσπερ νῦν　今と同じ愚かさに留まる　Dem.

3. 複合語になった時の ἐπί の意味

「上に」ἐπιγράφειν（上に書く，タイトルをつける）．「越えて」ἐπιπλεῖν（船で渡る）．「〜に（感情の原因）」ἐπιχαίρειν（〜に喜ぶ）．「へ，の方へ」ἐπιβοηθεῖν（援軍を送る）．「追加」ἐπιδιδόναι（重ねて与える）．「敵対」ἐπιβουλεύειν（悪巧みをする），ἐπιέναι（攻めかかる）．「後で」ἐπιγίγνεσθαι（後に生まれる），ἐπισκευάζειν（修繕する）．「使役動詞」ἐπαληθεύειν（真であると証明する）．「強め」ἐπικρύπτειν（隠す）．「相互的」ἐπιμείγνυσθαι ἀλλήλοις（友好関係を結ぶ）．

付録1　イオーニアー方言とドーリス方言について

§1. 文学言語としての方言

　ギリシア文学で用いられる方言は，大きく言って次の三つに分けられる．

1. アイオリス方言（ἡ Αἰολίς, ἡ Αἰολική (sc. διάλεκτος))：

　レスボス島（小アジア西北岸沖）や，ギリシア本土のテッサリアー，ボイオーティアー等で話された．この方言は，個人の感情を歌うアルカイオスや少し時代が下るサッポーの抒情詩で代表される．共にレスボス島の出身である．

2. ドーリス方言（ἡ Δωρίς, ἡ Δωρική (sc. διάλεκτος))：

　ペロポンネーソス半島のうちスパルタ，アルゴス，ミュケーナイ，コリントスなどと，ボイオーティアーの西にあたるギリシア中央部などで話された．アルクマーン，イービュコス，ステーシコロス，シモーニデース，ピンダロス，バッキュリデースなどがこの方言で歌った．シケリアー島のシュラークーサイもこの方言圏なので，そこで生まれた数学者アルキメーデースや牧歌詩人テオクリトスもこの方言を用いた．

3. イオーニアー－アッティカ方言：

　極めて近い関係にある二つの方言で，イオーニアー地方（小アジア西部海岸の中央部），近隣の島々，エーゲ海のほとんどの島，エウボイア島，アッティカ地方などで話された．文学ではこの方言は次の四つの様式で使われている．

a) 古イオーニアー方言（ἡ ἀρχαία Ἰάς)：

　これはアイオリス方言の特徴を数多く含んだ人工的な言語で，叙事詩のイオーニアー方言とも呼ばれる．ホメーロス，ヘーシオドスはじめ後代の叙事詩人もこの方言で詩を作った．叙事詩にはいろいろな方言が混じり，人工的に作られた語形が多数含まれるが，核心となるのはイオーニアー方言である．イオーニアー方言はまたエレゲイア詩に用いられる方言でもあり（代表者はソローン），スパルタのテュルタイオスやメガラのテオグニスは共にドーリス方言圏の詩人であるけれども，エレゲイア詩を作る時にはこの方言に依った．ロゴグラポイ（話を書く人）と呼ばれる最古の歴史家たちも，都市の建国神話を散文化した叙事詩スタイルで記述した．

b) 新イオーニアー方言（ἡ νέα Ἰάς)：

　これは人工的な言語ではなく，イオーニアー地方で実際に話されていたもので，アナクレオーン，アルキロコス，シモーニデース，ヒッポーナクスらの詩人や，歴史家のヘカタイオスによって用いられた．科学と哲学がイオーニアー地方で花開いたということもあって，新イオーニアー方言は永らく科学者および哲学者の言語であった（イオーニアー出身の人でなくても科学の書，哲学の書を著す時はこの方言を用いた）．ヘーロドトスは叙事詩やアッティカ方言の

要素を加えることによって，この生きた言語をより豊かなものにして，「多彩なイオーニアー方言」(ἡ ποικίλη Ἰάς) と呼ばれる特別な書き言葉を創造した．
c) アッティカ方言 (ἡ Ἀτθίς, ἡ Ἀττική (sc. διάλεκτος))：

劇詩の会話の部分で用いられることによって，この方言は文学語として登場する（劇の合唱隊の部分ではドーリス方言の特徴が多々見られるが，それは合唱隊の歌がドーリス方言で作られた合唱抒情詩に起源を有するからである）．この方言は紀元前 5 世紀の終わりまで文学言語の中心であり続け，アイスキュロス，ソポクレース，エウリーピデース，アリストパネースらの劇詩人，トゥーキューディデース，クセノポーンらの歴史家，哲学者プラトーン，弁論家ではリューシアース，イーソクラテース，アイスキネース，デーモステネースらによって用いられた．

d) コイネー（共通語），またはヘレニズム方言 (ἡ κοινή, ἡ Ἑλληνική (sc. διάλεκτος))：

これはヘレニズム時代に地中海世界の共通語となったギリシア語である．アテーナイが政治的に重要なポリスでなくなった後も，アッティカ方言は特別の地位を保っていた．マケドニアーの王たちもこの方言を外交用語として採用したので，マケドニアーの支配の拡大に連れてこの方言も広がっていった．他の方言，とりわけイオーニアー方言からいろいろな要素が混入し，変化と単純化が起こってアッティカ方言とは違うものになっていった．これは今日の英語のような国際語 (lingua franca) として，千年の永きにわたって使われ続ける．この方言で著作を行った人をコイノイ（共通語使用者）またはギリシア人と呼び，哲学のアリストテレース，歴史のポリュビオス，プルータルコス，地理のストラボーン，パウサニアース，歴史・修辞学のハリカルナッソスのディオニューシオス等がそれにあたる．さらに，「新約聖書」もこの共通語で書かれたし，現代ギリシア語もこの方言の子孫である．

本書で学ぶのはアッティカ方言であるが，その中でも純正な形はアリストパネース，プラトーン，アテーナイの弁論家たちに見ることができる．他方，トゥーキューディデースおよび悲劇詩人たちは，イオーニアー方言がなお優勢な時期に著作を行ったので，未だ田舎言葉的な響きの抜けきらないアッティカ方言の特徴より，むしろイオーニアー方言の語形を多数取り入れている．悲劇はまた叙事詩の（とりわけホメーロス以後の叙事詩の）語形を盛んに用いている．それゆえ，アッティカ方言を学び終えた後には，まずイオーニアー方言の基本的な特徴を学ぶのがよい．ここでは，ヘーロドトスやギリシア劇を読むために有効な，最も重要な文法的特徴を要約しておく．ホメーロスやアイオリス方言の詩を読むためには，加えて学習しなければならないことが多少あるので，イオーニアー － アッティカ方言を完全にマスターした後でそれらの詩人

に向かうことが望ましい．

§2. 悲劇に見られる特異な要素
§2.1. 叙事詩のイオーニアー方言の特徴 (ἡ ἀρχαία Ἰάς):

悲劇の言語は韻律と密接に結びついている．イアンボス（×—∪—．時にトロカイオス —∪—×）の韻律で語られる対話の科白の部分は，音韻面ではほとんどアッティカ方言であるが，語彙や文章論に関しては詩語を用いることが多く，言い換えると，通常のアッティカ方言よりイオーニアー方言や叙事詩の特徴を示すことが多い．特に，使者の報告のような長大な語りの部分ではそうである．田舎言葉と見なされるため，あるいは悲劇の高邁なスタイルにふさわしくないとして，対話の部分においてさえ完全に使用を避けられるアッティカ方言の特徴もいくつかある．たとえば，-ττ-, -ρρ- を避けて -σσ-, -ρσ- が用いられる（以下においては，括弧内にアッティカ方言形を記す）．

θάλασσα（海．θάλαττα） θάρσος（勇気．θάρρος） ἄρσην（雄の．ἄρρην）

1. アッティカ方言では短い母音が，長音になる場合がある．
ἡ νοῦσος（病気．νόσος） κοῦρος（若者．κόρος） ξεῖνος（客人，異人．ξένος） ἶσος（等しい．ἴσος） εἵνεκα（のゆえに．ἕνεκα）

2. ᾱ が η に置き換わる．Λυκίην（リュキアー地方（対格）．Λυκίᾱν）

3. 母音が融合しない形と融合する形の両方が見られる．
νόος と νοῦς（心） λέχεος と λέχους（ベッド，属格） τείχεα と τείχη（城壁，複数）
χρύσεαι πτέρυγες と χρῡσαῖ πτέρυγες（黄金の翼） χρυσοῦς πλόκος（黄金の髪房，母音融合形）
ただし，σ- 語幹の複数属格は常に母音が融合しない形である．λεχέων, τειχέων.

4. Apocope（後続する子音の前で語末母音が脱落すること）が前置詞 ἀνά, κατά, παρά の場合に見られる（その際，ν と τ は後続の子音に同化する）．

ἀν᾽ ὑγρὸν ἀμπταίην αἰθέρα．しめやかな高空へと飛び上がりたい．Eur. *Ion* 796
　ἀναπέτομαι は詩語では ἀμπέταμαι．aor. ἀνεπτόμην または ἀνεπτάμην．悲劇では ἀνέπτην の形もあり，その希求法は，ἀνά + πτ + αιην > ἀν + πτ（α の脱落）> ἀμπτ（ν が π に同化して μ に）となる．

Θρήκης ἂμ πεδιήρεις
δυσχίμους τε κελεύθους. Aesch. *Pers.* 566
トラーキアーの果てしない平原の続く
危険に満ちた難路を越えて．(Θράκης ἀνά...)

κάππεσε < κατέπεσε（aor. 落ちる）　κάτθανε < κατέθανε（aor. 死ぬ）

πὰρ Διὸς θρόνοις < παρὰ Διὸς...（ゼウスの玉座の側に）

5. アッティカ方言では帯気音であるものが無気音になる．
ἦμαρ（日．ἡμέρᾱ）　ἠέλιος（太陽．母音が融合して ἥλιος）　ἠώς（曙．ἕως）

6. アッティカ方言の語尾変化が避けられることがある．
　νεώς（*Att.*）でなく νᾱός（神殿）が使われるが，他の語については，韻律の都合でどちらの形を使ってもよい．λᾱός（人民．λεώς）　Μενέλᾱος（人名．Μενέλεως）

7. アッティカ方言特有の音韻変化が起きる前の本源的な形を示している語がある．多くの子音が二重化されること，アッティカ方言では失われた σ があること，ϝ がアッティカ方言では見られない音声現象を惹き起こすこと，等．
μέσσος（真ん中の．μέσος）　τόσσος（それほどの大きさの．τόσος）
ποδσί > ποσσί（足，複数与格．ποσί）　νέφεσσι（雲，複数与格．νέφεσι）
ὄρεσσι（山，複数与格．ὄρεσι）　χείρεσσι（手，複数与格．χερσί）
φράσσομαι（考える．fut. φράσομαι），φρασσάμην（加音を伴わない aor. ἐφρασάμην）

　しかしながら，単純な語形も見られるのであり，語形のヴァリエーションがあると韻律に適合させやすい．
　たとえば，このようなヴァリエーションがある．
(σ)μῑκρός（小さな）　π(τ)όλις（ポリス）　π(τ)όλεμος（戦い）　θράσος / θάρσος（勇気．純粋なアッティカ方言形 θάρρος にはならない）　καρδίᾱ / κραδίᾱ（正真のイオーニアー方言形 καρδίη / κραδίη は悲劇では見られない）　κράτος / κάρτος（力）等．

κόρϝος > κοῦρος（若者）　ξένϝος > ξεῖνος（客人，異人）

8. 特異な語形変化としては以下のようなものがある.
a) 古い格語尾が見られる.
-θεν（〜から） πατρόθεν（父の系統で言えば） οἴκοθεν（家から） Διόθεν（ゼウスから送られた，ゼウスの意図に従って）
人称代名詞　ἐμέθεν, σέθεν, ἕθεν = ἐμοῦ, σοῦ, αὐτοῦ
-θι（「〜に」に当たる）（ἐ)κεῖθι（彼の地に．ἐκεῖ） πόθι;（どこに？ ποῦ;)
-δε（「〜の方へ」に当たる）πέδονδε（地面の方へ）
b) 単数属格の語尾が -οιο となる．(Att. -ου)

Πριάμοιο δὲ γαῖαν
Ἑλλὰς ὤλεσ' αἰχμά. Eur. Troad. 837
プリアモスの国土を滅ぼせしは
ギリシアの槍．(Πριάμου δὲ γῆν)
c) 複数与格の語尾が -εσσι となる．

μέλας γενοίμᾱν καπνὸς
νέφεσσι γειτονῶν Διός, Aesch. Suppl. 780
ゼウスの雲の側近く，
黒い煙になりたしや．
d) いくつかの名詞は，子音に終わる語幹と子音を欠く短い語幹のヴァリエーションを持つ．

対格 γέλωτα と γέλων（笑い） χάριτα と χάριν（優美，感謝） ὄρνῑθα と ὄρνῑν（鳥）

アッティカ方言でよく出てくる βελτίω と βελτίονα (ἀγαθός の比較級) のヴァリエーションを参照 (→ 3§7). この他，τερ と τρ のヴァリエーションとしては，πατρός と πατέρος（父，属格），θυγατρός と θυγατέρος（娘，属格）等々がある．
e) アッティカ方言でない叙事詩の動詞では，εο, εου が ευ（アッティカ方言では ου）になる叙事詩特有の母音融合が極めて稀ながら見られる．

αὔτευν（叙事詩の動詞 αὐτέω [ῡ]（叫ぶ）の未完了過去．αὔτεον という形をもし作れば，極めて異様な混成物となるだろうから，これは避ける）
πωλεύμεναι（足繁く通う．不定詞．叙事詩で πωλέομαι，イオーニアー方言で πωλεῦμαι）
f) ἔθεσαν（τίθημι の 2 aor.), ἔδοσαν（δίδωμι の 2 aor.) はアイスキュロスとソポクレースに見られるが，エウリーピデースではより新しい形 ἔθηκαν, ἔδωκαν になっている．

§2.2. 悲劇の中のドーリス方言的な特徴

対話の科白が叙事詩のイオーニアー方言の特徴を数多く備えていたのに対して，合唱隊の部分はドーリス方言で表面的な味付けを行っている．合唱隊の

歌はドーリス方言圏で永い伝統を有し，アッティカ地方の劇作家でさえ，劇中の合唱隊歌を作る際にはその伝統に従った．しかし実際には，合唱隊の部分におけるドーリス方言による味付けたるや，多くの場合表面的なものに過ぎず，イオーニアー－アッティカ方言のηをᾱに置き換え，ᾱ + ο/ωを母音融合によってᾱにすることから生じるものであった．

　抒情詩の部分ではたくさんの詩語が使われるが，その多くは西ギリシア方言（ドーリス方言）の用法よりむしろ，叙事詩やイオーニアー方言圏の詩を反映している．合唱隊の歌になると，複雑晦渋な構文が著しく増え，口語ではありえないような文章法が目立つようになる．

ドーリス方言的な特徴としては以下のようなものがある．
1. アッティカ方言のη に対応する長いᾱ
　νίκᾱ（勝利．νίκη）　μᾱτρός（母，属格．μητρός）　ὀλοίμᾱν（ὄλλῡμι, 2 aor. mid. opt. ὀλοίμην）

　しかし，ドーリス方言風の装飾に過ぎない場合もあり，語末のη をᾱ に変えるだけの
φήμᾱ（言葉，噂），μηχανᾱ́（機械，工夫）など例は多い．

2. ᾱ + ο/ω を母音融合によってᾱ にする場合
タイプ 3〜5 の名詞で，複数属格の -άων は母音融合によって -ᾶν になる．
タイプ 4, 5 の男性名詞で，単数属格は -ᾱ となる（-ου ではない）．
δυσπόλεμον δὴ γένος τὸ Περσᾶν．まことに武運つたなきペルシア人の族．Aesch. Pers. 1013
κρατηθεὶς δ' ἐκ φιλᾶν ἀβουλιᾶν　自らの無思慮にうち負けて　Aesch. Sept. 750
οἷος καὶ Πάρις ἐλθὼν
ἐς δόμον τὸν Ἀτρειδᾶν
ᾔσχῡνε ξενίᾱν τράπε-
ζαν κλοπαῖσι γυναικός. Aesch. Ag. 400
パリスもそのたぐい，アトレウスの子らの館に来ると，妻女を盗み取って，もてなしの卓を汚したのだ．

μηλοβότᾱ（羊飼い．属格．μηλοβότου）Eur. Cycl. 53

3. アッティカで生まれたのではない言葉は，起源地のドーリス方言形で使われることがある．たとえば，
λοχᾱγός（λόχος（部隊）を ἄγω（率いる）人，隊長）　κυνᾱγός（κύων（犬）を率いる人，狩人）

ὀπᾱδός（供の者）　Λοξίου ἕκᾱτι（アポッローンの意思により）

§2.3. 悲劇に見られる以下のような形にも注意していただきたい.

a) ναῦς（船）：ドーリス方言形の属格 νᾱός, νᾱῶν は対話部分でも抒情詩の部分でも見られるが，アッティカ方言形の νεώς, νεῶν は対話の部分でしか見られない.
b) πάρα (πάρεστι / πάρεισι. できる), ἔνι (ἔνεστι / ἔνεισι. できる), μέτα (μέτεστι. 権利がある). これらの前置詞は，アクセントを前に移すと括弧内の動詞の意味となる.
c) πόλις の属格は πόλεως または πόλεος. 韻律の都合によって，πόλις の代わりに叙事詩語の πτόλις を用いてもよい.
d) 韻律の都合によって οις, οισι, οισιν, αις, αισι, αισιν 等の変化語尾を使い分けることになる.
τέκνοις, τέκνοισι, τέκνοισιν（子供）　λύπαις, λύπαισι, λύπαισιν（苦痛, 悲しみ）
e) 人称代名詞で頻出する形として, 1人称単数 ἐμέθεν / ἐμοῦ, 2人称単数 σέθεν / σοῦ, 1人称双数 νώ, νῷν, 2人称双数 σφώ, σφῷν.
3人称（単数・複数）には特別な形がある.

対格 σφε / Dor. νιν	σφας / σφε / νιν
属格 ἕθεν	
与格 οἷ / οἱ / σφιν	σφίσιν / σφιν

アクセントのない形は前接語 (enclitic) である.
注. σφε / νιν が αὐτόν, αὐτήν, αὐτούς, αὐτάς のいずれの意味にもなることに注意.

§3. ハリカルナッソスのヘーロドトスの方言
a) アッティカ方言では ε, ι, ρ の後では ᾱ となるところ，ヘーロドトスでは η となることがある. これを etacism という.
ἐν τῇ χώρῃ（その地方において. χώρα）　τῆς δευτέρης ἀδικίης（第二の不正の. δευτέρᾱς ἀδικίᾱς）　ἐς τὴν Ἀσίην（アジアへと. εἰς τὴν Ἀσίᾱν）　ὁ νεηνίης（若者. νεᾱνίᾱς）　τὸ πρῆγμα（物事. πρᾶγμα）
b) アッティカ方言では ττ のところ，ヘーロドトスでは σσ となる.（共通語にも見られる特徴）
θάλασσα（海）　γλῶσσα（舌, 言葉）　πρήσσω（する. πράττω）　φυλάσσω（見張る）
c) アッティカ方言では ϝ は消失しているが，ヘーロドトスでは消失する代わり

に長音化する場合が多い．
κόρϝη > アッティカ方言 κόρη　ヘーロドトス κούρη（若者）
ξένϝος > アッティカ方言 ξένος　ヘーロドトス ξεῖνος（客人，異人）
d) 動詞と名詞の ε は他の母音と融合しない．
φιλέω（愛好する）　ποιέω（作る）　ὄρεος（山．属格．ὄρους）
e) アッティカ方言の ει は ηι となる．
ἑταιρήϊος, ἑταιρηίη（友情の．ἑταιρεῖος, ἑταιρείᾱ）
f) アッティカ方言の εο > ου は ευ となる．
μευ（μου）　σευ（σου）　ποιεύμενα（ποιούμενα）
g) タイプ 4 と 5 の男性名詞，単数属格が -ου でなく -εω となる．
τοῦ νεηνίεω（若者の．νεᾱνίου）　τοῦ Ἑρμέω（ヘルメスの．Ἑρμοῦ）
タイプ 3, 4, 5 の名詞すべてで，複数属格が -ῶν でなく -έων となる．
Περσέων（ペルシア人の．Περσῶν）　ἐθνέων（諸民族の．ἐθνῶν）
h) タイプ 1~5 の形容詞，名詞の複数与格で，ヘーロドトスは -σι を用いる．
τοῖσι χρηστοῖσι（立派な人々，有益なもの．τοῖς χρηστοῖς）
i) ヘーロドトスは関係詞の代わりに定冠詞の形を用いる．ただし ὅς は例外．
τὸν χῶρον τὸν καὶ νῦν οἰκέουσι（今も彼らが住んでいる地域を．ὃν καὶ νῦν οἰκοῦσι）
j) 気息音は省かれることが多い．
ἀπικνέομαι（到着する．ἀφικνοῦμαι）
k) 完了（過去完了）の 3 人称複数に関して，アッティカ方言では発音が困難になりそうな場合は -νται, -ντο の語尾は避けられ，迂言的活用形（中・受動分詞 + εἰμί で表す）を用いる．ヘーロドトスは -αται, -ατο を用いる．
οὗτοι μὲν οἱ παραθαλάσσιοι τῶν νομάδων Λιβύων εἰρέαται（εἴρηνται）．これらが遊牧リビア人のうち沿岸地帯に住む者たちとして語られた．4.181
ἔστι δὲ τάδε, ἐξ ὧν ὧλλοι πάντες ἀρτέαται（οἱ ἄλλοι πάντες ἠρτημένοι εἰσὶ）Πέρσαι· Πασαργάδαι, Μαράφιοι, Μάσπιοι· これらの部族は，他のすべてのペルシア人が従属している部族である．すなわち，パサルガダイ族，マラピオイ族，マスピオイ族である．1.125

l) 頻出する重要な語について，ヘーロドトスの語形とアッティカ方言形を並記しておく．

ヘーロドトス	アッティカ方言
ὦν	οὖν　それゆえ
ἐών	ὤν　εἰμί の分詞
ἑωυτόν	ἑᾱυτόν　彼自身を
ἐμεωυτόν	ἐμᾱυτόν　私自身を

κοῖος	ποῖος	いかなる類の？
κότε	πότε	いつ？
κῶς	πῶς	いかに？
μιν		彼・彼女（対格）
οἱ		彼に・彼女に（与格）（アッティカ方言では稀）

m) ヘーロドトスはアテーナイ滞在が長く，ソポクレースとは相識の間柄であったし，その『歴史』ではアテーナイがペルシアの侵寇に対する抵抗の立役者として描かれているくらいであるから，ヘーロドトスの中に多くのアッティカ方言語彙，さらには悲劇の言語の影響まで見出せるのは何ら驚くにあたらない．

次にヘーロドトスの言語の例をいくつか挙げて，続いてそれのアッティカ方言への書き換えを示してみよう．

Περσέων μέν νυν οἱ λόγιοι Φοίνῑκας αἰτίους φᾱσὶ γενέσθαι τῆς διαφορῆς· τούτους γάρ, ἀπὸ τῆς Ἐρυθρῆς καλεομένης θαλάσσης ἀπῑκομένους ἐπὶ τήνδε τὴν θάλασσαν καὶ οἰκήσαντας τοῦτον τὸν χῶρον τὸν καὶ νῦν οἰκέουσι, αὐτίκα ναυτιλίῃσι μακρῇσι ἐπιθέσθαι, ἀπαγῑνέοντας δὲ φορτία Αἰγύπτιά τε καὶ Ἀσσύρια τῇ τε ἄλλῃ ἐσαπικνέεσθαι καὶ δὴ καὶ ἐς Ἄργος. 1.1

ペルシア側の学者が言うには，争いの原因をなしたのはフェニキア人であった．すなわち，彼らは「紅い海」（紅海，アラビア海，ペルシア湾を含む）と呼ばれるところからこちらの海へとやって来て，今現在彼らが住んでいる場所に居を定めるや，直ちに遠洋航海に乗り出し，エジプトやアッシリアの貨物を運びつつ，あちこちに至り，アルゴスにもやって来た．

（アッティカ方言）Περσῶν μέν νυν οἱ λόγιοι Φοίνῑκας αἰτίους φᾱσὶ γενέσθαι τῆς διαφορᾶς· τούτους γάρ, ἀπὸ τῆς Ἐρυθρᾶς καλουμένης θαλάττης ἀφῑκομένους ἐπὶ τήνδε τὴν θάλατταν καὶ οἰκήσαντας τοῦτον τὸν χῶρον ὃν καὶ νῦν οἰκοῦσι, αὐτίκα ναυτιλίαις μακραῖς ἐπιθέσθαι, ἀπάγοντας δὲ φορτία Αἰγύπτιά τε καὶ Ἀσσύρια τῇ τε ἄλλῃ εἰσαφικνεῖσθαι καὶ δὴ καὶ εἰς Ἄργος.

τοῖσι δὲ ἡ Πῡθίη ἀπῑκομένοισι ἐς Δελφοὺς οὐκ ἔφη χρήσειν, πρὶν ἢ τὸν νηὸν τῆς Ἀθηναίης ἀνορθώσωσι, τὸν ἐνέπρησαν χώρης τῆς Μῑλησίης ἐν Ἀσσησῷ. 1.19

デルボイに到着した者たちに対してピューティエー（巫女）は，ミーレートス地域のアッセーソス村で彼らが焼き払ったアテーネーの神殿を再建するまで，神託を告げてやらぬ，と言った．

（アッティカ方言）οἷς δὲ ἡ Πῡθίᾱ ἀφῑκομένοις εἰς Δελφοὺς οὐκ ἔφη χρήσειν, πρὶν ἢ τὸν νεὼν τῆς Ἀθηνᾶς ἀνορθώσωσι, ὃν ἐνέπρησαν χώρᾱς τῆς Μῑλησίᾱς ἐν Ἀσσησῷ.

θεοὺς δὲ σέβονται μούνους τούσδε, Ἄρεα καὶ Διόνυσον καὶ Ἄρτεμιν· οἱ δὲ βασιλέες αὐτῶν, πάρεξ τῶν ἄλλων πολιητέων, σέβονται Ἑρμέην μάλιστα θεῶν καὶ ὀμνύουσι μοῦνον τοῦτον καὶ λέγουσι γεγονέναι ἀπὸ Ἑρμέω ἑωυτούς. 5.7
彼らが崇拝する神はアレース，ディオニューソス，アルテミス，これだけである．しかしその王たちは他の部族民とは異なり，神々の中でもヘルメースを最も篤く崇敬し，ただこの神にのみかけて誓約を行い，自身ヘルメースの子孫であると称している．
（アッティカ方言）θεοὺς δὲ σέβονται μόνους τούσδε, Ἄρη καὶ Διόνυσον καὶ Ἄρτεμιν· οἱ δὲ βασιλεῖς αὐτῶν, πάρεξ τῶν ἄλλων πολιτῶν, σέβονται Ἑρμῆν μάλιστα θεῶν καὶ ὀμνύουσι μόνον τοῦτον καὶ λέγουσι γεγονέναι ἀφ' Ἑρμοῦ ἑαυτούς.

τοῦτο δέ, χρύσεά τε καὶ ἀργύρεα ποτήριά τε καὶ κρητῆρας ἐποιεῦντο καὶ τὰ ἄλλα ὅσα ἐπὶ τράπεζαν τιθέαται πάντα· ταῦτα μὲν αὐτῷ τε βασιλέϊ καὶ τοῖσι ὁμοσίτοισι μετ' ἐκείνου ἐπεποίητο, τῇ δὲ ἄλλῃ στρατιῇ τὰ ἐς φορβὴν μοῦνα τασσόμενα. 7.119
また一方では，金製と銀製の盃や混酒器，その他食卓に並べられる什器一切を彼らは作らせた．それらは王その人と彼と共にある陪食者たちのために作られたもので，その他の軍隊のためには糧食用のものだけが整えられた．
（アッティカ方言）τοῦτο δέ, χρῦσᾶ τε καὶ ἀργυρᾶ ποτήριά τε καὶ κρᾱτῆρας ἐποιοῦντο καὶ τὰ ἄλλα ὅσα ἐπὶ τράπεζαν τίθενται πάντα· ταῦτα μὲν αὐτῷ τε βασιλεῖ καὶ τοῖς ὁμοσίτοις μετ' ἐκείνου ἐπεποίητο, τῇ δὲ ἄλλῃ στρατιᾷ τὰ εἰς φορβὴν μόνα ταττόμενα.

付録 2　動詞変化の要諦

　このリストには 250 の動詞が含まれるが，このうち 95 は，語幹さえ覚えればすべての時称が作れるので，極めて易しい．やや難しい動詞 55 には * を付した（形は中動相だが意味は受動，形は受動相だが意味は能動，第二アオリスト，などの特徴が加わる）．** を付した残りの 100 はかなり難しくなるので，これは覚えていただかなければならない．

　学ぶべきことは 2 点，a) 形と b) 機能である．厄介な動詞（といっても α で始まるものだけだが）については，図表化した．能動相・中動相・受動相の列を分けることにより，それぞれの機能を学ぶ際に，視覚的に覚えていただきたいからである．α 以外で始まる動詞については，ここに記された情報を元に，自分用の図表を作成するのもよいかもしれない．

A: 能動相	現在（または未完了過去）の形	語幹	能動の意味	未来	アオリスト（加音を伴わない形が未来受動相の形からは分からない場合は，それを示す．その他，注意すべき特徴．）	完了
M: 中動相	〃			〃	〃	〃
P: 受動相	〃					動形容詞

表の見方：形は中動相であっても受動相の列に入っていれば，それは受動の意味を持つ．たとえば，*ἄγω について見ると，ἄξομαι は未来・中動の意味（私は私自身のために妻を連れて来るだろう．私は娶るだろう）にもなるし，未来・受動の意味（私は導かれるだろう）にもなることが読み取れる．

　動詞の意味・機能を明確にするため同じ形を二つの列に示してあるが，動詞の主要な部分を覚える際には，簡単に作れる中動相の形は省いて，boustrophedon 方式で（牛耕式．畝を鋤く牛のように左から右へ，次いで右から左へ．最古のギリシア語もこのように書かれていた）ἄξω, ἤγαγον, ἦχα, ἦγμαι, ἤχθην, ἀχθήσομαι と覚えるだけでよい．
D, DM = 能相欠如動詞（deponent verb），中・受動相の形だが意味は能動．アオリストは中動相．
DP = 能相欠如動詞（deponent verb），中・受動相の形だが意味は能動．アオリストは受動相．

2 = 第二アオリストまたは第二完了．3 = 第三アオリスト（語根アオリスト）
tr. = 他動詞(transitive verb)．intr. = 自動詞(intransitive verb)．impers. = 非人称．

ἄγᾰμαι (➔ 7§66, ἀγασ) 賛嘆する．ἵσταμαι と同じ変化（アクセント：subj. ἄγωμαι, opt. ἄγαιο）．impf. ἠγάμην, aor. ἠγάσθην (ἀγασθείς)．賛嘆される人・物は属格または対格．散文では θαυμάζω を用いるのが普通．未来では中動相の形 θαυμάσομαι になるが，それ以外は規則通りの変化をする．

| A | **κατ-άγνῡμι | κατά + | 壊す (tr.) | | κατάξω | κατέᾱξα | |
| P | κατ-άγνυμαι | Fᾱγ | 壊れる (intr.) | | κατεάγην | κατέᾱγα 2 |

*ἀγνοέω 知らない．ἀγνοήσομαι が未来受動相となる他は規則動詞．

A	*ἄγω	ἀγ	導く，連れて行く	ἄξω	ἀγ-αγ > ἤγαγον	ἦχα
M	ἄγομαι		娶る	ἄξομαι	ἠγαγόμην	ἦγμαι (ἦχθαι)
P			導かれる，連れて行かれる	ἀχθήσομαι ἄξομαι	ἤχθην	ἦγμαι ἀκτέος

注：中動相は「(自分または息子のために) 妻を家へ導く」から「娶る，結婚する」の意味になる．

*ἀδικέω 不正に振る舞う．ἀδικήσομαι は受動相．

αἰδέομαι (9a, αἰδεσ) 恥じる，遠慮する，畏怖の念で人 (acc.) を見る．αἰδέσομαι, ἠδέσθην (αἰδεσθείς), ἤδεσμαι (ἤδεσαι, ἤδεσται, ἠδέσθαι).

*ᾄδω (7) 歌う．fut. ᾄσομαι.

| A | **ἐπ-αινέω | αἰνεσ | 褒める，賛成する | ἐπαινέσομαι | ἐπῄνεσα | ἐπῄνεκα |
| P | | | | ἐπαινεθήσομαι | ἐπῃνέθην | ἐπῄνημαι ἐπαινετέον |

注：ἐπῄνεσα は現在の意味になることが多い．「褒めるぞ，よくやった！」．未来形は中動相が普通で，ἐπαινέσω は稀．παραινέω（勧める，忠告する．+ dat.）も同様に変化するが，未来は能動相の形 παραινέσω である．

A	**αἱρέω	αἱρε ἑλ	取る，捕まえる	αἱρήσω	εἷλον (ἑλεῖν)	ᾕρηκα
M	αἱρέομαι		自分のために取る，選ぶ	αἱρήσομαι	εἱλόμην	ᾕρημαι
P			選ばれる，捕まる	αἱρεθήσομαι	ᾑρέθην	ᾕρημαι αἱρετός, -τέος

注：「捕まる」を言う時は ἁλίσκομαι がよく使われる．οἱ ἑλόντες = 捕まえた人々．οἱ ἑλόμενοι = 選んだ人々．οἱ αἱρεθέντες = 選ばれた人々．οἱ ἁλόντες = 捕まった人々．οἱ ᾑρημένοι = 選び終わった人々，または，選ばれた人々．

A	αἴρω (< ἀ-ϝερ-jω)	ἀ-ϝερ > ἆρ	持ち上げる，動かす．intr.（帆を揚げる，転じて）出発する	ἀρῶ, -εῖς	ἦρα (ἄρω, ἆραι)	ἦρκα
M	αἴρομαι		自分のために取り上げる，勝ち得る	ἀροῦμαι	ἠράμην (ἄρασθαι)	ἦρμαι
P			持ち上げられる	ἀρθήσομαι	ἤρθην	ἦρμαι

注：加音を伴わないアオリストは常に ἀ- となる．impf. の ἦρε と aor. の ἦρε を区別せよ．
ホメーロスおよびイオーニアー方言では母音が融合しない形 ἀ-ϝερ-jω > ἀ-είρ-ω が見られる．

αἰσθάνομαι (10a22, αἰσθ+η)（感覚，知性で）感知する．αἰσθήσομαι, ᾐσθόμην (αἰσθέσθαι), ᾔσθημαι, αἰσθητός．

A	*αἰσχύνω (ῡ)	αἰσχῡν	辱める (τινά)	αἰσχῠνῶ	ᾔσχῡνα (αἰσχῦναι)	
P			恥をかく，～を恥じる	αἰσχῠνοῦμαι αἰσχῠνθήσομαι	ᾐσχύνθην	

注：αἰσχῠνοῦμαι 恥ずかしく思っているだろう．αἰσχῠνθήσομαι 恥じるだろう．

DM	*αἰτιάομαι (ᾱ)		責める（人を = acc. 事柄で = gen.）	αἰτιάσομαι (ᾱ)	ᾐτιᾱσάμην	ᾐτίᾱμαι
P			責められる		ᾐτιάθην (ᾱ)	ᾐτίᾱμαι αἰτιᾱτέον

注：後代には αἰτιᾱθήσομαι という未来受動相の形が見られる．

	*ἀκούω	ἀκουσ	聞く	ἀκούσομαι	ἤκουσα	ἀκήκοα 2
A						(ἠκηκόη)
P			聞かれる	ἀκουσθήσομαι	ἠκούσθην	ἀκουστός

注：2 plpf. は ἠκηκόη，稀に ἀκηκόη．聞かれる人は gen., 聞かれる物は gen. または acc.

ἀλείφω (ἀλειφ-, ἀλιφ-)（香油を）塗る．ἀλείψω, ἤλειψα, ἀπ-αλήλιφα, ἀλήλιμμαι, ἠλείφθην, ἀλειφθήσομαι, ἐξ-αλειπτέος.

	(ἀνά + ϝαλο > ἀνᾱλο) ἀν-ᾱλίσκω / ἀνᾱλόω (ἀνήλισκον)	ϝᾰλο	使い尽くす，浪費する	ἀνᾱλώσω	ἀνήλωσα	ἀνήλωκα
A						
P			消費される	ἀνᾱλωθήσομαι	ἀνηλώθην	ἀνήλωμαι ἀνᾱλωτέος

ἀλίσκομαι (10a8b, ϝᾰλο) 捕まる (αἱρέω の受動), ἁλώσομαι, ἑάλων / ἥλων (ἁλῶ, ἁλοίην, ἁλῶναι, ἁλούς), ἑάλωκα (ᾰ) / ἥλωκα, ἁλωτός.

	ἀλλάττω	ἀλλαγ	変える，他のもの (ἄλλος) にする	ἀλλάξω	ἤλλαξα	-ήλλαχα
A						
M			交換する	ἀλλάξομαι	ἠλλαξάμην	ἤλλαγμαι
P			変えられる	ἀλλαγήσομαι Ion. ἀλλαχθήσομαι	ἠλλάγην Ion. ἠλλάχθην	ἤλλαγμαι

注：イオーニアー方言の形は悲劇に現れる．ἀπ-αλλάττω 解放する．だが中・受動相の形 ἀπαλλάττομαι, ἀπαλλάξομαι, ἀπηλλάγην は「立ち去る」の意味になることが多い．

	ἁμαρτάνω (10a21)	ἁμαρτ + η	失う（物を = gen.），失敗する，間違う	ἁμαρτήσομαι	ἥμαρτον (ἅμαρτε)	ἡμάρτηκα
A						
P					ἡμαρτήθην	ἡμάρτημαι ἀναμάρτητος

	ἀμύνω (ῡ)	ἀμῡν	助ける（人を = dat.)	ἀμυνῶ	ἤμῡνα (ἀμῦναι)	
A						
M	ἀμύνομαι (ῡ)		自身を守る	ἀμυνοῦμαι	ἠμῡνάμην	ἀμυντέον

注：能動相 = 人 (dat.) から危険を防ぐ，助ける．中動相 = 自身から危険を防ぐ，自分を守る，敵に復讐する．受動相の形は稀．

ἀμφι-έννῡμι (ἀμφί + ϝεσ) 着せる. ἀμφι-ῶ, -εῖς, ἠμφί-εσα, ἠμφί-εσμαι.

ἀμφισβητέω 離れて立つ，人 (dat.) と意見を異にする．この動詞は語源的には副詞 ἀμφίς「離れて，別々に」と βαίνω (3 aor. inf. βῆναι) との複合語であるが，ἀμφισβη- が ἀμφι-σβη- と誤解され，あたかも前置詞 ἀμφί を構成要素とする複合動詞であるかのように扱われる．前置詞には常に加音が施され，後ろの動詞にも再度加音が施される．ἠμφεσβήτησα, ἠμφεσβητήθην. ἀμφισβητήσομαι は受動.
　加音が二度施される例を他に三つ挙げておく．ἀντιβολέω（会う），ἠντ-εβόλησα．ἀντιδικέω (ἀντίδικος（訴訟の原告，または被告）である．περί τινος について争う), ἠντ-εδίκησα. ἐν-οχλέω（困らせる），ἠν-ώχλησα.

*ἀνιάω 人を (acc.) 悲しませる，苦しめる．規則変化だが ἀνιάσομαι は受動．
ἀν-οίγ-νῡμι (ϝοιγ) 開く．impf. ἀν-έῳγον, ἀν-οίξω, ἀν-έῳξα, 1 pf. ἀν-έῳχα, 2 pf. ἀν-έῳγα (稀. 開いてしまった I have opened), ἀν-έῳγμαι (開いている I stand open), ἀν-εῴχθην, fut. pf. ἀν-εῴξομαι, ἀν-οικτέος.
*(ἐξ)-απατάω 騙す．しかし，未来受動相は (ἐξ)-απατήσομαι = (ἐξ)-απατηθήσομαι.
ἀπειλέω 脅す．規則変化だが ἀπό- の複合語扱いされないので，加音は語頭に施される．ἠπείλησα, ἠπειλήθην.

D	ἀπ-εχθάνομαι (10a22) (ἀπηχθανόμην)	ἐχθ+η	人の (dat.) 憎しみを惹き起こす, 憎まれる	ἀπεχθήσομαι	ἀπηχθόμην 2 (ἀπεχθέσθαι)	ἀπήχθημαι (ἀπηχθῆσθαι)

*ἀπιστέω 人を (dat.) 信じない．ἀπιστήσομαι = ἀπιστηθήσομαι.

A	ἅπτω		結びつける, 火を点ける	ἅψω	ἧψα	
M			摑む (+ gen.)	ἅψομαι	ἡψάμην	ἧμμαι
P			火が点く		ἥφθην	ἧμμαι ἁπτός, -τέος

ἀρέσκω (ἀρεσ) 人を (dat.) 喜ばせる，満足させる．ἀρέσω, ἤρεσα, ἀρεστός（好ましい).
ἀρκέω (ἀρκεσ) 十分である，助けになる．ἀρκέσω, ἤρκεσα.
ἁρμόττω (ἁρμοδ) 適合させる，接合する．ἁρμόσω, ἥρμοσα, ἥρμοσμαι, ἡρμόσθην, ἁρμοστός.

A	*ἁρπάζω	ἁρπαγ	引っ攫う, 略奪する	ἁρπάσομαι	ἥρπασα	ἥρπακα
P				-αρπασθήσομαι	ἡρπάσθην	ἥρπασμαι

注：未来は稀に ἁρπάσω となる.

A	*ἄρχω (ἦρχον)		物の (gen.) 先頭に立つ，始める．人を (gen.) 支配する	ἄρξω	ἦρξα (ἄρξαι)	
M	ἄρχομαι		始める（この意味で能動相より頻出）	ἄρξομαι	ἠρξάμην	ἦργμαι
P			支配される	ἄρξομαι	ἤρχθην	ἀρκτέον

注：ἦργμαι は中動の意味でのみ．ἀρχθήσομαι（支配されるであろう）の形はアリストテレースの頃から現れる．

A	*αὐξάνω (10a22)	αὐξ +η	増大させる，成長させる	αὐξήσω	ηὔξησα	ηὔξηκα
P			増大する，成長する	αὐξηθήσομαι αὐξήσομαι	ηὐξήθην	ηὔξημαι

注：αὐξηθήσομαι（増大するだろう．瞬間的，アオリスト的），αὐξήσομαι（次第に成長するだろう）．

ἀφ-ικνέομαι (10a20, ἱκ) 到着する．ἀφ-ίξομαι, 2 aor. ἀφ-ῑκόμην, ἀφ-ῑγμαι.
*ἄχθομαι (ἀχθεσ-) 困らされる，心を痛める．ἀχθέσομαι = ἀχθεσθήσομαι, ἠχθέσθην, ἤχθημαι

*βαδίζω 行く．βαδιοῦμαι, βαδιστέος.
*βαίνω (βα-, βαν-) 行く．-βήσομαι, 3 aor. -έβην, βέβηκα, 2 pf. βεβᾶσι (subj. -βεβῶσι), βατός, δια-βατέος. 複合語でない βαίνω はアッティカ方言の散文では，能動相の現在と完了でしか出てこない．
**βάλλω (βαλ-, βλη-, βαλλε-) 投げる．-βαλῶ（上質の散文で複合語として），βαλλήσω（動作が続く時）, 2 aor. ἔβαλον, βέβληκα, βέβλημαι, ἐβλήθην, fut. pass. βληθήσομαι, fut. pf. βεβλήσομαι（複合語が普通），ἀπο-βλητέος.
*βιόω 生きる（pres. および impf. の場合は ζάω (ζη-) や βιοτεύω の方が好まれた）．βιώσομαι, ἐβίωσα（稀）, 3 aor. ἐβίων, βεβίωκα, βεβίωταί μοι, βιωτός, -τέος.
**βλάπ-τω (βλαβ-) 傷つける．βλάψω, ἔβλαψα, βέβλαφα, βέβλαμμαι, ἐβλάφθην および 2 aor. ἐβλάβην, fut. mid. βλάψομαι（受動としても）, 2 fut. pass. βλαβήσομαι.
*βοάω 叫ぶ．βοήσομαι, ἐβόησα.
βούλομαι (βουλ+η) 欲する，望む．加音は ἐβουλ- または ἠβουλ- となる．

βουλήσομαι, βεβούλημαι, ἐβουλήθην, βουλητός.

**γαμέω (10a34, γαμ+η)（女性を）娶る．fut. γαμῶ, ἔγημα, γεγάμηκα. Mid. γαμέομαι 嫁ぐ，嫁に行く．fut. γαμοῦμαι, ἐγημάμην, γεγάμημαι, γαμετός (γαμετή 妻), -τέος.

*γελάω (9a, γελασ-) 笑う．γελάσομαι, ἐγέλασα, ἐγελάσθην, κατα-γέλαστος.

*γηρά-σκω (10a4, γηρα-) 老いる．γηράσομαι, ἐγήρᾱσα, γεγήρᾱκα（年老いている）．γηράω, γηράσω はそれほど使われない形．

*γίγνομαι (10a1, γεν+η, γον-) 〜になる，〜である．γενήσομαι, 2 aor. ἐγενόμην, 2 pf. γέγονα (= am, have been), γεγένημαι, γενηθήσομαι（稀）．

*γι-γνώ-σκω (10a10, γνω-, γνο-) 知る．γνώσομαι, 3 aor. ἔγνων（認知した）．ἔγνωκα, ἔγνωσμαι, ἐγνώσθην, γνωσθήσομαι, γνωστός, -στέος.

γράφω 書く．γράψω, ἔγραψα, γέγραφα, γέγραμμαι, 2 aor. pass. ἐγράφην, 2 fut. pass. γραφήσομαι, fut. pf. pass. γεγράψομαι, γραπτός, -τέος.

*δάκ-νω (10a15, δακ-, δηκ-) 噛む．δήξομαι, 2 aor. ἔδακον, δέδηγμαι, ἐδήχθην, δηχθήσομαι.

*δέδια, δέδοικα (➔ 7§70.1, δϝι-, δϝει-, δϝοι-) 怖れる．ἔδεισα, δέδοικα（意味は現在），2 pf. δέδια（意味は現在．単数で用いることは稀）．

δείκ-νῡμι, δεικ-νύω (13, δεικ-) 示す．δείξω, ἔδειξα, δέδειχα, δέδειγμαι, ἐδείχθην, δειχθήσομαι, δεικτέος

*δέρω (δερ-, δαρ-) 皮を剝ぐ．δερῶ, ἔδειρα, δέδαρμαι, 2 aor. pass. ἐδάρην.

δέχομαι 受ける，待ち受ける．δέξομαι, ἐδεξάμην, δέδεγμαι, εἰσ-εδέχθην, ἀπο-δεκτέος.

**δέω 結ぶ，縛る．δήσω, ἔδησα, δέδεκα, δέδεμαι, ἐδέθην, fut. pass. δεθήσομαι, fut. pf. δεδήσομαι, σύν-δετος, συν-δετέος, ἀν-υπό-δητος（サンダルを結んでいない，裸足の）．

**δέω (➔ 7§57, δεϝ) 必要とする，欠乏する．δεήσω, ἐδέησα, δεδέηκα, δεδέημαι, ἐδεήθην. Mid. δέομαι（欲する，頼む），δεήσομαι. Impers. δεῖ（必要である，ねばならない），ἔδει, δεήσει, ἐδέησε.

*δι-δά-σκω (< διδαχ-σκω, 10a13) 教える．mid. 教えてもらう，学ぶ．διδάξω, ἐδίδαξα, δεδίδαχα, δεδίδαγμαι, ἐδιδάχθην, διδάξομαι (pass.), διδακτός, -τέος.

*δι-δρά-σκω (10a12, δρᾱ-) 走り去る．ἀπό, ἐξ との複合語でのみ．-δράσομαι, 3 aor. -έδρᾱν (-δρῶ, -δραίην, -δρᾶναι, -δράς), -δέδρᾱκα.

δί-δω-μι (11, δω-, δο-) 与える. fut. δώσω, 1 aor. ἔδωκα（sg. で）, 3 aor. ἔδοτον（du. で）, ἔδομεν（pl. で）, δέδωκα, δέδομαι, ἐδόθην, δοθήσομαι, δοτός, -τέος.

διψῶ (3c, διψη-) 喉が渇く. διψήσω, ἐδίψησα.

*διώκω 追いかける. διώξομαι, ἐδίωξα, δεδίωχα, ἐδιώχθην, διωκτέος.

δοκέω (10a31, δοκ+η) 思われる, 思う. δόξω, ἔδοξα, δέδογμαι, κατ-εδόχθην, ἀ-δόκητος.

δράω (9b, δρᾱ+σ) する. δράσω, ἔδρᾱσα, δέδρᾱκα, δέδρᾱμαι, ἐδράσθην, δρᾱστέος.

*δύναμαι (➡ 7§66) できる, する力がある（加音は ἐδυν- が普通だが ἠδυν- もある）. impf. 2.sg. ἐδύνω, δυνήσομαι, δεδύνημαι, ἐδυνήθην, δυνατός.

δύω intr. 入る, 降る, 沈む. tr. 入れる（ἀπό, κατά との複合語が主）. -δύσω tr., -έδῡσα tr., 3 aor. ἔδῡν intr., δέδῡκα intr., -δέδυκα tr., -δέδυμαι, -εδύθην, -δυθήσομαι Ar., -δυτέος. Fut. mid. δύσομαι, aor. mid. -εδῡσάμην.

ἐάω 〜させる, 許す, ほうっておく. ἐάσω, εἴᾱσα, εἴᾱκα, εἴᾱμαι, εἰάθην, ἐάσομαι pass., ἐᾱτέος.

ἐγείρω (ἐγερ-, ἐγορ-, ἐγρ-) 起こす, かき立てる. ἐγερῶ, ἤγειρα, 2 pf. ἐγρήγορα（目が覚めている）（< ἐγ-ηγορα, ρ も重出）, ἐγήγερμαι, ἠγέρθην, 2 aor. mid. ἠγρόμην（目覚めた）, ἐγερτέος.

*ἕζομαι (σεδ-) 坐る（普通 καθ-έζομαι の複合語で. しかし, καθ-ίζομαι の形がより多い）. ἐκαθ-εζόμην, καθ-εδοῦμαι, καθ-εστέος.

ἐθέλω (ἐθελ+η), θέλω したいと思う. impf. 常に ἤθελον, (ἐ)θελήσω, ἠθέλησα, 加音を伴わないアオリスト: subj. (ἐ)θελήσω, opt. (ἐ)θελήσαιμι, pf. ἠθέληκα. アッティカ方言では ἐθέλω の方が一般的.

ἐθίζω (< σϝεθ-ιδjω) 慣らす. ἐθιῶ, -εῖς, εἴθισα, εἴθικα, 2 pf. εἴωθα（ἔθω の完了形. 習慣である）, 2 plpf. εἰώθη, εἴθισμαι, εἰθίσθην, ἐθιστέος.

εἰκάζω (εἰκαδ-) 似せる, 推測する. 加音は εἰκ- より ᾐκ- が多い. ᾔκαζον, εἰκάσω, ᾔκασα, ᾔκασμαι, ᾐκάσθην, εἰκαστός, ἀπ-εικαστέος. Fut. mid. -εικάσομαι は時に能動の意味.

(ϝεικ >) εἴκω 似ている, と思われる. (ϝεϝοικα >) ἔοικα（pf. で意味は現在. 私は似る）, impers. ἔοικε (it seems), ἐῴκη / ᾔκη (plpf. で impf. の意味).

εἰμί ある, 〜である. fut. ἔσομαι. 14.1

εἶμι 行くだろう, 行こう（未来の意味）. 14.2

*εἴργω (< ἐ+(ϝ)έργω) 閉じこめる, 閉め出す. 別形 εἴργνῡμι. εἴρξω, εἶρξα, εἴργμαι, εἴρχθην, εἰρκτός, -τέος. Fut. mid. εἴρξομαι は受動, または再帰の意味.

**ἐλαύνω (< ἐλα-νυ-ω) 走らせる，行進する．ἐλῶ, -ᾷς, ἤλασα, -ελήλακα (ἀπό, ἐξ と複合語)．ἐλήλαμαι, ἠλάθην, ἐλατέος.

**ἕλκω 引っ張る (σελκ-; 多くの時称は ἑλκυ- から作る)．複合語を作ることが多い．-έλξω, εἵλκυσα, -είλκυκα, -είλκυσμαι, -ειλκύσθην, -ελκυσθήσομαι, ἑλκτέος, συν-ελκυστέος.

*ἐξετάζω 精査する．ἐξετάσω (ἐξετῶ とはならない)．ἐξήτασα, ἐξήτακα, ἐξήτασμαι, ἐξητάσθην, ἐξετασθήσομαι, ἐξεταστέος.

*ἐπιβουλεύω 陰謀を企む，悪さをする．規則的，ただし ἐπιβουλεύσομαι は受動．

**ἐπίσταμαι (➡ 7§66) 理解する．2.sg. ἐπίστασαι, subj. ἐπίστωμαι (アクセントに注意)，opt. 2.sg. ἐπίσταιο (アクセントに注意)，imp. ἐπίστω, impf. ἠπιστάμην, ἠπίστασο と ἠπίστω, fut. ἐπιστήσομαι, aor. ἠπιστήθην, ἐπιστητός.

**ἐπριάμην 買った．➡ 7§67

ἐράω (➡ 7§66, ἐρασ-) 恋する．impf. ἤρων, aor. ἠράσθην (恋に落ちた)．ἐραστός.

**ἐργάζομαι (ϝεργ-) 働く．加音は ἠ- と εἰ-，畳音は εἰ-．ἠργαζόμην, ἐργάσομαι, ἠργασάμην, εἴργασμαι, ἠργάσθην, ἐργασθήσομαι, ἐργαστέος.

**ἕρπω (σερπ-) ゆっくり進む．加音は εἱ-．εἷρπον, ἐφ-έρψω, εἵρπυσα.

ἔρρω (ἐρρ+η) 去る，滅びる．ἐρρήσω, ἤρρησα, εἰσ-ήρρηκα.

**ἔρχομαι (ἐρχ-, ἐλθ-, ἐλευθ-, ἐλυθ-) 来る．14.2

**ἐρωτάω 尋ねる．fut. ἐρήσομαι と 2 aor. ἠρόμην は別の語 ἔρομαι より．

**ἐσ-θίω (< ἐδ-θι-ω, 10b6) 食べる．impf. ἤσθιον, fut. ἔδομαι, 2 aor. ἔφαγον, pf. ἐδήδοκα, κατ-εδήδεσμαι, ἐδεστός, -τέος.

(εὕδω 散文では稀) καθ-εύδω 眠る．impf. ἐκάθ-ευδον と καθ-ηὗδον, fut. καθ-ευδήσω, καθ-ευδητέος.

**εὑρ-ίσκω (10a7, εὑρ+η) 発見する．εὑρήσω, 2 aor. ηὗρον または εὗρον (imp. εὑρέ), ηὕρηκα または εὕρηκα, εὕρημαι, εὑρέθην, εὑρεθήσομαι, εὑρετός, -τέος.

εὐφραίνω (εὐφραν-) 喜ばせる．εὐφρανῶ, ηὔφρᾱνα. Mid. 喜ぶ．εὐφρανοῦμαι と εὐφρανθήσομαι, ηὐφράνθην. 加音は εὐ- もある．

εὔχομαι 祈る，自慢する．εὔξομαι, ηὐξάμην, ηὖγμαι, εὐκτός.

**ἔχω (σεχ-, σχ+η) 持つ，保つ．impf. εἶχον, fut. ἕξω / σχήσω, 2 aor. ἔσχον (σχῶ, σχοίην または複合語で -σχοιμι, σχές, σχεῖν, σχών), ἔσχηκα, παρ-έσχημαι, ἑκτέος, ἀνα-σχετός, -τέος. Mid. ἔχομαι しがみつく，隣接する．ἕξομαι (時に受動)，および σχήσομαι (複合語に多い)，2 aor. ἐσχόμην (通常複合語で．σχῶμαι, σχοίμην, σχοῦ, σχέσθαι, σχόμενος)，意味は受動．ὑπισχνέομαι も見よ．並行形である ἴσχω は畳音から作られる：σι-σ(ε)χ-ω.

ζεύγ-νῡμι (➡ 7§71, ζευγ-) 軛に繋ぐ. ζεύξω, ἔζευξα, ἔζευγμαι, ἐζεύχθην.
ζών-νῡμι (ζω+σ) 帯を締める. ἔζωσα, ἔζωμαι（アッティカ地方の刻文で）, ἔζωσμαι（写本に多い形）.

ἡβά-σκω (10a5, ἡβᾱ) 成人する. ἡβάω 成人である. ἐφ-ηβήσω, ἥβησα, παρ-ήβηκα（若盛りを過ぎている, 年配である）.
*ἥδομαι 喜ぶ. ἡσθήσομαι, ἥσθην.
*ἡττάομαι 負ける, 敗れる. 規則的だが, fut. ἡττήσομαι = ἡττηθήσομαι.

**θάπ-τω (θαφ-) 埋葬する. θάψω, ἔθαψα, τέθαμμαι, 2 aor. pass. ἐτάφην, 2 fut. pass. ταφήσομαι, fut. pf. τεθάψομαι, θαπτέος.
*θαυμάζω (θαυμ-αδ-) 驚く, 驚嘆する. fut. θαυμάσομαι の他は規則的.
*θεραπεύω 仕える, 看病する. 規則的だが, fut. mid. θεραπεύσομαι は受動の意味になるのが普通.
**θνή-σκω (10a9, θαν-, θνη) 死ぬ. ἀπο-θανοῦμαι, 2 aor. ἀπ-έθανον, τέθνηκα（死んでいる）, 2 pf. du. τέθνατον, fut. pf. τεθνήξω, θνητός. 散文では fut. と 2 aor. では ἀπο-θνῄσκω を用いるが, 完了は常に τέθνηκα.
θύω (θυ-, θῡ-) 生贄を捧げる. θύσω, ἔθῡσα, τέθυκα, τέθυμαι, ἐτύθην, θυτέος.

**ἵημι (σι-ση-μι) 放つ. 11c
**ἵστημι (στη-, στα-) 据える, 立てる, 置く. 12

**καθ-ίζω 据える, 坐らせる. impf. ἐκάθιζον, fut. καθιῶ, aor. ἐκάθισα / καθῖσα. Mid. καθίζομαι 坐る. ἐκαθιζόμην, καθιζήσομαι, ἐκαθισάμην. ➡ κάθημαι 14.4
καίω (< καϝ-jω ➡ 7§58), κάω（母音融合しない）焼く. しばしば ἐν, κατά が付く. καύσω, ἔκαυσα, -κέκαυκα, κέκαυμαι, ἐκαύθην, -καυθήσομαι, -καυτός.
**καλέω (καλε-, κλη-) 呼ぶ. καλῶ, -εῖς, ἐκάλεσα, κέκληκα, κέκλημαι（呼び出された）, ἐκλήθην, fut. pass. κληθήσομαι, fut. pf. κεκλήσομαι（呼ばれるだろう）, κλητός, -τέος.
καλύπ-τω (καλυβ-) 覆う（散文では ἀπό, ἐν 等と複合語を作るのが普通）. καλύψω, ἐκάλυψα, κεκάλυμμαι, ἐκαλύφθην, καλυπτός.
**κάμ-νω (10a17, καμ-, κμη-) 疲れ果てる, 病む. καμοῦμαι, 2 aor. ἔκαμον, κέκμηκα, ἀπο-κμητέος.
κατηγορέω 告発する. 規則的だが, 加音と畳音は前置詞 κατά との複合動詞の場合に準じる. κατηγόρουν, κατηγόρηκα.
**κεῖ-μαι 横たわる. κείσομαι. 14.5

κελεύω (9b, κελευ+σ) 命じる. κελεύσω, ἐκέλευσα, κεκέλευκα, κεκέλευσμαι, ἐκελεύσθην, παρα-κελευστός, δια-κελευστέος.

**κεράν-νῡμι (κερᾱ+σ, κρᾱ-) 混ぜる. ἐκέρασα, κέκρᾱμαι, ἐκράθην / ἐκεράσθην, κρᾱτέος.

**κερδαίνω (κερδ+η, κερδαν) 得をする. κερδανῶ, ἐκέρδᾱνα, προσ-κεκέρδηκα.

κηρύττω (κηρῡκ-) 公布する. κηρύξω, ἐκήρυξα, ἐπι-κεκήρῡχα, κεκήρῡγμαι, ἐκηρύχθην, fut. pass. κηρῡχθήσομαι.

κί-χρη-μι (χρη) 貸す. ἔχρησα, κέχρηκα, κέχρημαι. Mid. 借りる. ἐχρησάμην.

**κλαίω (< κλαϝ-jω, κλαϝ, κλαι+η ➡ 7§58), κλάω (散文で. 母音融合しない) 泣く. κλαιήσω または κλαήσω (κλαύσομαι 泣くことになる = 痛い目に遭わされる, 脅し文句), ἔκλαυσα.

κλάω (κλα+σ) 折る. 散文では ἀνά, ἀπό, ἐπί, κατά, πρός, σύν と複合語. -έκλασα, -κέκλασμαι, -εκλάσθην.

**κλείω 閉じる. κλείσω, ἔκλεισα, κέκλει(σ)μαι, ἐκλείσθην, κλειστός. アッティカ方言での古形: κλῄω, κλῄσω, ἔκλησα, ἀποκέκληκα, κέκλημαι, ἐκλήσθην, κληστός.

**κλέπ-τω (κλεπ-, κλοπ-) 盗む. κλέψω, ἔκλεψα, κέκλοφα, κέκλεμμαι, 2 aor. pass. ἐκλάπην, κλεπτός, -τέος.

*κλίνω (10a30, κλι-ν-) 傾ける. κατά と複合語を作るのが普通. -κλινῶ, ἔκλῑνα, κέκλιμαι, 2 aor. pass. -εκλίνην, 2 fut. pass. -κλινήσομαι.

κομίζω (κομιδ-) 世話する. κομιῶ, ἐκόμισα, κεκόμικα, κεκόμισμαι (通常中動相), ἐκομίσθην, κομισθήσομαι, κομιστέος.

κόπ-τω (κοπ-) 切る. 散文ではよく複合語となる. κόψω, ἔκοψα, -κέκοφα (διά, ἐξ, σύν 等が付く), κέκομμαι, 2 aor. pass. -εκόπην (ἀπό, περί が付く), 2 fut. pass. -κοπήσομαι, fut. pf. -κεκόψομαι, κοπτός.

**κράζω (κρᾱγ-, κραγ-) 叫ぶ. 2 aor. ἔκραγον, 2 pf. κέκρᾱγα (意味は現在), fut. pf. κεκράξομαι (意味は未来).

κρέμα-μαι (➡ 7§66, κρεμα-) ぶら下がる (intr.). κρεμάννῡμι の受動として使われる. 現在形の変化は ἵσταμαι と同じ. subj. κρέμωμαι, opt. κρεμαίμην, κρεμήσομαι.

κρεμάν-νῡμι (κρεμα+σ) 吊るす (tr.). κρεμῶ, -ᾷς, ἐκρέμασα, ἐκρεμάσθην, κρεμαστός.

**κρίνω (10a29, κρι-ν-) 裁く. κρινῶ, ἔκρῑνα, κέκρικα, κέκριμαι, ἐκρίθην, κριθήσομαι, κριτέος.

**κρούω 叩く. κρούσω, ἔκρουσα, -κέκρουκα, -κέκρου(σ)μαι, -εκρούσθην, κρουστέος.

κρύπ-τω (κρυφ-) 隠す. -κρύψω (散文で ἀπό, κατά と複合語), ἔκρυψα,

-κέκρυμμαι（散文でἀπόと複合語），ἐκρύφθην, κρυπτός.
κτάομαι 獲得する．κτήσομαι, ἐκτησάμην, κέκτημαι（所有している．subj. κεκτῶμαι, -ῇ, -ῆται; opt. κεκτήμην, -ῇο, -ῇτο），fut. pf. κεκτήσομαι（所有するだろう），aor. pass. ἐκτήθην, κτητός, -τέος. Aor. mid. ἐκτησάμην は，獲得している．の意味になるのが普通．
κτείνω (κτεν-, κτον-, κτα-ν-) 殺す．散文ではよくἀπόと複合語を作る．κτενῶ, ἔκτεινα. ἀπο-θνῄσκω は ἀπο-κτείνω の受動として使われるのが普通．

****λα-γ-χ-άνω** (10a27, λαχ-, ληχ-) 引き当てる，手に入れる．λήξομαι, 2 aor. ἔλαχον, 2 pf. εἴληχα, εἴληγμαι, ἐλήχθην, ληκτέος.
****λα-μ-β-άνω** (10a24, λαβ-, ληβ-) 取る．λήψομαι, 2 aor. ἔλαβον, εἴληφα, εἴλημμαι, ἐλήφθην, ληφθήσομαι, ληπτός, -τέος.
****λα-ν-θ-άνω** (10a25, λαθ-, ληθ-) 知られずに～する，気づかれない．λήσω, 2 aor. ἔλαθον, 2 pf. λέληθα（意味は現在），Mid.（散文で普通ἐπι-が付いて）ἐπι-λανθάνομαι 忘れる．ἐπι-λήσομαι, 2 aor. ἐπ-ελαθόμην, pf. ἐπι-λέλησμαι.
****λέγω** 言う．10b3
****λέγω** 集める，数える．ἐξ または σύν と複合語を作るのが普通．-λέξω, -έλεξα, 2 pf. -είλοχα, -είλεγμαι および -λέλεγμαι, 2 aor. pass. -ελέγην(-ελέχθηνは稀), fut. pf. -λεγήσομαι, -λεκτέος.
****λείπω** (λειπ-, λοιπ-, λιπ-) 残す，後にする．よく ἀπό, κατά, ὑπό 等と複合語を作る．λείψω, 2 aor. ἔλιπον, 2 pf. λέλοιπα（離れ去った），λείπομαι mid.（後に残る），pass.（置き去りにされる，劣る），λέλειμμαι, ἐλείφθην, fut. pass. λειφθήσομαι, fut. pf. λελείψομαι, λειπτέος.
****λούω** 洗う．短母音の前でυを失い，そして母音が融合する．λούω, λούεις, λούει, λοῦμεν, λοῦτε, λοῦσι, ἔλουν, λούσομαι, ἔλουσα, λέλουμαι, ἄ-λουτος.
λύω (λυ-, λῡ-) 解く，ほどく．λύσω, ἔλῡσα, λέλυκα, λέλυμαι, ἐλύθην, λυθήσομαι, λελύσομαι, λυτός, -τέος.

***μα-ν-θ-άνω** (10a23, μαθ-, μαθ+η) 学ぶ．μαθήσομαι, 2 aor. ἔμαθον, μεμάθηκα, μαθητός, -τέος.
****μάχομαι** (10a33, μαχ+η) 戦う．μαχοῦμαι, ἐμαχεσάμην, μεμάχημαι, μαχετέος.
****μείγ-νῡμι** (➡ 7§71, μειγ-, μιγ-) 混ぜる．別形 μειγνύω. μείξω, ἔμειξα, μέμειγμαι, ἐμείχθην, 2 aor. pass. ἐμίγην, μεικτός, -τέος.
μέλλω (μελλ+η) ～しようとする．加音は ἐ-，稀に ἠ-. μελλήσω, ἐμέλλησα, μελλητέος.
μέλει μοι (μελ+η) Impers. 私の関心事・気がかりである．μελήσει, ἐμέλησε,

μεμέληκε, μελητέος. 散文で ἐπι-μέλομαι または ἐπι-μελέομαι 世話をする. ἐπι-μελήσομαι, ἐπι-μεμέλημαι, ἐπ-εμελήθην, ἐπι-μελητέος.

μένω (μεν-, μενε-) 留まる. μενῶ, ἔμεινα, μεμένηκα, μενετός, μενετέος.

**μι-μνή-σκω, μι-μνή-σκω (10a14, μνα) 思い出させる. mid. 思い出す. 能動では普通 ἀνα- または ὑπο-μιμνήσκω が使われる. -μνήσω, -έμνησα, pf. μέμνημαι (意味は現在. 覚えている. subj. μεμνῶμαι, opt. μεμνήμην, imp. μέμνησο, inf. μεμνῆσθαι, part. μεμνημένος), ἐμνήσθην (mid. 思い出した, 言及した). fut. pass. = mid. μνησθήσομαι 思い出そう, 言及しよう. fut. pf. μεμνήσομαι 覚えていよう.

νέμω (νεμ+η) 分け与える. mid. (家畜が) 草を食む. νεμῶ, ἔνειμα, δια-νενέμηκα, νενέμημαι, ἐνεμήθην, δια-νεμητέος.

**νέω (➔ 7§57, νεϝ+σ) 泳ぐ. διά, ἐξ と複合語をよく作る. νευσοῦμαι, -ένευσα, -νένευκα, νευστέος.

νίζω (νιβ) 洗う. アッティカ方言では ἀπό, ἐξ と複合語を作るのが普通. -νίψομαι, -ένιψα, -νένιμμαι, ἀν-από-νιπτος.

*νοέω 考える, 感知する. アッティカ方言で規則的. Mid. νοοῦμαι は複合語で使われるのが普通. fut. δια-νοήσομαι および δια-νοηθήσομαι, διενοήθην, διανενόημαι.

νομίζω 信じる, 見なす. νομιῶ, -εῖς, ἐνόμισα, νενόμικα, νενόμισμαι, ἐνομίσθην, νομισθήσομαι, νομιστέος.

ὄζω (ὀδ-, ὀζε-) 臭いがする. ὀζήσω, ὤζησα.

οἶδα (οἰδ-) 知っている. 14.8

*οἰμώζω 嘆く. οἰμώξομαι, ᾤμωξα.

*οἴομαι (οἰ+η) 思う. 散文で1人称は普通 οἶμαι となる. impf. ᾤμην, οἰήσομαι, ᾠήθην, οἰητέος.

οἴχομαι (οἰχ+η) 行ってしまう (完了の意味). οἰχήσομαι.

**ὄλ-λῡμι (ὀλ+η, ὀλο-) 滅ぼす, 失う. 別形 -ολλύω. 散文でよく ἀπό, διά, ἐξ などと複合語をつくる. -ολῶ, -εῖς, -ώλεσα, -ολώλεκα (滅ぼした), 2 pf. -όλωλα (破滅だ, おしまいだ). Mid. ὄλλυμαι 滅びる. -ολοῦμαι, 2 aor. -ωλόμην.

**ὄμ-νῡμι (ὀμο+σ), ὀμνύω 誓う. ὀμοῦμαι, ὤμοσα, ὀμώμοκα, ὀμώμο(σ)μαι, ὠμό(σ)θην, ὀμοσθήσομαι, ἀπ-ώμοτος.

ὀνί-νη-μι (ὀνη-, ὀνα) 益する. ὀνήσω, ὤνησα, 2 aor. mid. ὠνήμην (利益を受ける. opt. ὀναίμην), ὠνήθην, ἀν-όνητος.

**ὁράω (ϝορα-) 見る. 10b2

ὀρύττω (ὀρυχ-) 掘る．διά, κατά と複合語を作ることが多い．-ορύξω, ὤρυξα, -ορώρυχα, ὀρώρυγμαι, ὠρύχθην, -ορυχθήσομαι.

*ὀφείλω (ὀφελ-, ὀφειλ+η) 負う，義務がある．ὀφειλήσω, ὠφείλησα, 2 aor. ὤφελον (～だったら良かったのに．願望文), ὠφείληκα, aor. pass. part. ὀφειληθείς.

*ὀφλ-ισκ-άνω (10a22, ὀφλ+η) 借りがある．(非難を) 引き寄せる．ὀφλήσω, 2 aor. ὦφλον, ὤφληκα, ὤφλημαι.

παίζω (παιδ) 戯れる，からかう．(アッティカ方言の未来形は παίσομαι となるはずだが，文献には出ない), ἔπαισα, πέπαικα, πέπαισμαι, παιστέος.

παίω (παι+η) 打つ．παίσω と παιήσω, ἔπαισα, ὑπερ-πέπαικα.

**πάσχω (10a6, πενθ-, πονθ-, παθ-) ～の目に遭う，経験する．πείσομαι (< πενθ-σομαι), 2 aor. ἔπαθον, 2 pf. πέπονθα.

**πείθω (πειθ-, ποιθ-, πιθ-) 説得する．πείσω, ἔπεισα, πέπαικα, 2 pf. πέποιθα (信頼する), πέπεισμαι, ἐπείσθην, πεισθήσομαι, πιστός, πειστέος. Mid. πείθομαι (信じる，納得する), πείσομαι.

πεινῶ (3c, πεινη-) 空腹である．πεινήσω, ἐπείνησα, πεπείνηκα.

πέμπω (πεμπ-, πομπ-) 送る．πέμψω, ἔπεμψα, 2 pf. πέπομφα, πέπεμμαι, ἐπέμφθην, πεμφθήσομαι, πεμπτός, -τέος.

**πετάν-νῡμι (πετα-, πτα) 広げる．散文では普通 ἀνά との複合語を用いる．-πετῶ, -ᾷς, -επέτασα, -πέπταμαι.

**πέτομαι (πετ+η, πτ-) 飛ぶ．散文では普通 ἀνά, ἐξ との複合語を用いる．-πτήσομαι, πετήσομαι, 2 aor. -επτόμην (詩語 πέταμαι から ἐπτάμην の形も．ἐπριάμην のように変化する).

**πήγ-νῡμι (➡ 7§71, πηγ-, παγ-) 固める，固定する．πήξω, ἔπηξα, 2 pf. πέπηγα (固定されている．受動の意味), 2 aor. pass. ἐπάγην intr., 2 fut. pass. παγήσομαι.

πί-μ-πλη-μι (πλη+σ) 満たす．散文では ἐν との複合語を用いる．ἐμ-πλήσω, ἐν-έπλησα, ἐμ-πέπληκα, ἐμ-πέπλησμαι, ἐν-επλήσθην, ἐμπλησθήσομαι, ἐμ-πληστέος.

**πί-μ-πρη-μι (πρη+σ) 焼く．散文では普通 ἐν との複合語を用いる．-πρήσω, -έπρησα, -πέπρημαι, -επρήσθην.

**πίνω (10a19, πι-, πο-, πω-) 飲む．ἐξ や κατά との複合語で用いることが多い．fut. πίομαι, 2 aor. ἔπιον, πέπωκα, -πέπομαι, -επόθην, -ποθήσομαι, ποτός, ποτέος.

(πι-πρᾱ-σκω) (πρᾱ-) 売る．現在形は稀．= **πωλέω, ἀποδίδομαι. πωλήσω, ἀποδώσομαι, 2 aor. ἀπεδόμην, πέπρᾱκα, πέπρᾱμαι, ἐπράθην, fut. pf. πεπρᾱ́σομαι, πρᾱτός, -τέος.

πί-πτω (10a2, πετ-, πτ-, πτω-) 落ちる．πεσοῦμαι (➡ 7§56), 2 aor. ἔπεσον, πέπτωκα.

πλάττω (πλατ) 造形する，形成する．ἔπλασα, πέπλασμαι, ἐπλάσθην, πλαστός.

πλέω (9c, πλεϝ+σ) 航海する．πλεύσομαι または πλευσοῦμαι, ἔπλευσα, πέπλευκα, πέπλευσμαι, πλευστέος.

πλήττω (πληγ-, πλαγ-) 打つ．散文では ἐξ, ἐπί, κατά と複合語を作ることが多い．-πλήξω, -έπληξα, 2 pf. πέπληγα, πέπληγμαι, 2 aor. pass. ἐπλήγην, ただし ἐξ, κατά との複合語の場合，常に -επλάγην, 2 fut. pass. πληγήσομαι および ἐκ-πλαγήσομαι, fut. pf. πεπλήξομαι, κατα-πληκτέος.

πνέω (9c, πνεϝ) 息をする，(風が) 吹く．しばしば ἀνά, ἐν, ἐξ, ἐπί, σύν と複合語を作る．πνευσοῦμαι および -πνεύσομαι, ἔπνευσα, -πέπνευκα.

πράττω (πρᾱγ-) する．πράξω, ἔπρᾱξα, 2 pf. πέπρᾱχα (後期の形であろう．し終えた), πέπρᾱγα (うまくいった，またはいかなかった．し終えた，の意にもなる), πέπρᾱγμαι, ἐπράχθην, fut. pass. πρᾱχθήσομαι, fut. pf. πεπράξομαι, πρᾱκτέος.

πρια- 買う．3 aor. mid. **ἐπριάμην** でのみ．➡ 7§67. それ以外の時称は ὠνέομαι から作る．

πτάρ-νυμαι (πταρ) 嚔 (くしゃみ) をする．2 aor. ἔπταρον.

πυ-ν-θ-άνομαι (10a28, πευθ-, πυθ-) 教わる，尋ねる．πεύσομαι, 2 aor. ἐπυθόμην, πέπυσμαι, πευστέος.

ῥέω (➡ 7§57, ῥεϝ-, ῥυ+η) 流れる．ῥυήσομαι, 2 aor. ἐρρύην (共に意味は自動詞的), ἐρρύηκα.

ῥήγ-νῡμι (➡ 7§71, ϝρηγ-, ῥωγ-, ῥαγ-) 壊す．散文ではたいてい ἀνά, διά と複合語を作る．-ρήξω, ἔρρηξα, 2 pf. -έρρωγα (壊された), 2 aor. pass. ἐρράγην, 2 fut. pass. -ραγήσομαι.

ῥίπτω (ῥῑπ) 投げる．ῥίψω, ἔρρῑψα, 2 pf. ἔρρῑφα, ἔρρῑμμαι, ἐρρίφθην.

(ῥών-νῡμι) (ῥω+σ) 強くする．ἐπ-έρρωσα, ἔρρωμαι (imp. ἔρρωσο ご健勝で！part. ἐρρωμένος 強い), ἐρρώσθην, ἄ-ρρωστος (病弱の).

σβέν-νῡμι (➡ 7§71, σβεσ) 消す．普通 ἀπό や κατά と複合語を作る．σβέσω, ἔσβεσα, ἔσβηκα (intr. 消えてしまった), ἐσβέσθην, 3 aor. pass. ἔσβην (intr. 消えた), σβήσομαι (消えるだろう).

σείω 振る．σείσω, ἔσεισα, σέσεικα, σέσεισμαι, ἐσείσθην, σειστός.

σῑγάω 黙っている．σῑγήσομαι, ἐσίγησα, σεσίγηκα, σεσίγημαι, ἐσῑγήθην, σῑγηθήσομαι, fut. pf. σεσῑγήσομαι.

*σιωπάω 黙っている. σιωπήσομαι, ἐσιώπησα, σεσιώπηκα, ἐσιωπήθην, σιωπηθήσομαι, σιωπητέος.

σκάπ-τω (σκαφ-) 掘る. しばしば κατά と複合語を作る. σκάψω, -έσκαψα, 2 pf. -έσκαφα, ἔσκαμμαι, 2 aor. pass. -εσκάφην.

σκεδάν-νῡμι (σκεδα+σ) 散らばらせる. ἀπό, διά, κατά と複合語を作る. -σκεδῶ, -ᾷς, -εσκέδασα, ἐσκέδασμαι, ἐσκεδάσθην, σκεδαστός.

σκοπέω 見る, 調べる. 純正アッティカ方言は pres. と impf. の act. と mid. のみを使う. σκοπῶ, ἐσκόπουν, σκοποῦμαι, ἐσκοπούμην. その他の時称は σκέπτομαι (σκεπ-)（見る）から作る. σκέψομαι, ἐσκεψάμην, ἔσκεμμαι（時に pass. の意）, fut. pf. ἐσκέψομαι, pass. σκεπτέος.

*σκώπ-τω (σκωπ-) からかう. σκώψομαι, ἔσκωψα, ἐσκώφθην.

σπάω (σπασ-) 引く. しばしば ἀνά, ἀπό, διά, κατά と複合語を作る. -σπάσω, ἔσπασα, ἀν-έσπακα, ἔσπασμαι, -εσπάσθην.

**σπείρω (σπερ-, σπαρ-) 種を蒔く. σπερῶ, ἔσπειρα, ἔσπαρμαι, 2 aor. pass. ἐσπάρην.

**σπένδω 神酒を注ぐ. σπένδομαι（和平協定を結ぶ）, κατα-σπείσω, ἔσπεισα, ἔσπεισμαι.

*σπουδάζω 熱心である, 頑張る. σπουδάσομαι, ἐσπούδασα, ἐσπούδακα, ἐσπούδασμαι, σπουδαστός, -τέος.

**στέλλω (στελ-, σταλ-) 派遣する. 散文ではしばしば ἀπό または ἐπί と複合語を作る. ἔστειλα, -έσταλκα, ἔσταλμαι, 2 aor. pass. ἐστάλην, -σταλήσομαι.

*(στερέω) 奪う. 散文では複合語 ἀπο-στερέω が普通. στερήσω, ἐστέρησα, -εστέρηκα, ἐστέρημαι, ἐστερήθην. Pres. mid. ἀπο-στεροῦμαι は時に pass. の意味になる（奪われる）. στερήσομαι は fut. mid. にも pass. にもなりうる.

**στρέφω (στρεφ-, στροφ-, στραφ-) 方向転換させる. 散文ではしばしば ἀνά, ἀπό, διά 等と複合語を作る. -στρέψω, ἔστρεψα, ἔστραμμαι, ἐστρέφθην（散文では στρεφθῶ, στρεφθείς の形でのみ使われる）, 2 aor. pass.（intr. の意味が普通）ἐστράφην, ἀνα-στραφήσομαι, στρεπτός. 中動相の形が見られるのは, κατ-εστρεψάμην（服従させた. 自分の支配下に転じさせた）.

στρών-νῡμι (στρω-) 広げる. ὑπο-στρώσω, (ἔστρωσα trag.), ἔστρωμαι.

**σφάλλω (σφαλ-) 躓かせる, 失敗させる. σφαλῶ, ἔσφηλα, ἔσφαλμαι, 2 aor. pass. ἐσφάλην, σφαλήσομαι.

*σφάττω (σφαγ-) 屠る, 殺す. しばしば ἀπό, κατά と複合語を作る. σφάξω, ἔσφαξα, ἔσφαγμαι, 2 aor. pass. -εσφάγην, -σφαγήσομαι.

**σῴζω (σω-, σωι), 後には σώζω, 救う. 多くの形は σαόω から作られる. σώσω (< σαώσω), ἔσωσα (< ἐσάωσα アクセントは後退的) および ἔσῳσα（アッティカ地方の刻文で）, σέσωκα (< *σεσάωκα), σέσῳσμαι, ἐσώθην (< ἐσαώθην), σωθήσομαι, σωστέος.

*ταράττω (ταραχ-) かき乱す. ταράξω, ἐτάραξα, τετάραγμαι, ἐταράχθην, ταράξομαι（受動の意味）.

τάττω (ταγ-) 整列させる，配置する. τάξω, ἔταξα, 2 pf. τέταχα, τέταγμαι, ἐτάχθην, ἐπι-ταχθήσομαι, fut. pf. τετάξομαι.

**τείνω (< τενjω, τεν, τν > τα-) 伸ばす. 散文では普通 ἀνά, ἀπό, διά, ἐξ, παρά, πρό 等と複合語を作る. τενῶ, -έτεινα, -τέτακα, τέταμαι, -ετάθην, -ταθήσομαι, -τατέος.

τελέω (τελεσ) 終える. τελῶ, -εῖς, ἐτέλεσα, τετέλεκα, τετέλεσμαι, ἐτελέσθην, ἐπι-τελεστέος.

**τέμ-νω (10a16, τεμ-, ταμ-, τμ+η) 切る. τεμῶ, 2 aor. ἔτεμον, -τέτμηκα (ἀνά, ἀπό との複合語), τέτμημαι, ἐτμήθην, fut. pf. -τετμήσομαι (ἀπό, ἐξ との複合語), τμητέος.

**τήκω (τηκ-, τακ-) 溶かす. τήξω, ἔτηξα, 2 pf. τέτηκα（溶かされてしまった）, 2 aor. pass. (intr.) ἐτάκην, τηκτός.

**τί-θη-μι (11, θη-, θε-) 置く，設置する. θήσω, ἔθηκα, 2 aor. ἔθετον, τέθηκα, τέθειμαι (「置かれてある＝横たわる」の意では κεῖμαι を使うのが普通), ἐτέθην, τεθήσομαι, θετός, -τέος.

**τίκτω (< τι-τκ-ω, τεκ-, τοκ-, 10a3) 生む. τέξομαι, 2 aor. ἔτεκον, 2 pf. τέτοκα.

τίνω (τει+σ, τι-) 払う，償う. しばしば ἀπό, ἐξ と複合語を作る. τείσω, ἔτεισα, τέτεικα, -τέτεισμαι, -ετείσθην, ἀπο-τειστέος.

τι-τρώ-σκω (10a11, τρω-) 傷つける. τρώσω (散文では κατά と複合語を作る), ἔτρωσα, τέτρωμαι, ἐτρώθην, τρωθήσομαι.

**τρέπω (τρεπ-, τροπ-, τραπ-) 回転させる. mid. (方向転換して) 逃げる. τρέψω, ἔτρεψα, mid. ἐτρεψάμην (潰走させる，の意が普通), 2 aor. mid. ἐτραπόμην (回れ右した，逃げた．intr. または refl., まれに pass.), 2 pf. τέτροφα, τέτραμμαι, ἐτρέφθην (逃げた，または，転じさせられた．稀), 2 aor. pass. ἐτράπην (普通 intr.), τρεπτέος. アッティカ方言で ἐτραπόμην は ἐτράπην に取って代わられる傾向.

**τρέφω (< θρεφω, τρεφ-, τροφ-, τραφ-) 養う．支える. θρέψω, ἔθρεψα, 2 pf. τέτροφα, τέθραμμαι, 2 aor. pass. ἐτράφην, τραφήσομαι, θρεπτέος. Fut. mid. θρέψομαι は pass. の意になることが多い.

**τρέχω (10b5, θρεχ- > τρεχ-, δραμ-) 走る. ἀπο-δραμοῦμαι = ἀπο-θρέξομαι = ἀπο-θρέξω, 2 aor. ἔδραμον, -δεδράμηκα (κατά, περί, σύν と複合語を作る), ἐπιδεδράμημαι, περι-θρεκτέος.

**τρίβω (τρῑβ-, τριβ-) 擦る．τρίψω, ἔτρῑψα, 2 pf. τέτριφα, τέτρῑμμαι, ἐτρίφθην, ただし，2 aor. pass. は ἐτρίβην が普通．-τριβήσομαι (ἐξ, κατά と複合語を作る), fut. pf. ἐπι-τετρίψομαι.

**τυ-γ-χ-άνω (10b26, τευχ-, τυχ+η) たまたま～する，手に入れる，うまくいく，遭遇する．τεύξομαι, 2 aor. ἔτυχον, τετύχηκα.

τύπ-τω (τυπτ+η) 打つ．τυπτήσω, τυπτητέος．他の時称は πατάσσω (πατάγ-), παίω, πλήττω (πλήγ-) から作る．aor. ἐπάταξα または ἔπαισα, 2 pf. πέπληγα, πέπληγμαι, 2 aor. pass. ἐπλήγην.

**ὑπ-ισχ-νέομαι (σχ+η) 約束する（ἴσχω は ἔχω の並行形）．ὑπο-σχήσομαι, 2 aor. ὑπ-εσχόμην, ὑπ-έσχημαι.

ὑφαίνω (ὑφαν-) 織る．ὑφανῶ, ὕφηνα, ὕφασμαι, ὑφάνθην, ὑφαντός.

**φαίνω (➡ 7§48, φαν-) 顕す．φανῶ, ἔφηνα, pf. πέφαγκα（顕した．純正アッティカ方言では稀），2 pf. πέφηνα（現れた），πέφασμαι, ἐφάνθην（顕された．散文では稀），2 aor. pass. ἐφάνην（現れた．intr.），2 fut. pass. φανήσομαι（現れるであろう），fut. mid. φανοῦμαι（顕すであろう，現れるであろう）.

φείδομαι (φειδ) 惜しむ，節約する．φείσομαι, ἐφεισάμην, φειστέος.

**φέρω (φερ-, οἰ-, ἐνεκ-, ἐν-ενεκ > ἐνεγκ) 耐える，運ぶ．10b1

*φεύγω (φευγ-, φυγ-) 逃走する．φεύξομαι, 2 aor. ἔφυγον, 2 pf. πέφευγα, φευκτός, -τέος.

**φη-μί (φη-, φα-) 断言する．φήσω, ἔφησα, φατός, -τέος．14.3

**φθά-νω (10a18, φθη-, φθα-) 先んじて～する．φθήσομαι, ἔφθασα, 3 aor. ἔφθην（ἔστην のように変化する）.

**φθείρω (φθερ-, φθορ-, φθαρ-) 滅ぼす，堕落させる．φθερῶ, ἔφθειρα, ἔφθαρκα, 2 pf.（普通 διά との複合語で）δι-έφθορα（だめになった．アッティカ方言の詩では「だめにした」），ἔφθαρμαι, 2 aor. pass. ἐφθάρην, δια-φθαρήσομαι.

φράζω (φραδ-) 言う，指摘する．mid. 熟慮する，考案する．φράσω, ἔφρασα, πέφρακα, πέφρασμαι（稀に mid. の意），ἐφράσθην（意味は mid.），φραστέος.

φυλάττω (φυλακ-) 守る，見張る．φυλάξω, ἐφύλαξα, 2 pf. πεφύλαχα, πεφύλαγμαι（用心している），ἐφυλάχθην, φυλακτέος.

*φύω (φῡ-) 生み出す．φύσω, ἔφῡσα, 3 aor. ἔφῡν（生じた，であった），πέφῡκα（生まれつき～である）.

*χαίρω (χα(ι)ρ+η) 喜ぶ．χαιρήσω, κεχάρηκα, 2 aor. pass. ἐχάρην（intr. 喜んだ），χαρτός.

**χέω (➡ 7§57, χεϝ-, χυ-) 注ぐ. 散文では ἐξ, ἐν, κατά, σύν 等と複合語を作るのが普通. fut. χέω, aor. ἔχεα, κέχυκα, κέχυμαι, ἐχύθην, χυθήσομαι, χυτός. Mid. pres. および fut. は χέομαι, aor. は ἐχεάμην.

**χρῶμαι (3c, χρη+σ) 用いる. pres. χρῇ, χρῆται, χρήσομαι, ἐχρησάμην, κέχρημαι (常用している), ἐχρήσθην, χρηστός (立派な), χρηστέος.

χρῶ (3c, χρη+σ) 神託を告げる. pres. χρῇς, χρῇ, χρήσω, ἔχρησα, κέχρηκα, ἐχρήσθην. Mid. 神託を伺う.

χρή 必要である. ἀπό-χρη 十分である. 14.7

χρίω (χρῑσ-) 香油を塗る, (虻が) 刺す. χρίσω, ἔχρῑσα, κέχρῑμαι (κέχρῑσμαι の形は疑わしい).

ψεύδω 騙す. mid. 嘘をつく. ψεύσω, ἔψευσα, ἔψευσμαι (騙した, 嘘をついた, の意が普通だが, 騙された, の意にもなる), ἐψεύσθην, ψευσθήσομαι.

*ψύχω (ψυχ-, ψῡχ-) 冷やす. ψύξω, ἔψυξα, ἔψῡγμαι, ἐψύχθην, 2 aor. pass. ἀπεψύχην (intr. 冷やされた).

ὠθέω (10a32, ϝωθ) 押す. impf. ἐώθουν, ὤσω, ἔωσα, ἔωσμαι, ἐώσθην, ὠσθήσομαι.

**ὠνέομαι (ϝωνε-) 買う. impf. ἐωνούμην, ὠνήσομαι, ἐώνημαι (買ってある, または, 買われてある), ἐωνήθην (買われた), ὠνητός, -τέος. アッティカ方言のアオリストは ἐπριάμην.

付録 3　参考書について

以下に掲げるのはギリシア語およびギリシア文学を味わいたい人たちに推薦したい書物である．リストはもとより網羅的でなく精選されたもので，それぞれのカテゴリーで最良の本を最初に掲げてある．古いテクストや文法書はインタネットからダウンロードできるものが多いので，textkit.com（以下の説明では…[T]で表す），archive.org（同じく…[A]で表す），perseus.tufts.edu（同じく…[P]で表す）等のウェブサイトで検索していただきたい．なお，日本西洋古典学会のホームページ（http://clsoc.jp/）にも研究に資するサイトが多数紹介されている．

1　ギリシア文学・文化に関する参考書

西洋古典の世界に触れる時，人名や地名，文化的な背景で分からないことが続出するが，そのような場合にも有益な書物がたくさんあるので参考にしていただきたい．

H.-G. Nesselrath (hrsg.), Einleitung in die griechische Philologie, Wiesbaden; paperback 2014

　ギリシア語学に関する最新の入門書．文献学，古代・近代の文献学者，ギリシア語，文学，歴史の諸章，そして文献案内を含む．

The Oxford Classical Dictionary, Oxford; 4th ed. 2012

P. E. Easterling and B. M. W. Knox, The Cambridge History of Classical Literature: Volume 1, Greek Literature, Cambridge 1985

　ギリシア文学の巻は第 2 巻（ラテン文学）ほどよくないが，各作家についてのテクスト・研究書等の案内があるので，研究のこよなき出発点となる．

A. Grafton, G. W. Most, S. Settis, eds., The Classical Tradition, Cambridge, Mass. / London 2010

　現代社会に生きるギリシア・ローマ文化の伝統を約 570 のキーワードと図版で詳述する．

松原 國師『西洋古典学事典』京都大学学術出版会 2010

　収録項目数は上の OCD ほど多くないが，美しい日本語による記述は生彩に富み，これほど読んで面白い事典はない．

2　文法書

H. W. Smyth, Greek Grammar, revised by G. M. Messing, Cambridge, Mass. / London 1956

　英語で書かれた一冊本ギリシア語文法書としては最良のもの．文章論の説明にはやや旧式なところもあるが，問題にはならない．Kühner の書から採り

来たった文例の豊富さには目を回しそうであるが，よくできた索引のお陰で検索は容易である．Messing が改訂を加えたところは多くないので，旧版 (Greek Grammar for Colleges, 1920 [A]) を無料のデジタル・ヴァージョンで利用するのもよい．Perseus のサイトには検索可能なヴァージョンがある．

R. Kühner, F. Blass, B. Gerth, Ausführliche Grammatik der griechischen Sprache (Reprographischer Nachdruck der 3. Auflage [AP]), Darmstadt 2015
vol. I Elementar- und Formenlehre.
vol. II Satzlehre inkl. des Index Locorum zu Kühner-Gerth von W. M. Calder.

例文が多く，学者向けの参考書であるが，今なお極めて有益である．これに比べると E. Schwyzer, Griechische Grammatik, I 1939, II 1950 は構成がまずく使い勝手も悪いし，期待するほど新しい情報を含んでいるわけではないので，Kühner の方を推す．

E. Bornemann, E. Risch, Griechische Grammatik, Frankfurt; 2. Aufl. 1986

ギムナジウム（高等学校）の生徒向けに書かれたもの．言語学の最新の知識も盛り込んで，中規模ギリシア語文法書としては最良．

E. van Emde Boas, A. Rijksbaron, L. Huitink, M. de Bakker, The Cambridge Grammar of Classical Greek, Cambridge 2019

日本語で書かれたものとしては：
高津春繁『ギリシア語文法』岩波書店 1960
田中美知太郎・松平千秋『ギリシア語文法』岩波書店 1968

高津書はギリシア語の歴史を略述し，形態論では言語学的に詳しく解説するなど，第一級の文法書である．

3　辞書

H. Liddell, R. Scott, H. S. Jones, A Greek-English Lexicon, Ninth Edition with a Revised Supplement, Oxford; 9th ed. 1996 [P]

不備がいろいろあるとはいえ，基準となる最良の辞書．これは Perseus Digital Library に入っている．安価な Intermediate Greek Lexicon by Liddell and Scott もある．

F. Montanari, M. Goh, C. Schroeder, The Brill Dictionary of Ancient Greek, Leiden / Boston 2015

J. Diggle et al., The Cambridge Greek Lexicon, 2vols., Cambridge 2021

進行中の辞書としては **Diccionario Griego-Español (DGE)** があり，(α - ἔξαυος) がオンライン (http://dge.cchs.csic.es/) で利用できる．LSJ より規模の大きなギリシア語 - スペイン語辞典であるが，進行が遅いし，編者が認める以上に LSJ に依拠するところは大きい．

4　発音

W. S. Allen, Vox Graeca: The Pronunciation of Classical Greek, Cambridge; 3rd. ed. 1987

古代ギリシア語はどのように発音されたか，実証的に論じた最良の書．Speaking Greek（Joint Association of Classical Teachers, Reading Greek, 1981 に添えられたカセット）で，Allen の実演を聞くことができる．

J.-P. Guglielmi, Le Grec Ancien (livre + 4 CD audio), Paris 2012

フランス語による Sans Peine シリーズ（涙なしのギリシア語）の言語教材を集めたもの．復元された発音の CD で楽しみながら学ぶことを目指す．

S. Daitz, Living Voice of Greek and Latin Literature

www.bolchazy.com のサイトから mp3 を注文することができる．復元された発音で録音されたものが長時間分あるが，発音が大仰すぎて反撥を覚える人もいるかもしれない．

5　形態論

L. Threatte, The Grammar of Attic Inscriptions, Vol. II, Morphology, Berlin / New York 1996

これは専門研究に進んだ学生にのみ必要な書物．我々が普段読んでいるテクスト（アッティカ方言による作家たち）は大勢の人の手を経て伝わって来たもので，そのギリシア語（とりわけ語形）は，後の写字生によって変形を加えられたり「修正」されたりしている．それに対して石に刻まれた文書（刻文）は，アッティカ方言の語形がどのようであったかを生の形で示してくれる．この本は刻文資料を広範囲に，かつ入念な配慮のもとに集めたもので，これによって変異形も含めてアッティカ方言の形態論を余すところなく記録している．

6　動詞

A. Hogue, The irregular verbs of Attic prose: their forms, prominent meanings, and important compounds; together with lists of related words and English derivatives, Boston 1889[A]

ギリシア語学習者にとって最大の難問は二つ，動詞をマスターすることと新しい語彙を覚えることであろう．この本は両方の難問に対処しようとする．動詞の不規則な形をリストにして掲げる本はたくさんあるが，私見では，これはその中でも最良の本である．呈示が明晰で変異形についての興味深い説明もあるので，語彙に関する知識を深めたい学生にとっても良書である．

W. Veitch, Greek Verbs, Irregular and Defective, Oxford 1887[A]

この問題に関する基準となる権威書，オンラインでも利用できる．

7　前置詞
P. Bortone, Greek Prepositions: From Antiquity to the Present, Oxford 2010
S. Luraghi, On the Meaning of Prepositions and Cases: The expression of semantic roles in Ancient Greek, Amsterdam 2003

8　Particles（不変化小辞）
J. D. Denniston, The Greek Particles, Bristol 2013

9　文章論
A. Rijksbaron, The Syntax and Semantics of the Verb in Classical Greek: An Introduction, Chicago; 3rd. ed. 2007
　ギリシア語動詞の文章論へのこよなき導入の書．
W. W. Goodwin, Syntax of the Moods and Tenses of the Greek Verb, Bristol; paperback 1998 [P]
　法，時称，不定詞，分詞，動形容詞を詳しく解説したもので，上級者の必携書．

10　練習問題付き初級文法
　本書は初級文法を終えた人を読者に想定しているが，初級文法についても触れておく．
J. Burnet, Greek Rudiments, Oxford 1918 [A]
　楽しみながら学べるギリシア語初級文法は優れたものがたくさんあるが（英語では Athenaze, Thrasymachos, Reading Greek, 等．ドイツ語・フランス語・イタリア語でもカラー写真入りの綺麗な本がたくさんある），個人的にはこの小さな本が一番好きである．著者はプラトンのテクスト編者として名高い J. Burnet．整然たる構成で，文法とアッティカ方言の慣用表現を重視している．
　日本語で書かれた現在入手可能なものをいくつか挙げると：
田中美知太郎・松平千秋『ギリシア語入門　新装版』岩波書店 2012
古川晴風『ギリシア語四週間』大学書林 1958
水谷智洋『古典ギリシア語初歩』岩波書店 1990
田中利光『新ギリシャ語入門』大修館書店 1994
　田中・松平文法は日本で最も広く使われてきたもので，練習問題と実際のギリシア語とのギャップが大きいのが難点ながら，簡にして要を得た説明は最良．1951 年の初版より判型が大きく読みやすくなっている．古川文法は不備なところもあるが力の付く訳読問題がよく，練習問題に解答が付いているので独習に適している．

11　語彙

M. Campbell, Classical Greek Prose: A Basic Vocabulary, Bristol 1998
　アッティカ散文で最も重要な 1500 語をリストアップした．

W. J. Bullick, Greek Vocabulary and Idiom, Bristol 2004
　ソポクレースとエウリーピデースに頻出する 850 語，よく出て来る慣用句のリスト．

J. Bertrand, Vocabulaire grec: Du mot à la pensée, Paris 2007
　たくさんの語彙をすばやく覚えたいという人のための処方箋．

山口義久 (監修) 『古代ギリシャ語語彙集』大阪公立大学共同出版会 2016

12　読本

　アッティカ方言の散文は洗練されたものが多く，それゆえ初学者には難しい．欧米ではクセノポーン『アナバシス』から始める人が多いが，クセノポーンのギリシア語にはアッティカ方言を外れた要素もあるし，初学者は彼の散文には退屈するかもしれない．クセノポーンを読む場合はこれを使うのがよい．

M. W. Mather, J. W. Hewitt, Xenophon's Anabasis: Books I – IV, Norman 1962
　しかしそれよりも，より楽しい読み物を薦めたい．本物のギリシア語を読む前に学者の書いたギリシア語で楽しい物語を読むのも一法で，それにはこのようなものがある．

A. Mahoney, Morice's Stories in Attic Greek, Newburyport 2006

A. Mahoney, Rouse's Greek Boy: A Reader, Newburyport 2010
　各人が興味をいだくものを読めばよいわけだが，手に入る一番新しい版，そして文法の説明が充実している注釈書を使うことが肝要である．その意味で，文法説明が最も行き届いている Campbell のコースは最良である．

M. Campbell, A Greek Prose Course, Bristol 1998

Unit 1, Forensic Oratory. Lysias: On the murder of Eratosthenes

Unit 2, Philosophy. Plato: Crito

Unit 3, Political Oratory. Demosthenes: Third Philippic

Unit 4, Historiography. Thucydides: Events at Pylos and Sphacteria
　ギリシア語初学者が段階的に読み進めるよう企画された散文読本．慣用語法，小辞や難しい動詞変化形に注意が払われており，強く推薦したい良書．

J. J. Helm, Plato: Apology. Text, Grammatical Commentary, Vocabulary, Mundelein 2003

A. Elliott, Euripides: Medea, Oxford 1970
　ギリシア悲劇を読み始めたい学生にとって最良の本．文法に関する詳細な注，完璧な語彙集，テクストに関するノート，と至れり尽くせりである．D. J. Mastronarde による上級者向けの注釈書（Medea, Cambridge Greek and Latin

Classics, 2002）と併せ用いてもよい．こちらはギリシア悲劇のギリシア語についての概説を備えている．

　次の段階として，優れた文法学者でもある研究者の手になる注釈書を選んでゆけばよい．たとえば，J. Burnet によるプラトーン，K. J. Dover によるアリストパネース，トゥーキューディデース，D. M. MacDowell によるアリストパネース，アンドキデース，デーモステネース，A. H. Sommerstein によるアリストパネース，アイスキュロス，メナンドロスといった具合である．

13　その他の方言

　アッティカ方言を学んでおけばその他の方言に続けて入りやすい．ヘーロドトスのイオーニアー方言はそれほど難しいものではなく，そこから遡るとホメーロス，下るとコイネー（ヘレニズム時代以降に地中海世界で共通語となったギリシア語．新約聖書もこれで書かれている）に繋がってゆく．悲劇におけるドーリス方言は疑似ドーリス方言で，すぐに理解できる．上記 Mastronarde の『メーデイア』注釈書には，悲劇を読むために必要な方言特徴が網羅的に説明されている．本物のドーリス方言（一口にドーリス方言と言っても，地域も使用者も広範にわたるので変異が多い）とアイオリス方言は最後に学べば十分である．

C. D. Buck, Greek Dialects, Bristol 2013
　方言全体の良き入門書．ミュケーナイ・ギリシア語を除く各方言の特徴を手際よく詳述する．

L. R. Palmer, The Greek Language, Norman 1996
　ミュケーナイ・ギリシア語の資料を含むのみならず，すべての方言や文体に関する洞察も見事．

C. Pharr, J. Wright, Homeric Greek: A Book for Beginners, Norman 1986
　ホメーロスを読み始める人に最適．

W. D. Mounce, Basics of Biblical Greek Grammar, Grand Rapids; 3rd ed. 2009
　「新約聖書」のギリシア語のための簡単な入門書．別冊の練習帳もある．

R. W. Funk, Greek Grammar of the New Testament and Other Early Christian Literature, Chicago 1961
　古典ギリシア語の規範に従うヘレニズム時代のギリシア語と対比させながら，新約ギリシア語を詳論．

G. D. Steadman, Herodotus' Histories Book 1: Greek Text with Facing Vocabulary and Commentary, 2nd ed. 2012
　見開きの頁に十全な語彙表，下に多くの文法説明があってとても親切な作り．イオーニアー方言の学習によい．ただし，文法説明には時々間違いもある

ので注意．同じ著者の別の版 (https://geoffreysteadman.com) も極めて便利である．

　ドーリス方言の特徴をきちんと学ぼうとする人はピンダロスまたはテオクリトスから始めるのがよい．アッティカ方言では見慣れない形や分かりにくい要素もあるが，思想的に理解しやすいテオクリトスから始めることを薦める．

K. J. Dover, Theocritus: Select Poems, Bristol 2013
　この注釈書にはテオクリトスの言語特徴，韻律の解説があり，語彙表も備える．

D. Page, Sappho and Alcaeus: An Introduction to the Study of Ancient Lesbian Poetry, Oxford 1979
　アイオリス方言のサッポーとアルカイオスを読みたい人はこの本から始めるとよい．

14　作文

　ギリシア語の散文や韻文を作文することは死に絶えつつある技術ではあるが，ギリシア語の知識を確固としたものにするにはこれほどよい方法はない．最初は形態論と文章論の知識を深めるために作文を行い，次第に最も優れたギリシア語作家たちを模倣してゆけば，ギリシア人の思想表現法や世界の見方が理解しやすくなる．関心のある人のためには優れたマニュアルが溢れるほどあって，archive.org や textkit.com 等からダウンロードできる．第一歩はこのような本から初めていただきたい．

(a) 散文の作文

A. Sidgwick, A First Greek Writer: With exercises and vocabularies, London; 5th ed. 1890[AT]

　英国の中学生・高校生は，簡単な構文の英語をこなれたギリシア語に置き換えるという練習によってギリシア語の文章論を学んだ．この本はギリシア語の文章論を略説した後，英語構文を訳すコツを示して，簡単な作文問題を出す．答えを確認するためのキーを別にダウンロードすることもできる．本書の後では何十という本がオンラインで利用できるので，A. Sidgwick, T. K. Arnold, North / Hillard らのものを探していただきたい．次の二つの辞書も有益である．

J. W. Frädersdorf, A Copious Phraseological English-Greek Lexicon, rev. T. K. Arnold and H. Browne, London; 5th ed. 1875[A]

S. C. Woodhouse, English-Greek Dictionary, A Vocabulary of the Attic Language, London 1910[A]

(b) イアンボス詩の作文

　これは難しそうに聞こえるが，それほどではない．どんな文句でもほとんどイアンボス詩形にたやすく変えられるので驚かれるであろう．この練習をすると作詩法や韻律の知識を深められる．劇を読もうとする人たちに強く薦めたいのは，

J. H. Williams, W. H. D. Rouse, Damon: A Manual of Greek Iambic Composition, London 1906[A]

　入手可能な最も易しい入門書である．

A. Sidgwick, F. D. Morice, An Introduction to Greek Verse Composition, with Exercises, London; 4th ed. 1889 [AT]

　上のものより難しいが，作詩法についての詳細も含み，参考図書としても使える．

W. H. D. Rouse, Demonstrations in Greek Iambic Verse, Cambridge 1899 [A]

　Rouse は英語の詩をギリシア語のイアンボス詩に翻訳する現場を見せてくれる．いくつかの詩を彼が訳し，訳し方や語の選択を説明するのをフォローすればよい．極めて教育的な本である．

J. Jackson, Iambica: an English-Greek and Greek-English vocabulary for writers of Iambic verse, London 1909[A]

　イアンボス詩を書くために役に立つ辞書で，ダウンロードできる．

付録 4　出典の略号一覧

(5 章以下で引用した例文の出典の略号をまとめる)

Aesch. アイスキュロス　525/4-456 BC　悲劇詩人
　　　Eum.『エウメニデス』
　　　Pers.『ペルサイ』
　　　PV『縛られたプロメーテウス』
　　　Sept.『テーバイ攻めの七将』
Aeschin. アイスキネース　前 4 世紀　弁論家, 政治家
　　　Tim.『ティーマルコス弾劾』
Andocides アンドキデース　c.440-c.390 BC　弁論家
Antiph. アンティポーン　前 5 世紀　弁論家
　　　Tetr.『四部作集』
　　　Choreut.『合唱隊員の死について』
Ar. アリストパネース　c.445-c.380 BC　喜劇詩人
　　　Ach.『アカルナイの人々』
　　　Av.『鳥』
　　　Eq.『騎士』
　　　Lys.『リューシストラテー』
　　　Nub.『雲』
　　　Pax『平和』
　　　Plut.『プルートス』
　　　Ran.『蛙』
　　　Vesp.『蜂』
Dem. デーモステネース　382-322 BC　弁論家, 政治家
　　　De cor.『冠について』
　　　De falsa leg.『使節職務不履行について』
　　　*Olynth.*1『オリュントス情勢　第 1 演説』
　　　*Philip.*1『ピリッポス弾劾　第 1 演説』
Dio Chrys. ディオーン・クリューソストモス　c.40-c.120　弁論家, ソフィスト
　　　1『第 1 弁論』
Eur. エウリーピデース　c.485-406 BC　悲劇詩人
　　　Alc.『アルケースティス』
　　　Hec.『ヘカベー』
　　　Hipp.『ヒッポリュトス』
　　　IT『タウリケーのイーピゲネイア』

389

Or.『オレステース』
Hdt. ヘーロドトス　c.485-c.430 BC　歴史家
　　　『歴史』
Hom. ホメーロス　前8世紀末頃
　　　Il.『イーリアス』
Is. イーソクラテース　436-338 BC　弁論家，政治家
　　　Euth.『エウテュノスを駁す』
　　　Philip.『ピリッポスに与う』
Lycurgus リュクールゴス　c.390-324 BC　弁論家
Lys. リューシアース　c.459-c.380 BC　弁論家
　　　12『第12弁論』
　　　Theomn. 1『テオムネーストス告訴（1）』
Men. メナンドロス　342-292 BC　喜劇詩人
　　　Asp.『楯』
　　　Dysc.『人間嫌い』
　　　Epitr.『辻裁判』
　　　Mis.『憎まれ者』
　　　Sam.『サモスの女』（以上，Sandbach 版）
　　　monostich.「メナンドロス格言集」（Jaekel 版）
Mimn. ミムネルモス　前7世紀後半　エレゲイア詩人
　　　断片 (West 版)
Phil. ピレーモーン　c.365-c.265 BC　喜劇詩人
　　　断片 (Kassel-Austin 版)
Pl. プラトーン　c.427-347 BC　哲学者
　　　Apol.『ソークラテースの弁明』
　　　Charm.『カルミデース』
　　　Crito『クリトーン』
　　　Gorg.『ゴルギアース』
　　　Euthyph.『エウテュプローン』
　　　Euthyd.『エウテュデーモス』
　　　Menex.『メネクセノス』
　　　Phaedo『パイドーン』
　　　Phileb.『ピレーボス』
　　　Protag.『プロータゴラース』
　　　Resp.『国家』
　　　Symp.『饗宴』
　　　Theaet.『テアイテートス』

Plut. プルータルコス　c.46-c.120　文筆家
Soph. ソポクレース　c.496-406 BC　悲劇詩人
　　　Aj.『アイアース』
　　　An.『アンティゴネー』
　　　El.『エーレクトラー』
　　　OT『オイディプース王』
　　　Philoct.『ピロクテーテース』
　　　Trach.『トラーキースの女たち』
Th. トゥーキューディデース　c.460-c.400 BC　歴史家
　　　『歴史』
Xen. クセノポーン　c.430-c.355　文筆家
　　　Ag.『アーゲーシラーオス』
　　　Anab.『アナバシス』
　　　Cyr.『キューロスの教育』
　　　Hell.『ギリシア史』
　　　Mem.『ソークラテース言行録』
　　　Oec.『家政論』
　　　Symp.『饗宴』

ギリシア語索引

名詞

Ἀγαμέμνων, ὁ 46
ἀγών, ὁ 45
ἀδελφός, ὁ 32
Ἄθως, ὁ 36
Αἴγυπτος, ἡ 33
αἰδώς, ἡ 50
αἴξ, ὁ, ἡ 41
ἁλιεύς, ὁ 55
ἅλς, ὁ, ἡ 46
ἄμπελος, ἡ 33
ἀνήρ, ὁ 47
ἄνθρωπος, ὁ 30
Ἀπόλλων, ὁ 45, 46
ἀρήν, ὁ, ἡ 58
Ἄρης, ὁ 58
ἀσπίς, ἡ 119
ἀστήρ, ὁ 48
ἄστυ, τό 54
Ἀτρείδης, ὁ 38
βασιλεύς, ὁ 55
βίβλος, ἡ 33
Βορρᾶς, ὁ 39
βότρυς, ὁ 53
βοῦς, ὁ, ἡ 33, 56
γάλα, τό 44, 58
γάλως, ἡ 35
γαστήρ, ἡ 47
γέλως, ὁ 58
γένυς, ἡ 48
γέρας, τό 50
γέρων, ὁ 43

γίγᾱς, ὁ 43
γόνυ, τό 58
γραῦς, ἡ 56
γυνή, ἡ 58
γύψος, ἡ 33
δαίμων, ὁ, ἡ 45
δᾴς, ἡ 40
δάκρυ(ον), τό 59
δέλτος, ἡ 33
δένδρον, τό 59
δέος, τό 50, 59
δέρη, ἡ 36
δεσπότης, ὁ 38
Δῆλος, ἡ 33
Δημήτηρ, ἡ 47
δμώς, ὁ 40
δόρυ, τό 59
δῶρον, τό 33
ἔγχελυς, ἡ 54
ἐλπίς, ἡ 42
Ἑρμῆς, ὁ 39
ἔρως, ὁ 59
Εὐθύφρων, ὁ 46
ἕως, ἡ 36
Ζεύς, ὁ 59
ἡγεμών, ὁ, ἡ 45
ἦμαρ, τό 44
ἡμιτάλαντον, τό 122
ἧπαρ, τό 44
ἤπειρος, ἡ 33
ἥρως, ὁ 52
θάλαττα, ἡ 37

θεά, ἡ 37
(θείς 43)
θέμις, ἡ 59
θεός, ὁ, ἡ 33
θήρ, ὁ 46
θής, ὁ 42
θρίξ, ἡ 41
θυγάτηρ, ἡ 47
θώς, ὁ, ἡ 40
ἵππος, ἡ 119
ἰχθύς, ὁ 53
κάλως, ὁ 35
κάνεον, κανοῦν, τό 35
κάρᾱ, τό 59
κέρας, τό 44, 50
Κέως, ἡ 36
κίς, ὁ 53
κλώψ, ὁ 41
κόρη, ἡ 36
Κόρινθος, ἡ 33
κρέας, τό 50
κύων, ὁ, ἡ 59
Κῶς, ἡ 36
λᾶ(α)ς, ὁ 59
λαγώς, ὁ 35, 36
Λακεδαίμων, ὁ 46
λέων, ὁ 44
Λύγδαμις, ὁ 53
μάρτυς, ὁ, ἡ 59
μέλι, τό 44
Μενέλεως, ὁ 35
μήτηρ, ἡ 47
Μίνως, ὁ 36
μνᾶ, ἡ 39

μονάς, ἡ 120
ναῦς, ἡ 57
νεᾱνίας, ὁ 38
νεώς, ὁ 35
νῆσος, ἡ 33
νίκη, ἡ 37
νόσος, ἡ 33
νοῦς, ὁ 34
νύξ, ἡ 42
ὁδός, ἡ 33
ὀδούς, ὁ 44
Οἰδίπους, ὁ 60
οἴκοι 31
οἶκοι 31
οἶς, ὁ, ἡ 53
ὄνειρον, τό 58, 60
ὄνειρος, ὁ 58, 60
ὄρνῑς, ὁ, ἡ 60
ὄσσε, τώ 60
ὀστοῦν, τό 34
οὖς, τό 40, 60
παῖς, ὁ, ἡ 33, 40
παρθένος, ἡ 33
πατήρ, ὁ 47
πειθώ, ἡ 57
πέρας, τό 44
Περικλῆς, ὁ 50
περίπλους, ὁ 34
(ὦ) Πέρσᾰ 38
(ὦ) Πέρση 38
Πέρσης, ὁ 38
πῆχυς, ὁ 54
Πνύξ, ἡ 60
πόλις, ἡ 54

πολίτης, ὁ 38
Ποσειδῶν, ὁ 45, 46
πρεσβευτής, ὁ 60
πρέσβυς, ὁ 60
πρεσβύτης, ὁ 60
πῦρ, τό 60
ῥήτωρ, ὁ 46
ῥίς, ἡ 45
σῖτος, ὁ 58
σκότος, ὁ 58
στάδιον, τό 58
Συέννεσις, ὁ 53
σῦκῆ, ἡ 39
σῦς, ἡ 53
σφαῖρᾰ, ἡ 37
Σωκράτης, ὁ 48
σῶμα, τό 44
σωτήρ, ὁ 46
τάφρος, ἡ 33
τέρας, τό 44
Τέως, ἡ 36
τριήρης, ἡ 48, 71
τριτημόριον, τό 122
τριττύς, ἡ 121
Τρώς, ὁ 40
ὕδωρ, τό 60
υἱός, ὁ 60
φάλαγξ, ἡ 41
φηγός, ἡ 33
Φιλήμων, ὁ 46
φιλίᾱ, ἡ 64
φλέψ, ἡ 41
φρέᾱρ, τό 44
φύλαξ, ὁ 41

φῶς, τό 40, 44
χάρις, ἡ 42
χείρ, ἡ 60
χοῦς, ὁ, ἡ 56
χρέος, τό 50
χρώς, ὁ 61
ψάμμος, ἡ 33
ψῆφος, ἡ 33

形容詞
ἀγαθός 64
ἀγνώμων 72
ἀγνώς 78
ἄδικος 66
ἀθρόος 64, 69, 81
αἰσχρός 82
ἀκάμᾱς 79
ἄκερως 67
ἄκρᾱτος 81
ἀλαζών 79, 81
ἀλγεινός 82
ἀληθής 70, 79
ἄλογος 66
ἀμείνων 83
ἄξιος 65
ἀξιόχρεως 67
ἄπαις 78
ἅπᾱς 77
ἀπάτωρ 71
ἁπλοῦς 68, 81, 120
ἄπλους 69
ἄπολις 71
ἀργαλέος 69
ἀργής 78

ἀργυροῦς 69
ἀριστερός 79
ἄριστος 83
ἅρπαξ 79
ἄρρην 72
ἄσμενος 81
ἄτιμος 66
αὐτάρκης 71
αὐτοκράτωρ 71
αὐτότατος 85
ἄφθονος 81
ἄφρων 72
ἄχαρις 81
βαθύς 74
βάρβαρος 66
βαρύς 73, 79
βελτίων 72, 83
γεραιός 80
γλυκύς 74
γυμνής 79
δακρυόεις 77
δεξιτερός 79
δίκαιος 64
δίπηχυς 74
διπλάσιος 120
διπλοῦς 69
διττός 120
ἐθελοντής 79
ἑκών 76
ἐλάττων 73, 83
ἐλάχιστος 83
Ἑλληνίς 79
ἔμπλεως 67
ἐμφερής 71

ἐνδεής 71
ἐπιλήσμων 81
ἐπίτριτος 122
ἐρρωμένος 81
ἔσχατος 85
εὐδαίμων 72, 81
εὔελπις 70, 72
εὐκλεής 71, 79
εὔνους 69, 81
εὔξενος 66
εὔρους 69
εὐρύς 74
εὐφυής 71
εὔχαρις 71, 79
εὐώδης 71
ἐχθρός 82
ἡδύς 74, 82
ἧλιξ 79
ἥμερος 66
ἡμέτερος 79
ἥμισυς 74
ἥσυχος 66, 80
ἥττων 83
θάττων 83
θείς 43
θῆλυς 74
ἵλεως 67
ἴσος 80
κακήγορος 81
κακίων 73, 83
καλλίων 83
κενός 80
κερδαλέος 69
κίβδηλος 66

κλεπτίστατος 81
κράτιστος 83
κρείττων 83
λάλος 66, 81
λεπτός 80
λῷστος 83
λῴων 83
μάκαρ 79
μέγας 78, 82
μέγιστος 83
μείζων 73, 83
μείων 83
μέλᾱς 73, 75, 79
μελιτοῦς 77
μέσος 80
μνήμων 72
μῡρίοι 120
μύριοι 120
νέος 69, 80
ὄγδοος 64, 69
ὀλείζων 83
ὀλίγιστος 83
ὀξύς 74
ὄρθριος 80
ὄψιος 81
παλαιός 80
πᾶς 73, 76
πατρίς 79
πένης 79, 80
πέπων 72, 81
πικρός 80
πίων 81
πλεῖστος 83
πλείων / πλέων 83

πλέως 67
πλησίος 81
ποδήρης 71
πολύς 78
πορφυροῦς 69
πρᾶος 78
πρότερος 85
προύργιαίτερος 81, 85
πρῶτος 85
πτερόεις 77
ῥᾷστος 83
ῥᾴων 83
σιδηροῦς 69
στενός 80
συμμαχίς 79
σύμπᾱς 77
σχολαῖος 80
σῶος 68
σῶς 67
σώφρων 72
τάλᾱς 75
τάχιστος 83
ταχύς 74, 82
τέρην 75
τρίπους 78
τύραννος 66
τυφθείς 73
τύψᾱς 73
ὑγιής 71
ὑμέτερος 79
ὑπέρτατος 85
ὑπέρτερος 85
ὑπήκοος 66
ὕστατος 85

ὕστερος 85
φιλαίτερος 83
φιλαλήθης 71
φίλιος 64
φίλος 81
φοινῑκοῦς 69
φρόνιμος 66
φυγάς 79
φωνήεις 77
χαλεπός 80
χαλκοῦς 69
χαρίεις 73, 76, 79
χείρων 83
χρῡσοῦς 69

動詞

ἄγαμαι 209
αἰδέομαι 180
αἱρέω 196
αἰσθάνομαι 191
ἀκούω 180
ἁλίσκομαι 187
ἁμαρτάνω 191
ἀνᾱλίσκω 186
ἀπεχθάνομαι 191
ἀποθνῄσκω 187
ἀπόλλῡμι 218
αὐξάνω 191
ἀφικνέομαι 190
βδέω 183
βούλομαι 193
γαμέω 193
γέγραμμαι 161
γελάω 180

γηράσκω 185
γίγνομαι 184
γιγνώσκω 188
δάκνω 189
δέδια 214
δέδοικα 214
δείκνῡμι 216
δέομαι 183, 193
δέω 183
δηλόω 158
διδάσκω 188
διδράσκω 188
δίδωμι 44, 77, 202
δοκέω 193
δρᾱ́ω 181
δύναμαι 209
ἔβησα vs. ἔβην 212
ἐβλάβην 165
ἔδῡσα vs. ἔδῡν 212
ἐθέλω 193
εἰμί 218
εἶμι 220
ἐλήλεγμαι 170
ἔλιπον 163
ἐπίσταμαι 209
ἔραμαι 209
ἔρχομαι 220
ἐσθίω 197
ἔστησα vs. ἔστην 212
εὑρίσκω 186
ἔφηνα 175
ἔφῡσα vs. ἔφῡν 212
ἔχω 123
ζεύγνῡμι 217

ζήω > ζῶ 157
ἡβάσκω 186
ἤγγελμαι 177
ἠμί 222
θέω 183
ἱδρώω 160
ἵημι 202
ἵσταμαι 208
ἵστημι 206
καθεύδω 193
κάθημαι 222
καίω / κάω 184
κάμνω 190
κεῖμαι 222
κελεύω 181
κλαίω / κλάω 184
κλίνω 175, 193
κρέμαμαι 209
κρίνω 175, 192
λαγχάνω 192
λαμβάνω 191
λανθάνω 192
λέγω 195
λείπω 162
λούω 159
μανθάνω 191
μάχομαι 193
μείγνῡμι 217
μέλει μοι 193
μέλλω 193
μιμνήσκω 189
νέω 183
νομίζω, νομιέω 172
ξέω 183

οἶδα 223
οἴομαι 193
οἴχομαι 193
ὄμνῡμι 218
ὁράω 194
ὀφείλω 193
ὀφλισκάνω 191
παιδεύσαι 141
παιδεῦσαι 141
παίδευσαι 141
παιδεῦσον 141
παίδευσον 141
παιδεύω 130
πάσχω 186
παύω 181
πέπεισμαι 173
πέπρᾱγμαι 169
πεσοῦμαι 182
πέφασμαι 177
πήγνῡμι 217
πίνω 190
πίπτω 185
πλέω 182
πνέω 182, 183
ποιέω 154
πυνθάνομαι 192
ῥέω 183
ῥήγνῡμι 217
ῥῑγώω 160
τελέω 180
τέμνω 190
τίθημι 43, 44, 77, 202
τίκτω 185
τῑμάω 156

τιτρώσκω 188
τρέχω 196
τρέω 183
τυγχάνω 192
φέρω 194
φημί 221
φθάνω 190
χέω 183
χρή 223
χρήομαι > χρῶμαι 157
ὠθέω 193

その他

Ἀθήναζε 92
Ἀθήνηθεν 92
Ἀθήνησι 90, 92
ἀλλαχόθεν 92
ἀλλαχόσε 92
ἀλλαχοῦ 92
ἄλλῃ 90
ἀλλήλους 97
ἄλλοθεν 92
ἄλλοθι 92
ἀλλοῖος 109
ἄλλος 97, 109
ἄλλοσε 92
ἅμα 93
ἀμφοτέρωθεν 92
ἀμφοτέρωθι 92
ἀμφοτέρωσε 92
ἄμφω / ἀμφότεροι 109, 118, 229
ἀναμίξ 90
ἄνω 90
ἅπαξ 90

ἅτερος 105
ἄττα 107
ἄττα 107
Ἀττικιστί 93
αὑτή 101
αὕτη, αὑτηΐ, αὑτηγί 101, 103
αὐτίκα 112
αὐτόθεν 92
αὐτόθῐ / αὐτοῦ 92
αὐτός 96, 229
αὐτόσε 92, 112
αὐτοῦ 90, 112
γέ 219
δεῖνα, ὁ, ἡ, τό 104
δεῦρο 112
δημοσίᾳ 90
δίχα, διχῇ 121
δύο 118
ἕ 94
ἒ ψῑλόν 16
ἑαυτόν 98
ἐγγύς 91
ἐγώ 94
ἐθελοντί 93
εἷς, μία, ἕν 118
ἑκαστάκις 93
ἕκαστος 105, 109, 229
ἑκάτερος 105, 109, 229
ἐκεῖ 90, 92, 112
ἐκεῖθεν 92, 112
ἐκεῖνος 102, 109, 229
ἐκείνως 112
ἐκεῖσε 92, 112
ἐκποδών 90

Ἑλληνιστί 93
ἐμαυτόν 98
ἐμός 99
ἐμποδών 90
ἔνδον 93
ἔνης 90
ἐνθάδε 112
ἐνθένδε 112
ἔνιοι 109
ἐνταῦθα 112
ἐντεῦθεν 112
ἑξῆς 90
ἔξω 91
ἔσω / εἴσω 91
ἕτερος 105, 109
εὖ 89
εὐθύ 89
ᾗ 112
ἥκιστα 83
ἡλίκος 109
ἡμεῖς 94
ἡμέτερος 99
ἡνίκα 112
θάτερον 105
θύρᾱζε 92
θύρᾱθεν 92
θύρᾱσι 90, 92
Ἰσθμοῖ 90
ἴσως 88
κάτω 90
κοινῇ 90
λά(μ)βδα 16
λάθρᾳ 90
μακράν 90

μάλα 89, 93
μάλιστα 79, 85
μᾶλλον 79, 85
Μαραθῶνι 90
μέγα 89
... μέν ... δέ 95, 228
μηδείς 105, 118
μηδέτερος 105, 109
μοναχῇ 121
μόνος 105
νῦ ἐφελκυστικόν 42, 128
νώ 94
ὁ, ἡ, τό 29
ὃ μῑκρόν 16
ὅδε 101, 109, 229
ὅθεν 112
οἷ 112
οἴκαδε 92
οἴκοθεν 92
οἴκοι 31, 90, 92
οἷος 109
ὀλιγάκις 93
Ὀλυμπίᾱζε 92
Ὀλυμπίᾱθεν 92
Ὀλυμπίᾱσι 92
ὁμόθεν 92
ὁμόσε 92
ὁμοῦ 90, 92
ὅπῃ 112
ὁπηλίκος 109
ὁπηνίκα 112
ὀπίσω 90
ὁπόθεν 112
ὅποι 112

ὁποῖος 109
ὁπόσος 109
ὁπότε 112
ὁπότερος 109
ὅπου 112
ὅπως 112
ὅς 99, 109
ὅς, ἥ, ὅ 105
ὁσάκις 93
ὅσος 109
ὅσπερ 106
ὅστις 107, 109
ὁστισδήποτε 107
ὁστισδηποτοῦν 107
ὁστισοῦν 107
ὅτε 93, 112
οὗ 112
οὐδαμῇ 112
οὐδαμοῦ 90, 112
οὐδαμῶς 112
οὐδείς 105, 118
οὐδένες 118
οὐδέτερος 105, 109
οὔποτε 112
οὔπω 90
οὗτος 101, 109, 229
οὑτοσί 103
οὕτω(ς) 112
πάλαι 80, 90
πανδημεί 90, 93
πανταχόθεν 92
πανταχοῖ / πανταχοῦ 90, 92
πάντοσε / πανταχόσε 92
πάντως 88

παραπλησίως 81
πᾶς 105
πέρ 106, 219
πέρᾱ 91
πῃ 112
πῇ; 90, 112
πηλίκος 109
πηλίκος; 109
πηνίκα; 112
Πλαταιᾶσι 90
πλεῖστα 89
πλειστάκις 93
πλέον 89
πλεονάκις 93
ποθέν 112
πόθεν; 112
ποι 112
ποῖ; 112
ποῖος; 109
ποιός 109
πολλά 89
πολλάκις 93
πολύ 89
πόρρω 91
ποσός 109
πόσος; 109
ποτε 108
πότε; 112
ποτέ 112
ποτερός 109
πότερος; 109
που 112
ποῦ; 90, 112
προῖκα 90

προὔργου 84
πρῴ 81, 89
πύξ 90
πως 112
πῶς; 112
σ(ε)αυτόν 98
σίγμα / σῖγμα 16
σός 99
σποράδην 93
σύ 94
συλλήβδην 93
σύνδυο 120
σφεῖς 94
σφέτερος 99
σφόδρα 89
σφώ 94
σχεδόν 93
ταύτῃ 112
τάχα 93
ταχύ 89
τέ 219
τέτταρες 119
τῇδε 112
τηλικόσδε 103, 109
τηλικοῦτος 103, 109
τήμερον 90
τηνικάδε 112
τηνικαῦτα 112
τὶς, τὶ 104, 109
τίς; τί; 104, 109
τοί 219
τοιόσδε 103, 109
τοιοῦτος 103, 109
τοσαυτάκις 93

τοσόσδε 103, 109
τοσοῦτος 103, 109
τότε 112
τρεῖς 118
ὖ ψῖλόν 16
ὑμεῖς 94
ὑμέτερος 99
χαμᾶζε 92
χαμᾶθεν 92
χαμαί 92
χάριν 90
ὦ μέγα 16
ὧδε 90, 112
ὡς 112

Syntax
ἀγανακτέω + part. 246
ἀγγέλλω + part. 243
ἀθῡμέω + ὅπως μή + fut. ind. 263
ἀθῡμέω + μή + subj. 263
αἰδέομαι + inf. 246, 247
αἰδέομαι + part. 246, 247
αἱρέομαι + inf. 241
αἰσθάνομαι + part. 243, 248
αἰσχῡ́νομαι + part. 246, 247
αἰσχῡ́νομαι + inf. 247
αἰτέω + dyn. inf. 237
ἀκούω 243, 248
(οἱ) ἄλλοι 230
ἄν 266
ἄν + iterat. subj. 134
ἄν + opt. 135
ἄν + prosp. subj. 134
ἀναγκάζω + dyn. inf. 237

ἀνέχομαι + part. 250
ἀνέχομαι + inf. 250
ἀξιόω + dyn. inf. 237
ἀπαγορεύω + part. 250
ἀπαγορεύω + dyn. inf. 237, 250
ἀπιστέω + ὅπως μή + fut. ind. 263
ἀπιστέω + μή + subj. 263
(ἀπο)δέω + ἑνός 119
ἀπολείπω, διαλείπω, ἐπιλείπω + part. 250
ἀποφαίνω + part. 243
ἄπρᾱκτος 178
ἆρα; 256
ἄρχομαι + part. 249
ἄρχομαι + inf. 249
ἅτε + part. 252, 274
ἄχθομαι + part. 246
ἄχρι (οὗ) 283
βαρέως φέρω + part. 246
βούλομαι + dyn. inf. 237
γεγραμμένον 254
γίγνεται + (ὥστε +) dyn. inf. 239
γιγνώσκω + inf. 249
γιγνώσκω + part. 243, 249
γράφω + acc. / nom. + inf. 233
δέδια + μή + subj. 258
δεδογμένον 254
δέδοικα + μή + subj. 258
δεῖ + dyn. inf. 237
δείκνῡμι + inf. 248
δείκνῡμι + part. 243, 248
δεινὸς λέγειν 241
δέομαι + gen. + dyn. inf. 237
δέον 254

δέος ἐστί + μή + subj. 258
δευτεραῖος ἀπῆλθε 121
δηλόω + inf. 249
δηλόω + part. 243, 249
διαγίγνομαι + part. 249
διάγω + part. 249
διαμένω + part. 249
διαπρᾱ́ττομαι + (ὥστε +) dyn. inf. 238
διατελέω + part. 249
δίδωμι + inf. 241
δίκαιόν ἐστι + dyn. inf. 237
διόπερ 272
διότι 272
δόξαν 254
ἐάω + dyn. inf. 239
ἐθέλω + dyn. inf. 237
εἰ 256, 274
εἰ δὲ μή 279
εἰ μή 256, 279
εἰ οὐ 256
εἴ τις ἄλλος 86
εἴργω + dyn. inf. 239
εἰρημένον 254
εἰ(τε) ... εἴτε ... 256
ἑκὼν εἶναι 242
ἔλᾱττον / μεῖον (ἤ) διᾱκόσιοι 86
ἐν τοῖς δυνατώτατος 86
ἐν ᾧ 283
ἐνθῡμέομαι + μή + subj. 263
ἐνθῡμέομαι + ὅπως μή + fut. ind. 263
ἐννοέω + μή + subj. 263
ἐννοέω + ὅπως μή + fut. ind. 263
ἐξελέγχω + part. 243

ギリシア語索引　403

ἔξεστι / ἔστι + dyn. inf. 237
ἐξόν 254
ἔοικα + inf. 248
ἔοικα + part. 248
ἐπεί 273
ἐπεί (πρῶτον / τάχιστα) 283
ἐπειδάν 283
ἐπειδή (τάχιστα) 283
ἐπιθῡμέω + dyn. inf. 237
ἐπιλανθάνομαι + inf. 249
ἐπιλανθάνομαι + part. 243, 248
ἐπιμέλομαι / ἐπιμελέομαι + ὅπως + fut. ind. 261
ἐπίσταμαι + inf. 248
ἐπίσταμαι + part. 243, 248
ἐπιτρέπω + inf. 241
ἔστε 283
εὐλαβέομαι + μή + subj. 263
εὐλαβέομαι + ὅπως μή + fut. ind. 263
εὑρίσκω + part. 243
εὐφραίνομαι + part. 246
ἐφ᾽ ᾧ(τε) + inf. 106
ἔφῡν + inf. 241
ἕως 283
ἤ + κατά / πρός 87
ἤ + (ὡς / ὥστε) + inf. 87, 271
ἡ μέση πόλις 229
ἡγέομαι + acc. + inf. 232
ἥδομαι + part. 246
ἥμισυς 122
ἡνίκα 283
θαυμάζω + part. 246
ἵνα (μή) + subj. 134, 265
καθίστημι + inf. 241

καίπερ 280
καίτοι 280
κάμνω + part. 250
καρτερέω + part. 250
κελεύω + dyn. inf. 237
κίνδῡνός ἐστι + μή + subj. 258, 263
κίνδῡνός ἐστι + ὅπως μή + fut. ind. 263
κωλύω + dyn. inf. 240
λανθάνω 251
λέγω + acc. / nom. + inf. 233
λήγω + part. 250
λῡπέομαι + part. 246
μανθάνω + inf. 248
μανθάνω + part. 243, 248
μεθίημι, ἀνίημι + inf. 250
μεθίημι, ἀνίημι + part. 250
μεῖζον ἢ κατὰ δάκρυα 87
μέλει μοι + ὅπως + fut. ind. 261
μέλον 254
μέμνημαι + inf. 249
μέμνημαι + part. 243, 249
μέσος 229
μεταμέλομαι + part. 246
μεταμέλον 254
μετόν 254
μέχρι (οὗ) 283
μή 240, 260
μή + aor. subj. 142
μὴ οὐ 240
μηχανάομαι + ὅπως + fut. ind. 261
μῑκροῦ δεῖν 242
νομίζω + acc. + inf. 232
ὁ ἥμισυς τοῦ ἀριθμοῦ 122

ὁθούνεκα 272
οἷα + part. 252, 274
οἶδα + inf. 243, 248
οἶδα + part. 248
οἶμαι + acc. + inf. 232
οἷον + part. 252, 274
οἷος 291
οἷος (τε) 269
οἷος δυνατώτατος 86
οἷός τ᾽ εἰμί + inf. 106
οἴχομαι + part. 252
ὀκνέω + dyn. inf. 237
ὀκνέω + μή + subj. 263
ὀκνέω + ὅπως μή + fut. ind. 263
ὀλίγου δεῖν 242
ὀλίγῳ / ὀλίγον μείζων 85
ὄμνῡμι, ὀμνύω + (μή +) fut. inf. 236
ὁμολογέω + acc. / nom. + inf. 233
ὄν 254
ὁ(πο)σάκις 283
ὁπότε 272, 283
ὅπως (μή) 265
ὁράω + μή + subj. 263
ὁράω + ὅπως μή + fut. ind. 263
ὁράω + part. 243
ὅς 292
ὅσον γέ μ᾽ εἰδέναι 242
ὅσος 269, 291
ὅστις 292
ὅταν 283
ὅτε 272, 283
ὅτι 272
οὔ φημι + acc. + inf. 232
οὐκοῦν, οὔκουν 257

οὕνεκα 272
οὕτως ... ὥσπερ καὶ ... 87
οὐχ ἧττον ... ἢ καὶ ... 87
παιδευτέον 179
παιδευτέος 179
πάντα ποιέω + ὅπως + fut. ind. 261
παραγγέλλω + dyn. inf. 237
παραινέω + dyn. inf. 237
παρακελεύομαι + dyn. inf. 237
παρασκευάζομαι + ὅπως + fut. ind. 261
παρασχόν 254
παρέχον 254
παρέχω + inf. 241
παρόν 254
παύομαι + part. 250
παύω + inf. 250
παύω + part. 250
πειράομαι + dyn. inf. 237
πέφῡκα + inf. 241
πλεῖστα εἰς δυνάμενος 86
πλέον / πλεῖν (ἢ) διᾱκόσιοι 86
ποθέω + dyn. inf. 237
ποιέω + (ὥστε +) dyn. inf. 238
ποιέω + part. 243
πολλῷ / πολὺ μείζων 85
πότερον / -ρα ... ἤ ... 256
πρᾱ́ττω + (ὥστε +) dyn. inf. 238
πρᾱ́ττω + ὅπως + fut. ind. 261
πρέπει + dyn. inf. 237
πρέπον 254
πρίν 283
προσήκει + dyn. inf. 237
προσῆκον 254

προστάττω + dyn. inf. 237
προσταχθέν 254
προστεταγμένον 254
προτρέπω + dyn. inf. 237
πυνθάνομαι + part. 243
σκοπέω / σκοπέομαι + ὅπως + fut. ind. 261, 263
σκοπέω + μή + subj. 263
σπεύδω + ὅπως + fut. ind. 261
σπουδάζω + dyn. inf. 237
σπουδάζω + ὅπως + fut. ind. 261
συμβαίνει + (ὥστε +) dyn. inf. 237-239
συμβουλεύω + dyn. inf. 237
συμπίπτει + (ὥστε +) dyn. inf. 239
σύνοιδα + part. 245
τὸ ἥμισυ τοῦ στρατοῦ 122
τυγχάνω + part. 251
τυχόν 254
ὑπισχνέομαι + (μή +) fut. inf. 236
ὑπομένω + inf. 247
ὑπομένω + part. 247
ὑποπτεύω + μή + subj. 263
ὑποπτεύω + ὅπως μή + fut. ind. 263
φαίνομαι + inf. 247
φαίνομαι + part. 243, 247

φημί + acc. + inf. 232
φθάνω 251
φοβερόν ἐστι + μή + subj. 258
φοβοῦμαι + μή + subj. 258
φροντίζω + ὅπως + fut. ind. 261, 263
φροντίζω + μή + subj. 263
φυλάττω / -ομαι + μή + subj. 263
φυλάττω / -ομαι + ὅπως μή + fut. ind. 263
χαίρω + part. 246
χρεών 254
χρή + dyn. inf. 237
ψῡχρὸν (ὥστε) λούσασθαι 87
ψῡχρότερον + ἤ + (ὡς / ὥστε) + inf. 87
ὥρᾱ / καιρός ἐστι + dyn. inf. 237
ὡς 87, 265, 269, 273, 283
ὡς + part. 252
(ὡς) ἀκοῦσαι 242
(ὡς) εἰκάσαι 242
ὡς εἰπεῖν 242
(ὡς) ἐμοὶ δοκεῖν 242
ὡς ἔπος εἰπεῖν 242
(ὡς) συμβάλλειν 242
ὥσπερ / ὡς / ὅπως / καθάπερ ... οὕτω καὶ ... 87
ὥστε 87, 269

英語・ラテン語索引

ablaut 124
accusative 300
　〜 absolute 254
　〜 of extent 301
　〜 of respect 302
　adverbial 〜 302
active 127
alpha privativum 178
antepaenultima 24
aorist 127
　gnomic 〜 270, 287, 299
augment 125, 148
complement 226
conjugation 126
consecutive / result clauses 268
copula 226
dative 310
deponents 131
determinative relative clauses 289
digamma 36, 116
digressive relative clauses 289
enclitica 27
external / affected object 303
factitive verbs 159
future 127
future perfect 127
genitive 304
　〜 absolute 253
　〜 of possession or belonging 304
　objective 〜 305
　partitive 〜 306

subjective 〜 305
head noun 289
imperative 127
imperfect 127
inchoative 323
indicative 127
infinitive 127
　declarative 〜 231, 235
　dynamic 〜 231, 235
instrumental 310
internal object 300
iota adscriptum 17
iota subscriptum 17
locative 310
media tantum 131
middle 127
modus / mood 127, 266
nominative 300
number 127
optative 127
　oblique 〜 / optativus obliquus 235
oratio obliqua 294
oxytonon 25
paenultima 24
parataxis 279
paroxytonon 25
participle 127
　absolute 〜 253
　connected 〜 / participium coniunctum 252
passive 127

perfect 127

perispomenon 25

person 127

pluperfect 127

present 127

primary tenses 299

prolepsis 235, 257

proparoxytonon 25

properispomenon 25

reduplication 124

secondary / historical tenses 299

subjunctive 127
- deliberative ∼ 133
- exhortative ∼ 133
- iterative ∼ 134, 287
- prospective ∼ 134

tense 127

thematic verbs 128

thematic vowel 128

ultima 24

verba affectuum 246

verba cavendi 263

verba cognoscendi 243

verba curandi 261

verba declarandi 243

verba dicendi 233

verba efficiendi 238

verba eveniendi 238

verba impediendi 239

verba imperandi 237

verba impersonalia 237

verba interrogandi 255

verba iurandi 236

verba promittendi 236

verba putandi 232

verba sentiendi 243

verba timendi 258

verba voluntatis 237

verbal adjective 127

vocative 300

voice 127

vowel gradation 184

日本語索引

アオリスト 127, 138
　格言的〜 287, 299
　強変化〜 161, 164-5
　語根〜 209
　弱変化〜 137
　　σを伴わない〜 174
　第三〜　→語根〜
　第二〜　→強変化〜
アクセント 24, 31, 34-5, 37, 40, 45, 47, 53-54, 64, 68, 71-3, 94-5, 141, 164
　鋭〜 25
　曲〜 25
　重〜 25
アッティカ式畳音 152
アッティカ式変化 35, 67
アルファベット 15
イオーニアー式記数法 116
迂言的活用（形）146, 173, 178
オストホフの法則 55
音韻変化 161, 168, 172
音量転換 35, 54-5, 57
加音 125, 138, 148
　音節的〜 148-9
　時量的〜 148
加減乗除 121
過去完了 127
　第二〜 213
活用 126
関係節 289
冠詞の有無・位置 230
間接話法 294

幹母音 128, 131
完了 127
　強変化〜 161, 167, 213
　弱変化〜（κ完了）145
　第二〜　→強変化〜
希求法 127, 135
　間接話法の〜 135
　願望の〜 135
　反復の〜 135
気息記号 23
虚辞の μή 240, 325
具格 29, 90, 310
句読点 28
グラスマンの法則 42, 161
結果を表す節 268
欠性辞 ἀ- 178
原因を表す節 272
現在 127
行為者 131
後接語 28
語幹 40, 131
語根 40, 124
語尾 40
　格〜 41
　人称〜 126, 128-30
子音 23
時称 127
時称幹 124
下書きのイオータ 17
主語 225
述語 225

述語的位置 63, 102, 228-9
畳音 124, 145, 150
条件文 274
小辞 95, 106
譲歩文 279
所格（形）29, 31, 90, 310, 313
数 127
数詞 114
　倍〜 120
　配分〜 120
接続法 127, 133
　勧奨の〜 133
　熟慮の〜 133
　反復の〜 134, 287
　予想の〜 134
前接語 27, 94, 103, 106, 108, 219
相 127
　受動〜 127
　中動〜 127-8, 131, 197-200
　能動〜 127, 131
双数 29, 31, 123, 130
属性的位置 63, 228-9
代償延長 18, 20, 31, 44, 77, 118, 128, 141, 174-5
帯分数 122
代名詞 94
　関係〜 105-6, 290
　疑問〜 103
　再帰〜 96, 98
　　間接〜 96
　　直接〜 96
　指示〜 100
　所有〜 99
　　強意の用法 99

　　再帰的用法 99
　相関〜 109
　人称〜 94
　不定〜 103-4
　　〜的形容詞 105
奪格 29, 90
短音化 35
単母音 21
直説法 127, 133
通性名詞 33
定冠詞 29
定形 126-7
頭音書法 117
同化 266, 285, 289, 291
動形容詞 127, 178
動詞 123
　μι〜 201
　"不規則な"〜 218
　σ幹・ϝ幹〜 179
　　真正σ幹〜 179
　　寄生音のσが幹末に現れる〜 180
　　ϝ幹〜 181
　幹母音〜 128
　強変化〜 137
　作為〜 159
　歯音（τ, δ, θ, ζ）幹〜 170
　自〜 230
　弱変化〜 137
　唇音（π, β, φ）幹〜 160
　他〜 230
　軟口蓋音（κ, γ, χ）幹〜 168
　非人称〜 230
　流音（λ, ρ）・鼻音（μ, ν）幹〜 173
　動詞幹 124-6, 131

時を表す節 281
独立属格 253
独立対格 254
二重母音 22
任意に付加される節 265
人称 126-7
発音 16
比較 79
否定詞 132-3
非人称（的）表現 136, 179
比例数 120
付加音のν 42, 70, 128
副詞 88
　相関〜 112
副時称 127, 299
不定関係詞 108
不定形 126-7
不定詞 127, 136, 241
分詞 127, 248
　現在〜 137

分数 121
並記のイオータ 17, 22
並立構文 279
母音階梯 184
母音交替 124
母音融合 20, 34, 39, 48, 55, 68
　〜の規則 154-5, 158
法 127, 266
補語 226
本時称 127, 299
未完了過去 127, 139
未来 127
　アッティカ式〜 172
　ドーリス式〜 182
未来完了（形）127, 148
命令法 127, 129
目的節 265
モーラ 24
連結詞 225, 226

著者略歴
マルティン・チエシュコ（Martin CIESKO）
1973年、スロヴァキア生まれ。1997年、コメニウス大学（スロヴァキア）西洋古典学修士課程修了。2005年、オックスフォード大学博士。
著書：Menander and the Expectations of his Audience. DPhil Thesis. Oxford 2004
訳書：『ギリシア喜劇全集9　群小詩人断片Ⅲ』（共訳、岩波書店）

訳者略歴
平山晃司（ひらやま　こうじ）
1970年、兵庫県生まれ。1999年、京都大学大学院文学研究科博士後期課程単位取得退学（西洋古典学専修）。2003年、京都大学文学博士。
現在、大阪大学大学院人文学研究科教授。
訳書：『ギリシア喜劇全集5　メナンドロスⅠ』『ギリシア喜劇全集9　群小詩人断片Ⅲ』（いずれも共訳、岩波書店）

古典ギリシア語文典

2016年7月30日　第1刷発行
2024年3月5日　第6刷発行

著　者 ©マルティン・チエシュコ
訳　者 ©平　山　晃　司
発行者　岩　堀　雅　己
印刷所　株式会社三秀舎

発行所　101-0052東京都千代田区神田小川町3の24
電話 03-3291-7811（営業部），7821（編集部）
www.hakusuisha.co.jp
乱丁・落丁本は、送料小社負担にてお取り替えいたします。

株式会社 白水社

振替 00190-5-33228　　　　　　　　　　　株式会社松岳社

ISBN978-4-560-08696-4

Printed in Japan

▷本書のスキャン、デジタル化等の無断複製は著作権法上での例外を除き禁じられています。本書を代行業者等の第三者に依頼してスキャンやデジタル化することはたとえ個人や家庭内での利用であっても著作権法上認められていません。

白水社の本

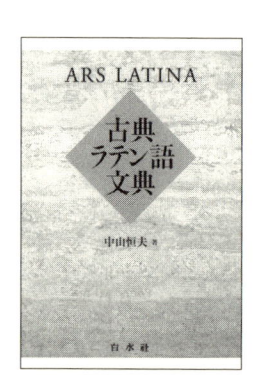

古典ラテン語文典

中山恒夫 著

西洋諸学の礎を成す古典ラテン語の包括的な文法書。初級篇・中級篇・上級篇・付録の4部構成。上級篇ではキケロなどの原文を邦訳付で読む。文例に表れる全語彙を収録した単語集付。

◆四六版　537頁